सुपर स्पीड

कंप्यूटर कोर्स

SS™ सुपर स्पीड

कंप्यूटर कोर्स

(Super Speed Computer Course)

घर बैठे Step by Step Computer सीखें

शशांक जौहरी
(सर्वाधिक बिकने वाली पुस्तकों के लेखन हेतु
राष्ट्रीय पुरस्कार से सम्मानित)

प्रभात
प्रकाशन

प्रकाशक

प्रभात प्रकाशन प्रा. लि.

4/19 आसफ अली रोड, नई दिल्ली-110002

फोन : 23289777 • हेल्पलाइन नं. : 7827007777

इ-मेल : prabhatbooks@gmail.com ❖ वेब ठिकाना : www.prabhatbooks.com

संस्करण

2025

मूल्य

छह सौ रुपए

मुद्रक

नरुला प्रिंटर्स, दिल्ली

———— ★ ————

SUPER SPEED COMPUTER COURSE

by Shashank Johri

Published by **PRABHAT PRAKASHAN PVT. LTD.**

4/19 Asaf Ali Road, New Delhi-110002

ISBN 978-81-7315-876-6

₹ 600.00

दो शब्द

एक दशक पहले कंप्यूटर भारत में एक अद्‌भुत मशीन के रूप में देखा जाता था। बहुत कम लोग ही इसका प्रयोग कर पाते थे, साथ ही इसकी जादुई शक्तियों को देखकर आश्चर्यचकित रह जाते थे। परंतु आज शायद ही कोई ऐसा क्षेत्र और कार्यालय होगा, जो कंप्यूटर के प्रयोग से वंचित हो।

विद्यार्थी, शिक्षक, डॉक्टर, इंजीनियर, वकील, एकाउंटेंट, प्रशासनिक अधिकारी, व्यवसायी अर्थात् लगभग सभी लोग कंप्यूटर का लाभ उठाकर दिन दूनी रात चौगुनी तरक्की कर रहे हैं। सभी क्षेत्र के विद्यार्थियों के लिए कंप्यूटर ज्ञान नितांत आवश्यक हो गया है, चाहे वे प्रशासनिक, एकाउंटिंग, मेडिकल, लॉ, इंजीनियरिंग, वास्तु, एनीमेशन आदि किसी भी क्षेत्र की पढ़ाई कर रहे हों।

इस पुस्तक की आवश्यकता तब प्रतीत हुई जब अनेक लोगों द्वारा बाजार में उपलब्ध पुस्तकों के द्वारा अधूरे ज्ञान और अवांछित व्याख्याओं द्वारा पाठकों को बोर करने जैसी शिकायतें मिलीं। प्रस्तुत पुस्तक **सुपर स्पीड कंप्यूटर कोर्स** एक ऐसा कैप्सूल कोर्स है, जो गागर में सागर भरकर सभी की प्यास बुझाता है, चाहे वे किसी भी क्षेत्र में कंप्यूटर का प्रयोग सीखना चाहते हैं, जैसे—ऑफिस, एकाउंटिंग, ग्राफिक्स, एनीमेशन आदि। प्रत्येक सॉफ्टवेयर की कम-से-कम व्याख्या, परंतु सभी आवश्यक प्रैक्टिकल जानकारियों को चरणबद्ध तरीके से समझकर 'पढ़ो कम, समझो अधिक' का सूत्र लागू किया गया है। यदि आपके पास कंप्यूटर है अथवा साइबर कैफे जाकर कंप्यूटर प्रयोग कर सकते हैं तो अब आपको कंप्यूटर प्रशिक्षण हेतु फीस देने की आवश्यकता नहीं। बस, यह पुस्तक पढ़ते जाइए और स्टेप-बाई-स्टेप अपनी आवश्यकतानुसार समय निकालकर कंप्यूटर सीखते जाइए।

इस एक पुस्तक को खरीदकर आप अनेक पुस्तकों में होनेवाले व्यय को तो बचाएँगे ही, साथ ही प्रैक्टिकल हेतु सटीक भाषा में लिखे निर्देशों को पढ़ते हुए कार्य सीखकर शीघ्र ही निपुण बन जाएँगे और फिर अपने कंप्यूटर या लैपटॉप का भरपूर लाभ उठाकर अपने कार्य को अधिक सामर्थ्य के साथ करके आर्थिक लाभ प्राप्त करेंगे। अब अधिक बताने की आवश्यकता नहीं, क्योंकि 'हाथ कंगन को आरसी क्या'! तो आज ही शुरू कर दीजिए अपना कंप्यूटर कोर्स और पढ़िए **सुपर स्पीड कंप्यूटर कोर्स**।

शुभकामनाओं सहित,

—शशांक जौहरी

विषय-सूची

1 कंप्यूटर : एक परिचय

कंप्यूटर आज हमारे जीवन का एक अभिन्न अंग बन गया है। वैसे तो भारत में कंप्यूटर का प्रचलन सन् 1980 के दशक में आरंभ हुआ था। तब बहुत ही कम लोग इसका प्रयोग जानते थे, परंतु दिन-प्रतिदिन कंप्यूटर का विकास होता रहा और इसकी उपयोगिता बढ़ती गई। साथ ही इसे प्रयोग करना आसान हो गया, जिस कारण यह जल्दी ही सभी क्षेत्रों में आवश्यक टूल की तरह प्रयोग किया जाने लगा। हमारी सभी आवश्यकताओं की पूर्ति करनेवाली यह मशीन दिन-प्रतिदिन विकसित होती जा रही है और अपने कार्यक्षेत्र का विस्तार कर रही है। यदि किसी व्यक्ति के पास इंटरनेट और मल्टीमीडिया-युक्त कंप्यूटर है तो उसे घड़ी, कैलेंडर, टेप रिकॉर्डर, रेडियो, टेलीविजन, वी.सी.आर., सी.डी. प्लेयर, टाइपराइटर आदि खरीदने की आवश्यकता नहीं, क्योंकि इनके कार्य कंप्यूटर पर किए जा सकते हैं।

कंप्यूटर में कृत्रिम बुद्धि होती है, जिसके आधार पर वह किसी बात को याद रखने, कैलकुलेशन का परिणाम देने और तर्क-वितर्क द्वारा सोच-विचारकर समस्या का समाधान करने में उपयोगी है। कंप्यूटर की कृत्रिम बुद्धि को प्रोग्राम कहते हैं, जिसके आधार पर ही कंप्यूटर कार्य करता है।

कंप्यूटर एक इलेक्ट्रॉनिक मशीन है, जिसमें हम 'रॉ-डेटा' देकर उसे 'प्रोग्राम' के नियंत्रण द्वारा 'मीनिंगफुल इन्फॉर्मेशन' में बदल सकते हैं।

अब हमें यह जानना होगा कि रॉ-डेटा, प्रोग्राम और मीनिंगफुल इन्फॉर्मेशन क्या है?

रॉ-डेटा

कंप्यूटर को दिए जानेवाले इनपुट रॉ-डेटा कहलाते हैं। उदाहरण के लिए, यदि आप बिजली का बिल बनाना चाहते हैं तो उपभोक्ता का नाम, पता, खर्च की गई बिजली की यूनिट एवं अवधि रॉ-डेटा के रूप में कंप्यूटर को देने होंगे। आधुनिक कंप्यूटर में डेटा शब्दों में ही नहीं, बल्कि आवाज, चित्र, चलचित्र, वीडियो आदि किसी भी रूप में दिया जा सकता है—अर्थात् जिस तरह हम समाचार-पत्र पढ़कर, रेडियो पर समाचार सुनकर या टेलीविजन पर घटनाओं का वीडियो देखकर जानकारी प्राप्त कर सकते हैं और उसे अपने मन-मस्तिष्क से एडिट करके दूसरों को बता सकते हैं, वैसे ही कंप्यूटर भी नाना प्रकार से मिलनेवाले इनपुट को प्राप्त करके प्रोसेस कर सकता है और मनचाहे रूप में उससे परिणाम प्राप्त किया जा सकता है।

प्रोग्राम

निर्देशों के क्रमबद्ध समूह को प्रोग्राम कहते हैं। कंप्यूटर में प्राकृतिक बुद्धि नहीं होती है। कंप्यूटर एक कृत्रिम मशीन है। यह केवल विद्युत् संकेतों और स्विचों की ऑन-ऑफ अवस्थाओं को समझ पाता है। कंप्यूटर को क्या काम करना है और वह कैसे किया जाएगा, यह निर्देश कंप्यूटर की विशेष भाषाओं (प्रोग्रामिंग लैंग्वेज) में लिखकर देने होते हैं। कार्य के प्रत्येक स्टेप को बहुत ही स्पष्ट करते हुए क्रमबद्ध करके लिखा जाता है, ताकि कंप्यूटर उस प्रोग्राम में दिए गए प्रत्येक स्टेप को बारी-बारी से समझते हुए उसका अनुपालन कर सके। कंप्यूटर को दिए जानेवाले निर्देशों के इस समूह को ही प्रोग्राम कहते हैं।

मीनिंगफुल इन्फॉर्मेशन

कंप्यूटर द्वारा डेटा प्रोसेसिंग के बाद जो जानकारी प्राप्त होती है उसे मीनिंगफुल इन्फॉर्मेशन कहते हैं। उदाहरण के लिए, यदि आप बिजली का बिल तैयार कर रहे हैं तो मीटर रीडिंग के आधार पर खर्च की गई यूनिट कैलकुलेट करके बिल, जिसे प्रिंट किया जाता है, वही मीनिंगफुल इन्फॉर्मेशन है।

पर्सनल कंप्यूटर

पर्सनल कंप्यूटर, जिसे पी.सी. भी कहते हैं, सर्वाधिक प्रयोग होनेवाला कंप्यूटर है। पी.सी. में लगनेवाले प्रमुख कंपोनेंट, जिसे माइक्रोप्रोसेसर कहते हैं, उसके नाम और ब्रांड के आधार पर कंप्यूटर को पेंटिअम-I, पेंटिअम-II, पेंटिअम-III, पेंटिअम-IV आदि नामों से भी पुकारा जाता है।

आइए, अब इस कंप्यूटर के भागों की जानकारी प्राप्त करें। पी.सी. के प्रमुख चार भाग होते हैं—

1. की-बोर्ड
2. माउस
3. सिस्टम यूनिट या सी.पी.यू.
4. मॉनीटर।

की-बोर्ड

की-बोर्ड कंप्यूटर की प्रमुख इनपुट डिवाइस है। कंप्यूटर में टाइप करके text के रूप में डेटा देने के लिए की-बोर्ड का प्रयोग किया जाता है। यदि की-बोर्ड ठीक काम नहीं करता है तो कंप्यूटर कार्य करने हेतु तैयार नहीं होता और error message दिखाता है।

की-बोर्ड पर उपस्थित पुश बटन को Key कहते हैं। प्रत्येक 'की' दबाकर आप एक भिन्न प्रकार का अक्षर या कमांड टाइप कर सकते हैं।

न्यूमेरिक 'की'

न्यूमेरिक 'की' वे होती हैं जिन्हें प्रयोग करके नंबर टाइप करते हैं। न्यूमेरिक की पर 0 से 9 तक नंबर अंकित होते हैं, जिन्हें दबा-दबाकर आप कोई भी संख्या ठीक वैसे ही टाइप कर सकते हैं जैसे कैलकुलेटर या मोबाइल फोन पर करते हैं।

मैथमेटिकल 'की'

गणित के चिह्नोंवाली 'की' मैथमेटिकल की के नाम से पहचानी जाती हैं। +, –, =, ? /, [,], (,), {, }, ^ और & इसके उदाहरण हैं।

एल्फाबेटिक 'की'

जिन 'की' पर अंग्रेजी वर्णमाला के अक्षर A-Z अंकित होते हैं, उन्हें एल्फाबेटिक कीज कहते हैं। इन्हें टाइप करके आप कोई शब्द या कमांड इनपुट कर सकते हैं।

लॉजिकल 'की'

जिन कीज पर तर्क संबंधी चिह्न अंकित होते हैं, वे लॉजिकल कीज कहलाती हैं। इनके उदाहरण × = आदि हैं।

फंक्शन 'की'

F1 से F12 तक लेबलवाली 'कीज' फंक्शन कीज कहलाती हैं। इनका प्रयोग करके विशेष फंक्शन प्रयोग किए जाते हैं, जो सॉफ्टवेयर के अनुसार भिन्न-भिन्न होते हैं।

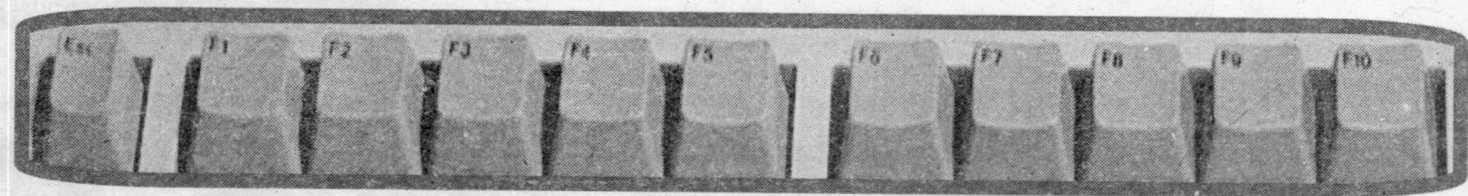

कर्सर मूवमेंट 'की'

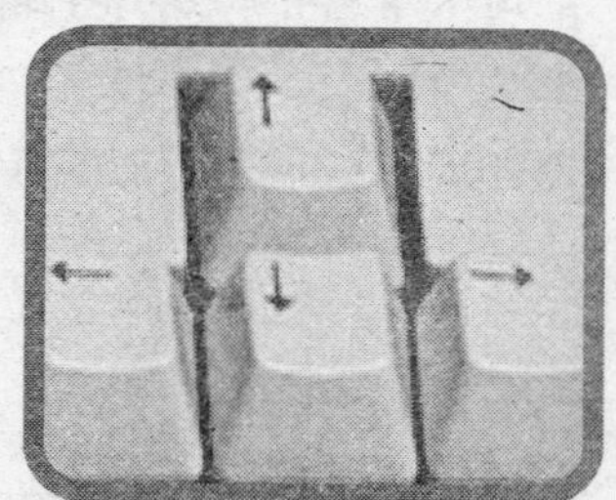

कर्सर मूवमेंट कीज कर्सर को आगे-पीछे, दाएँ-बाएँ घुमाने में सहायक होती हैं। चार कीज ← → ↑ ↓ कर्सर को दाएँ-बाएँ और ऊपर-नीचे तीरों की दिशा में घुमाती हैं। इनके अतिरिक्त PgUP, PgDn, Home और End 'कीज' भी इसी श्रेणी में आती हैं, जो कर्सर को पूरा एक पैराग्राफ या एक पेज ऊपर-नीचे ले जाती हैं।

स्पेशल 'की'

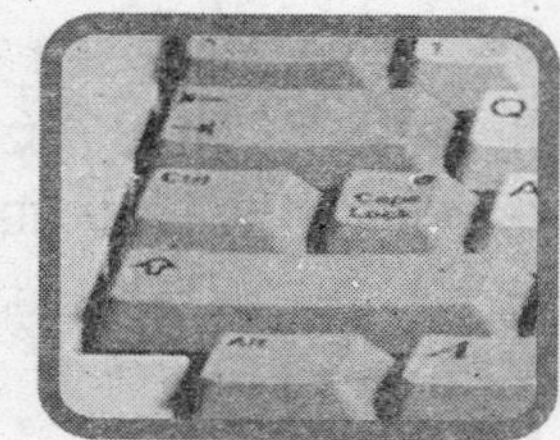

उपर्युक्त श्रेणियों के अलावा सभी 'कीज' इस श्रेणी में आती हैं। Enter, Ctrl, Esc, Insert, Delete, Shift, Tab, Backspace, Alt, Spacebar और Print Screen इसके उदाहरण हैं।

माउस

माउस एक इनपुट डिवाइस है, जो स्क्रीन पर ग्राफिकल इमेज या मेन्यू को डायरेक्ट चुनकर प्रयोग करने में सहायक है। यह वीडियो गेम खेलने के लिए प्रयोग होनेवाली Joy Stick की तरह ही स्क्रीन पर डायरेक्ट मूवमेंट करवाता है।

सिस्टम यूनिट

सिस्टम यूनिट ही मुख्य कंप्यूटर है। सिस्टम यूनिट को सी.पी.यू. नाम से भी पुकारा जाता है। बॉक्स रूपी यह कंप्यूटर का प्रमुख भाग है। कंप्यूटर में होनेवाले सभी कार्य जैसे मेमोरी स्टोरेज, कैलकुलेशन, प्रोसेसिंग आदि इसी सिस्टम यूनिट में किए जाते हैं। सिस्टम यूनिट के प्रमुख भीतरी भाग इस प्रकार हैं—

(1) मदरबोर्ड

मदरबोर्ड कंप्यूटर का मुख्य सर्किट बोर्ड है। माइक्रोप्रोसेसर, मेमोरी (RAM) चिप एवं अन्य सभी कंपोनेंट्स इसी बोर्ड में लगे होते हैं। इनपुट और आउटपुट के लिए की-बोर्ड और मॉनीटर के एडॉप्टर को भी इसी पर जोड़ा जाता है।

(2) माइक्रोप्रोसेसर

यह कंप्यूटर की प्रमुख चिप होती है। माइक्रोप्रोसेसर ही कंप्यूटर का मस्तिष्क होता है। कंप्यूटर की कार्यक्षमता माइक्रोप्रोसेसर पर ही निर्भर करती है। आजकल पेंटिअम IV और डुअल कोर माइक्रोप्रोसेसर सर्वाधिक प्रचलित हैं।

(3) मेमोरी चिप

मेमोरी चिप या RAM कंप्यूटर में दिए गए इनपुट और कार्य के समय प्रयोग होनेवाले प्रोग्राम को रखने के लिए स्थान प्रदान करती है। आजकल 2 गीगाबाइट से 4 गीगाबाइट तक मेमोरी का चलन है। (8 बिट = 1 बाइट, 1024 बाइट = 1 किलोबाइट, 1024 किलोबाइट = 1 मेगाबाइट, 1024 मेगाबाइट = 1 गीगाबाइट।)

(4) हार्ड डिस्क

हार्ड डिस्क कंप्यूटर की परमानेंट स्टोरेज डिवाइस है। हार्ड डिस्क में स्टोर किए गए प्रोग्राम को कंप्यूटर पर कार्य करते समय किसी भी समय वर्किंग मेमोरी पर लेकर प्रयोग किया जा सकता है। हार्ड डिस्क की स्टोरेज क्षमता बहुत अधिक होती है, अतः इस पर Read-Write का कार्य भी तीव्र गति से होता है। आजकल 80 गीगाबाइट (GB) से 1000 गीगाबाइट तक क्षमता की हार्ड डिस्क का प्रचलन है।

1024 मेगाबाइट = 1 गीगाबाइट।

(5) सी.डी. रॉम

'कॉम्पैक्ट डिस्क रीड ऑनली मेमोरी' कंप्यूटर की स्टोरेज डिवाइस है। इसमें कॉम्पैक्ट डिस्क (CD) को लगाकर इसके डेटा या प्रोग्राम को तो read करते ही हैं, इसके अतिरिक्त ड्राइव में म्यूजिक या वीडियो CD को भी लगाकर Play किया जा सकता है।

(6) मॉनीटर

मॉनीटर कंप्यूटर की अपेक्षा प्रत्येक गतिविधि पर नजर रखता है और उसकी रिपोर्ट हमें स्क्रीन पर देता रहता है। कंप्यूटर में होनेवाली सभी घटनाओं और इनपुट व आउटपुट को वीडियो के रूप में स्क्रीन पर देखने के लिए मॉनीटर का प्रयोग किया जाता है।

हार्डवेयर और सॉफ्टवेयर

कंप्यूटर विज्ञान की प्रमुख दो शाखाएँ हैं, जिन्हें हार्डवेयर या सॉफ्टवेयर कहते हैं।

(1) हार्डवेयर

कंप्यूटर के सभी भौतिक भाग, जिन्हें आप देख सकते हैं और स्पर्श कर सकते हैं, हार्डवेयर कहलाते हैं; जैसे—की-बोर्ड, मॉनीटर, सिस्टम यूनिट, माउस, प्रिंटर, हार्ड डिस्क, फ्लॉपी ड्राइव, माइक्रोप्रोसेसर एवं अन्य कंपोनेंट्स—मेमोरी चिप और मदरबोर्ड हैं।

(2) सॉफ्टवेयर

कंप्यूटर के वे सभी भाग जो अदृश्य रहकर काम करते हैं, सॉफ्टवेयर कहलाते हैं। सामान्यत: कंप्यूटर को दिए जानेवाले प्रोग्राम्स के समूह सॉफ्टवेयर कहलाते हैं। वे सॉफ्टवेयर को ठीक उसी तरह संचालित करते हैं जैसे हमारे मस्तिष्क के विचार हमारे शरीर के भागों को।

कंप्यूटर का विभिन्न क्षेत्रों में प्रयोग

आज के आधुनिक समाज में कंप्यूटर का बहुत बड़ा योगदान है। शायद ही कोई क्षेत्र होगा, जहाँ कंप्यूटर महत्त्वपूर्ण भूमिका न निभाता हो। लगभग सभी सरकारी, अर्धसरकारी एवं प्राइवेट संस्थानों में कंप्यूटर का खूब प्रयोग हो रहा है।

(1) बैंक

बैंक एवं अन्य वित्तीय संस्थानों में कंप्यूटर का प्रयोग खाते रखने के लिए किया जाता है। हजारों व्यक्तियों के खातों का ब्यौरा मोटे-मोटे लैजर में ढूँढ़ना असुविधाजनक होता था एवं इसमें समय भी बहुत लगता था, परंतु कंप्यूटर में केवल किसी व्यक्ति का एकाउंट नंबर टाइप करके एक बटन दबाकर उसका संपूर्ण ब्यौरा पलक झपकते ही प्राप्त किया जा सकता है। आजकल बैंकों को नेटवर्क के माध्यम से जोड़कर ग्राहकों को किसी भी शाखा से धन जमा कराने और ATM से भुगतान प्राप्त करने की सुविधा दी जा रही है।

(2) शिक्षा

स्कूलों में गणित, विज्ञान और भूगोल जैसे विषय पढ़ाने हेतु कंप्यूटर का प्रयोग किया जाता है। इसका प्रमुख लाभ यह है कि टीचर को बार-बार रेखाचित्रों व मानचित्रों को बोर्ड पर बनाने और मिटाने की आवश्यकता नहीं पड़ती, बल्कि कंप्यूटर पर बनाए रेखाचित्रों और मानचित्रों को मात्र एक बटन दबाकर स्क्रीन पर दिखाया जाता है और उसको रंगों आदि के प्रयोग से स्पष्ट करते हुए आसानी से पढ़ाया व समझाया जाता है।

(3) हॉस्पिटल

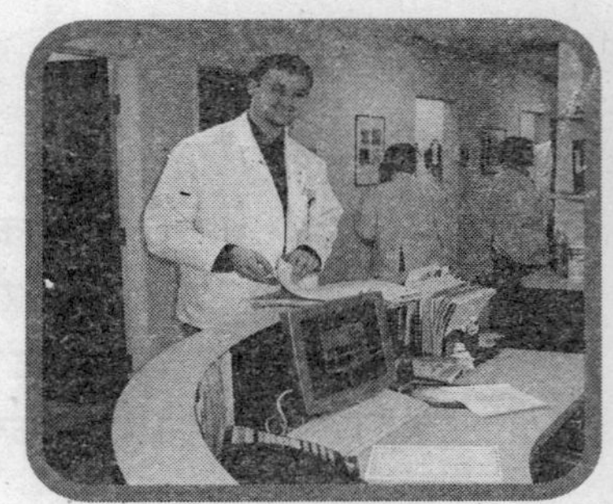

हॉस्पिटल की सर्जिकल मशीनों को कंप्यूटर से जोड़कर ऑपरेशन जैसी गतिविधियाँ करना हॉस्पिटल का प्रमुख कार्य होता है। इसका एक उदाहरण आँख की जाँच करनेवाली मशीन है, जो कंप्यूटर द्वारा संचालित होती है। मरीजों का रिकॉर्ड रखना भी कंप्यूटर का एक आवश्यक कार्य है।

(4) इंजीनियरिंग

पुल, मकान, गाड़ियाँ आदि बनाने से पहले उनका तकनीकी डिजाइन बनाया जाता है। यह कार्य पहले इंजीनियर कागज पर करते थे और डिजाइन में किसी भी प्रकार का बदलाव करने के लिए पूरे डिजाइन को दोबारा बनाना पड़ता था। आजकल कंप्यूटर पर इंजीनियरिंग डिजाइन बनाने के लिए सॉफ्टवेयर उपलब्ध हैं, जो मात्र कुछ डेटा इनपुट करने पर स्वत: ही डिजाइन बना देते हैं। इनको अपनी आवश्यकता के अनुसार बदलाव करके अंतिम रूप दिया जा सकता है। डिजाइन में चाहे जितने बदलाव करें, पूरी डिजाइन को मिटाने और दोबारा बनाने की आवश्यकता नहीं पड़ती है।

(5) ऑफिस

ऑफिस में लेटर टाइप करने और प्रिंट निकालकर भेजने के अतिरिक्त कर्मचारियों के वेतन का हिसाब करने जैसे कार्य कंप्यूटर द्वारा किए जाते हैं। इंटरनेट के माध्यम से ई-मेल द्वारा संदेश भेज सकते हैं, फैक्स का कार्य भी कंप्यूटर से किया जाता है।

(6) दूरसंचार

कंप्यूटर ने देश-विदेश में बैठे व्यक्तियों के साथ बातचीत करना और वस्तुओं का क्रय-विक्रय इतना आसान बना दिया है, जैसे एक ही छोटे शहर या गाँव के व्यक्तियों के लिए आपस में क्रय-विक्रय आसान होता है। इस सिस्टम को 'ग्लोबल विलेज' नाम दिया गया है।

इंटरनेट से जुड़े कंप्यूटर के माध्यम से आप बिना STD या ISD का खर्च किए और समय की परवाह किए बिना ही लंबी बातचीत कर सकते हैं। देश-विदेश के व्यक्तियों को अपना मित्र बना सकते हैं और अपने विचारों का आदान-प्रदान कर सकते हैं।

(7) उद्योग

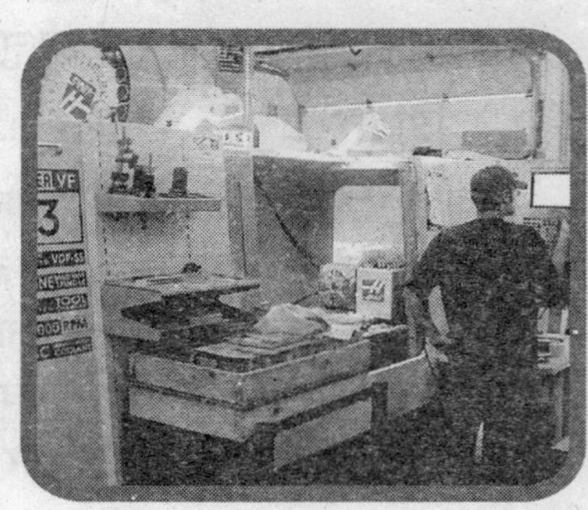

उद्योग जगत् में विशेष प्रकार के कंप्यूटर प्रयोग किए जाते हैं, जो आउटपुट को शब्दों या अक्षरों में नहीं, बल्कि विद्युत् सिग्नलों के रूप में देते हैं, जिनके आधार पर मशीनों को नियंत्रित और संचालित किया जाता है। रासायनिक कार्यशालाओं और ऐसे ही अन्य खतरनाक क्षेत्रों में, जहाँ मनुष्य की जान को खतरा हो सकता है, कंप्यूटर द्वारा नियंत्रित स्वचालित मशीनों का प्रयोग किया जाता है। □

2 Windows XP का परिचय

विंडोज एक ग्राफिकल यूजर इंटरफेस है अर्थात् विंडोज द्वारा कमांड्स को इमेज या मेन्यू के रूप में दिखाया जाता है, जिसे माउस द्वारा सिलेक्ट करके प्रयोग किया जाता है। इस तरह काम करने के लिए कमांड याद रखने की जरूरत नहीं होती। आरंभ में विंडोज का वर्जन 3.1 लाया गया, जो अभी तक कहीं-कहीं प्रयुक्त होता है। इसके बाद कंप्यूटर सॉफ्टवेयर में आए बदलाव को देखकर Windows 95 बनाया गया।

25 जून, 1998 को माइक्रोसॉफ्ट कंपनी ने Windows 98 का नया वर्जन रिलीज किया। Windows 98 अधिक शक्तिशाली होने के कारण कुछ ही महीनों में बहुत लोकप्रिय हो गया।

आजकल Windows का नया वर्जन Windows XP सबसे अधिक प्रचलित है। यह बहुत ही यूजर फ्रैंडली ऑपरेटिंग सिस्टम है। यद्यपि विंडोज के नवीनतम वर्जन विंडोज विस्टा एवं विंडोज 7 भी बाजार में आ चुके हैं, परंतु लोगों को Windows XP पर अधिक भरोसा है।

Windows XP के लिए आवश्यक हार्डवेयर

Windows XP एक ऑपरेटिंग सिस्टम के साथ-साथ अनेक ड्राइवर प्रोग्राम्स, यूटिलिटी प्रोग्राम्स एवं एप्लीकेशन प्रोग्राम का समूह है। इसे Install और प्रयोग करने के लिए आवश्यक हार्डवेयर इस प्रकार हैं—

- ❑ 486, पेंटिअम या पेंटिअम प्रो सिस्टम।
- ❑ 32 MB या अधिक RAM।
- ❑ हार्ड डिस्क में 600 MB खाली स्थान।
- ❑ CD-ROM ड्राइव।
- ❑ PCIVGA या AGP डिसप्ले कार्ड व मॉनीटर।
- ❑ माउस

Windows XP की विशेषताएँ

Windows XP में कुछ ऐसे साधनों को जोड़ा गया है, जो Windows 98 में उपलब्ध नहीं थे। इस प्रकार कंप्यूटर पर कार्य करने में सुगमता के साथ-साथ स्पीड भी बढ़ गई है। इसका लाभ उन लोगों को मिल रहा है, जो ग्राफिक्स के कार्य करते हैं। इसके अतिरिक्त ड्राइवर प्रोग्राम्स होने के कारण किसी भी हार्डवेयर को कंप्यूटर से जोड़कर सीधे प्रयोग करना आसान हो गया है। Windows XP में मिलनेवाली सुविधाएँ इस प्रकार हैं—

- ❑ इंस्टॉलेशन के दौरान मशीन को तीन बार से अधिक रीबूट नहीं करना पड़ता है।
- ❑ ऐपलेटों में की-बोर्ड शॉर्टकट है।
- ❑ Ctrl+Alt+Del वास्तव में काम करते हैं।
- ❑ टास्क मैनेजर है।
- ❑ माई डॉक्यूमेंट है।
- ❑ स्टार्ट मेन्यू का निजीकरण कर सकते हैं।
- ❑ बिना छितरा हुआ सिस्टम व्यू आता है।

इसके अतिरिक्त भी अनेक अन्य सुविधाएँ हैं जिनके द्वारा मल्टीमीडिया और इंटरनेट यूजर को कार्य करने में आसानी होती है। ऑपरेटिंग सिस्टम की तीव्र गति के कारण कंप्यूटर ऑन करने के बाद शीघ्रातिशीघ्र काम शुरू किया जा सकता है। इंस्टॉलेशन के बाद एक बार बूट करने पर ही मशीन एकदम ठीक चलती है।

Desktop में कार्य कैसे करें ?

Windows XP के डेस्कटॉप में Folder, Taskbar और Shortcuts सबसे विशेष गुण हैं, जो इसे पहलेवाले वर्जन की अपेक्षा अधिक गतिशील और सुविधाजनक बनाते हैं। यदि आप Windows XP के डेस्कटॉप को देखेंगे तो उसमें My Computer, My Briefcase और Network Neighbourhood जैसे कुछ Folder दिखाई देंगे। यदि आप किसी Folder को खोलना चाहते हैं तो उस पर माउस का पॉइंटर ले जाकर डबल क्लिक कर दीजिए, वह Folder खुल जाएगा। उदाहरण के लिए, यदि आप My Computer पर डबल क्लिक करेंगे तो My Computer का फोल्डर इस प्रकार स्क्रीन पर दिखाई देगा—

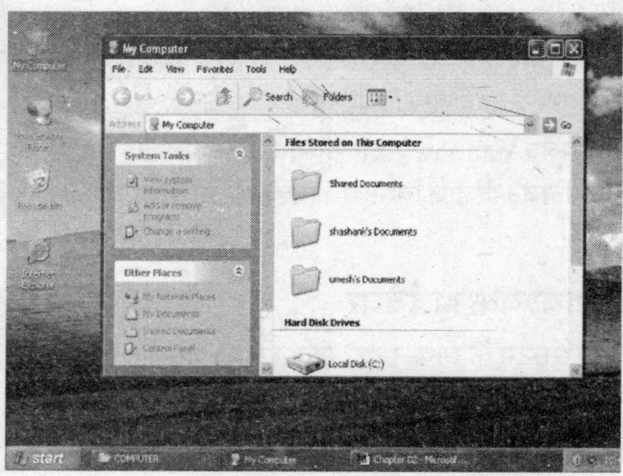

Folders का प्रयोग कैसे करें ?

My Computer फोल्डर खोलने पर जब आप किसी एक ड्राइव को माउस द्वारा क्लिक करते हैं तो उसकी मुख्य डायरेक्टरी में उपलब्ध डायरेक्टरीज Folder के रूप में इस प्रकार स्क्रीन पर दिखाई देती हैं—

आप जिस Folder पर क्लिक करते हैं, उसके अंदरवाली डायरेक्टरीज या प्रोग्राम अब Folder या File के रूप में दिखाई देते हैं। इसी तरह आप एक के अंदर एक Folder खोलते जाइए और जिस प्रोग्राम का प्रयोग करना चाहें, उस पर पहुँचकर डबल क्लिक कर दीजिए, वह प्रोग्राम खुलकर स्क्रीन पर आ जाएगा।

My Computer फोल्डर का प्रयोग

My Computer एक ऐसा फोल्डर है, जिसके द्वारा आप Windows XP के बहुत से महत्त्वपूर्ण काम कर सकते हैं। उदाहरण के लिए, यदि आप Control Panel पर जाकर Fonts, Color या अन्य किसी प्रकार की सेटिंग बदलना चाहते हैं तो My Computer फोल्डर का प्रयोग करते हैं। यदि प्रिंटर या मॉनीटर जैसे किसी हार्डवेयर की सेटिंग बदलना चाहते हैं तो भी My Computer फोल्डर का प्रयोग करना होगा। My Computer फोल्डर का डायलॉग बॉक्स इस प्रकार दिखाई देता है →

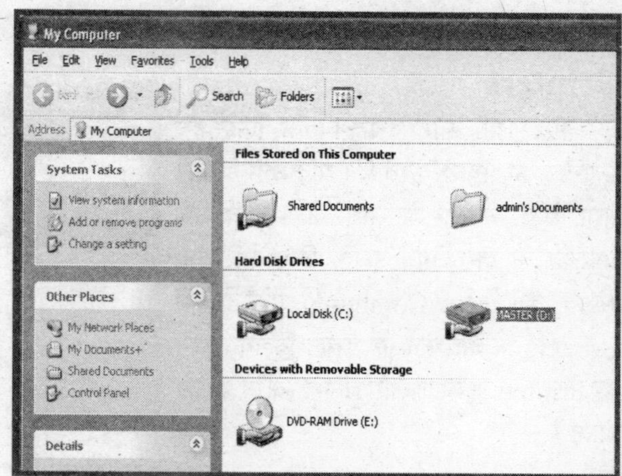

मान लीजिए कि आप अपनी हार्ड डिस्क (D:) ड्राइव के Contents देखना चाहते हैं तो My Computer फोल्डर पर क्लिक करके खोलने के बाद आप (D:) वाले फोल्डर पर डबल क्लिक कर दीजिए। अब स्क्रीन पर D: ड्राइव के Contents प्रदर्शित हो जाएँगे →

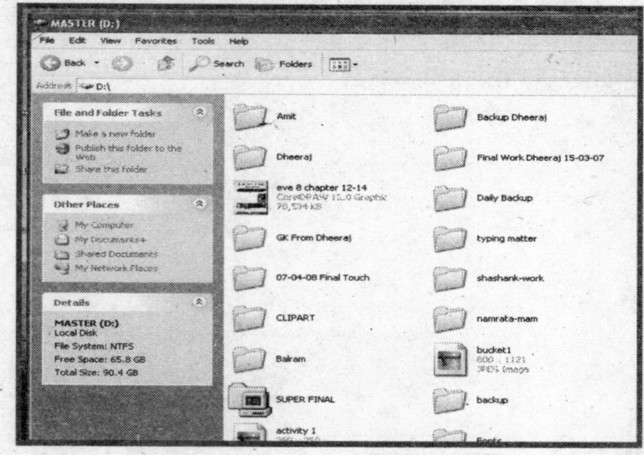

Control Panel

इस फोल्डर में बहुत सारे Application प्रोग्राम्स और Accessories मिलते हैं, जिनके माध्यम से आप कंप्यूटर में हार्डवेयर या सॉफ्टवेयर को जोड़ने, निकालने या बदलने की सेटिंग (Configuration) देने का काम करते हैं। My Computer फोल्डर में Control Panel के आइकन पर डबल क्लिक करने पर Control Panel का डायलॉग बॉक्स इस प्रकार से स्क्रीन पर दिखाया जाता है →

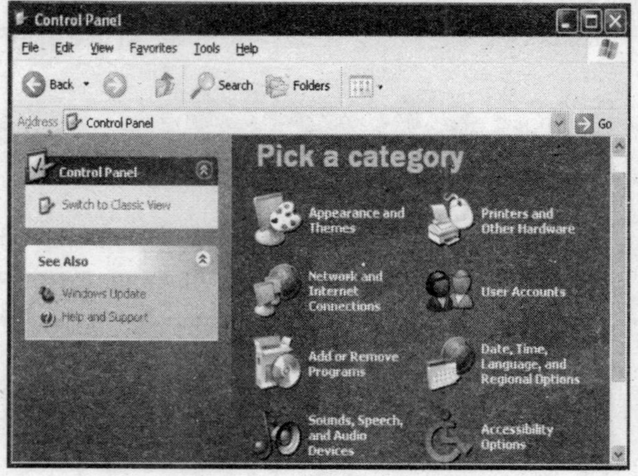

Printers

प्रिंटर की सेटिंग बदलने के लिए इस फोल्डर का प्रयोग करते हैं। यदि आपने कोई नया प्रिंटर कंप्यूटर के साथ जोड़ा है तो इस फोल्डर के द्वारा आप उसके लिए सेटिंग दे सकते हैं। My Computer फोल्डर में Printers के आइकन पर डबल क्लिक करने पर Printers का डायलॉग बॉक्स स्क्रीन पर आ जाता है →

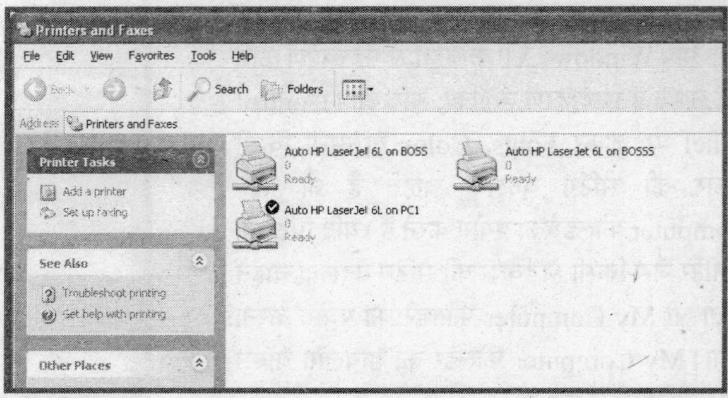

My Network Places

यहाँ से आपको अपने कंप्यूटर को नेटवर्क के साथ जोड़ने की सुविधा मिलती है। इस फोल्डर का डायलॉग बॉक्स इस प्रकार स्क्रीन पर आ जाता है →

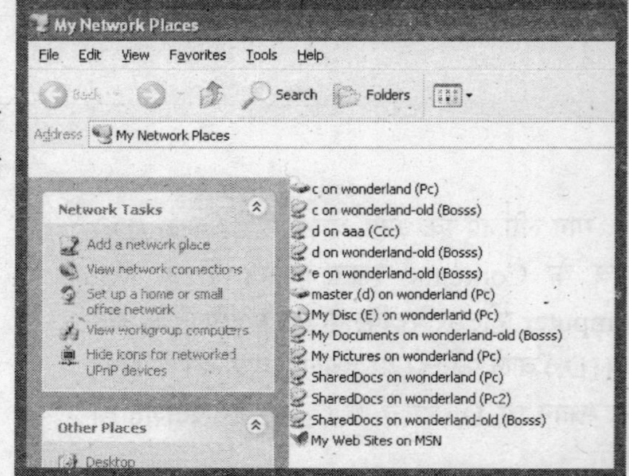

Taskbar का प्रयोग

Windows XP के desktop पर Start बटन के पास एक लंबे बटन की आकृति की Bar होती है, जिसे Taskbar कहते हैं। जब आप कोई प्रोग्राम खोलकर प्रयोग करते हैं तो वह प्रोग्राम एक बटन के रूप में टास्कबार में दिखाई देता है। यदि एक से अधिक प्रोग्राम खोले गए हैं तो दूसरे प्रोग्राम में जाने के लिए इच्छित प्रोग्राम के बटन पर क्लिक करना होता है। इस तरह Taskbar आपको एक से दूसरे सॉफ्टवेयर में जाने या स्विचिंग करने की सुविधा प्रदान करती है।

Taskbar को सेट करना

सामान्यत: Windows XP में Taskbar डेस्कटॉप स्क्रीन के नीचेवाले किनारे पर प्रदर्शित होती है, परंतु यदि आप चाहें तो उसे स्क्रीन के चारों किनारों में से किसी भी एक किनारे पर सेट कर सकते हैं।

Taskbar को मनचाहे किनारे पर सेट करने के लिए निम्न स्टेप लें—

1. Taskbar पर क्लिक करें।
2. माउस का क्लिक बटन दबाते हुए उस किनारे की तरफ Drag करें, जिस किनारे पर सेट करना चाहते हैं।

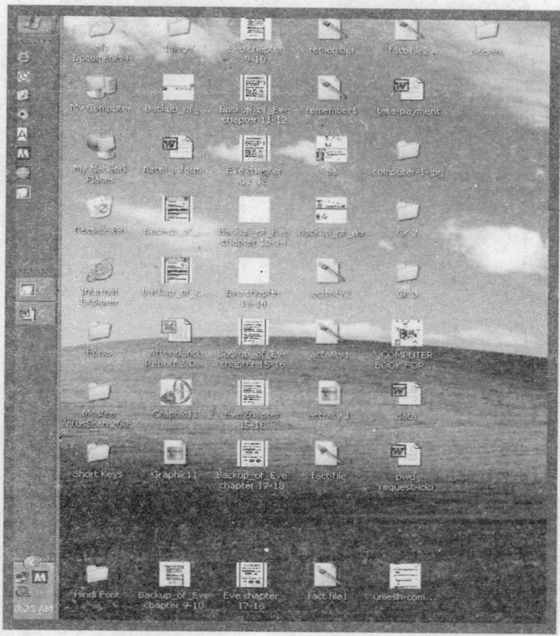

यदि आप Taskbar को Hide करना चाहते हैं या अन्य किसी तरह का बदलाव करना चाहते हैं तो निम्न स्टेप करें—

1. Taskbar पर माउस का पॉइंटर रखिए।
2. माउस के दाहिने बटन पर क्लिक करें। अब स्क्रीन पर मेन्यू दिखाई देता है।

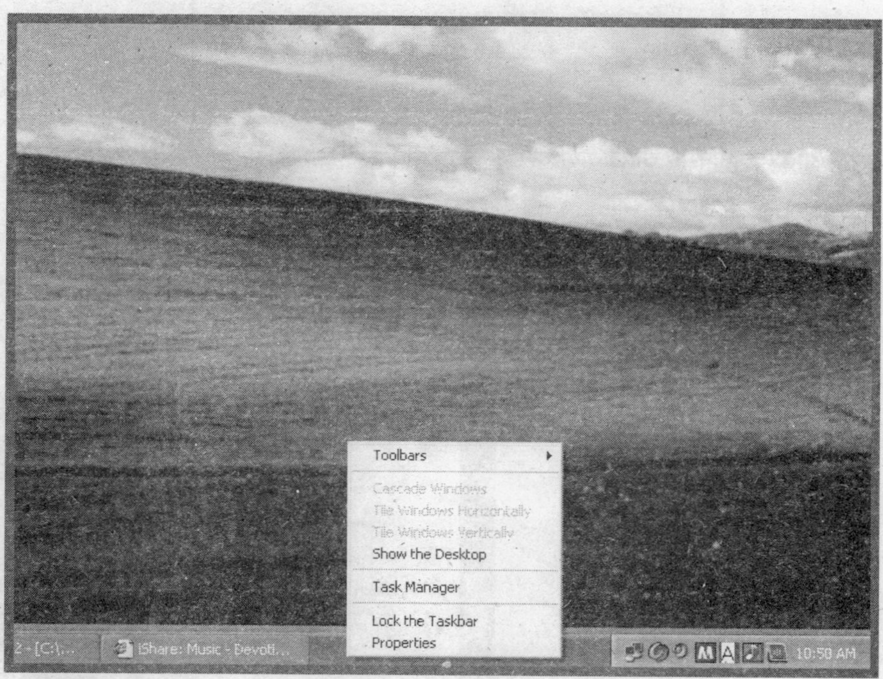

अब यदि आप स्क्रीन पर Properties विकल्प पर क्लिक करते हैं तो स्क्रीन पर —Taskbar and Start Menu Properties का पैनल बॉक्स आ जाता है।

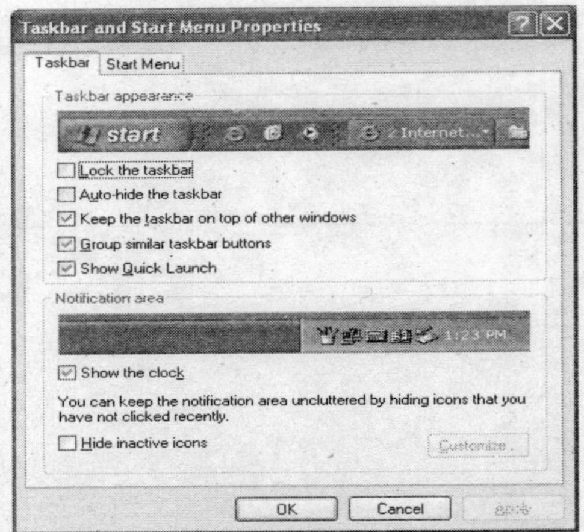

3. आप जिस तरह की सेटिंग चाहते हैं, उस विकल्प पर क्लिक करें।

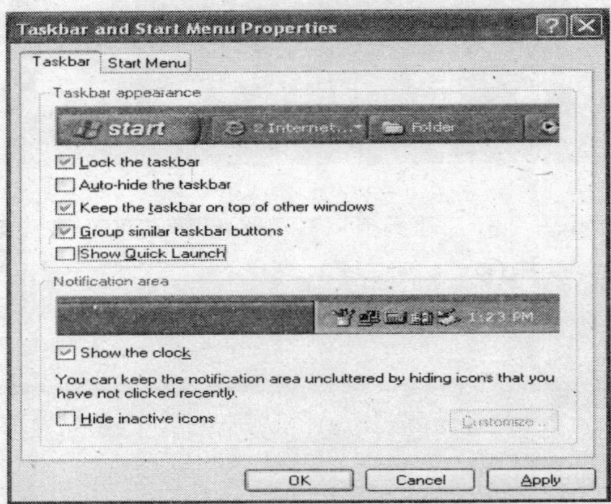

4. अब अपनी आवश्यकतानुसार बदलाव करके OK बटन पर क्लिक कर दीजिए।

Desktop की Background कैसे बदलें ?

डेस्कटॉप की बैकग्राउंड स्क्रीन को बदलने के लिए निम्न स्टेप करते हैं—

1. Start बटन क्लिक करें।

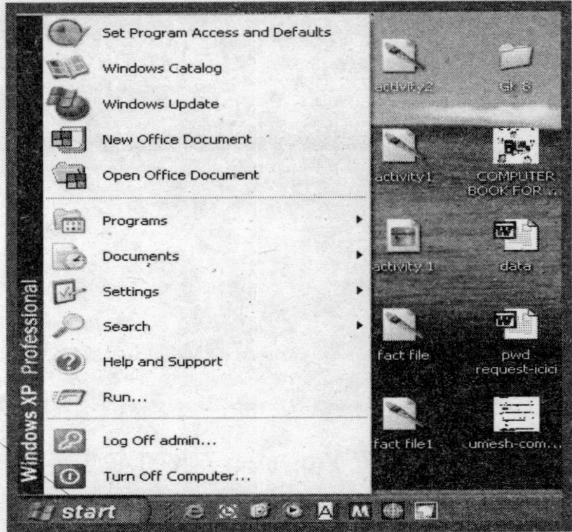

2. माउस पॉइंटर को Settings पर ले जाएँ।

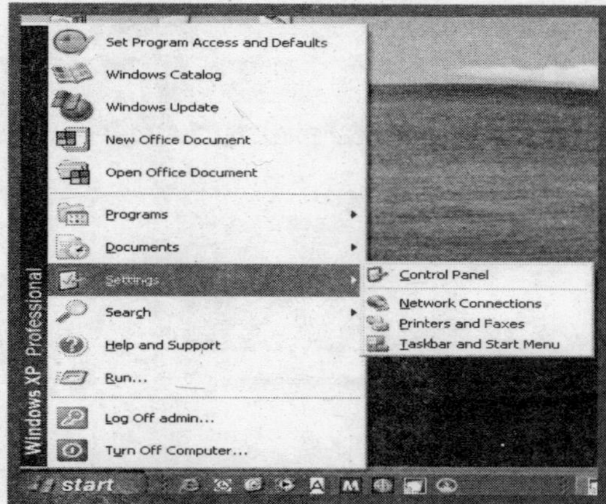

3. जब माउस पॉइंटर को Control Panel पर ले जाते हैं तो स्क्रीन पर Control Panel के अंतर्गत मिलनेवाले विकल्पों की लिस्ट दिखाई देती है।

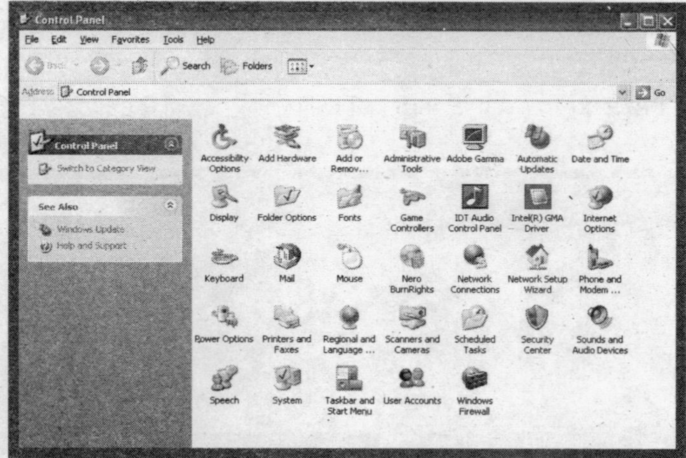

4. उपर्युक्त स्क्रीन में Display विकल्प पर डबल क्लिक करते हैं।

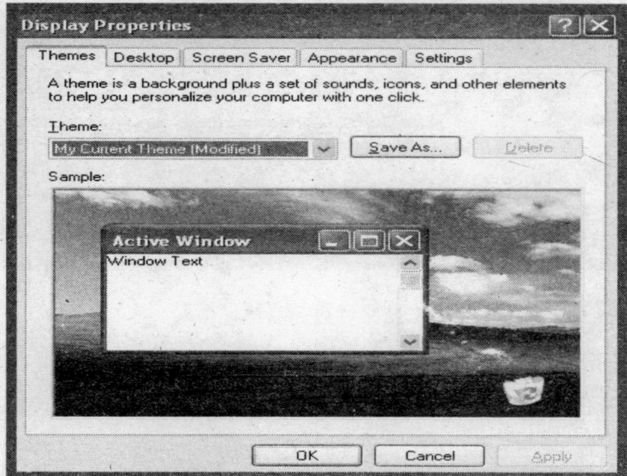

5. अब आप Desktop बटन पर क्लिक करें या इसके बाद बैकग्राउंड की लिस्ट में दिखाई गई फाइलों में से उस फाइल को चुनें, जिसे Desktop की स्क्रीन पर लाना चाहते हैं।

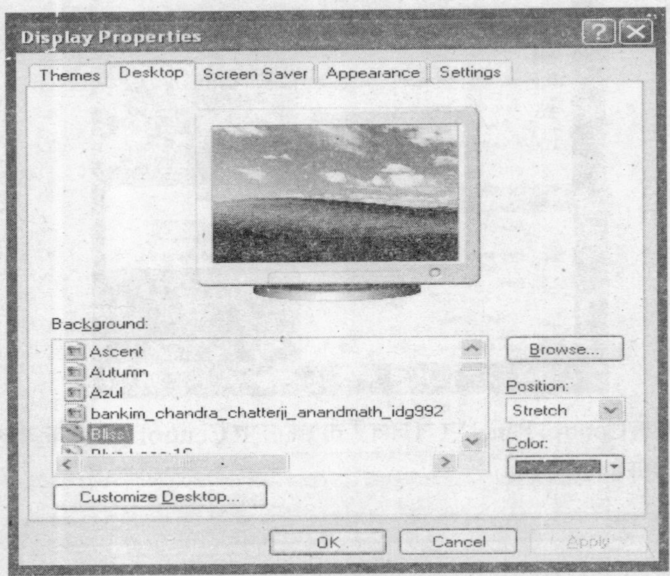

6. अब OK बटन पर क्लिक करने पर चुनी गई फाइल की इमेज Desktop की बैकग्राउंड बन जाती है।

टास्कबार द्वारा एक से दूसरी application में स्विचिंग

एक से दूसरी एप्लीकेशन में जाने के लिए टास्कबार का प्रयोग करते हैं। मान लीजिए कि आप अभी Notepad में काम कर रहे हैं और अब Paint में जाकर काम करना चाहते हैं, तो Taskbar में Paint के बटन को माउस द्वारा क्लिक कर दीजिए। आप Paint में पहुँच जाएँगे।

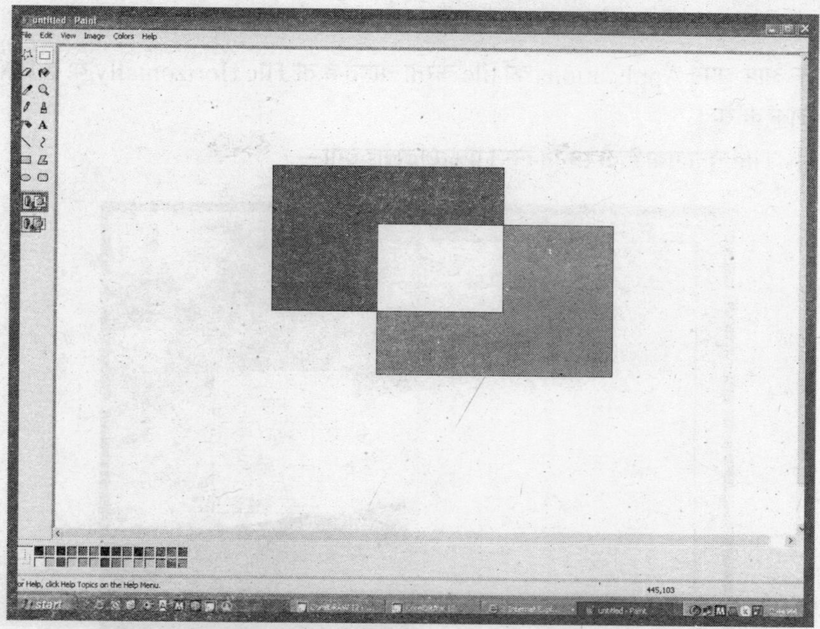

पुन: Calculator में वापस आने के लिए Taskbar में Calculator के बटन पर क्लिक करें।

टास्कबार द्वारा एप्लीकेशन को व्यवस्थित करना

आप टास्कबार द्वारा अपने एप्लीकेशन को Desktop में arrange कर सकते हैं। डेस्कटॉप के आइटमों को आप Windows के पुराने वर्जन की तरह या तो cascade कर सकते हैं या tile कर सकते हैं। अपने Application को arrange करने के लिए Taskbar पर माउस द्वारा Right Click करें।

निम्न प्रकार का एक मेन्यू स्क्रीन पर आ जाता है—

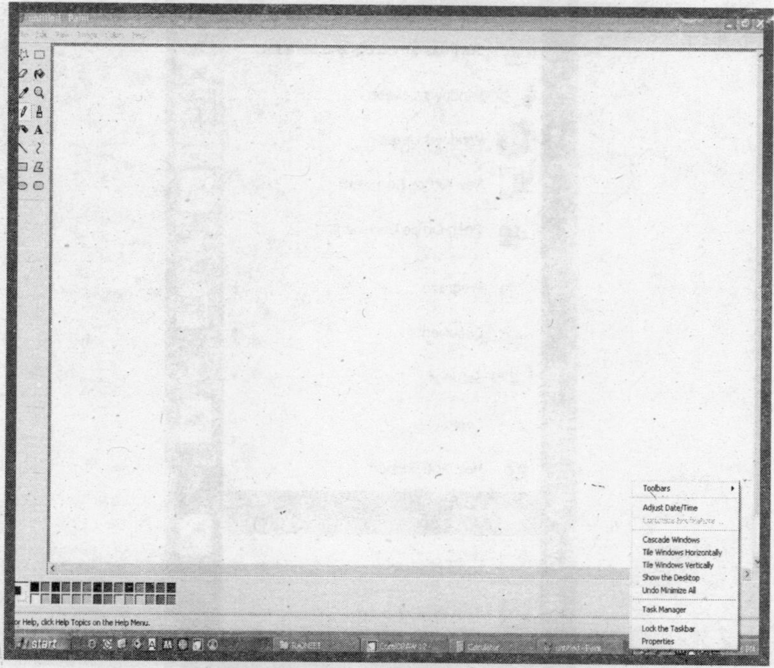

मान लीजिए कि आप अपने Applications को tile करना चाहते हैं तो Tile Horizontally या Tile Vertically में से जो चाहें, उस पर क्लिक करिए।

यदि Vertically Tile चुना गया है तो स्क्रीन निम्न प्रकार दिखाई देगी—

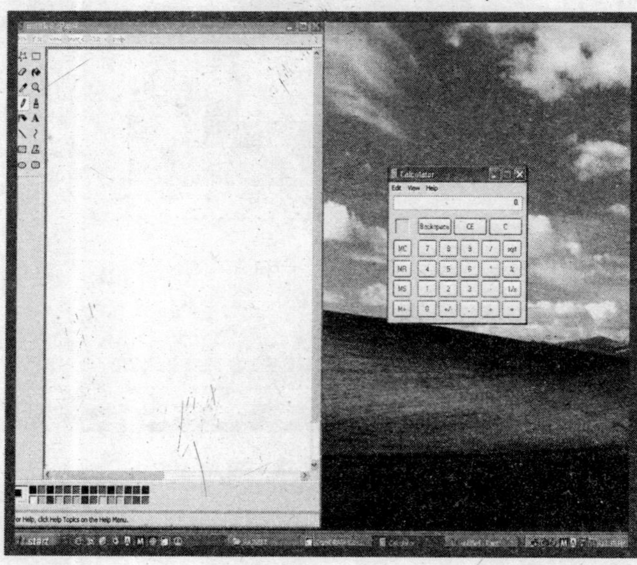

Run कमांड का प्रयोग

Run कमांड द्वारा आपको स्क्रीन पर एक प्रॉम्प्ट (Prompt) मिलता है, जिसमें अपने प्रोग्राम की डिस्क एवं डायरेक्टरी का विवरण देकर और प्रोग्राम का नाम टाइप करके तथा बाद में Enter दबाकर उसे Run कर सकते हैं। इसके लिए निम्न स्टेप लेने होंगे—

1. Start बटन पर क्लिक करें।

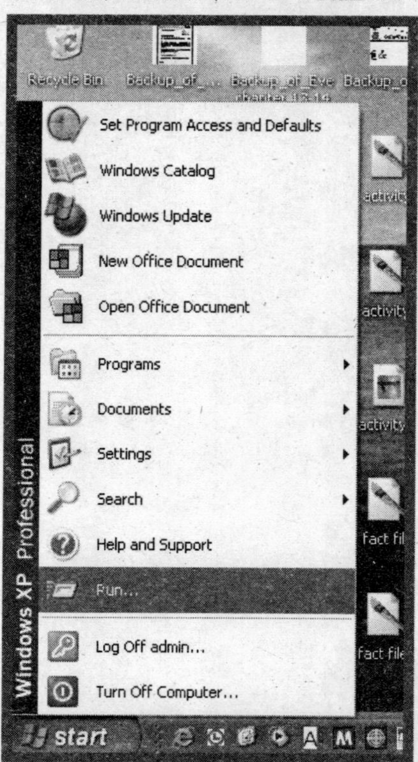

2. Run पर क्लिक करने पर नीचे दिखाया गया डायलॉग बॉक्स स्क्रीन पर आ जाता है—

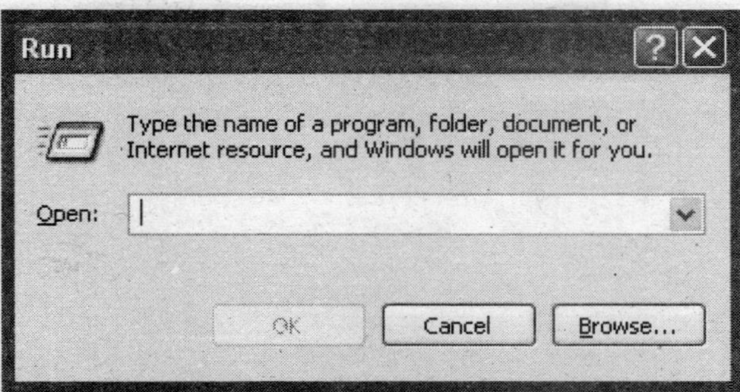

3. Run डायलॉग बॉक्स में Open विकल्प के सामने उस प्रोग्राम का नाम टाइप करें, जिसे खोलना चाहते हैं। यदि आप चाहें तो Browse बटन दबाकर भी उस प्रोग्राम का नाम प्रॉम्प्ट में ला सकते हैं।

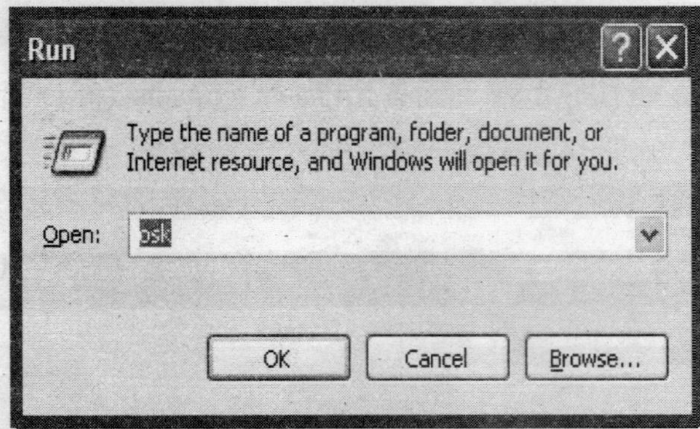

4. OK बटन पर क्लिक करें या Enter दबाएँ तो वह फाइल या प्रोग्राम, जो आप खोलना चाहते हैं, स्क्रीन पर आ जाएगा।

Help कैसे देखें ?

Windows XP में Help की सुविधा उपलब्ध रहती है, जिसके द्वारा आप किसी भी कमांड आदि की जानकारी प्राप्त कर सकते हैं। Help के लिए निम्न स्टेप लेते हैं—

1. Start बटन दबाइए।

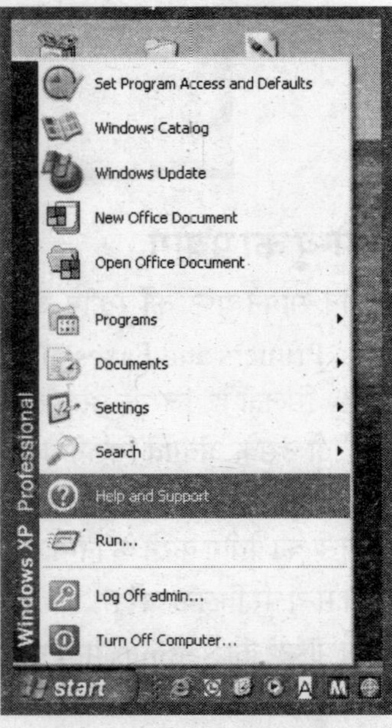

2. Help and Support मेन्यू पर क्लिक करिए। निम्न प्रकार की स्क्रीन दिखाई देगी—

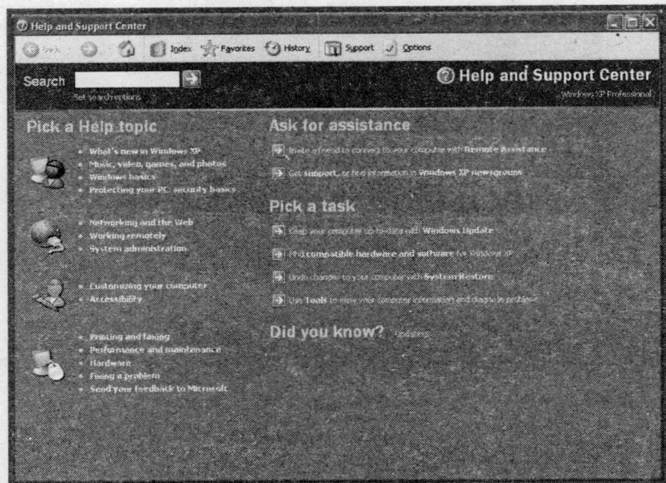

3. अब आप जिस topic की Help देखना चाहते हैं, उसे क्लिक करके खोल लीजिए और उपलब्ध information को पढ़िए।

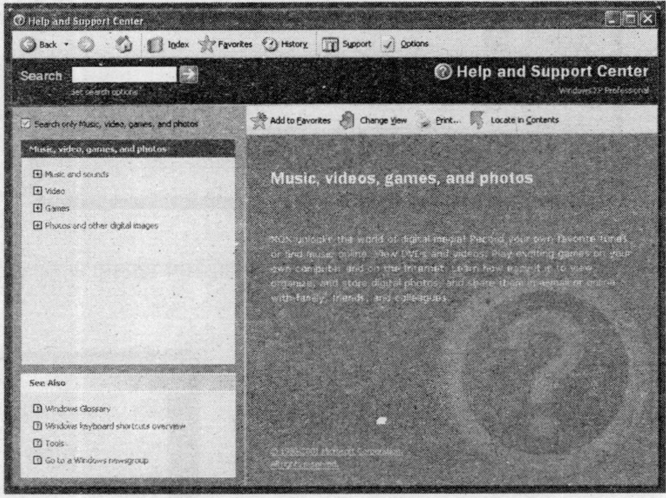

Settings मेन्यू का प्रयोग

सेटिंग की स्क्रीन सामने पृष्ठ की स्क्रीन जैसी दिखाई देती है, जिसमें Control Panel और Network and Dial-up Connections, Printers and Faxes और Taskbar & Start Menu... विकल्प मिलते हैं। साथ ही Windows XP में एक नई facility मिलती है, जिसके अंतर्गत आप माउस पॉइंटर को जब Control Panel विकल्प पर ले जाकर उसे pull-down करते हैं तो उसके अंतर्गत मिलनेवाले विकल्पों की लिस्ट स्क्रीन पर आ जाती है; जैसे—Date and Time, Font, Display, Keyboard, System आदि। इन विकल्पों में से आप जिस विकल्प को चुनना चाहते हैं, उसे माउस द्वारा चुन सकते हैं। Settings मेन्यू का प्रयोग करने के निम्न स्टेप हैं—

1. Start मेन्यू पर क्लिक करें।
2. माउस पॉइंटर को Settings मेन्यू पर ले जाने पर Settings मेन्यू pull-down हो जाता है।

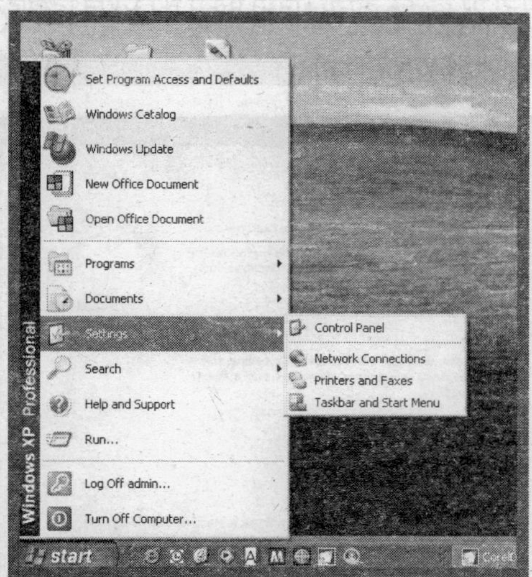

3. माउस पॉइंटर को Control Panel पर ले जाने पर उसके अंतर्गत मिलनेवाले विकल्पों की निम्न लिस्ट स्क्रीन पर दिखाई देती है—

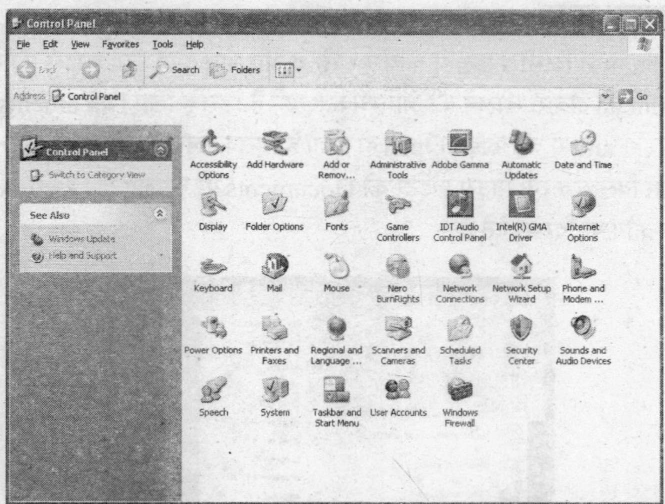

4. आप जिस तरह की सेटिंग बदलना चाहते हैं, उस विकल्प पर क्लिक करके आगे के स्टेप जान सकते हैं। मान लीजिए, आप माउस की सेटिंग बदलना चाहते हैं तो माउस विकल्प पर क्लिक करें। आपको स्क्रीन पर Mouse Properties का डायलॉग बॉक्स दिखाई देगा →

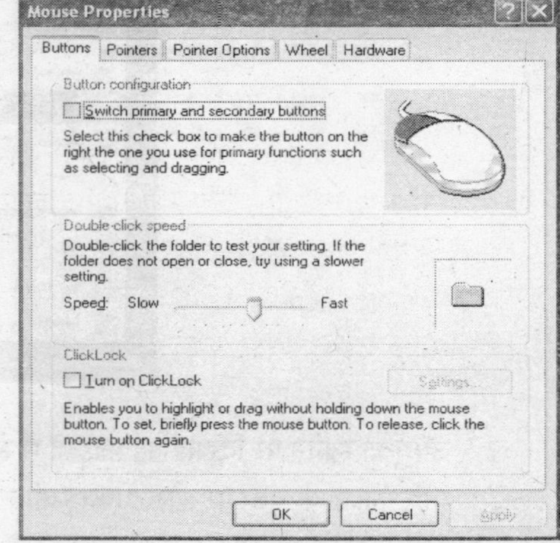

5. आप माउस की जिस प्रकार की सेटिंग करना चाहें, उस विकल्प को चुनकर OK बटन पर क्लिक करें। माउस आपके द्वारा चुने गए विकल्प के अनुसार कार्य करने लगेगा।

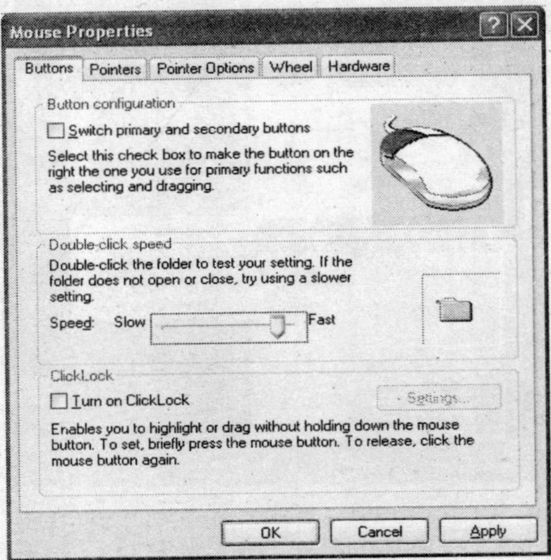

Documents मेन्यू का प्रयोग

माना कि आप पहले Paint में किसी फाइल में कार्य कर रहे थे और अब आप उसी फाइल में फिर से कार्य करना चाहते हैं तो इसके लिए आपको Paint को दोबारा खोलने की आवश्यकता नहीं है। इसके लिए Documents मेन्यू में जाकर उस फाइल पर क्लिक कर देने मात्र से ही Paint में वह फाइल Open हो जाती है। इसके लिए निम्न स्टेप लेते हैं—

1. Start Menu पर क्लिक करके माउस पॉइंटर को Documents पर ले जाएँ तो Documents के अंतर्गत फाइलों के नाम इस प्रकार स्क्रीन पर दिखाई देते हैं—

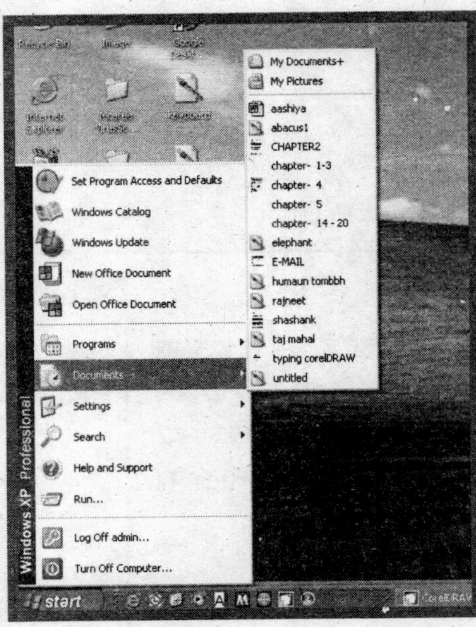

2. उपर्युक्त स्क्रीन पर दिखाई गई फाइलों में से आप जिस फाइल पर क्लिक करते हैं, उसका Application सॉफ्टवेयर और फाइल कंप्यूटर पर लोड होकर स्क्रीन पर आ जाता है।

Programs मेन्यू द्वारा प्रोग्राम खोलना

Windows XP के Programs मेन्यू का प्रदर्शन ग्राफिक्स द्वारा बने हुए tree के रूप में होता है, जो निम्न प्रकार से दिखाई देता है—

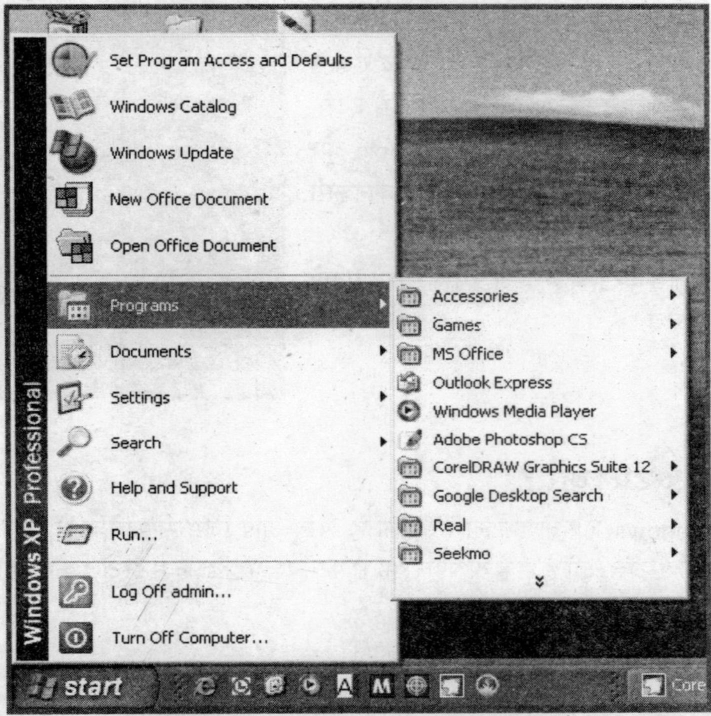

जिस फोल्डर में आपका प्रोग्राम है, उस पर माउस का पॉइंटर ले जाइए और फिर इसी तरह एक के अंदर एक फोल्डर में जाते हुए अपने प्रोग्राम तक पहुँचकर क्लिक कर दीजिए। इस तरह आपका प्रोग्राम लोड होकर कंप्यूटर की स्क्रीन पर आ जाएगा।

मान लीजिए, आप CorelDraw 12 खोलना चाहते हैं तो Start बटन पर क्लिक करके माउस पॉइंटर को Programs पर ले जाकर CorelDraw 12 के फोल्डर पर ले जाते हैं और अंत में CorelDraw 12 पर क्लिक करते हैं तो CorelDraw 12 रन होने लगता है और Open होकर इस प्रकार स्क्रीन पर आ जाता है—

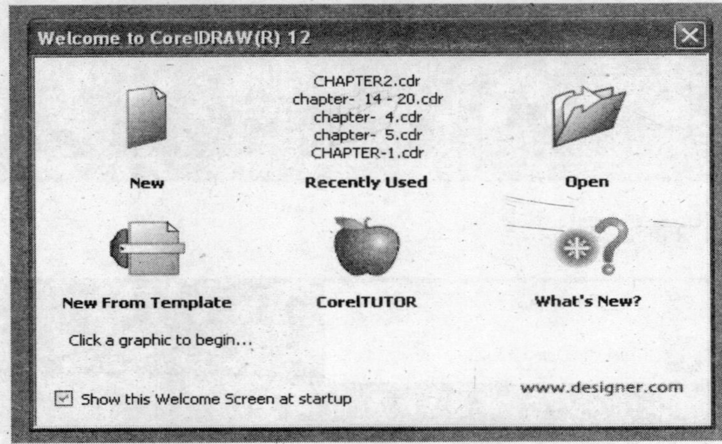

3 Windows XP में सामान्य कार्य

Windows XP में सामान्य कार्य जैसे—पता लगाना कि कंप्यूटर में कौन-कौन से सॉफ्टवेयर हैं, कोई नई फाइल या फोल्डर कैसे बनाएँ, शॉर्टकट कैसे बनाएँ, शॉर्टकट या आइकन का नाम कैसे बदलें, फ्लॉपी डिस्क कैसे फॉरमेट करें, Windows को Minimize और Maximize कैसे करें इत्यादि जानने के लिए इस अध्याय में जानकारी दी गई है।

Windows XP को लोड करने के बाद जो प्रमुख स्क्रीन सामने आती है उसे Desktop कहते हैं।

नया सॉफ्टवेयर कैसे इंस्टॉल करें ?

मान लीजिए कि Windows XP तो इंस्टॉल हो चुका है, परंतु आप जिस सॉफ्टवेयर में काम करना चाहते हैं वह एप्लीकेशन सॉफ्टवेयर अभी इंस्टॉल नहीं हुआ है तो पहले वह सॉफ्टवेयर हार्डडिस्क में इंस्टॉल करना होगा। इसके लिए विधि निम्न प्रकार है—

1. कंप्यूटर ऑन करके Windows के डेस्कटॉप पर जाएँ।

2. अब Start बटन पर क्लिक करें।

3. Run कमांड पर क्लिक करें।

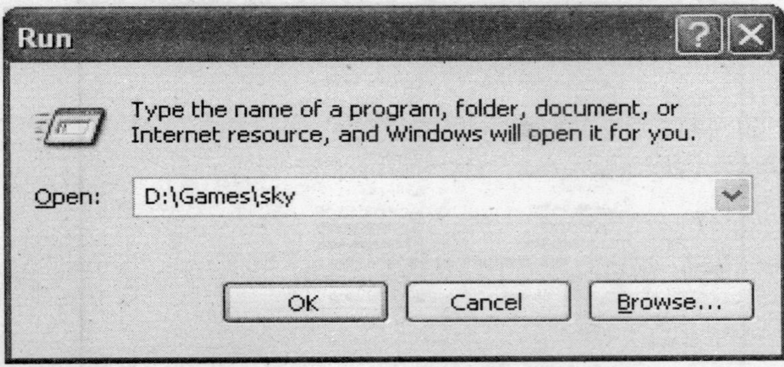

4. Browse बटन पर क्लिक करें।

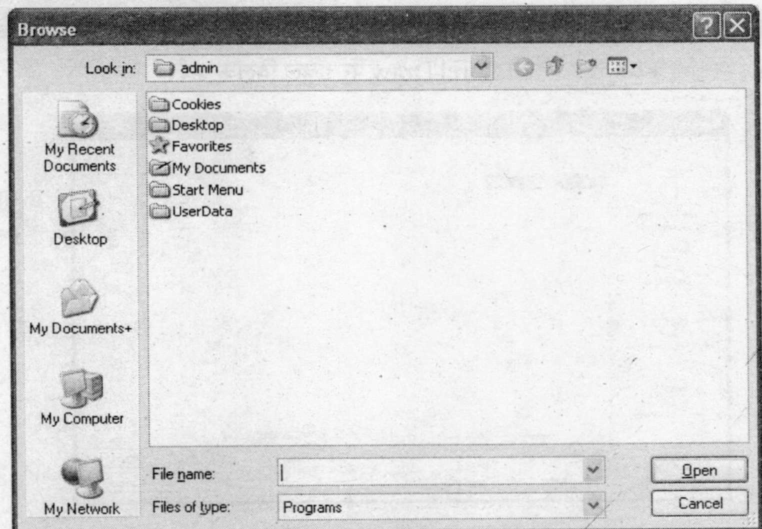

5. बटन पर माउस द्वारा क्लिक करते हैं तो Look in विकल्प खुल जाता है तथा स्क्रीन पर निम्न विकल्प दिखाई देते हैं—

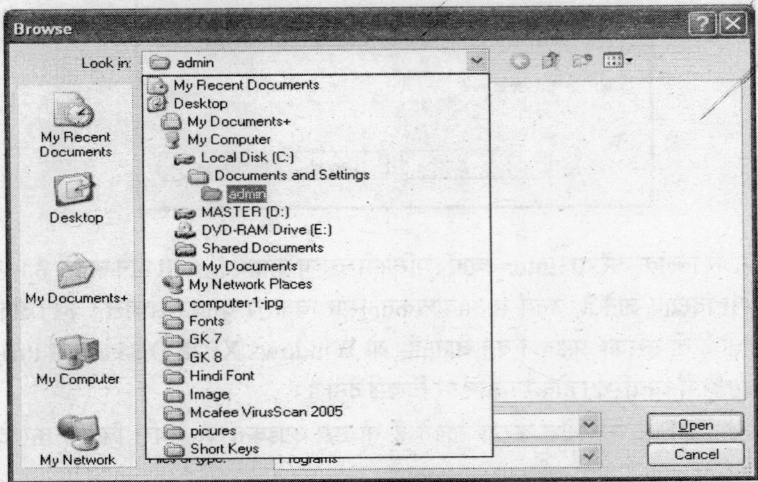

6. अब आपकी फाइल जिस डायरेक्टरी में है, उस पर क्लिक करके उसे सिलेक्ट करते हैं।

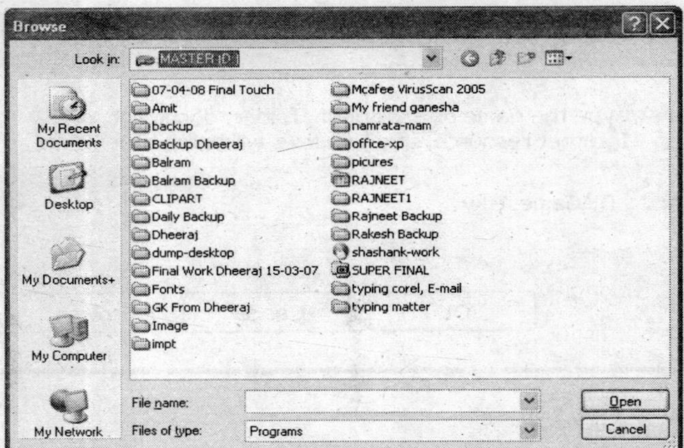

7. अब आप जिस प्रोग्राम को इंस्टॉल करना चाहते हैं, उस पर डबल क्लिक करते हैं। उदाहरण के लिए, यदि आप Corel Draw इंस्टॉल करना चाहते हैं तो Corel Draw पर डबल क्लिक करें।

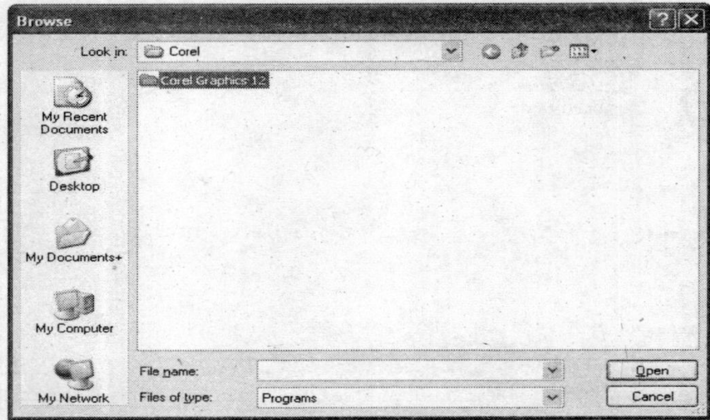

8. Corel Draw की Setup फाइल पर डबल क्लिक करते हैं तो वह फाइल Select होकर स्क्रीन पर Run डायलॉग बॉक्स आता है।

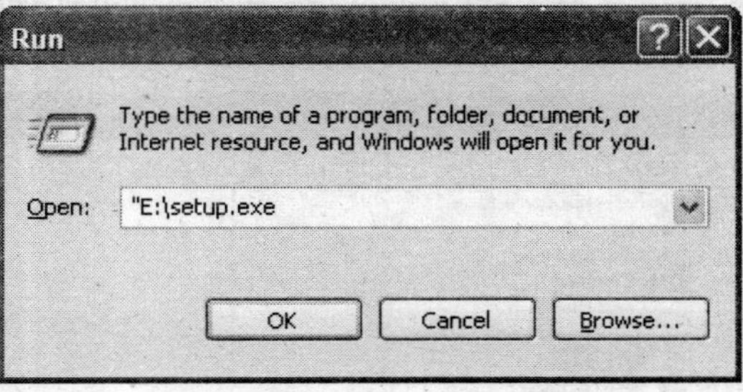

9. अब OK बटन पर क्लिक करें या Enter दबाएँ। परिणामस्वरूप प्रोग्राम install होने लगता है। अब जो भी निर्देश या मैसेज स्क्रीन पर दिखाए जाते हैं, उनमें से आवश्यकतानुसार विकल्प चुनकर संचालन करें। अंत में जब सॉफ्टवेयर इंस्टॉल हो जाता है तो उसका आइकन बन जाता है, जो Windows XP के Desktop में Programs के अंतर्गत सॉफ्टवेयर फोल्डर में व्यवस्थित होकर स्क्रीन पर दिखाई देता है।

10. यदि आप Corel Draw को लोड करना चाहते हैं तो उस आइकन पर डबल क्लिक कर देने मात्र से ही वह Program लोड हो जाता है और स्क्रीन पर आ जाता है।

Windows Explorer कैसे खोलें ?

Windows XP में Windows Explorer के माध्यम से फाइल मैनेजमेंट किया जाता है। Windows Explorer को प्रयोग करने के निम्न स्टेप हैं—

1. Start बटन पर क्लिक करें।

2. माउस पॉइंटर को Programs पर रखें।

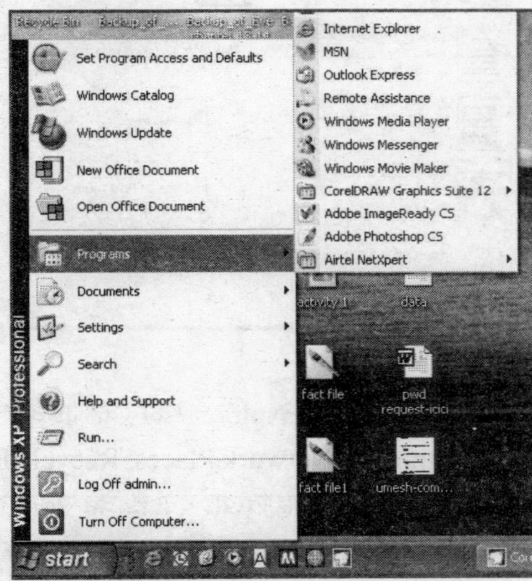

3. माउस पॉइंटर को Accessories पर ले जाएँ।

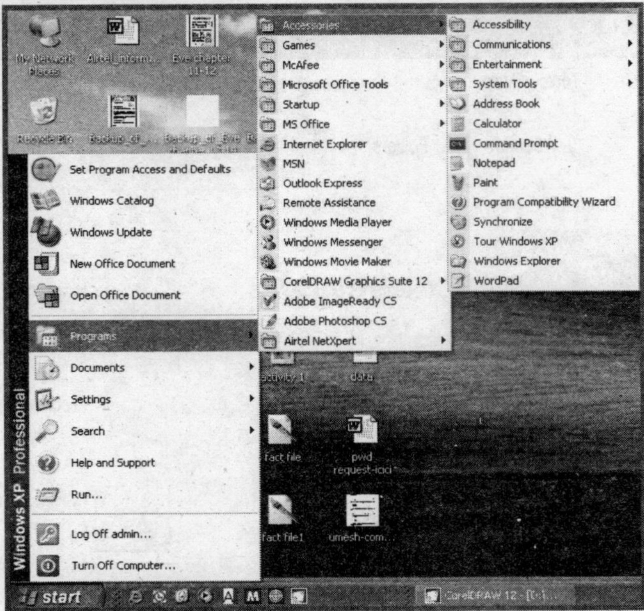

4. अब Windows Explorer पर क्लिक करने से निम्न प्रकार की स्क्रीन आ जाती है—

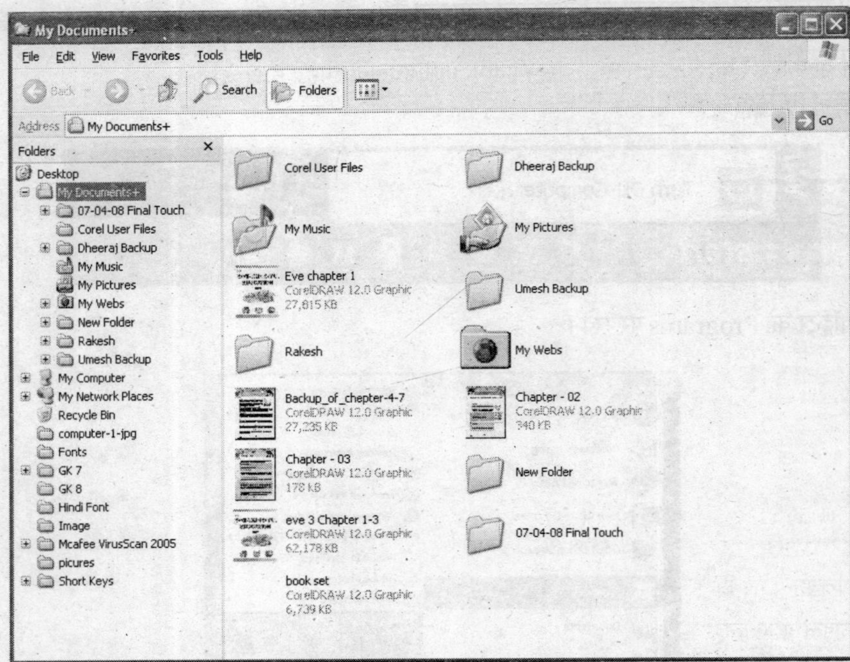

यहाँ से आप अपने डेस्कटॉप का मैनेजमेंट कर सकते हैं। Explorer स्क्रीन के बाईं ओर वाले बॉक्स में tree के सबसे ऊपर डेस्कटॉप दिखाई देता है। डेस्कटॉप में My Computer, Network Places, Recycle Bin और My Briefcase नाम के कंपोनेंट्स होते हैं। इनमें से जिस Component के साथ + चिह्न दिखाई देता है, वह संकेत करता है कि इसके एक लेवल नीचे अभी और फोल्डर हैं। यदि आप ऐसे किसी कंपोनेंट पर माउस का पॉइंटर रखेंगे तो उसके एक लेवल नीचेवाले फोल्डर भी प्रदर्शित हो जाएँगे।

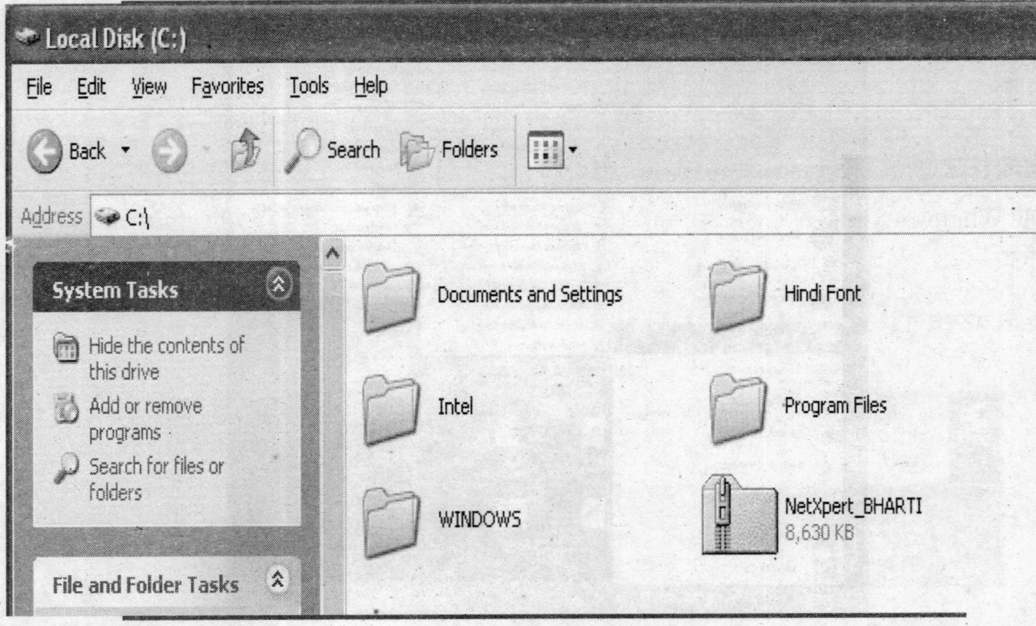

फाइल या फोल्डर को Rename करना

किसी फाइल या फोल्डर का नाम बदलने के लिए निम्न स्टेप लेते हैं—

1. उस फाइल या फोल्डर को Select करें, जिसका नाम आप बदलना चाहते हैं।
2. अब उस फाइल या फोल्डर पर Right Click करें।

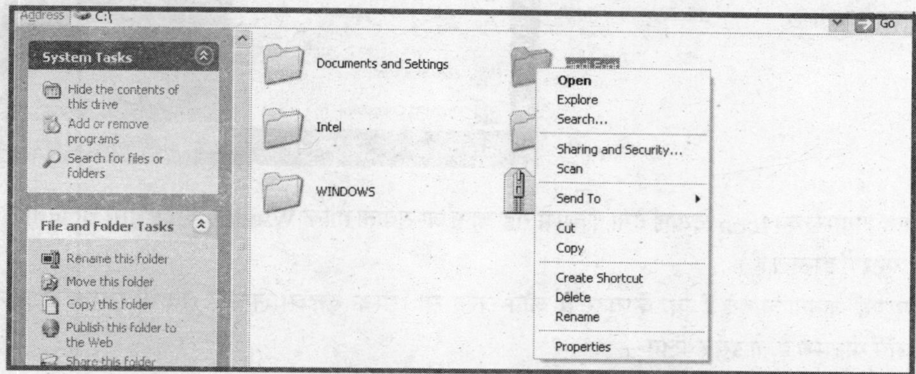

3. Rename विकल्प पर क्लिक करें।
4. अब उस फाइल या फोल्डर के लिए नया नाम टाइप करें।

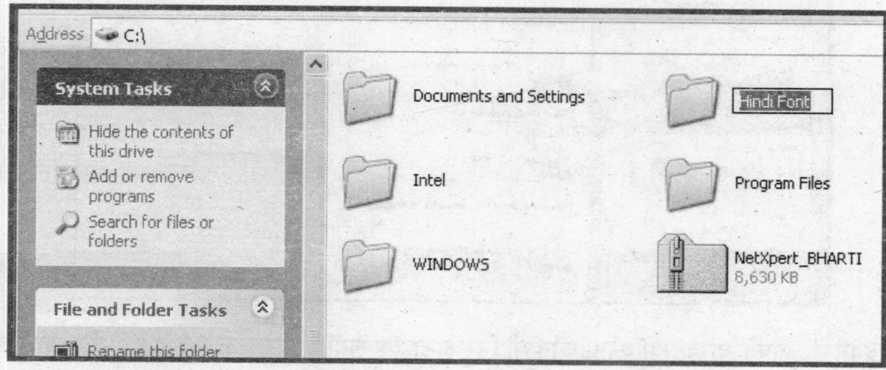

डिस्क, डायरेक्टरी, फाइलें आदि देखना

यदि आप Windows XP के डेस्कटॉप पर हैं और यह देखना चाहते हैं कि कंप्यूटर में कौन-कौन से प्रोग्राम्स कार्य कर रहे हैं तो इसके लिए—

1. Start बटन दबाएँ।

2. Programs पर क्लिक करें।

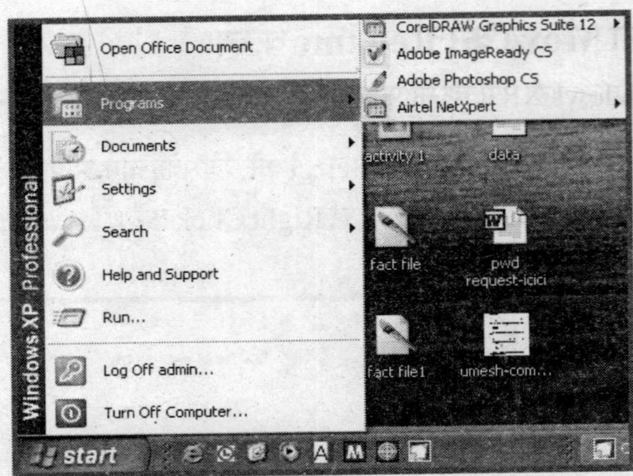

अब प्रत्येक प्रोग्राम्स का Icon दिखाई देगा, जिससे यह जाना जा सकता है कि Windows XP द्वारा चलनेवाले कौन-कौन से प्रोग्राम्स कंप्यूटर में इंस्टॉल हैं।

यदि आप यह जानना चाहते हैं कि कंप्यूटर में कौन-कौन सी डिस्क ड्राइव्स लगी हैं, किसी डिस्क में कौन-कौन सी डायरेक्टरीज और प्रोग्राम्स हैं तो इसके लिए—

My Computer के आइकन पर डबल क्लिक करें।

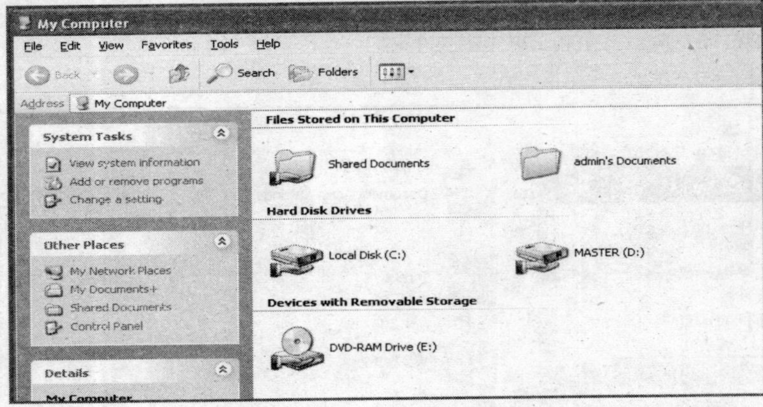

उपर्युक्त स्क्रीन में, आपके कंप्यूटर में कौन-कौन सी डिस्क ड्राइव्स लगी हैं, देखा जा सकता है। यदि आप किसी डिस्क में उपस्थित डायरेक्टरीज या फाइलें देखना चाहते हैं तो—

डिस्क के उस नाम पर डबल क्लिक करिए, जिसके contents आप देखना चाहते हैं। माना कि आप (C:) पर डबल क्लिक करते हैं तो—

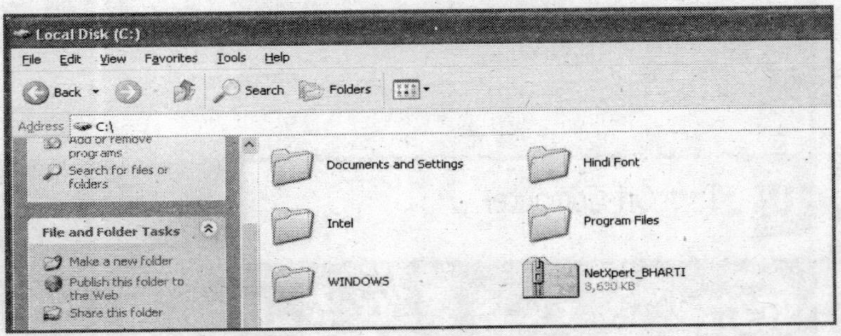

उस डिस्क में उपस्थित सभी फोल्डर्स और फाइलें दिखाई देंगी।

File को Move करना

Windows XP में किसी फाइल को एक स्थान से दूसरे स्थान पर (दूसरी डिस्क या डायरेक्टरी में) ले जाने के लिए निम्न स्टेप लेते हैं—

1. पहले Windows Explorer को Open करते हैं।

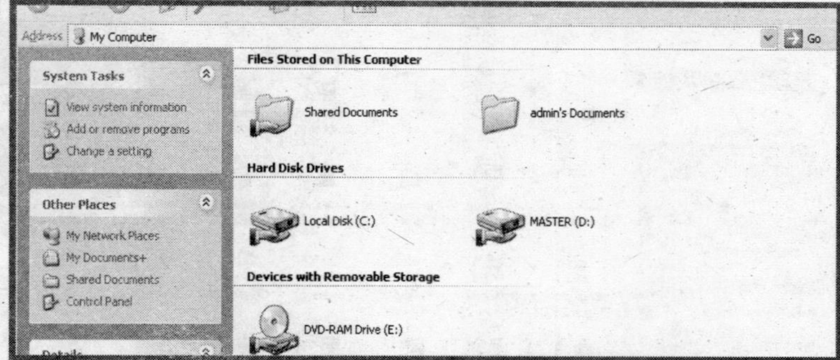

2. अब उस ड्राइव को डबल क्लिक करते हैं, जिसके अंतर्गत वह फाइल है तथा जिसे Move करना चाहते हैं।

3. माउस का Left बटन क्लिक करके दबाते हुए उस स्थान (डिस्क या डायरेक्टरी) पर ले जाइए, जिसमें फाइल को मूव करके ले जाना चाहते हैं और फिर माउस को छोड़ दीजिए। इस तरह वह फाइल मूव होकर दूसरे स्थान पर चली जाएगी।

या

मेन्यू विधि द्वारा फाइल या फोल्डर को मूव करने के लिए पहले उस फाइल या फोल्डर को select करें, जिसे मूव करना है।

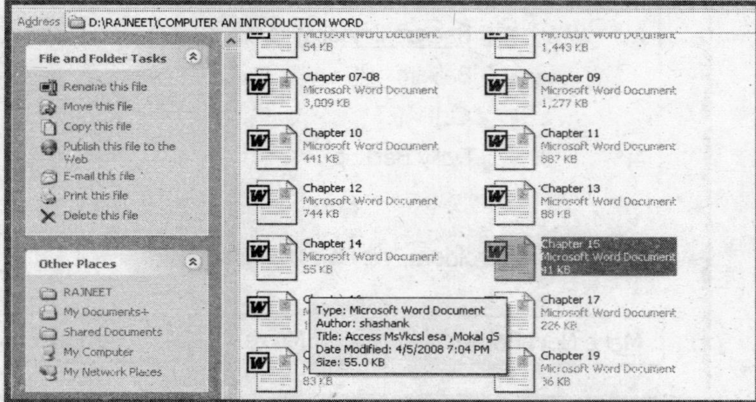

4. ऐच्छिक विकल्प पर क्लिक करें।

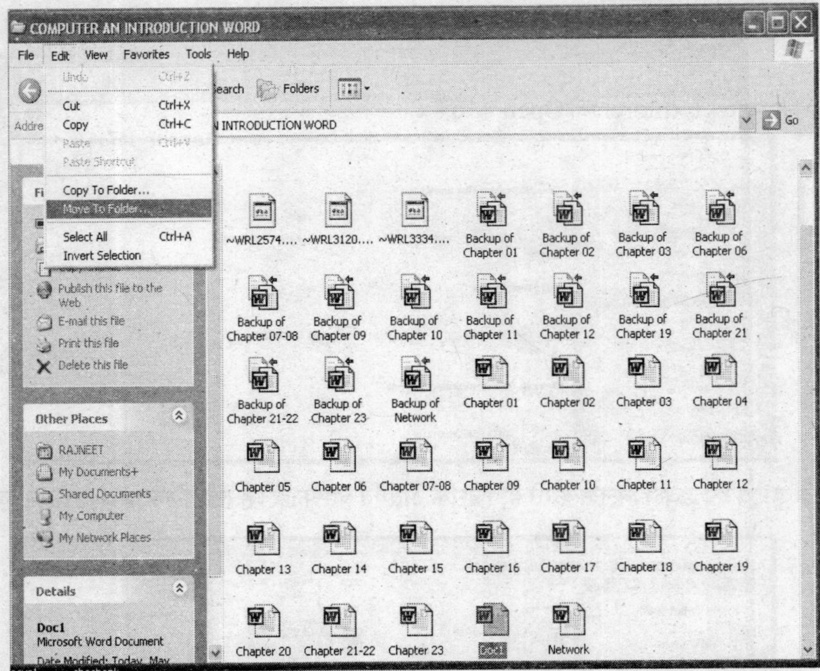

5. अगर आप Move to Folder ... विकल्प पर क्लिक करते हैं तो निम्न डायलॉग बॉक्स स्क्रीन पर आ जाता है—

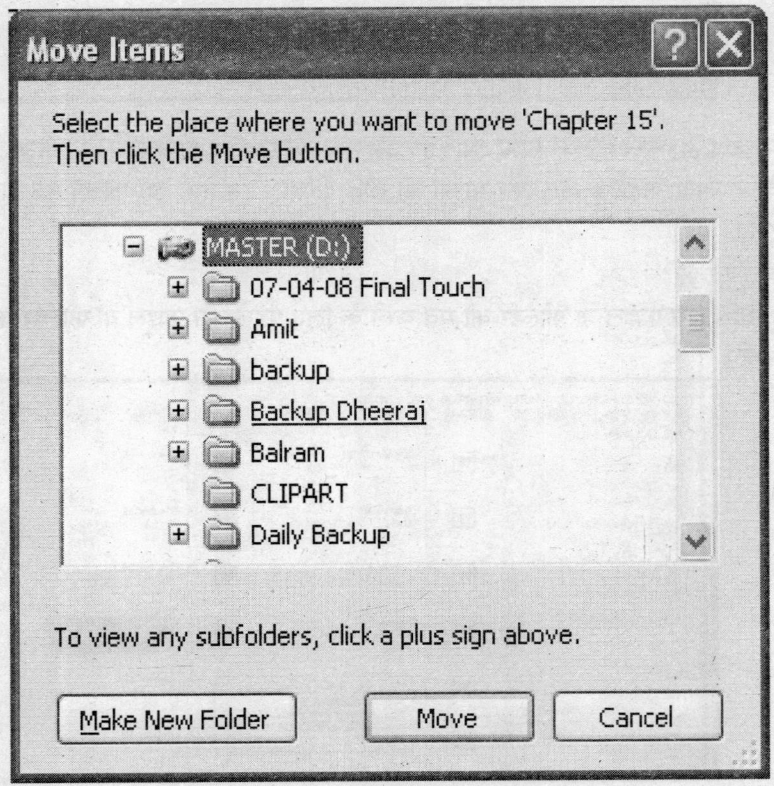

6. इस डायलॉग बॉक्स में फोल्डर विकल्प में उस फोल्डर का नाम टाइप करते हैं या माउस द्वारा चुनते हैं, जिसमें फाइल या फोल्डर को मूव करना है।

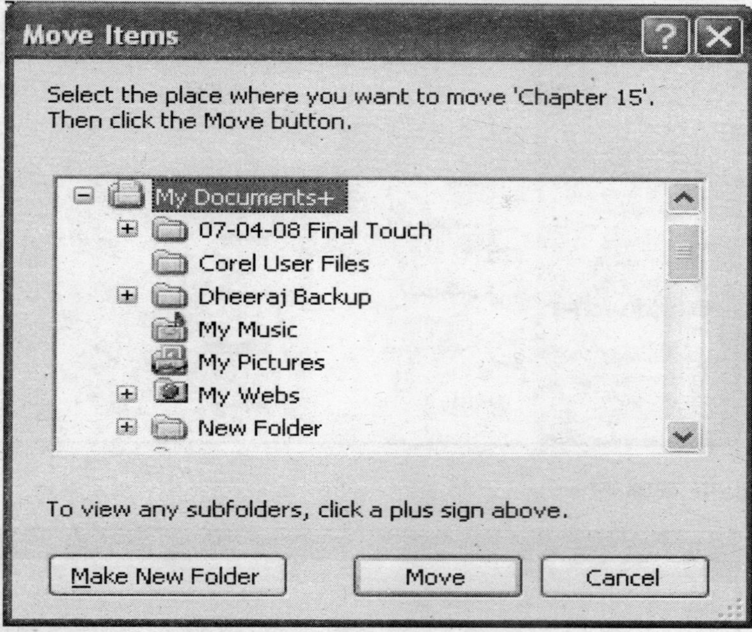

7. OK बटन पर क्लिक करने से फाइल या फोल्डर मूव होने लगता है।

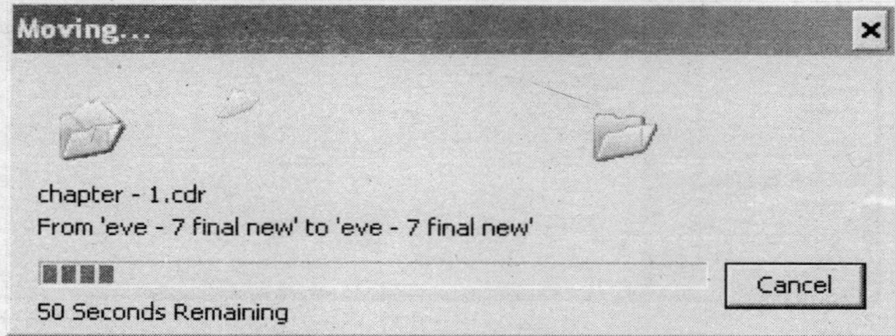

8. मूव होकर फाइल या फोल्डर आपके द्वारा चुने गए फोल्डर में आ जाता है।

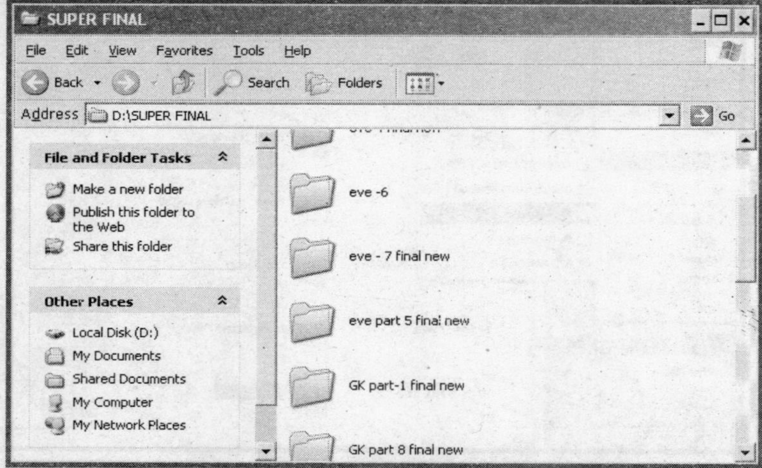

फाइल को ई-मेल करना

यदि आप किसी फाइल को फैक्स या ई-मेल द्वारा भेजना चाहते हैं तो निम्न स्टेप लेने होंगे—

1. Right Pane (स्क्रीन के दाहिने भाग) से उस फाइल को Select करें, जिसे भेजना चाहते हैं।

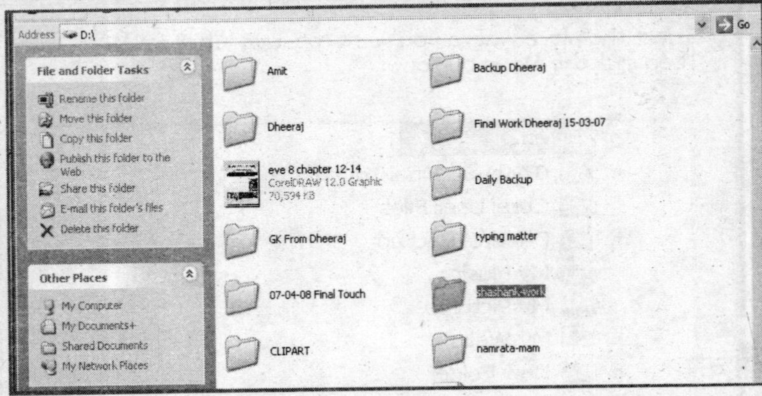

2. मेन्यू में File पर क्लिक करें।

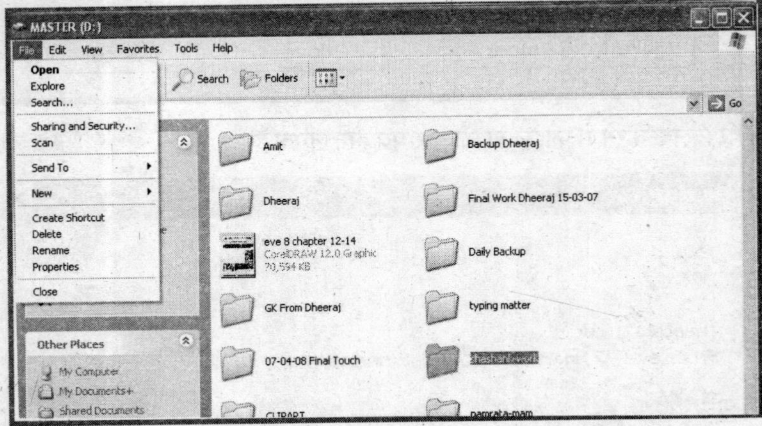

3. माउस पॉइंटर को Send To विकल्प पर ले जाएँ।

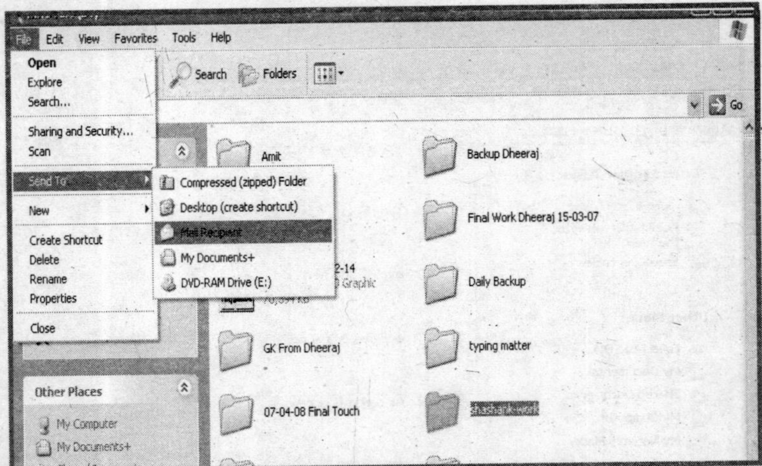

4. अब Mail Recipient में से किसी एक को चुनें।
5. अपनी आवश्यकतानुसार विकल्पों को चुनकर ई-मेल id आदि information टाइप करके Enter दबा दें। परिणामस्वरूप निम्न प्रकार की स्क्रीन मॉनीटर पर आ जाती है—

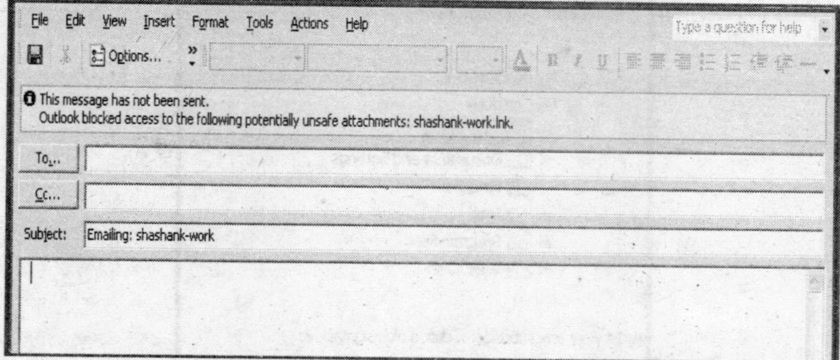

फाइल को कॉपी करना

किसी फाइल को एक फोल्डर से दूसरे फोल्डर या डायरेक्टरी में कॉपी करने के लिए निम्न स्टेप लें—

1. जिस फाइल को कॉपी करना चाहते हैं, उसे सिलेक्ट करें।

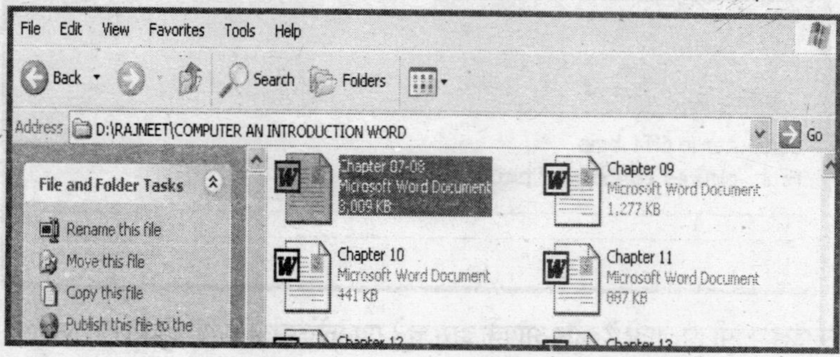

2. अब माउस पॉइंटर द्वारा Copy To बटन पर क्लिक करें।

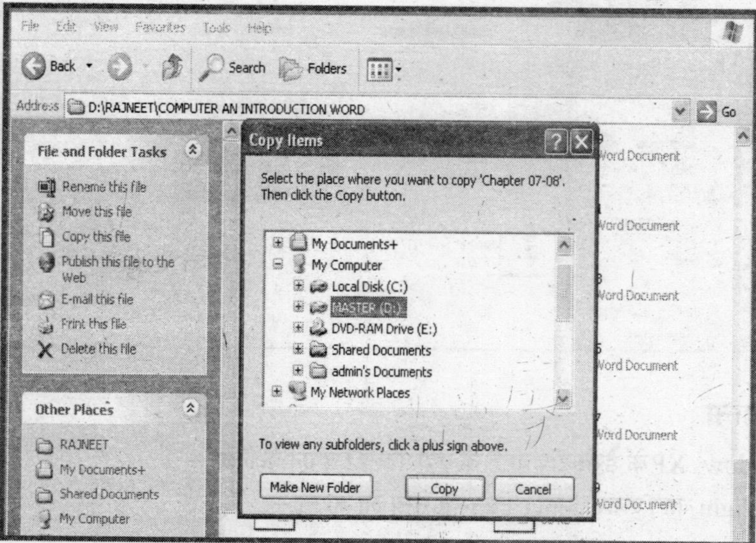

3. उस ड्राइव को Select करें, जहाँ पर फाइल को कॉपी करके ले जाना है।

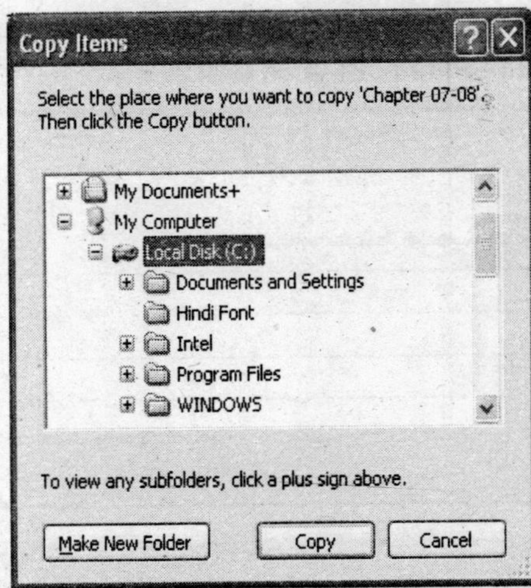

4. बटन पर क्लिक करने से फाइल Copy होने लगती है।

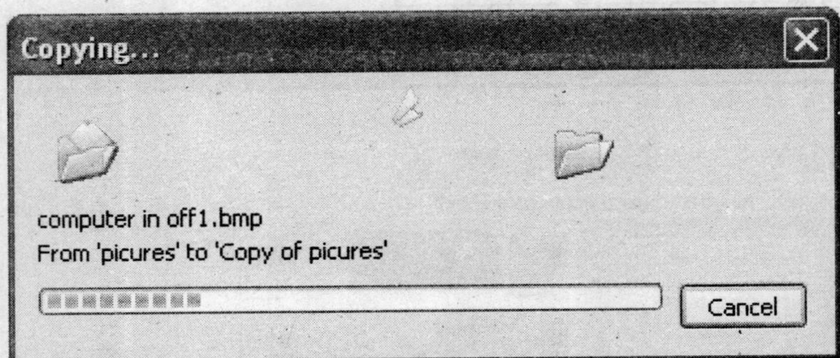

कुछ क्षणों बाद फाइल कॉपी हो जाती है और आपके द्वारा चुने गए फोल्डर में कॉपी होकर आ जाती है।

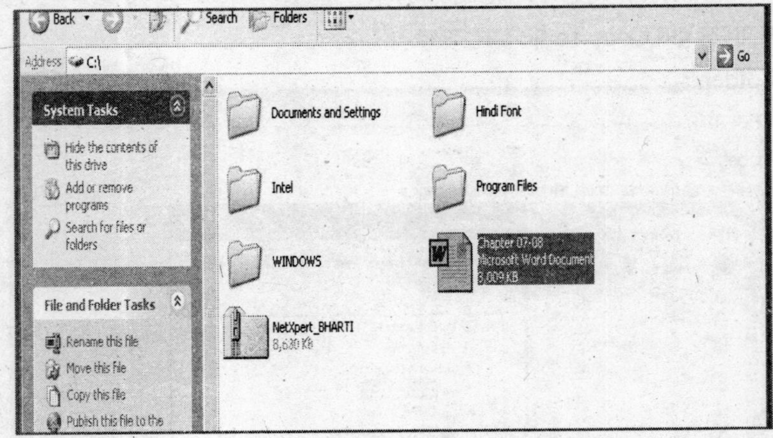

नया फोल्डर बनाना

यदि आप Windows XP के डेस्कटॉप पर हैं तो नया फोल्डर बनाने के लिए—

1. माउस का right बटन दबाएँ, आगे चित्रानुसार मेन्यू आ जाएगा—

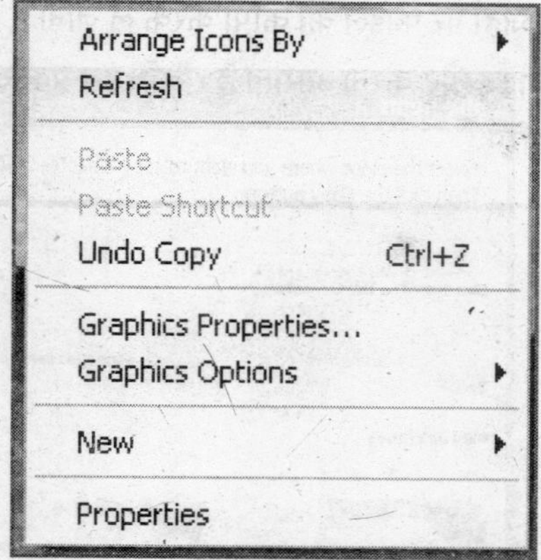

2. इस मेन्यू में New विकल्प पर क्लिक करें।

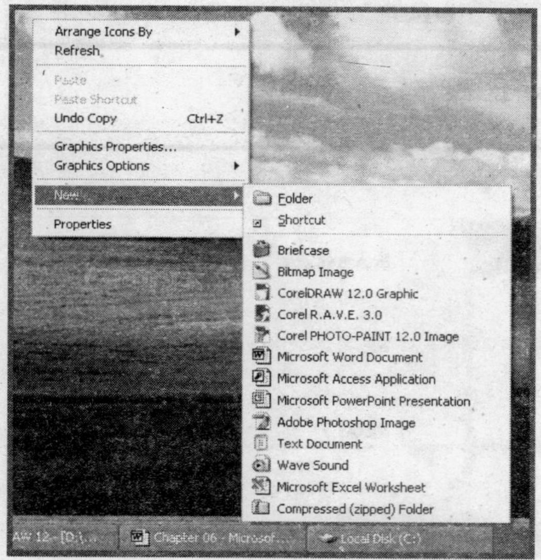

3. अब Folder विकल्प पर क्लिक करें।

परिणामस्वरूप एक नया फोल्डर आपको अपने डेस्कटॉप पर दिखाई देगा। यदि आप इसका कोई नाम रखना चाहें तो New Folder के स्थान पर वह नाम टाइप कर दीजिए।

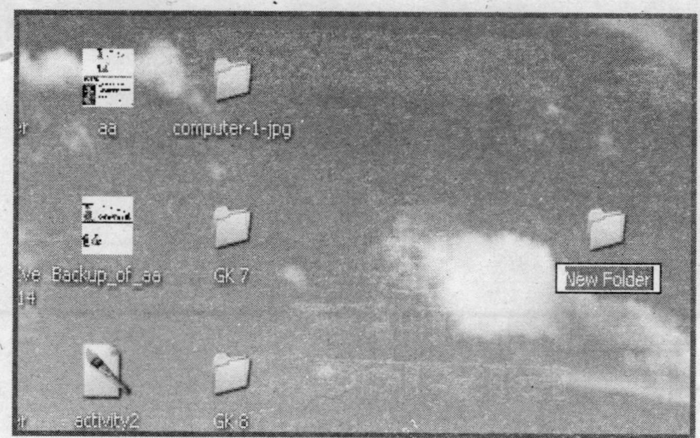

फोल्डर डिलीट करना

Windows XP में किसी फोल्डर को डिलीट करना आसान है। विधि इस प्रकार है—

1. My Computer पर क्लिक करिए।

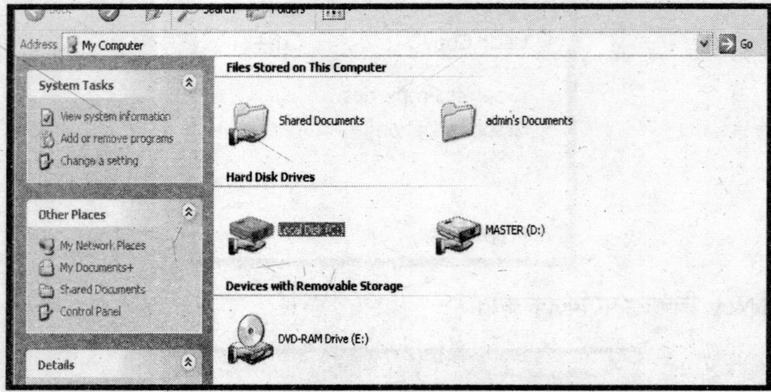

2. उस डिस्क में जाइए, जिसका फोल्डर डिलीट करना है।

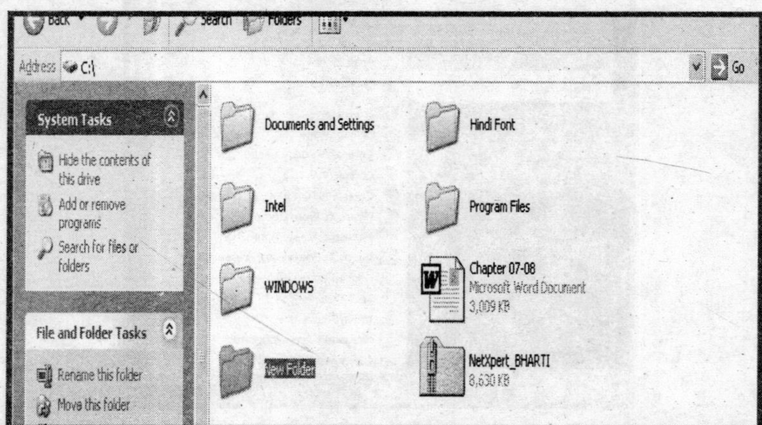

3. उस फोल्डर को Select करिए, जिसे डिलीट करना चाहते हैं।
4. अब की-बोर्ड पर Delete बटन दबा दीजिए। Windows XP आपको चेतावनी देता है—

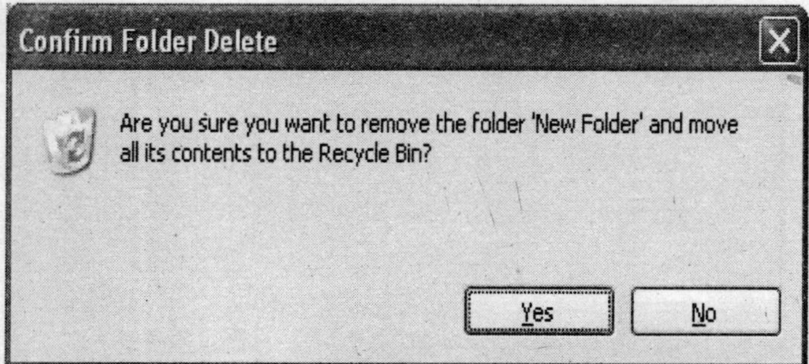

5. Yes बटन पर क्लिक करें।

इस तरह आपके द्वारा चुना गया फोल्डर डिलीट हो जाता है।

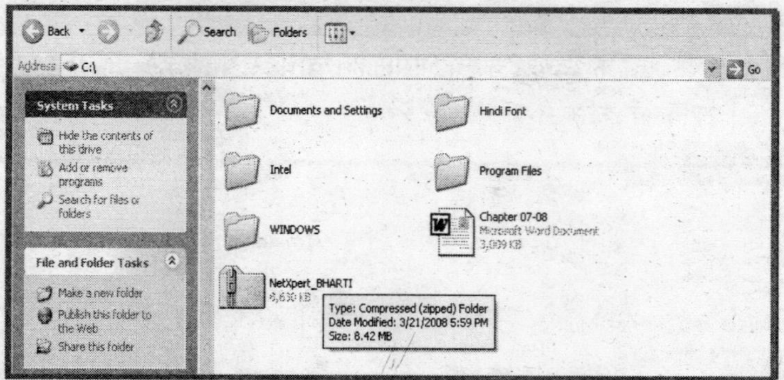

डिलीट किए गए फोल्डर को restore करना

यदि आपने गलती से कोई ऐसी फाइल या फोल्डर डिलीट कर दिया है, जिसे डिलीट नहीं करना चाहिए था और अभी Recycle Bin को Empty नहीं किया है तो उसे वापस उसी स्थान पर लाया जा सकता है। इसके लिए—

1. Windows के डेस्कटॉप में Recycle Bin पर डबल क्लिक करें।
2. अब जिस फाइल या फोल्डर को restore करना चाहते हैं, उसे माउस द्वारा क्लिक करके सिलेक्ट करें।

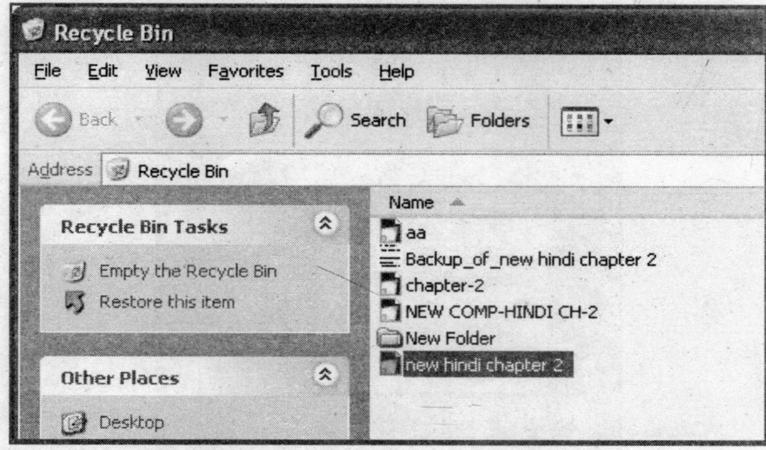

3. File विकल्प पर जाकर Restore पर क्लिक करें।

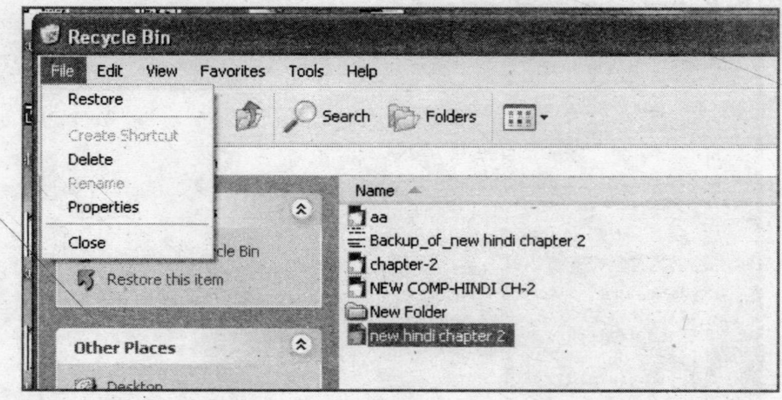

इस तरह आपकी फाइल या फोल्डर वापस अपने स्थान पर पहुँच जाएगा।

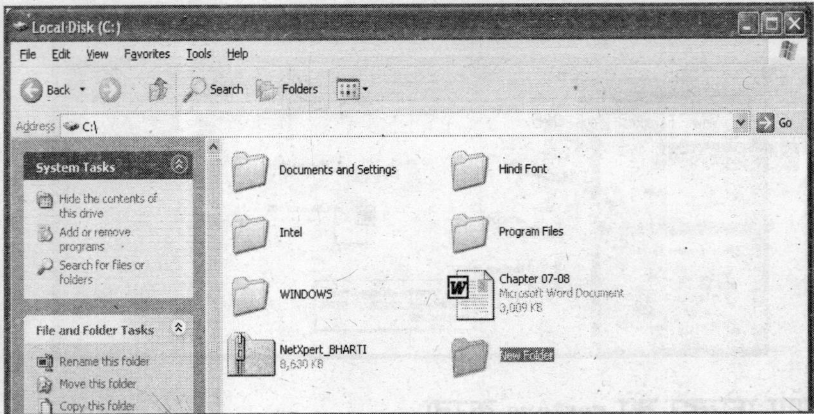

Recycle Bin को खाली करना

यदि Recycle Bin में बहुत पुरानी फाइलों का बैकअप एकत्रित है तथा जिसके कारण हार्ड डिस्क पर स्थान घिरा हुआ है तो Recycle Bin खाली करके आप अपनी डिस्क पर खाली स्थान बढ़ा सकते हैं। विधि इस प्रकार है—

1. डेस्कटॉप में बाईं ओर दिखाए गए Recycle Bin के आइकन पर क्लिक करके उसे Select करें।

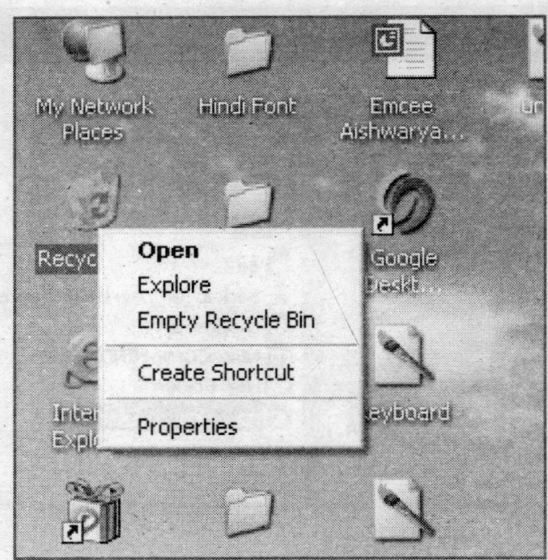

2. Enter दबाने पर Recycle Bin विकल्प खुल जाता है।

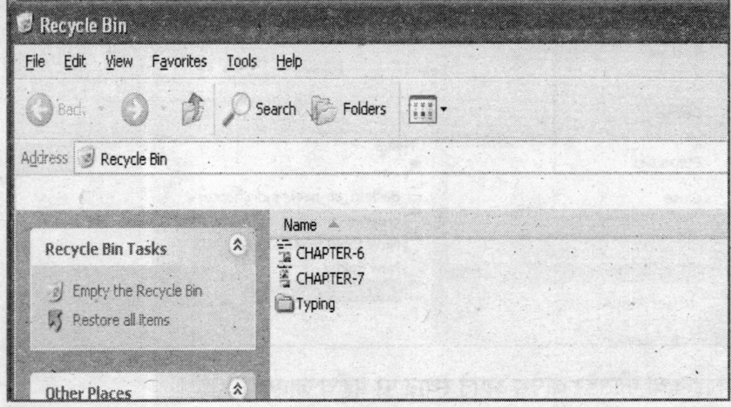

3. File मेन्यू पर Empty Recycle Bin विकल्प को चुनिए।

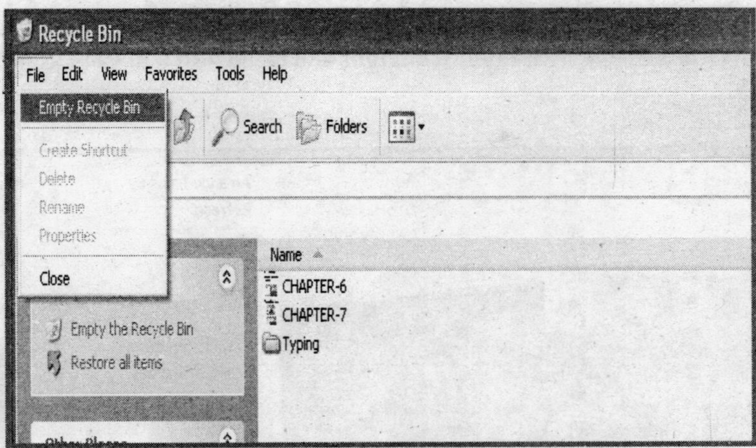

4. Windows XP आपको Recycle Bin से फाइलों को Delete करने की पुष्टि करता है।

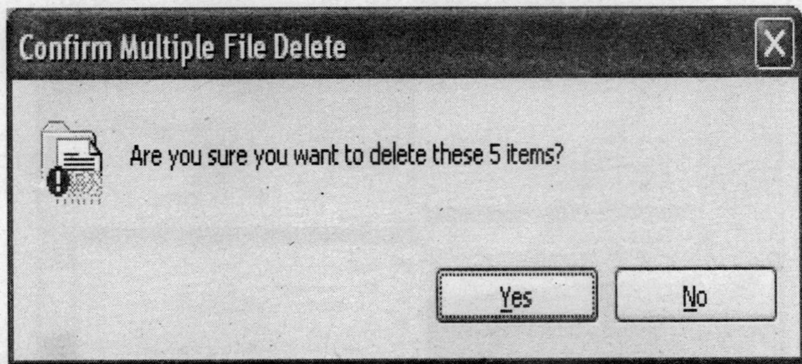

5. आप Yes विकल्प पर क्लिक कर देते हैं तो Recycle Bin खाली हो जाता है।

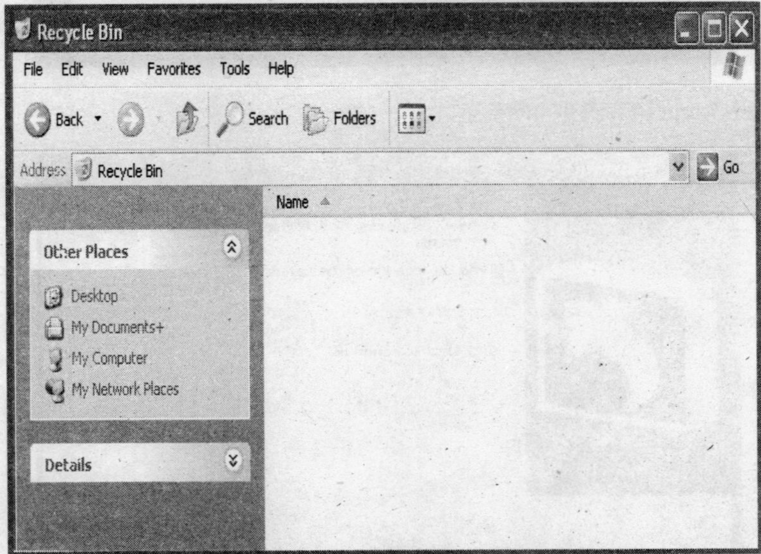

शॉर्टकट कैसे बनाएँ

यदि आप किसी प्रोग्राम के लिए शॉर्टकट बनाना चाहते हैं तो इसकी विधि इस प्रकार है—

1. Windows XP के डेस्कटॉप पर जाकर माउस का right बटन क्लिक करते हैं तो स्क्रीन पर कुछ विकल्प इस प्रकार दिखाई देते हैं—

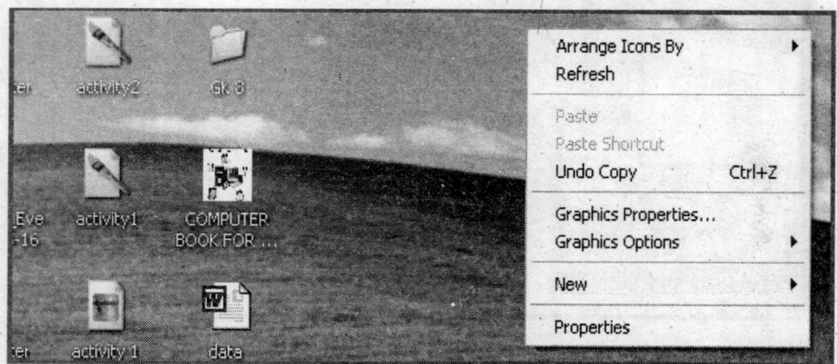

2. अब स्क्रीन पर आनेवाले मेन्यू में New विकल्प पर क्लिक करें।

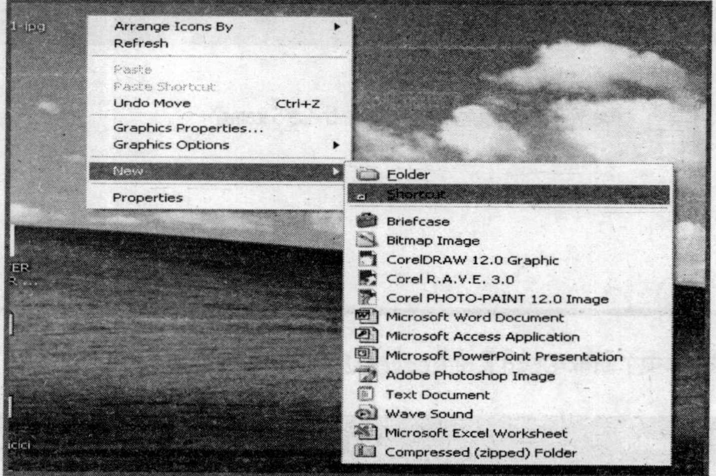

3. इस मेन्यू में Shortcut विकल्प पर क्लिक करें।

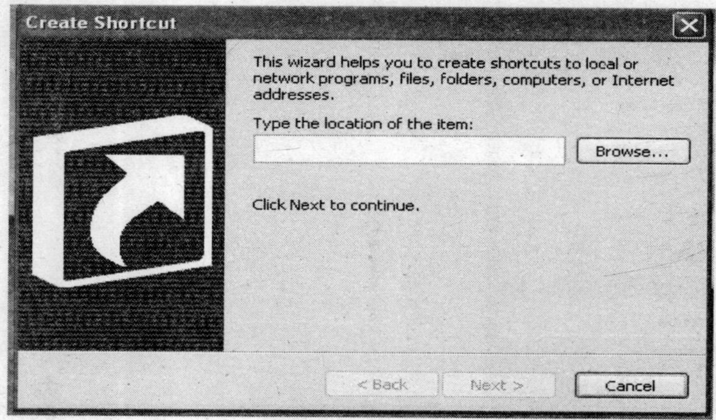

4. अब Command line विकल्प में उस प्रोग्राम का कार्यान्वयन फाइल के नाम को टाइप करें, जिस प्रोग्राम का आप shortcut बनाना चाहते हैं।

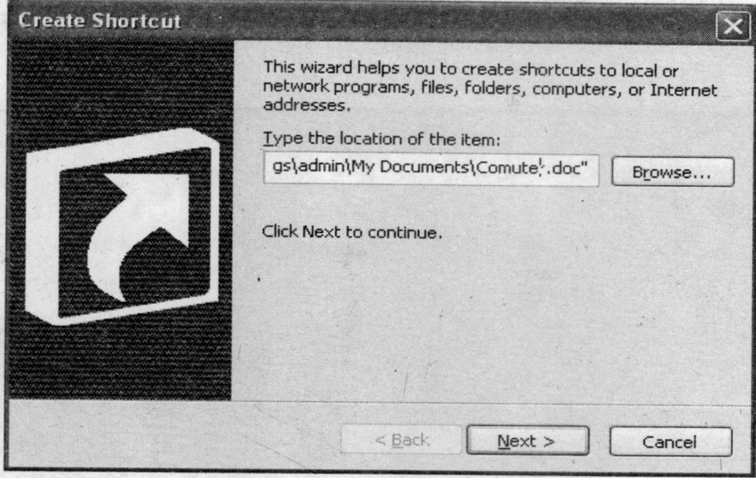

5. Next विकल्प पर क्लिक करें।

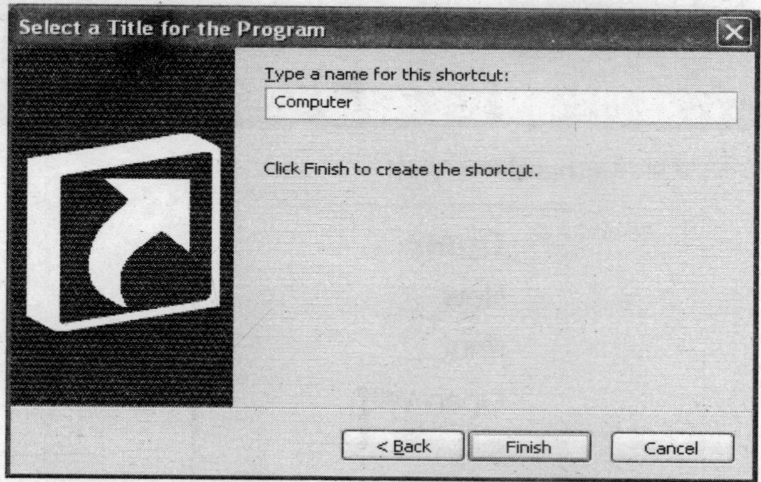

6. अब Finish विकल्प पर क्लिक करें।

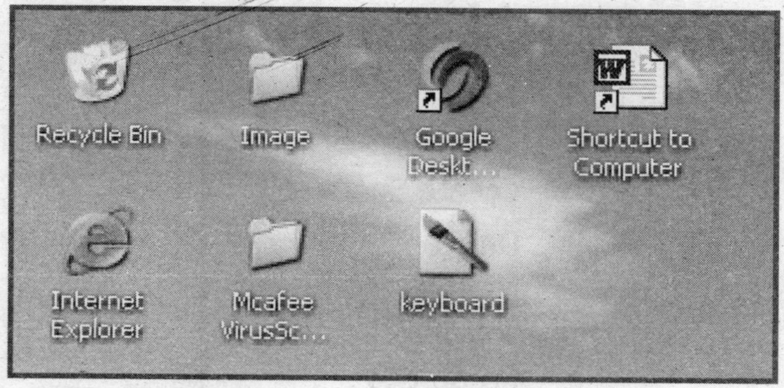

इस तरह आपके प्रोग्राम या फाइल के लिए एक नया शॉर्टकट बन जाता है।

शॉर्टकट या आइकन का नाम बदलना

किसी शॉर्टकट या आइकन का नाम बदलने के लिए निम्न स्टेप लेते हैं—

1. Windows XP के डेस्कटॉप पर या किसी भी स्थान पर उस शॉर्टकट या आइकन को सिलेक्ट करें, जिसका नाम बदलना है।

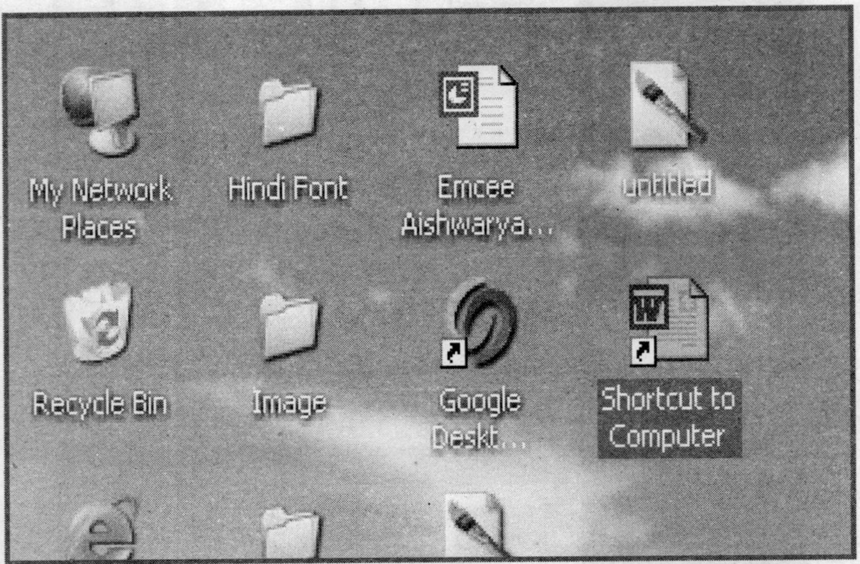

2. अब उस आइकन पर माउस का right क्लिक दबाएँ।

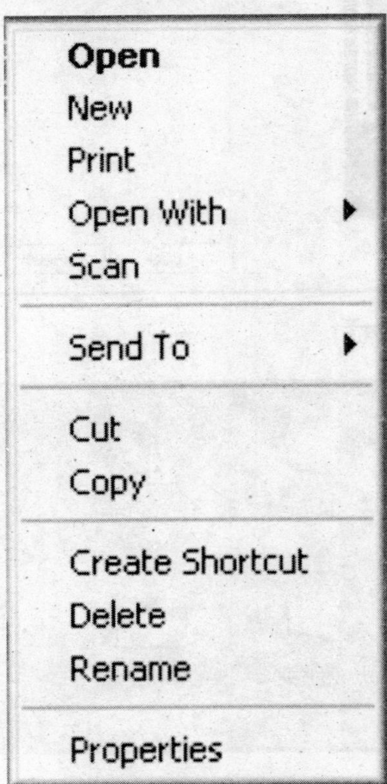

3. स्क्रीन पर दिखाए गए मेन्यू में Rename विकल्प पर क्लिक करें।

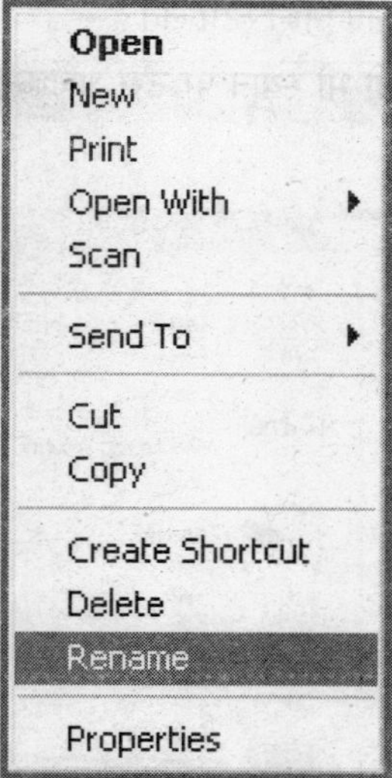

4. इसके बाद आप जो नाम चाहें, वह टाइप कर सकते हैं।

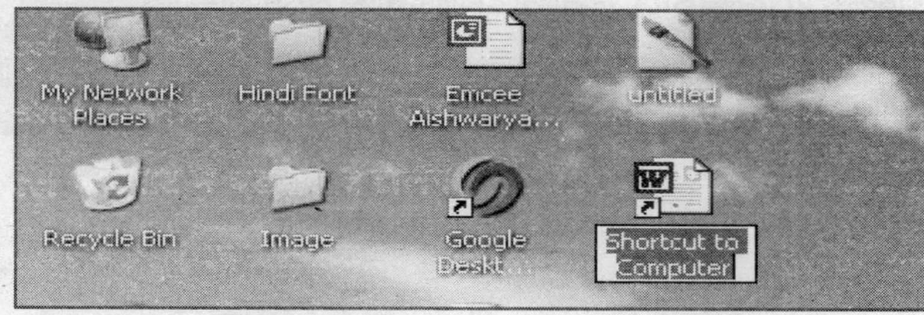

इस तरह किसी शॉर्टकट या आइकन का नाम बदल सकते हैं।

पेन ड्राइव की फॉरमेटिंग

Windows XP में यदि आप अपनी पेन ड्राइव को फॉरमेट करना चाहते हैं तो निम्न विधि अपनाएँ—

1. उस पेन ड्राइव को कंप्यूटर में लगाएँ, जिसे फॉरमेट करना चाहते हैं।
2. Windows XP के डेस्कटॉप पर My Computer पर क्लिक करें।

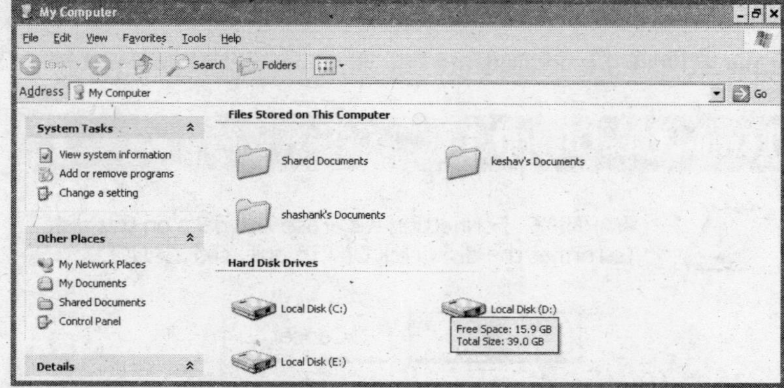

3. अब जिस डिस्क ड्राइव को फॉरमेट करना चाहते हैं, उस पर माउस का right बटन क्लिक करें, परिणामस्वरूप एक मेन्यू सामने आ जाएगा—

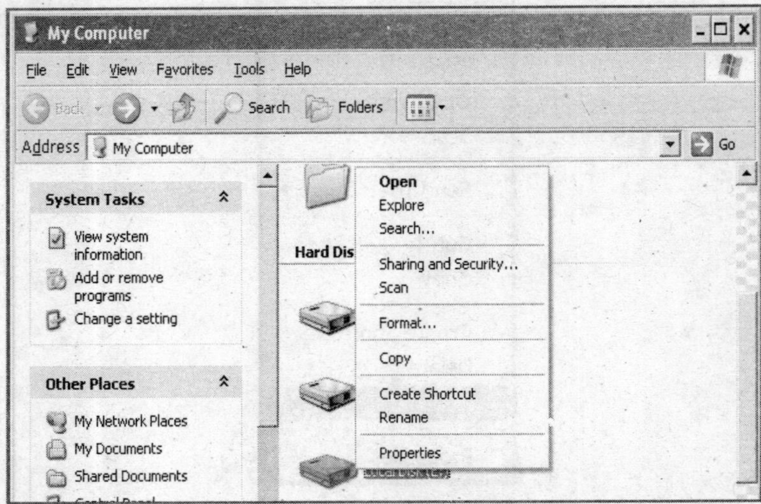

4. Format ... विकल्प पर क्लिक करिए, निम्न एक डायलॉग बॉक्स आ जाएगा—

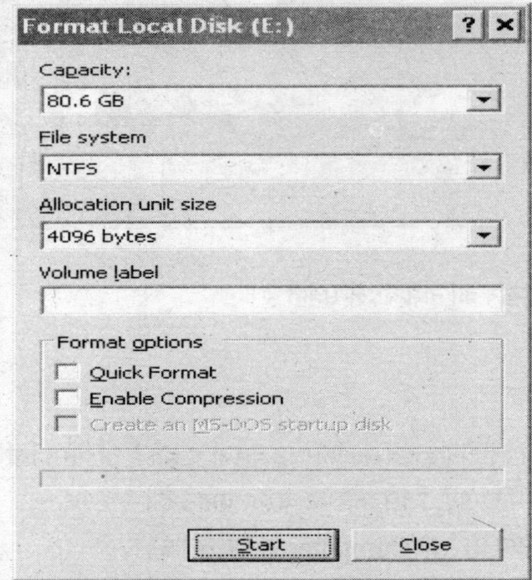

5. Quick Format पर क्लिक करें, तत्पश्चात् अन्य विकल्पों को अपनी आवश्यकतानुसार चुनकर Start क्लिक करें।

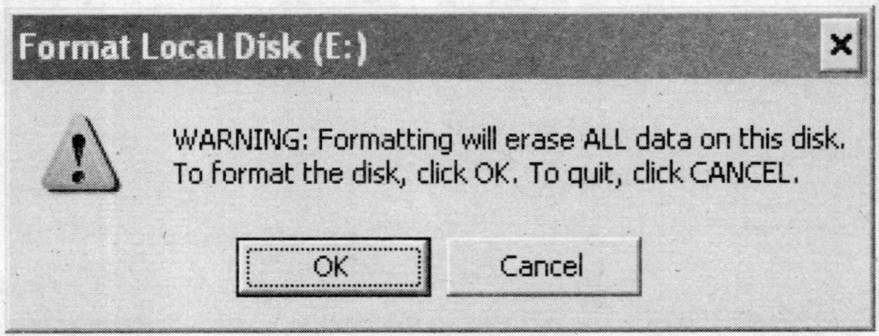

विंडो को मिनिमाइज और मैक्सिमाइज कैसे करें ?

Windows में खोले गए किसी भी सॉफ्टवेयर की विंडो को मिनिमाइज या मैक्सिमाइज करने के लिए ऊपरी दाएँ कोने पर दिखनेवाले मिनिमाइज ⊟ मैक्सिमाइज ▣ बटनों में से किसी एक बटन को दबाते हैं। यदि विंडो मैक्सिमाइज है तो यह बटन ⧉ रूप में दिखाई देता है। उसे माउस द्वारा क्लिक करने पर विंडो मिनिमाइज हो जाती है।

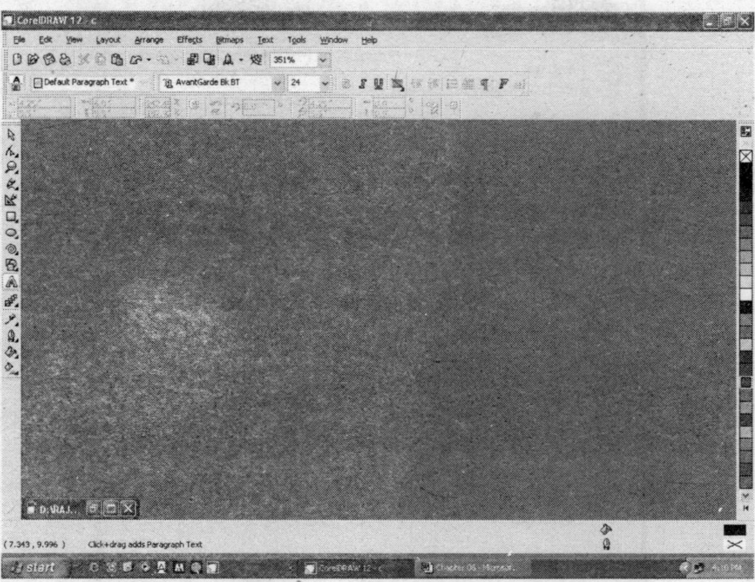

जब विंडो मिनिमाइज होती है तो यह बटन □ रूप में दिखाई देता है। इसे माउस द्वारा क्लिक करके विंडो को मैक्सिमाइज किया जा सकता है।

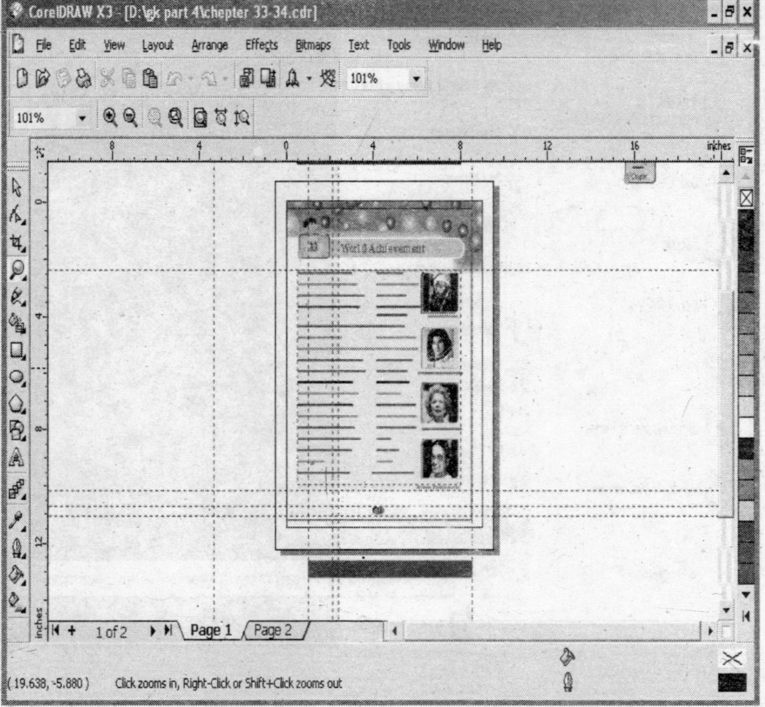

फाइल या फोल्डर ढूँढ़ना

यदि आप अपनी डिस्क में किसी फाइल या फोल्डर को ढूँढ़ना चाहते हैं तो

1. Windows XP के डेस्कटॉप पर जाकर Start विकल्प पर क्लिक करें।

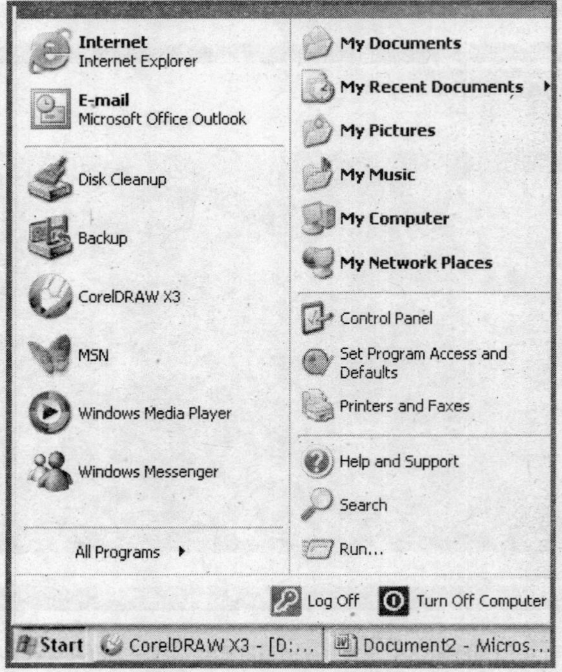

2. अब माउस पॉइंटर को Search विकल्प पर ले जाएँ।

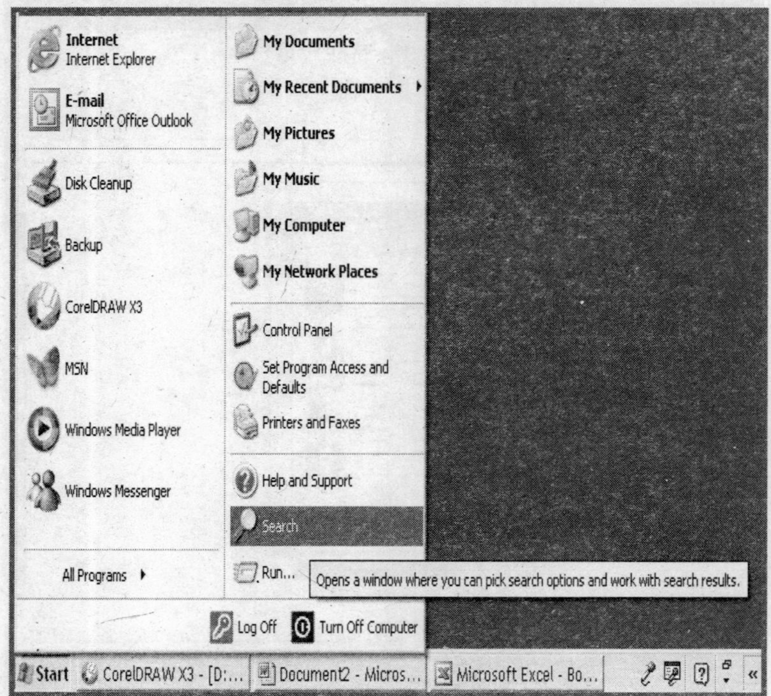

3. Search विकल्प पर क्लिक करते ही निम्न स्क्रीन दिखाई देती है—

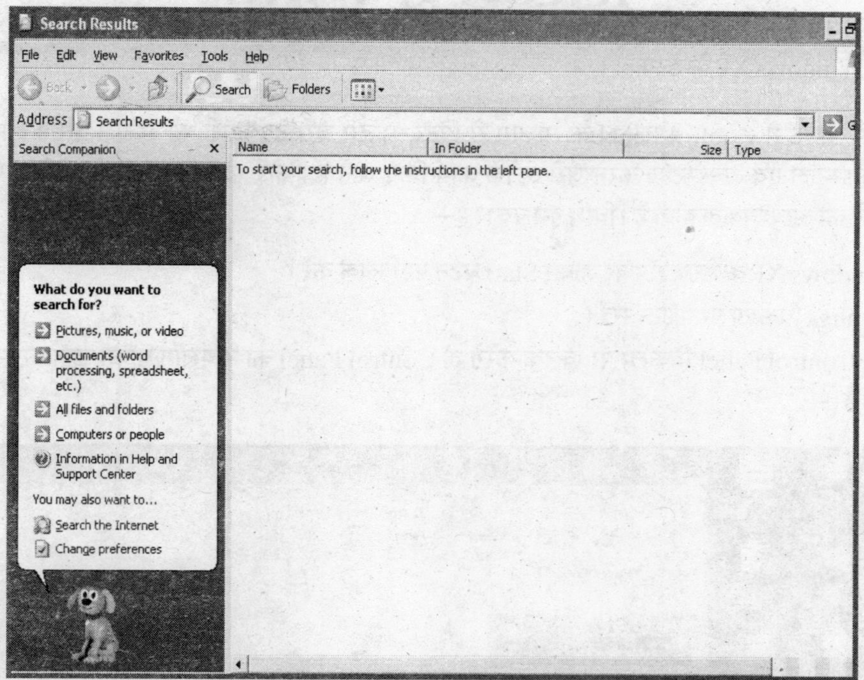

4. अब आप All Files and Folders विकल्प पर क्लिक करने के बाद उस फाइल या फोल्डर, जिसे ढूँढ़ना है, का नाम टाइप करके Enter दबा दें।

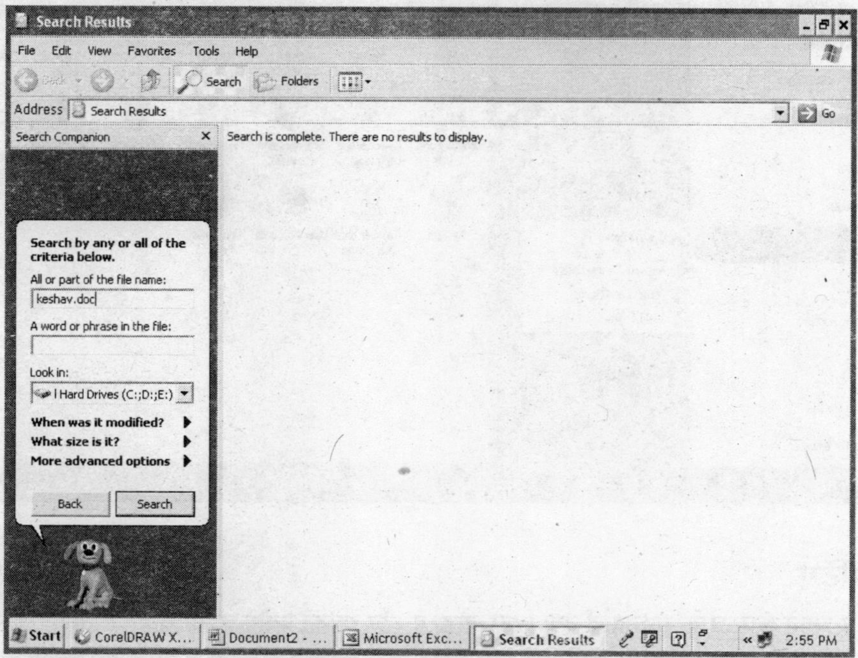

इसी प्रकार आप Internet पर फाइलें ढूँढ़ने के लिए On the Internet या For People विकल्प चुन सकते हैं। □

4 सिस्टम मैनेजमेंट

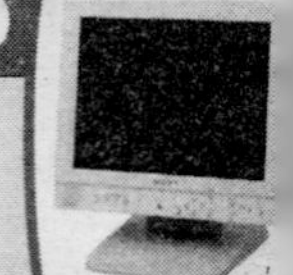

सिस्टम मैनेजमेंट में Control Panel के माध्यम से प्रिंटर, मॉडम जैसे उपकरणों को इंस्टॉल करना और हार्डवेयर एवं सॉफ्टवेयर को इंस्टॉल एवं अनइंस्टॉल करने जैसे अनेक कार्य किए जाते हैं। कोई भी सेटिंग बदलने के लिए पहले Control Panel पर जाने की आवश्यकता होती है। विधि इस प्रकार है—

1. Windows XP के डेस्कटॉप पर जाकर Start बटन पर क्लिक करें।
2. Settings विकल्प पर पॉइंटर रखें।
3. अब Control Panel विकल्प पर क्लिक करेंगे तो Control Panel का डायलॉग बॉक्स खुलकर स्क्रीन पर दिखाई देता है—

प्रिंटर की सेटिंग

यदि आपने अपने कंप्यूटर के साथ कोई नया प्रिंटर जोड़ा है और इसका प्रयोग करना चाहते हैं तो पहले उसे Windows XP द्वारा सेट करना पड़ता है। इसी प्रकार, यदि आप कोई प्रिंटर अपने कंप्यूटर से हटाते हैं तो उसकी सेटिंग भी हटानी पड़ेगी। मान लीजिए, आपने अपने कंप्यूटर में नया प्रिंटर लगाया है और उसकी सेटिंग करना चाहते हैं तो ये स्टेप लें—

1. Control Panel पर उपलब्ध Printers विकल्प पर माउस द्वारा पॉइंटर ले जाकर Add Printer पर क्लिक करें। अब प्रिंटर की सेटिंग के लिए यह डायलॉग बॉक्स स्क्रीन पर आ जाएगा—

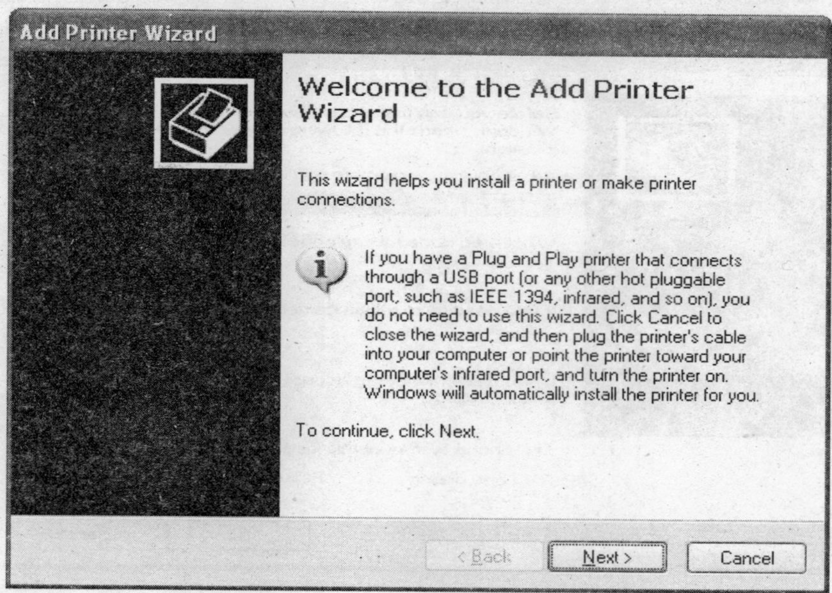

2. अब अपने प्रिंटर के ड्राइवर के अनुसार विकल्पों को सेट करते जाएँ और अंत में Finish विकल्प पर क्लिक करें। इस तरह आपका प्रिंटर कंप्यूटर में Add हो जाएगा।

Modem का इंस्टॉलेशन करना

Modem के इंस्टॉलेशन के लिए एक विकल्प Control Panel पर उपलब्ध होता है। इसके लिए निम्न स्टेप लेने होंगे—

1. यदि External Modem है तो कंप्यूटर के Serial Port से (माउस की तरह) मॉडम को कनेक्ट करके जोड़ लेते हैं और यदि Internal Modem है तो इसे कंप्यूटर की कैबिनेट में लगा देते हैं और PCI स्लॉट पर मॉडम कनेक्टर लगा देते हैं।

(ध्यान रखें कि उपर्युक्त कार्य कंप्यूटर ऑफ करके ही करें।)

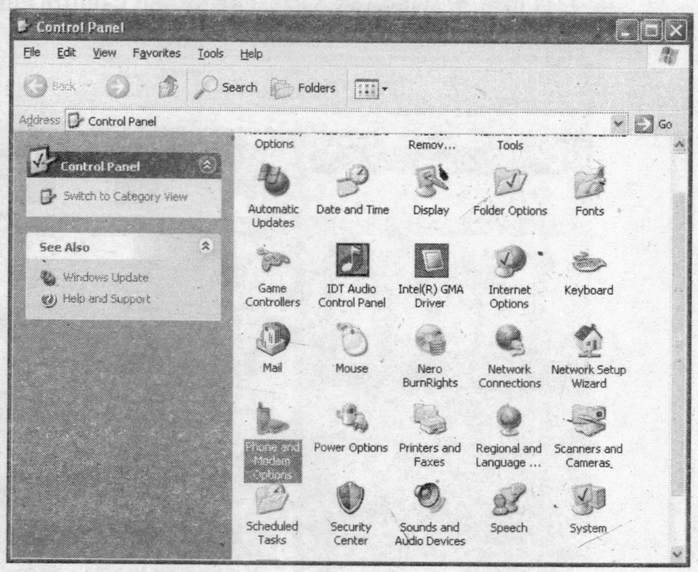

2. कंप्यूटर On करके Windows XP लोड होने की प्रतीक्षा करें। यदि Internal Modem लगाया गया है तो Windows XP उसे स्वयं ही इंस्टॉल कर लेगा।

3. यदि External Modem प्रयोग किया गया है तो Control Panel पर जाएँ और Modem विकल्प पर क्लिक करें।
4. Add बटन पर क्लिक करें। अपने मॉडम के अनुसार Specification प्राप्त करने के बाद जब आप OK बटन पर क्लिक करेंगे तो मॉडम का इंस्टॉलेशन शुरू हो जाएगा।

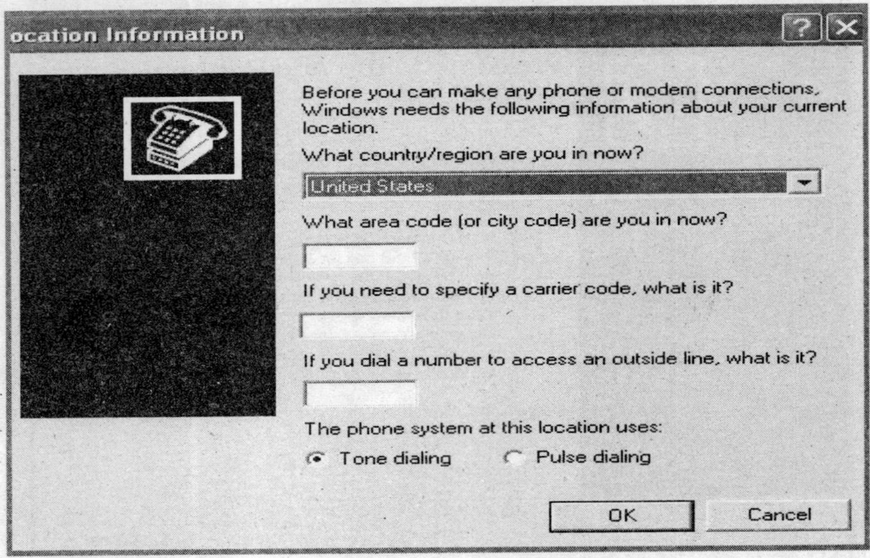

MIDI Device कैसे इंस्टॉल करें ?

यदि आप कंप्यूटर में ऐसा साउंड कार्ड लगा रहे हैं, जिसमें MIDI Port है तो उसकी सेटिंग भी Control Panel द्वारा करते हैं, जिसकी विधि इस प्रकार है—

1. कंप्यूटर ऑफ करके मदरबोर्ड पर Sound Card लगाएँ और उसे पेच से कस दें। CD-ROM ड्राइव और स्पीकर से भी इसका कनेक्शन कर दें।
2. कंप्यूटर On करके Windows XP को लोड करें और Control Panel पर जाएँ।

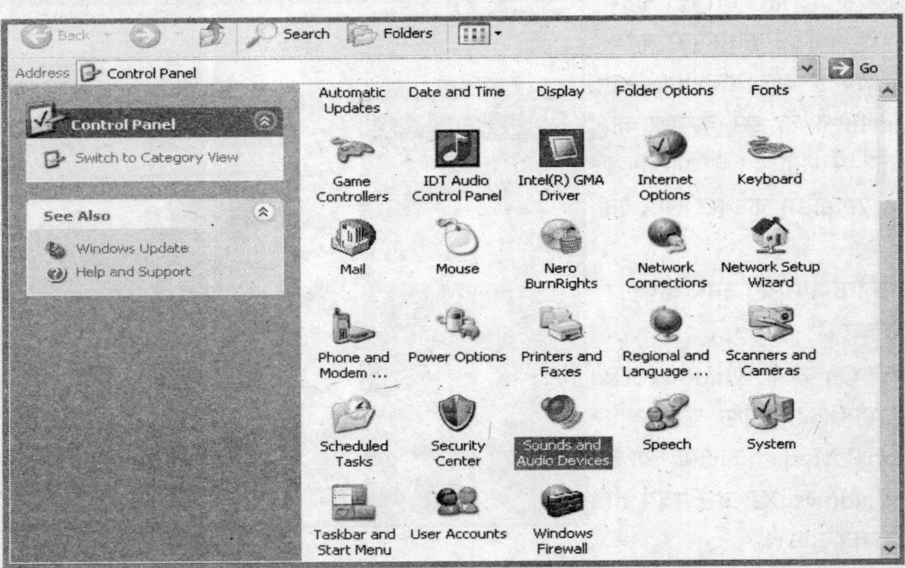

3. अब Sounds and Multimedia के Icon पर डबल क्लिक करें।

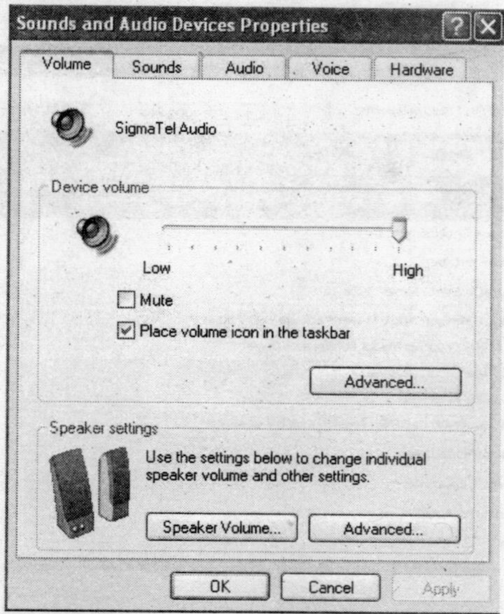

4. MIDI Port विकल्प पर क्लिक करें और सेटिंग बनाएँ।

इस तरह आपका Sound Card MIDI डिवाइस के लिए सेट हो जाता है।

सॉफ्टवेयर को Uninstall कैसे करें ?

Windows XP में कंप्यूटर में प्रयोग होनेवाले सभी सॉफ्टवेयर की सेटिंग रहती है, अत: यदि कोई सॉफ्टवेयर हटाया या बदला जाता है तो उसका इंस्टॉलेशन भी हटाना होता है। Uninstall करने के लिए निम्न स्टेप लेते हैं—

1. सॉफ्टवेयर को Uninstall करने के लिए Start बटन पर क्लिक करके Control Panel पर जाएँ।

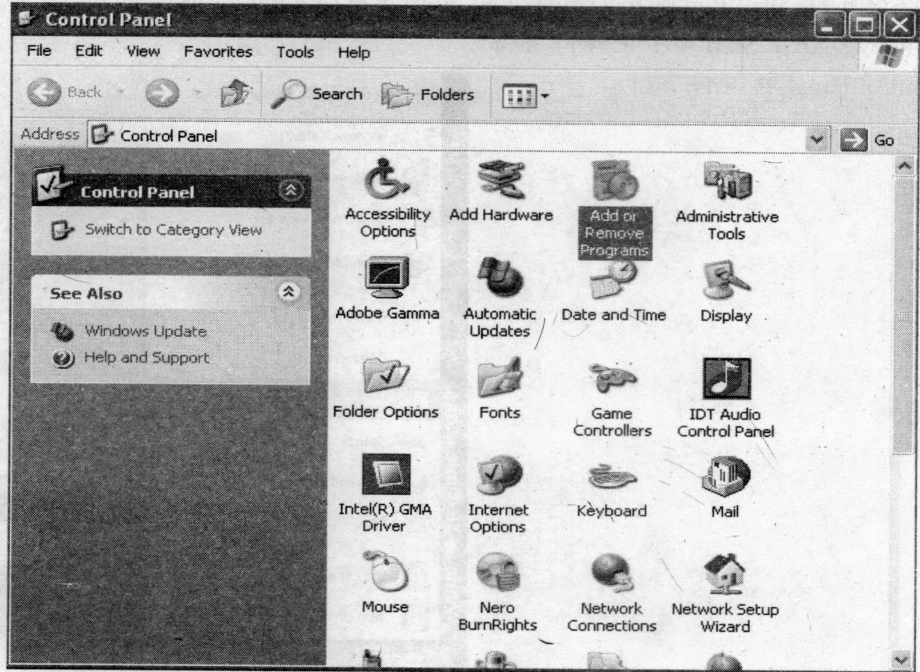

2. Windows XP के Control Panel पर जाकर Add or Remove Programs के Icon पर डबल क्लिक करें।

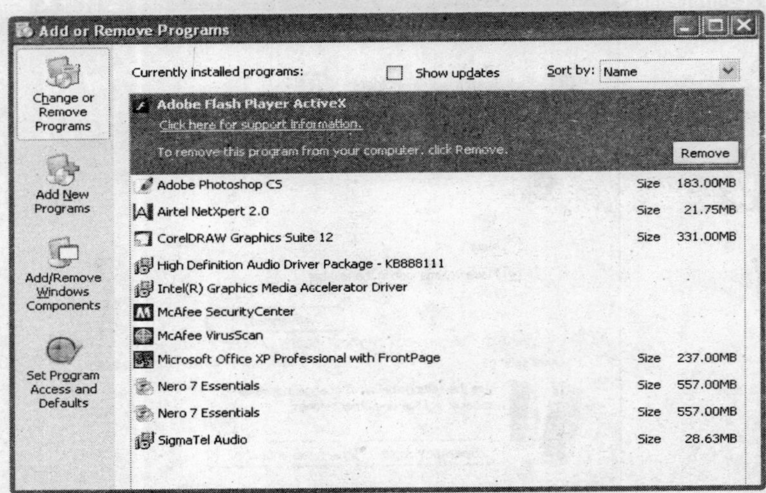

3. उस प्रोग्राम को माउस द्वारा सिलेक्ट करिए, जिसे Uninstall करना चाहते हैं। इसके बाद Uninstall के बटन पर क्लिक कर दीजिए।

इस तरह किसी भी सॉफ्टवेयर को विधिवत् समाप्त किया जा सकता है।

हार्डवेयर को कैसे हटाएँ

सामान्यत: लोग कंप्यूटर से किसी भी हार्डवेयर को हटाते समय यह ध्यान नहीं रखते कि उसका संबंधित ड्राइवर प्रोग्राम भी हटा देना चाहिए, अन्यथा उस हार्डवेयर की अनुपस्थिति में Windows जब उसे नहीं पाएगा तो एक Error मेसेज दिखाएगा। यदि आपने कंप्यूटर से कोई हार्डवेयर हटाया है तो उसका ड्राइवर प्रोग्राम भी हटा देना चाहिए। इसके लिए निम्न स्टेप लेते हैं—

1. Windows XP के Start बटन पर क्लिक करके Control Panel पर क्लिक करें।

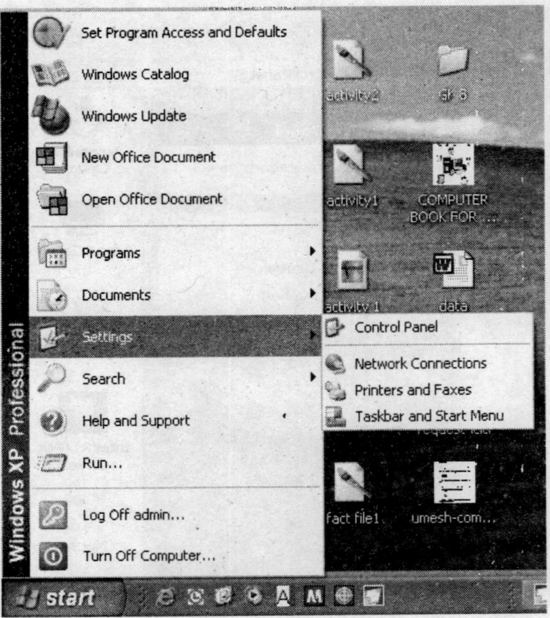

2. Control Panel का डायलॉग बॉक्स खुल जाएगा।

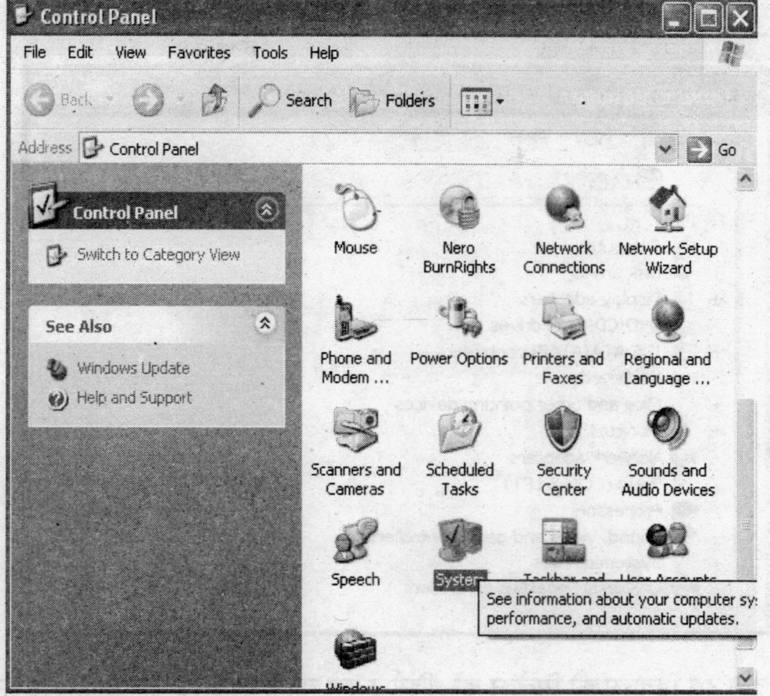

3. System के Icon पर क्लिक करें।

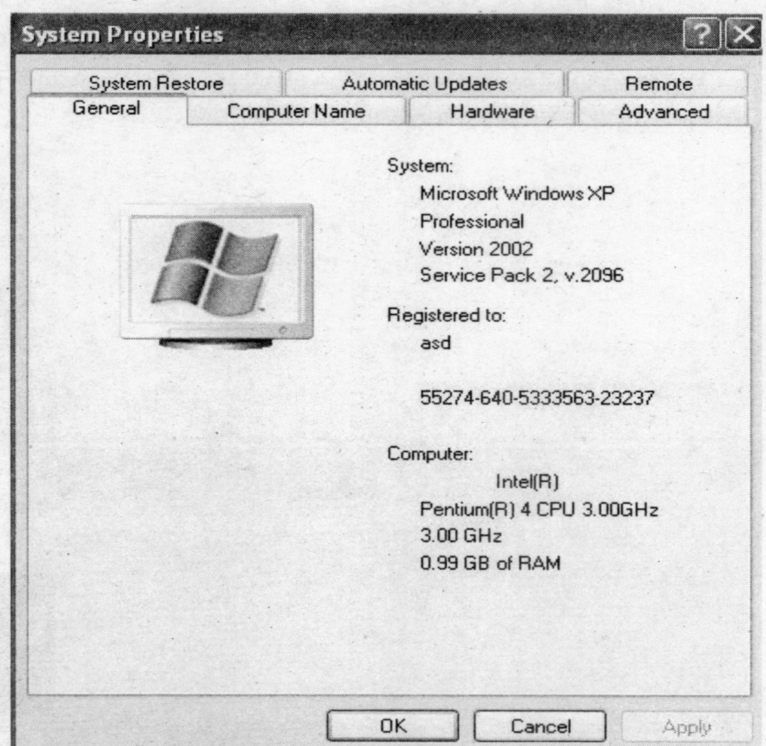

4. Hardware विकल्प के अंतर्गत Device Manager के बटन पर क्लिक करने से डिवाइसेज की लिस्ट सामने आती है।

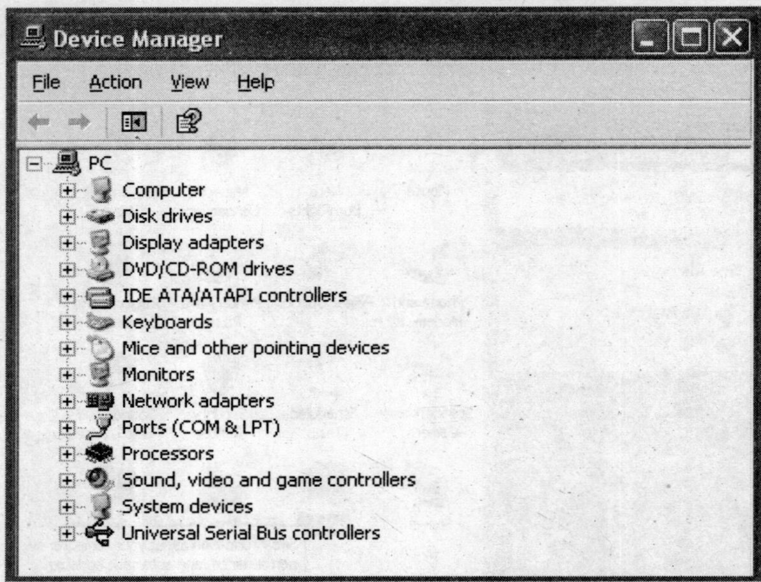

5. अब माउस द्वारा उस डिवाइस को सिलेक्ट करें, जिसे हटाना चाहते हैं। इसके बाद Remove बटन पर क्लिक करें अथवा Refresh बटन पर क्लिक करें।

□

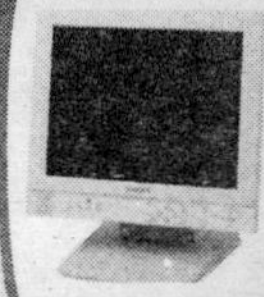

5 सिस्टम टूल्स और मेंटेनेंस

विंडोज एक्सेसरीज में सिस्टम टूल्स का प्रयोग करके कंप्यूटर और उसके स्टोरेज मीडिया का मेंटेनेंस कार्य किया जाता है। System Tools विकल्प पर जाने की विधि है—

1. Windows XP के Desktop में Start बटन पर क्लिक करके पॉइंटर को Programs पर ले जाएँ।

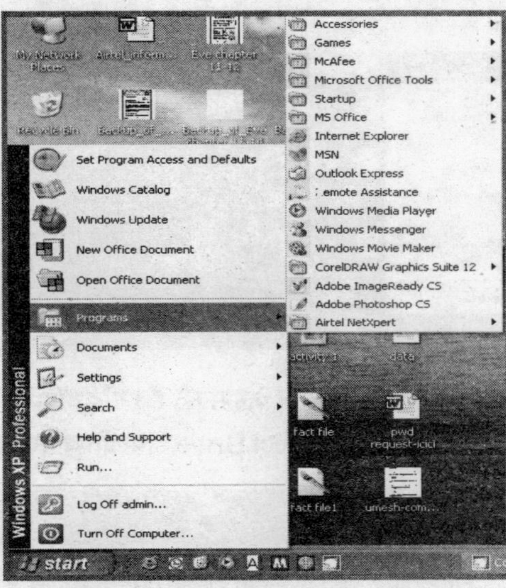

2. पॉइंटर Accessories पर ले जाएँ।

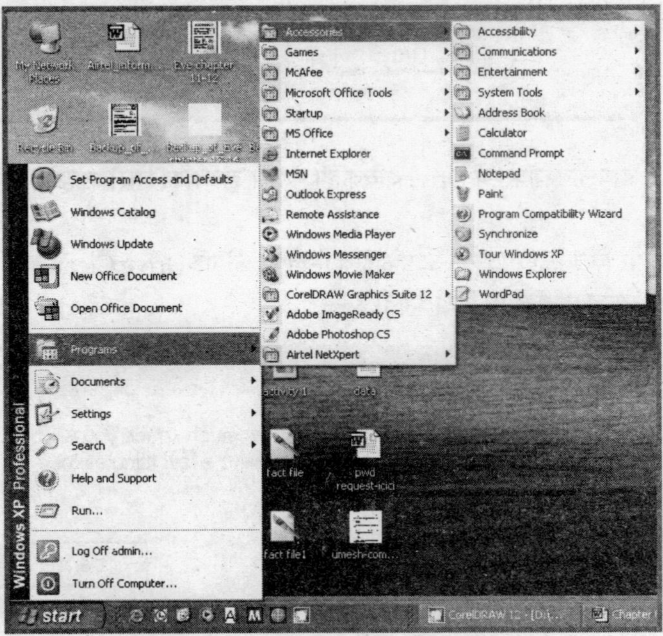

3. अब जब System Tools पर पॉइंटर ले जाते हैं तो स्क्रीन पर उन सभी टूल्स की लिस्ट आ जाती है, जिन्हें प्रयोग करके आप System Tools में मेंटेनेंस कर सकते हैं।

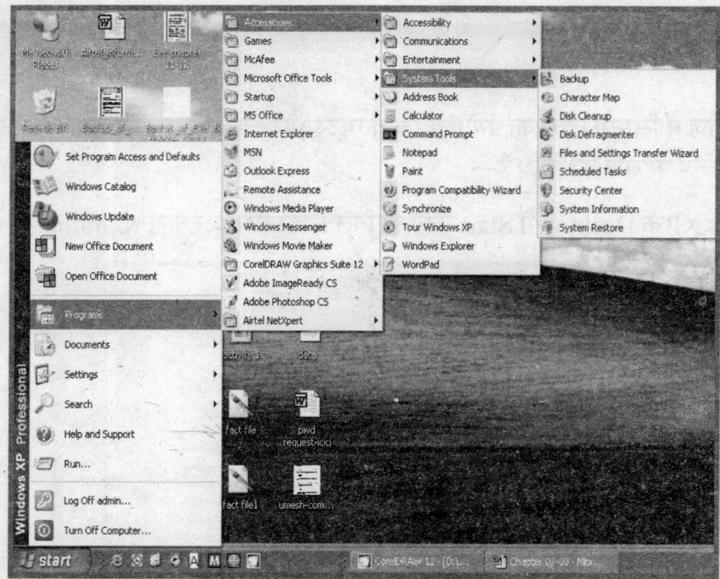

4. अबे आप किसी भी System Tools को प्रयोग कर सकते हैं। यदि आप Disk को साफ करना चाहते हैं तो Disk Cleanup विकल्प पर क्लिक करें, जिससे Select Drive डायलॉग बॉक्स स्क्रीन पर आएगा।

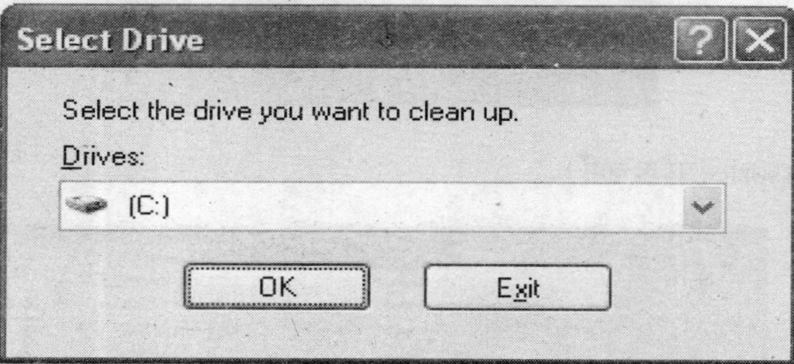

5. Select Drive डायलॉग बॉक्स में Drives विकल्प में उस ड्राइव को सिलेक्ट करें, जिसे आप Clean करना चाहते हैं।

6. अब OK बटन पर क्लिक करें। इससे आपके द्वारा सिलेक्ट की गई Drive Clean होने लगती है और उसके पश्चात् निम्न प्रकार की स्क्रीन मॉनीटर पर दिखाई देती है—

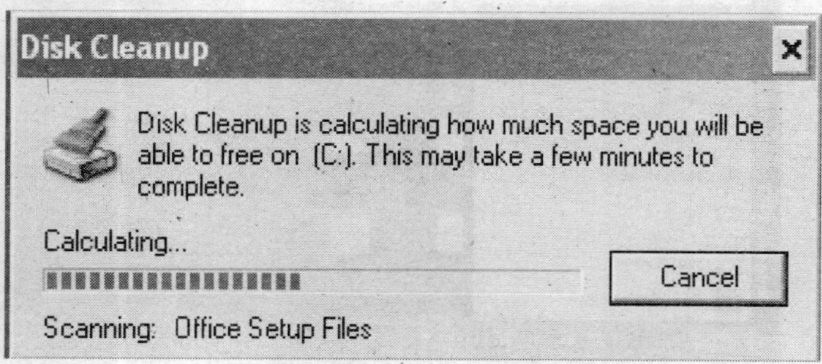

7. उपर्युक्त डायलॉग बॉक्स में उन फाइलों को सिलेक्ट करें, जिन्हें आप Delete करना चाहते हैं और अंत में OK बटन पर क्लिक करें। इससे फाइल कंप्यूटर से हट जाएँगी।

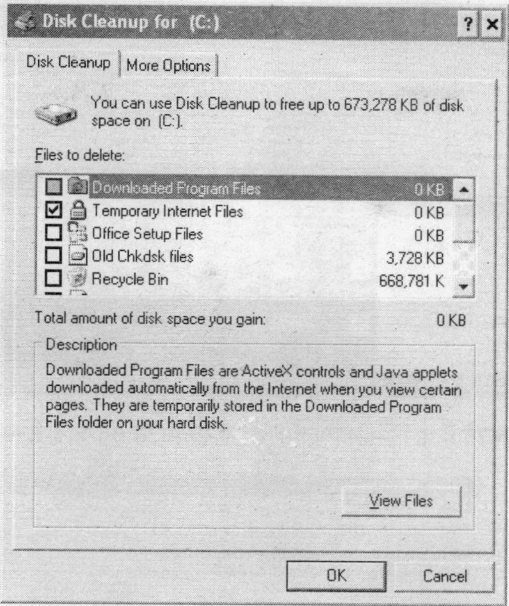

बैकअप कैसे बनाएँ ?

कंप्यूटर में हार्डडिस्क पर स्टोर किए गए डेटा को सुरक्षित रखने के लिए यदि आप उसे सी.डी. पर कॉपी करना चाहते हैं तो उस समय समस्या आती है जब फाइल का साइज आपकी सी.डी. की क्षमता से अधिक होता है।

बैकअप बनाते समय आपके द्वारा बैकअप में दी गई सेटिंग के अनुसार फाइलों को सामान्य या Compressed अवस्था में (साइज छोटा करके) सी.डी. पर इस तरह कॉपी किया जाता है कि यदि उसका साइज डिस्क से बड़ा है तो लगातार दूसरी डिस्क लगाते जाएँ और जितनी डिस्क भी आवश्यक हो, उन्हें एक श्रृंखला (Chain) के रूप में रखा जा सके।

बैकअप बनाई गई फाइलों को सीधे खोलकर प्रयोग नहीं किया जा सकता, क्योंकि बैकअप बनाते समय उसका फॉरमेट बदल जाता है। उसे जब दोबारा हार्डडिस्क में Restore कर लेते हैं, तभी प्रयोग किया जा सकता है।

बैकअप बनाने की विधि इस प्रकार है—

1. Windows XP के डेस्कटॉप पर Start बटन पर क्लिक करके माउस पॉइंटर को Programs पर ले जाएँ।

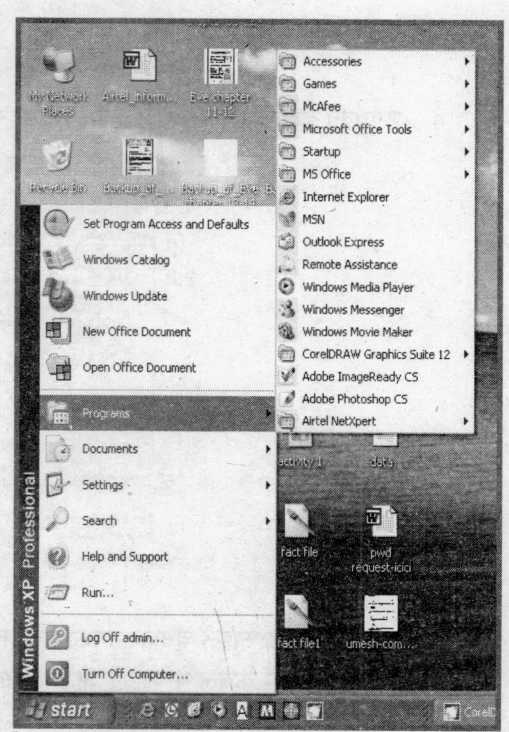

2. Accessories पर पॉइंटर ले जाकर System Tools पर जाएँ।

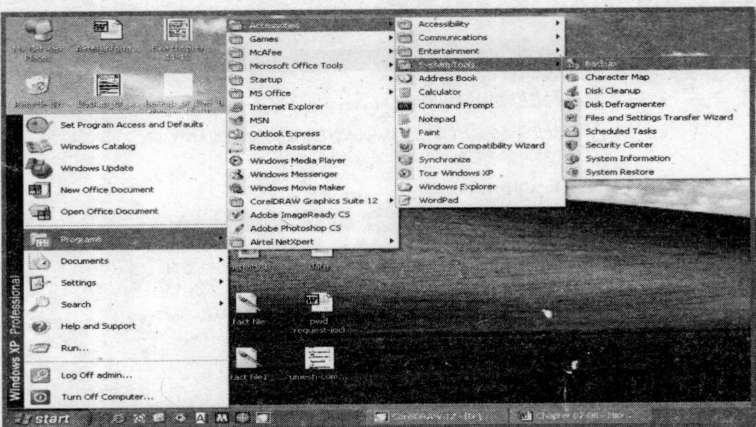

3. Backup पर क्लिक करते हैं तो निम्न डायलॉग बॉक्स स्क्रीन पर आ जाता है—

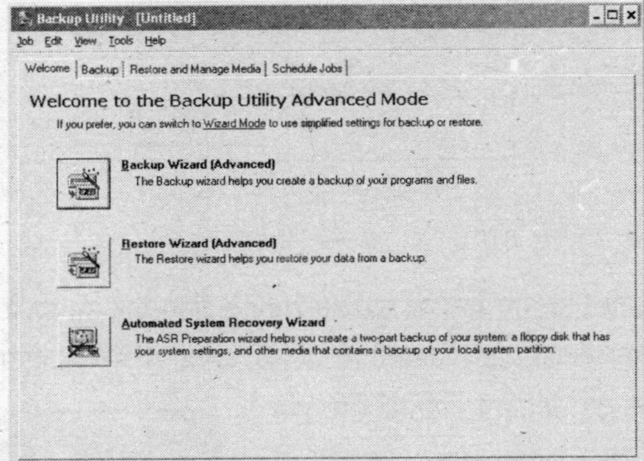

4. उपर्युक्त डायलॉग बॉक्स में Backup विकल्प पर क्लिक करने पर निम्न डायलॉग बॉक्स दिखाई देगा—

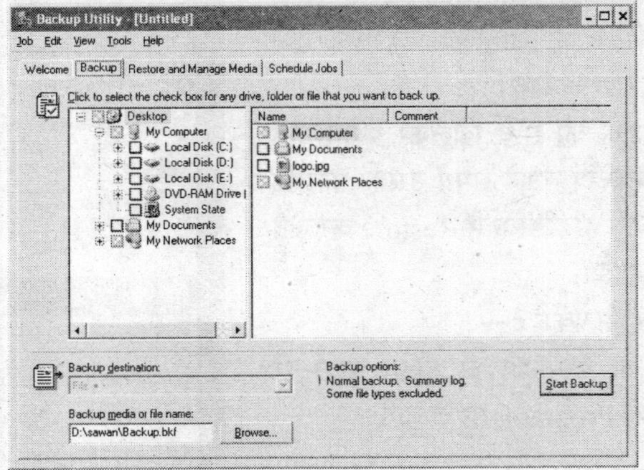

5. यदि आप कुछ फाइलें चुनकर उनका बैकअप बनाना चाहते हैं तो Backup विकल्प चुनते हैं और यदि पहले बनाए गए बैकअप में केवल वे फाइलें जोड़ना चाहते हैं, जो पिछले बैकअप के बाद बनाई या बदली गई हैं तो Restore विकल्प चुनते हैं।

6. अब आप जिन फाइलों का Backup बनाना चाहते हैं, उन फाइलों के आगेवाले बॉक्स में क्लिक करके ✓ चिह्न प्रदर्शित करें।

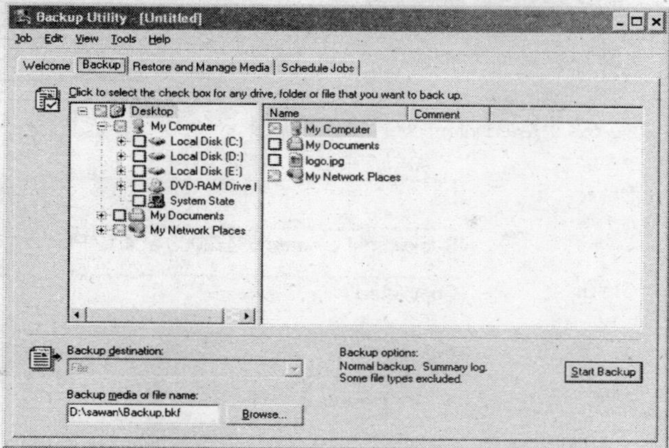

7. Backup Media or File Name में उस डिस्क को चुनें, जिसमें आप बैकअप बनाकर रखना चाहते हैं।

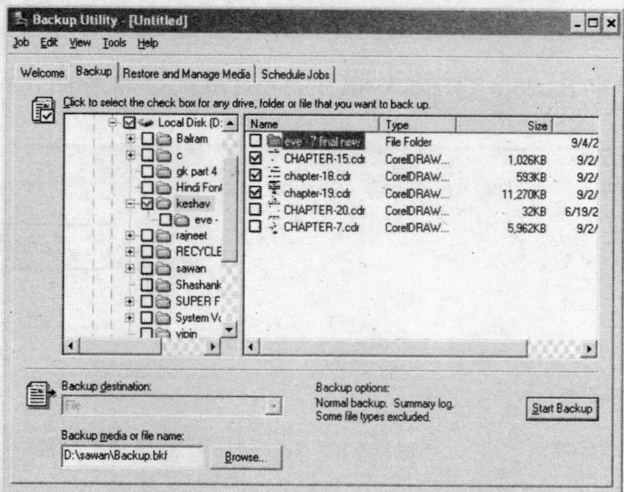

8. अब Start Backup पर क्लिक करके आप वह सेटिंग दे सकते हैं कि Backup किस तरह का होना चाहिए।

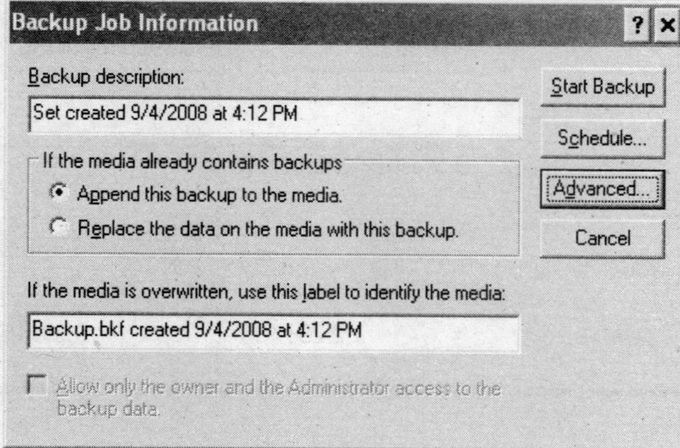

9. Start Backup बटन पर क्लिक करें तो फाइल का Backup बनने लगता है।

Backup Progress

The backup is complete.		Close
To see detailed information, click Report.		Report...
Drive:	D:	
Label:	Backup.bkf created 9/4/2008 at 4:12 PM	
Status:	Completed	
	Elapsed:	Estimated remaining:
Time:	1 sec.	
	Processed:	Estimated:
Files:	5	5
Bytes:	19,334,754	19,334,754

10. इस प्रकार फाइल का Backup बन जाता है और Backup Progress का डायलॉग बॉक्स स्क्रीन पर आ जाता है।

Backup Progress

		Cancel
Drive:	D:	
Label:	Backup.bkf created 9/4/2008 at 4:12 PM	
Status:	Backing up files from your computer...	
Progress:		
	Elapsed:	Estimated remaining:
Time:		
Processing:	D:\keshav\chapter-19.cdr	
	Processed:	Estimated:
Files:	2	5
Bytes:	2,290,136	19,334,254

री-स्टोर कैसे करें ?

यदि आपने फाइलों का बैकअप बनाकर रखा है तो उसे तब तक प्रयोग नहीं कर सकेंगे, जब तक कि उन्हें री-स्टोर न कर लिया जाए। बैकअप को पुन: हार्डडिस्क में री-स्टोर करने की विधि है—

1. Windows XP के डेस्कटॉप में Start बटन पर क्लिक करके माउस पॉइंटर को Programs पर ले जाएँ।

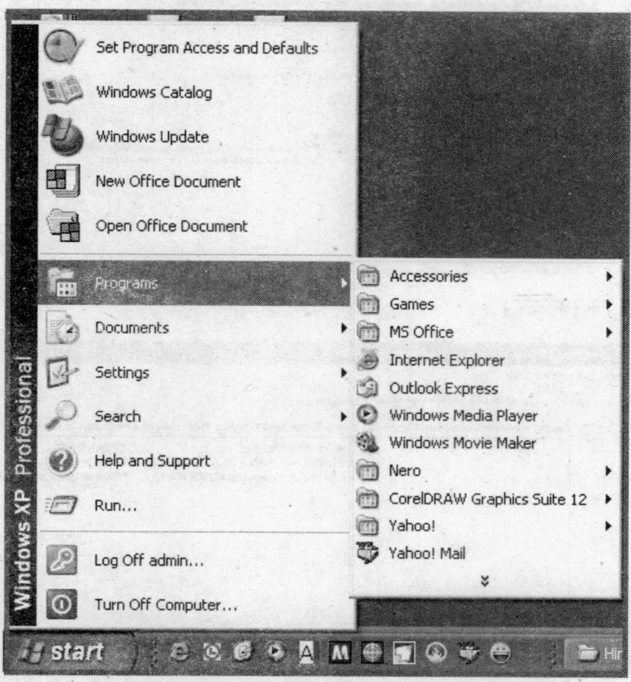

2. अब Accessories पर जाकर माउस पॉइंटर को System Tools पर रखें।

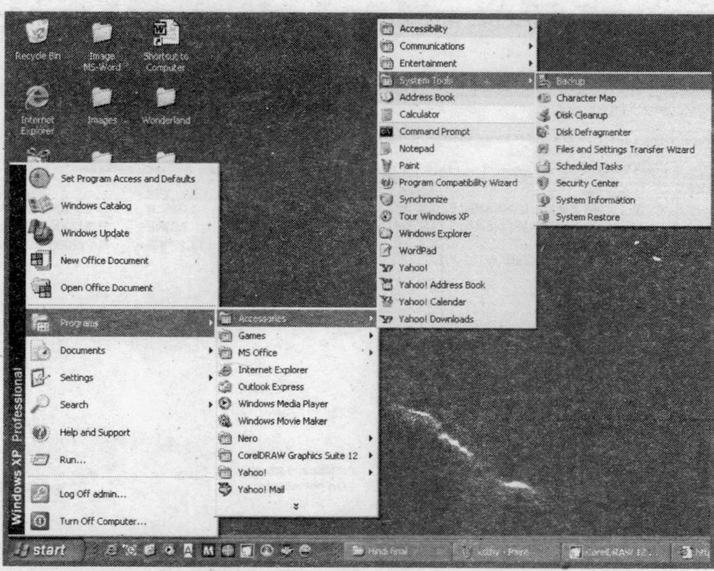

3. Backup पर क्लिक करने से निम्न डायलॉग बॉक्स स्क्रीन पर आ जाता है—

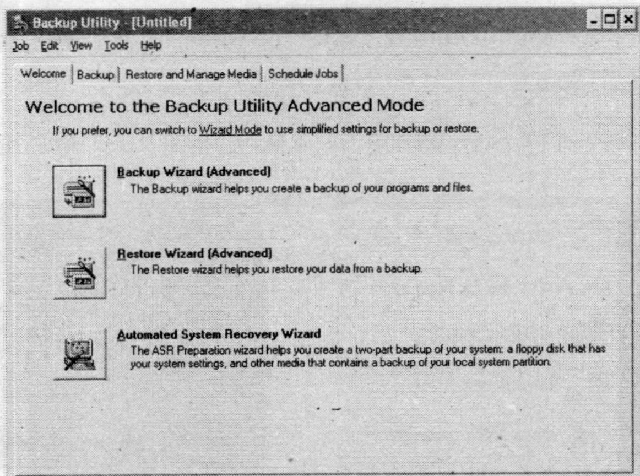

4. अब Restore पर क्लिक करें।

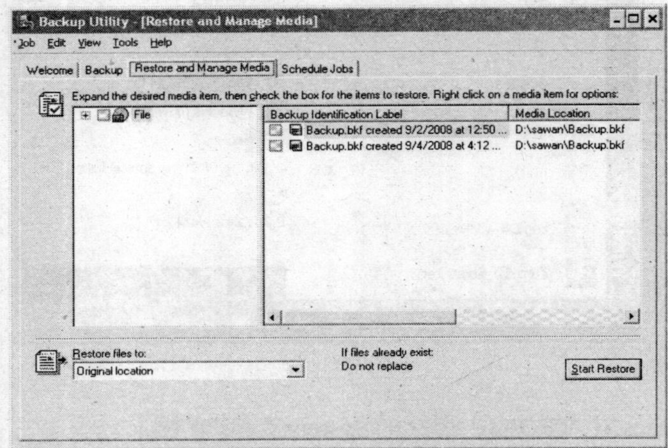

5. री-स्टोर करनेवाली फाइलों को सिलेक्ट करते हैं और उन्हें कहाँ री-स्टोर करना है, यह भी Specify करते हैं।

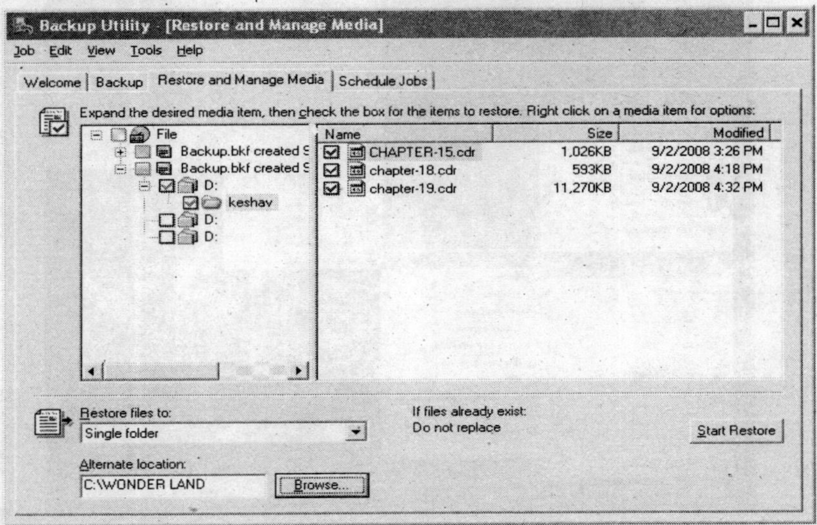

6. Start Restore बटन पर क्लिक करें। अब Confirm Restore का डायलॉग बॉक्स स्क्रीन पर दिखाई देगा, जिसमें फाइल को री-स्टोर करने की Confirmation माँगी जाती है।

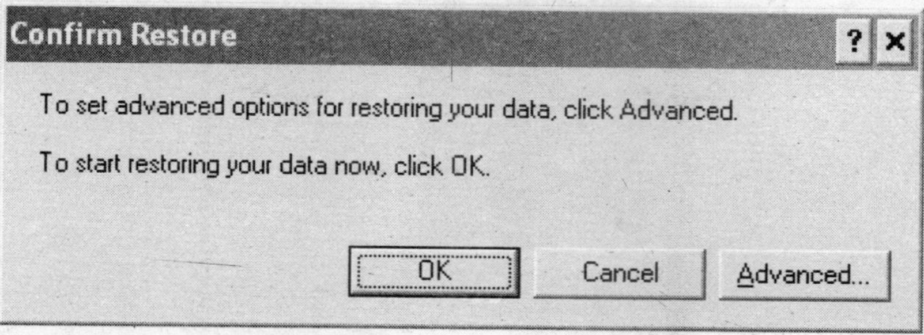

7. OK बटन पर क्लिक करें, जिससे Enter Backup File Name की लिस्ट स्क्रीन पर दिखाई देती है। Restore from backup file में उस सोर्स को सिलेक्ट करते हैं, जहाँ से फाइल को Restore करना है।
8. OK बटन पर क्लिक करने से फाइल री-स्टोर हो जाती है और निम्न डायलॉग बॉक्स स्क्रीन पर दिखाई देता है—

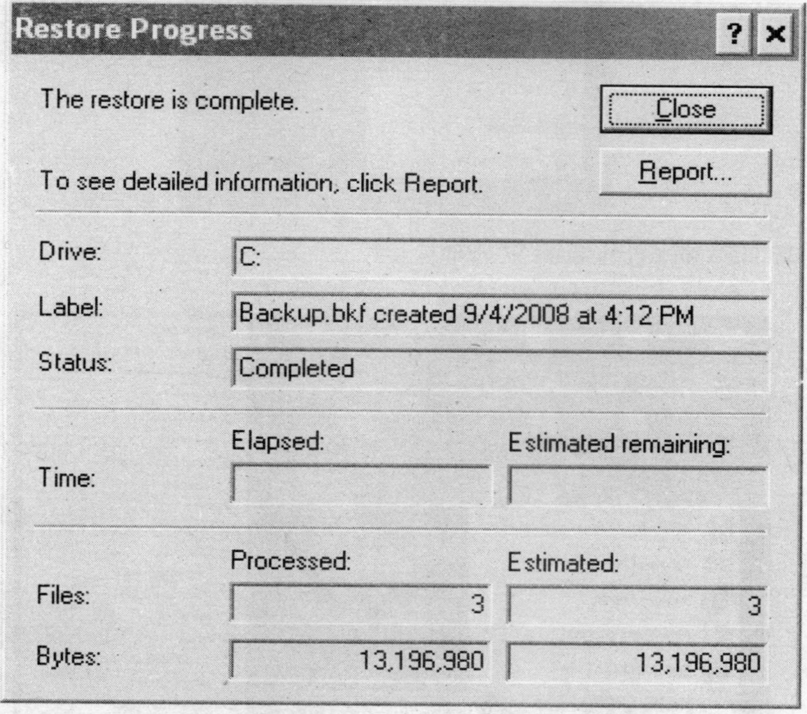

डिस्क में खाली स्थान कैसे बढ़ाएँ ?

Windows XP में एक अभूतपूर्व सुविधा उपलब्ध है, जिसके द्वारा आप अपनी डिस्क की Temporary Internet Files, Downloaded Program files, Recycle Bin और Temporary Files में से कुछ या सभी फाइलों को मिटाकर डिस्क का खाली स्थान बढ़ा सकते हैं। Windows XP के Accessories में System Tools के अंतर्गत Disk Cleanup प्रोग्राम द्वारा यह सुविधा मिलती है। विधि इस प्रकार है—

1. Windows XP के Desktop में Start बटन पर क्लिक करके माउस पॉइंटर को Programs पर ले जाएँ।

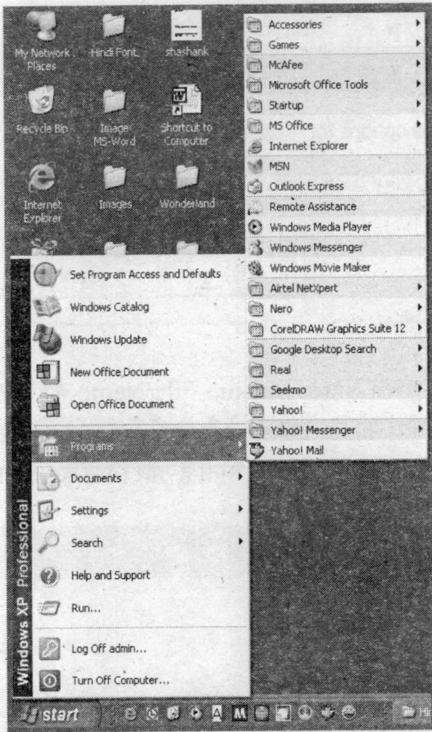

2. अब माउस पॉइंटर को Accessories पर ले जाएँ।

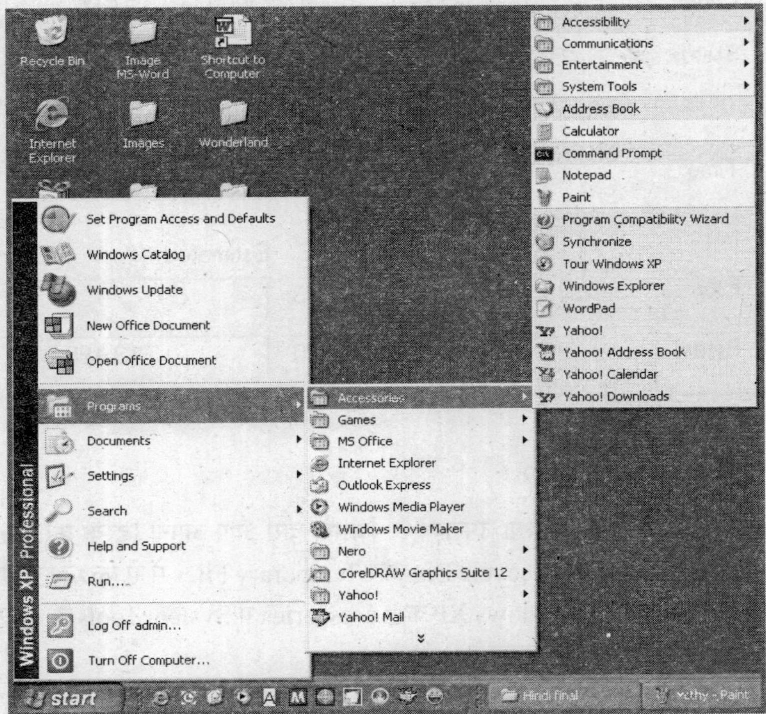

3. माउस द्वारा पॉइंटर को System Tools पर ले जाकर Disk Cleanup पर क्लिक करें।

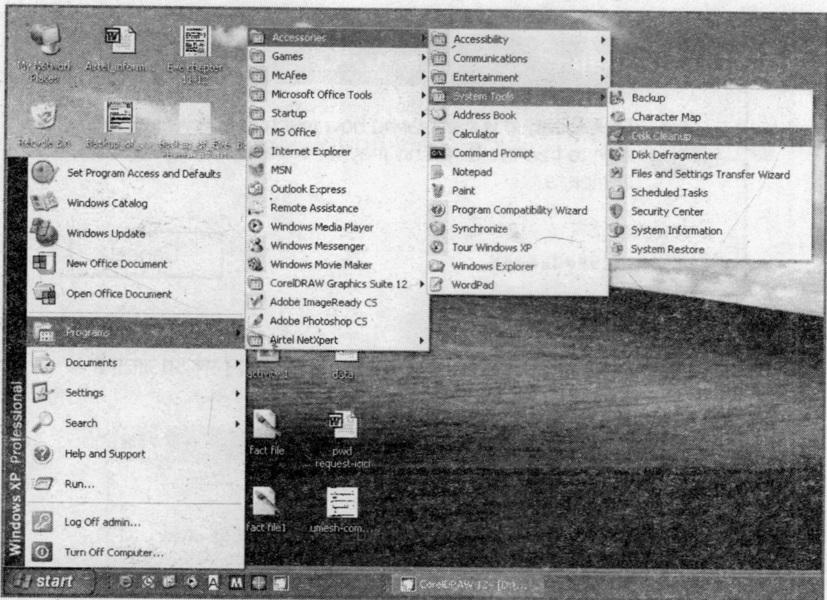

4. Select Drive का डायलॉग बॉक्स स्क्रीन पर आ जाएगा—

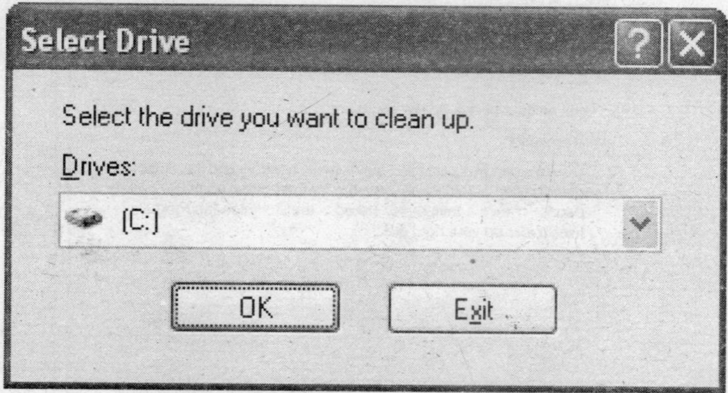

5. जिस ड्राइव को Clean करना चाहते हैं, उसे सिलेक्ट करें।

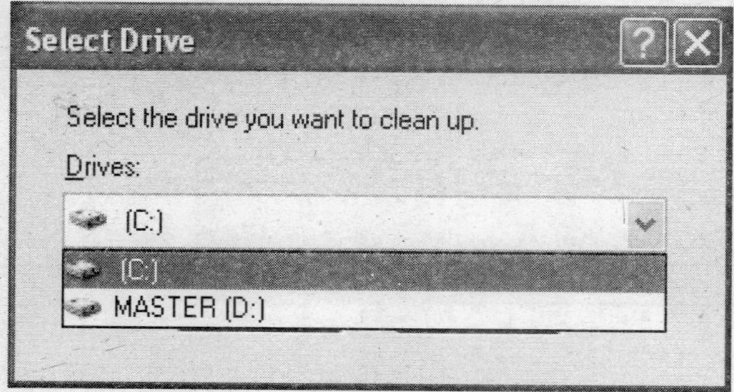

6. Select Drive के डायलॉग बॉक्स पर OK क्लिक करने पर डिस्क Clean होने लगती है।

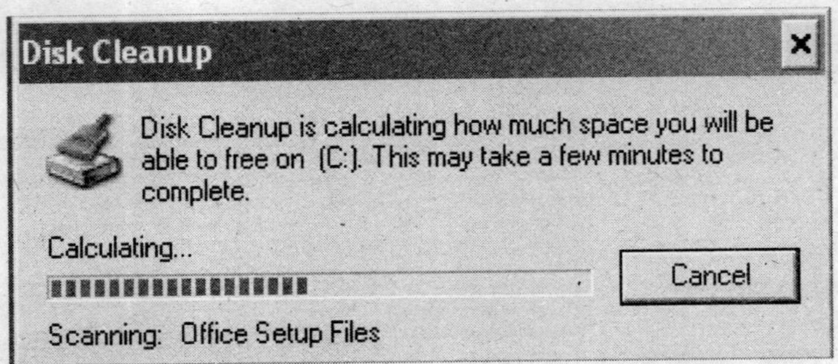

7. कुछ क्षणों में डिस्क Clean हो जाती है और निम्न डायलॉग बॉक्स स्क्रीन पर आ जाता है—

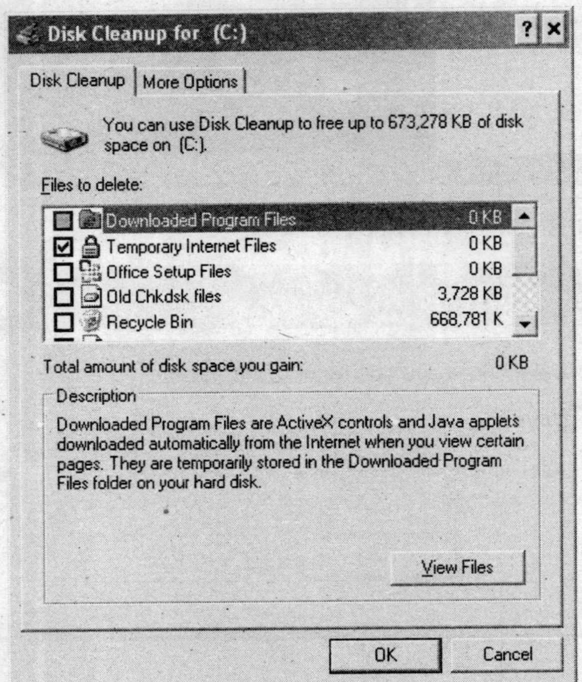

उपर्युक्त स्क्रीन पर उन फाइलों के प्रकार दिखाए जाते हैं, जिन्हें आप हटा सकते हैं। जिस तरह की फाइलें हटाना चाहते हैं, उन्हें चुनकर OK बटन पर क्लिक कर दें। इस तरह डिस्क पर खाली स्थान बढ़ जाता है।

□

6 विंडोज विस्टा

विंडोज विस्टा एक नवीनतम ऑपरेटिंग सिस्टम है, जिसे माइक्रोसॉफ्ट कंपनी ने विंडोज XP से भिन्न और एडवांस बनाया है। जुलाई 2005 में इसकी घोषणा से पहले इसे 'लांगहार्न' नाम दिया गया था। इसका विकास 6 नवंबर, 2006 को पूरा हुआ था और 30 जनवरी, 2007 को इसे बाजार में उतारा गया। विंडोज XP आने के लगभग पाँच साल बाद विंडोज विस्टा आया। अत: इतने अंतराल में हार्डवेयर और सॉफ्टवेयर में किए गए बदलाव को विंडोज विस्टा में समाहित किया गया था। विंडोज विस्टा में कई नए गुण हैं—जैसे विकसित ग्राफिक यूजर इंटरफेस और विजुअल स्टाइल, खोज के लिए उत्तम फीचर्स, मल्टीमीडिया के लिए नए किथसन वूल्स जैसे विंडोज डी.वी.डी. मेकर इत्यादि।

विस्टा के लिए आवश्यक हार्डवेयर

विंडोज विस्टा के लिए आवश्यक हार्डवेयर हैं—

- 800 मेगाहर्ट्ज, 32 बिट प्रोसेसर
- 1 गीगाबाइट सिस्टम मेमोरी
- डायरेक्ट X-9 समकक्ष ग्राफिक्स कार्ड
- 188 मेगाबाइट हार्डडिस्क, जिसमें 15 गीगाबाइट खाली जगह होनी चाहिए।
- 40 गीगाबाइट हार्डडिस्क, जिसमें 15 गीगाबाइट खाली जगह होनी चाहिए।
- डी.वी.डी. ड्राइव।
- इंटरनेट एक्सेस की सुविधा।
- ऑडियो आउटपुट की क्षमता।

विंडोज विस्टा

विंडोज विस्टा देखने में विंडोज XP से काफी भिन्न होता है। यदि आपके कंप्यूटर में विंडोज विस्टा इंस्टॉल है तो कंप्यूटर ऑन करने पर पहली विंडोज इस प्रकार की दिखाई देती है—

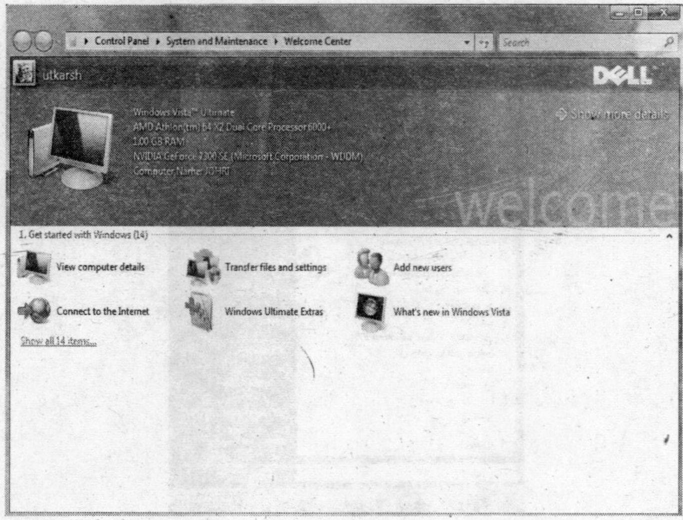

यदि कंट्रोल पैनल से कोई काम नहीं करना है तो डेस्कटॉप के ऊपर वाली विंडो को ☐ पर क्लिक करके बंद कर दें। अब डेस्कटॉप सामने आता है, जो इस प्रकार दिखता है—

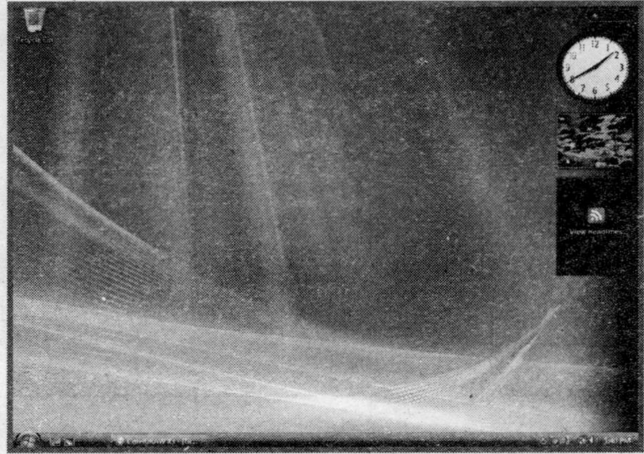

विंडोज विस्टा के Start बटन पर क्लिक करते हैं तो स्टार्ट मेन्यू इस प्रकार सामने आता है—

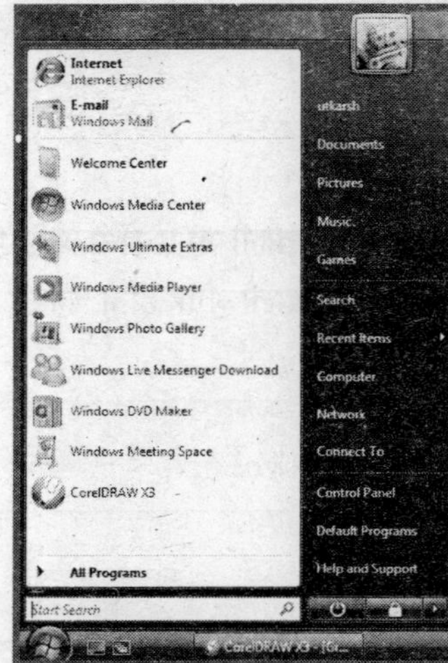

यदि आप All Programs पर क्लिक करेंगे तो प्रोग्राम मेन्यू इस प्रकार सामने आता है—

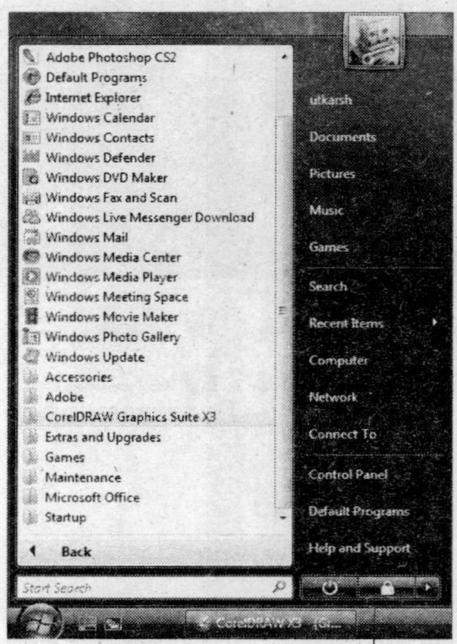

यदि आप कंट्रोल पैनल पर जाकर कुछ सेटिंग करना चाहते हैं तो Start मेन्यू में Control Panel विकल्प पर क्लिक करें। इस प्रकार की स्क्रीन सामने आएगी—

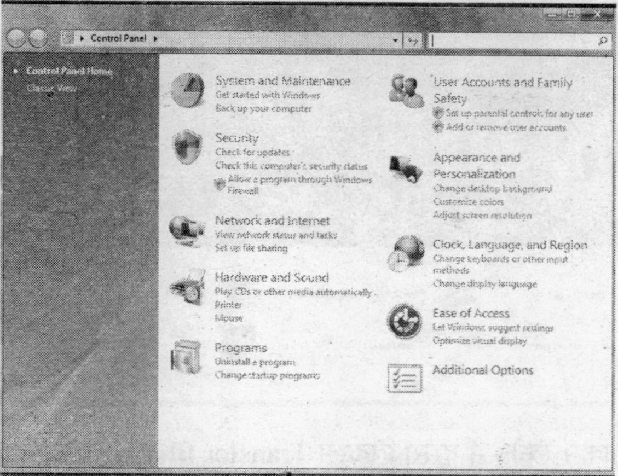

यदि आप Network and Internet विकल्प पर क्लिक करेंगे तो निम्न प्रकार की विंडो दिखाई देगी—

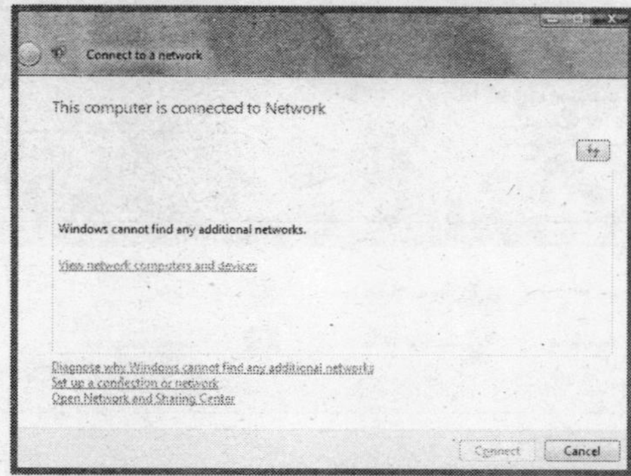

कंट्रोल पैनल के डायलॉग बॉक्स में पहला विकल्प System and Maintenance है। यदि आप Start पर क्लिक करेंगे तो सिस्टम मेंटेनेंस का डायलॉग बॉक्स इस प्रकार से दिखाया जाएगा—

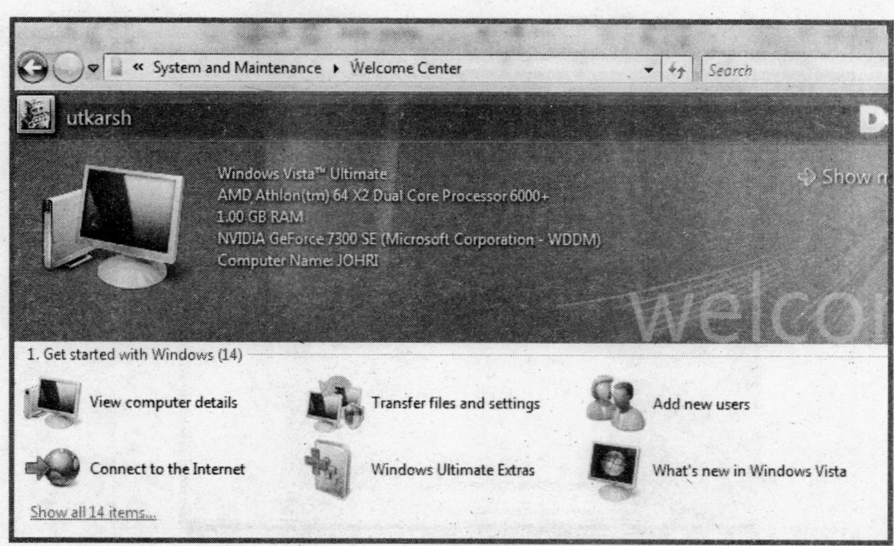

सिस्टम मेंटेनेंस की वेलकम विंडो में पहला विकल्प View computer details है, यदि इस विकल्प पर क्लिक करेंगे तो निम्न details दिखाई देंगी—

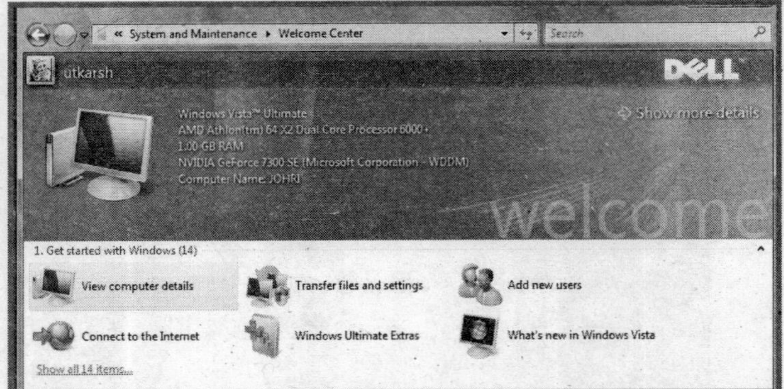

सिस्टम एंड मेंटेनेंस की वेलकम स्क्रीन में दूसरा विकल्प Transfer files and settings है। इस विकल्प पर क्लिक करने पर निम्न स्क्रीन दिखाई देगी—

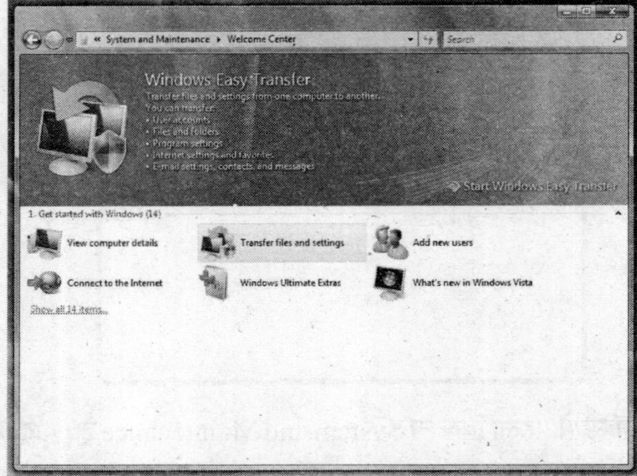

कंट्रोल पैनल पर User Accounts and Family Safety विकल्प पर क्लिक करने पर निम्न विंडो दिखाई देगी—

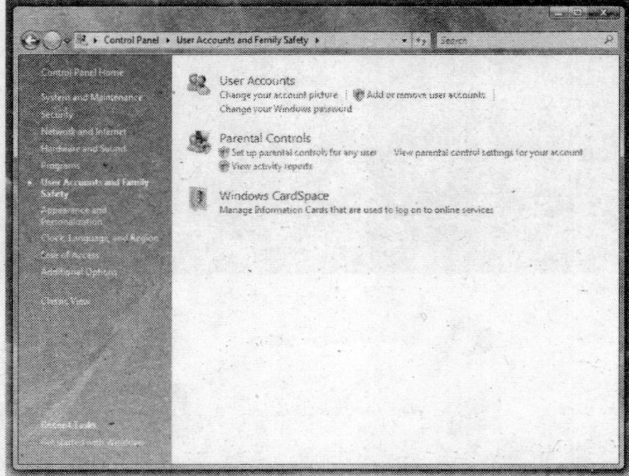

कंट्रोल पैनल पर Security विकल्प पर क्लिक करने पर निम्न विंडो दिखाई देगी—

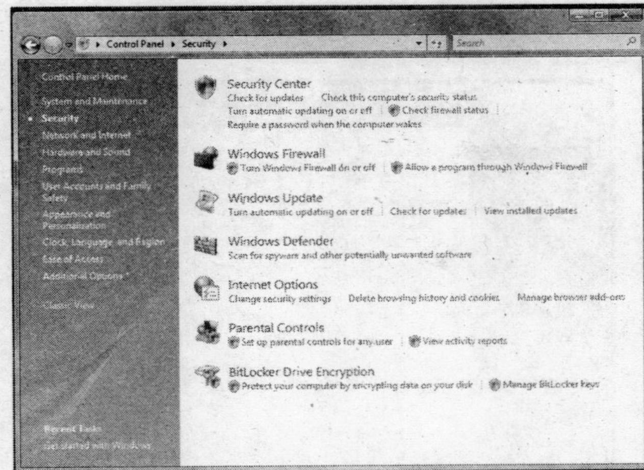

कंट्रोल पैनल पर Appearance and Personalization विकल्प पर क्लिक करने पर निम्न विंडो दिखेगी, जिसमें आप विकल्प चुन सकते हैं।

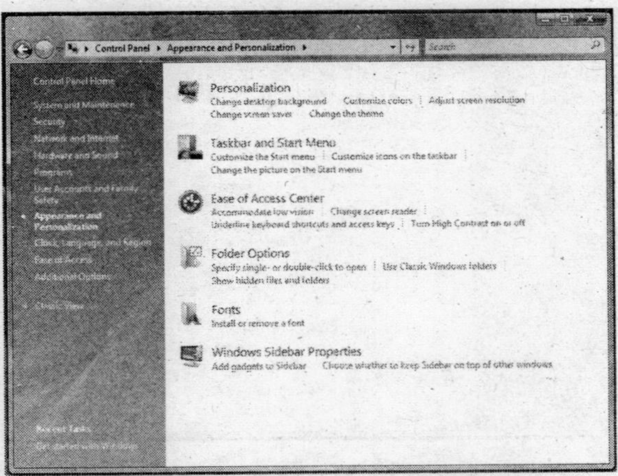

कंट्रोल पैनल से Network and Internet विकल्प चुनकर आप निम्न प्रकार की विंडो देखेंगे, जिसमें फिर आप विकल्प चुन सकते हैं।

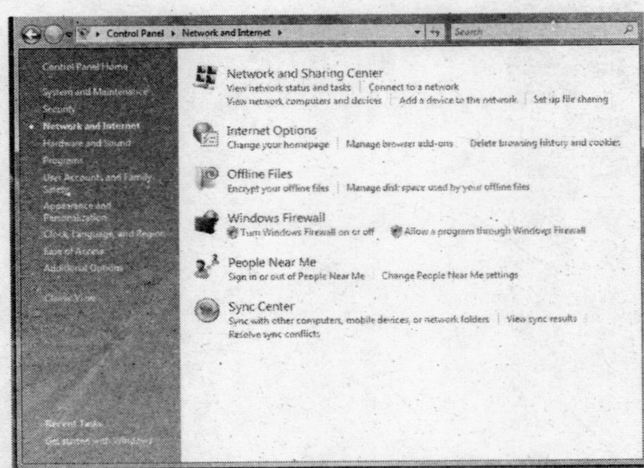

यदि आप Date और Time की सेटिंग बदलना चाहते हैं तो कंट्रोल पैनल पर Clock, Language and Region विकल्प पर क्लिक करें। अब नीचे दिखनेवाली विंडो में से विकल्प चुनकर आप सेटिंग बदल सकते हैं।

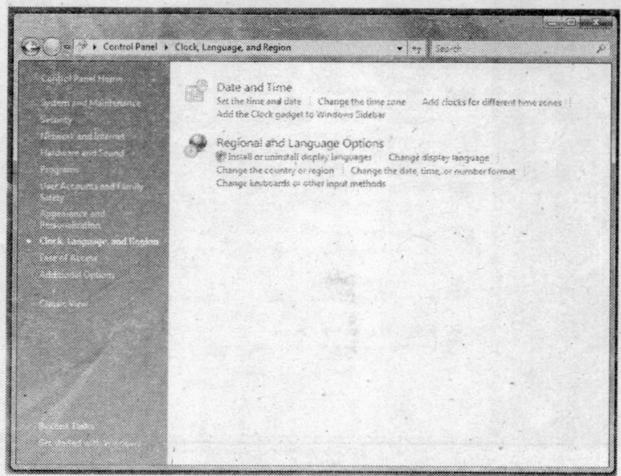

कंट्रोल पैनल पर Hardware and Sound विकल्प पर क्लिक करते हैं तो निम्न विंडो सामने आती है—

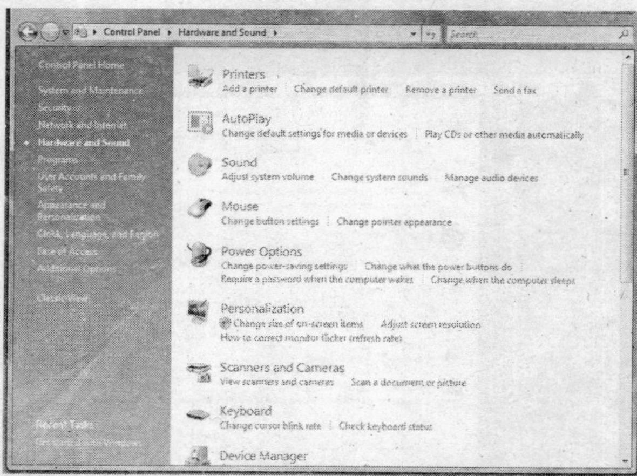

यदि आप Ease of Access Center विकल्प पर क्लिक करेंगे तो स्क्रीन इस प्रकार दिखाई देगी—

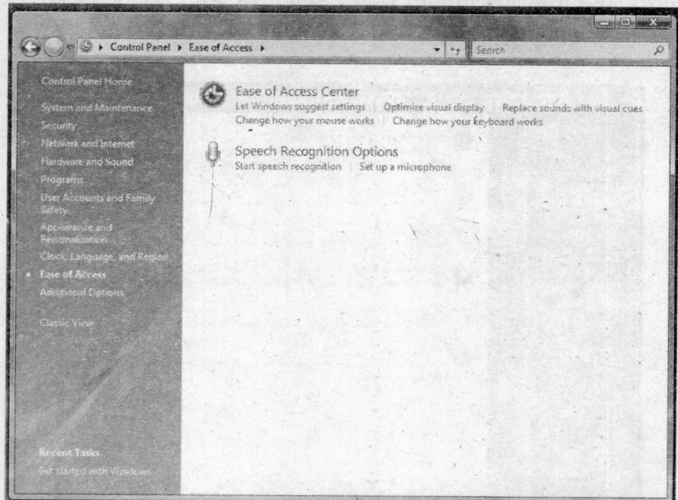

कंट्रोल पैनल पर Programs विकल्प चुनने पर निम्न विंडो सामने आती है, जिससे आप प्रोग्राम से संबंधित कार्य कर सकते हैं—

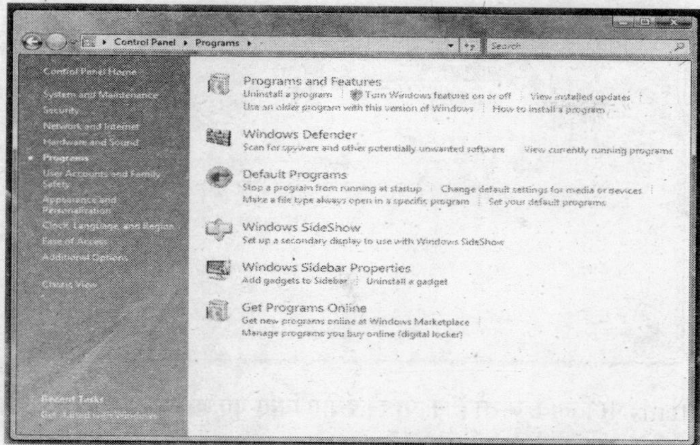

कंट्रोल पैनल पर Additional Options विकल्प पर क्लिक करने पर निम्न स्क्रीन सामने आती है—

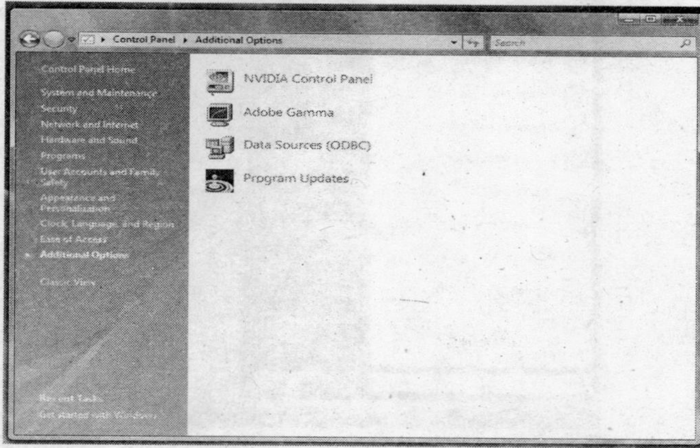

स्टार्ट मेन्यू का प्रयोग

स्टार्ट मेन्यू में Network विकल्प पर क्लिक करने पर निम्न विंडो दिखाई देती है—

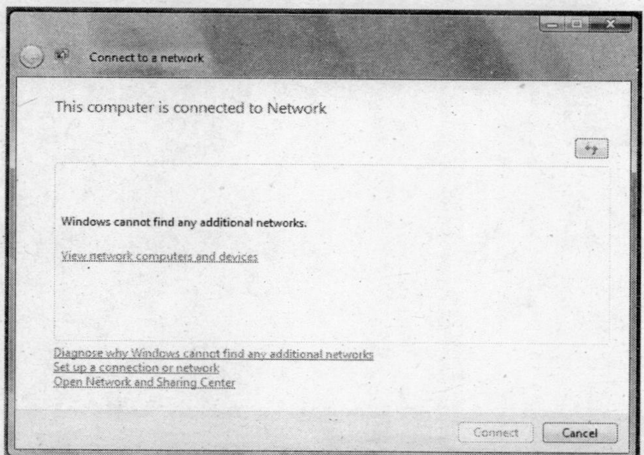

स्टार्ट मेन्यू में Computer विकल्प चुनने पर विंडो इस प्रकार दिखाई देती है—

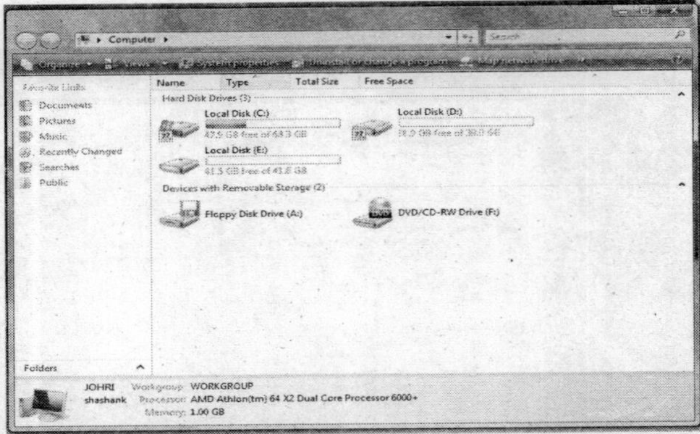

स्टार्ट मेन्यू में Recent Items पर क्लिक करते हैं तो पहले प्रयोग किए गए डॉक्यूमेंट की सूची इस प्रकार दिखाई देती है—

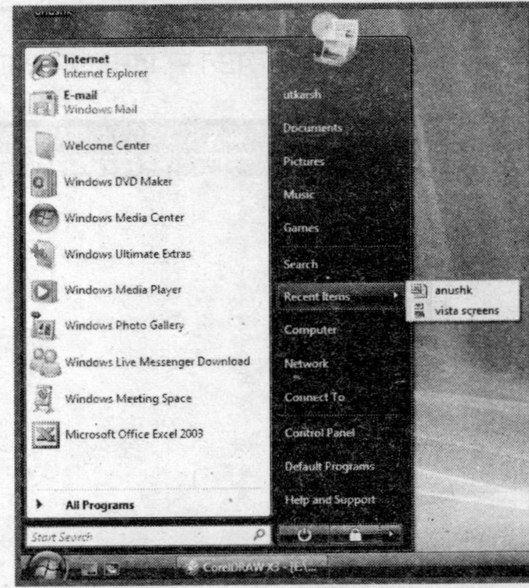

स्टार्ट मेन्यू में Search विकल्प चुनने पर विंडो इस प्रकार दिखाई देती है—

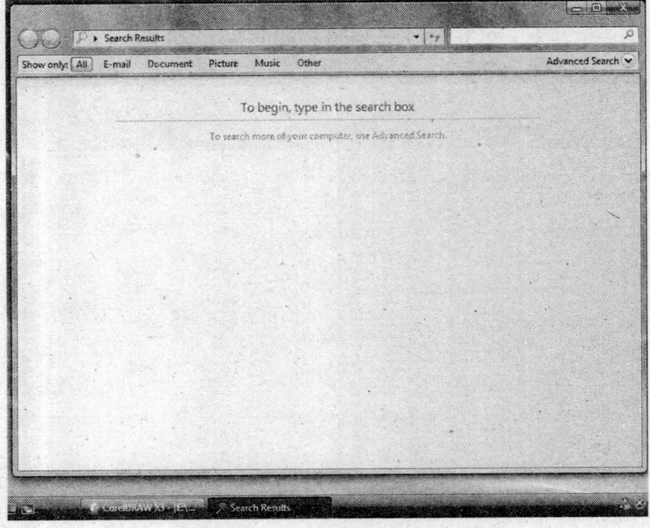

अगर स्टार्ट मेन्यू से आप Games विकल्प चुनते हैं तो निम्न विंडो में गेम्स दिखाई देंगे—

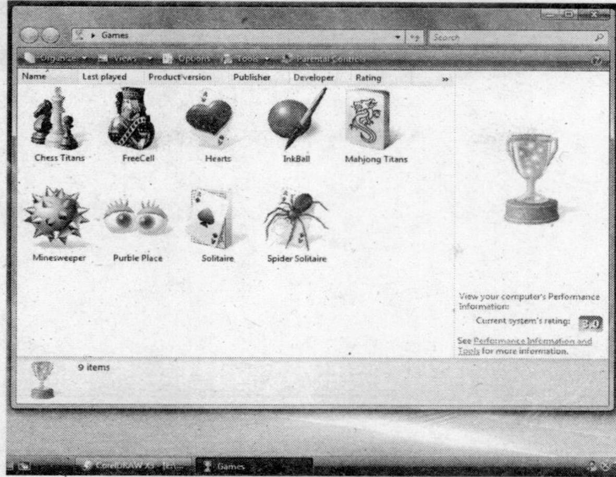

यदि स्टार्ट मेन्यू से Music विकल्प पर क्लिक करेंगे तो विंडो में म्यूजिक फाइलें दिखाई देंगी—

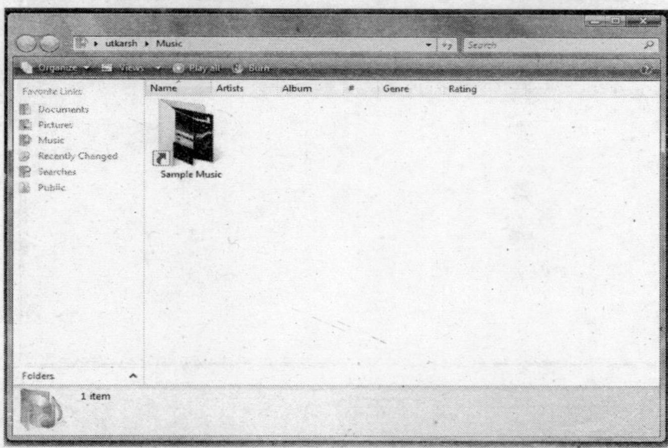

यदि आप Picture विकल्प पर क्लिक करेंगे तो आपके पिक्चर फोल्डर की फाइलें दिखाई देंगी—

यदि आप Documents विकल्प चुनेंगे तो आपके डॉक्यूमेंट्स स्क्रीन पर दिखाई देंगे—

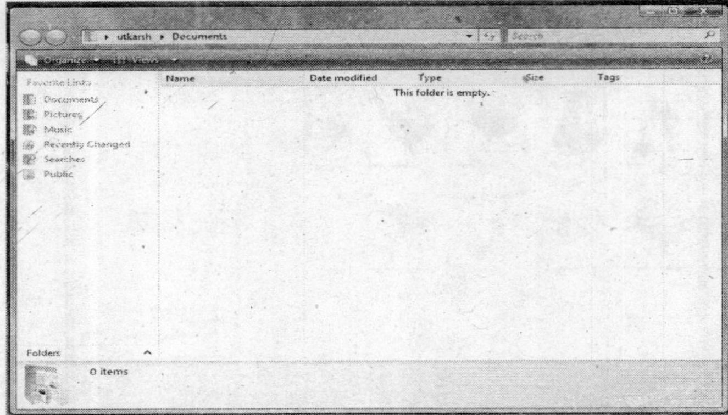

यदि आप अपने Log in नाम जैसे utkarsh पर क्लिक करेंगे तो उस Log in में बने सभी डॉक्यूमेंट्स निम्न प्रकार स्क्रीन पर दिखाई देंगे—

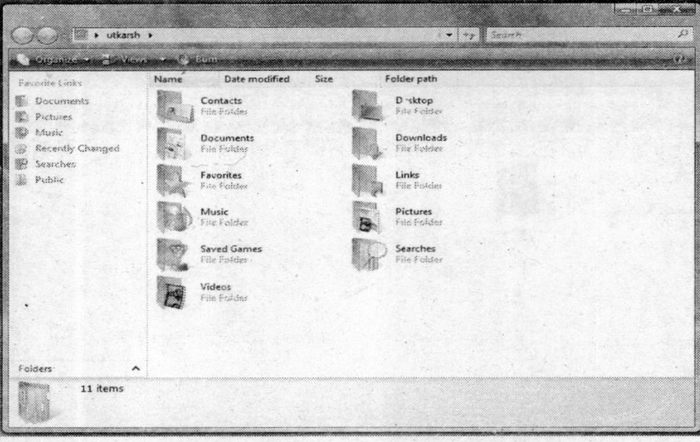

गैजेट्स का प्रयोग

विंडोज विस्टा में डेस्कटॉप के दाहिने किनारे पर गैजेट्स सेट करने की सुविधा मिलती है। कैलेंडर, क्लॉक, कॉण्टेक्ट्स, सी.पी.यू. मीटर, करेंसी, फीड हेडलाइंस, नोट्स, पिक्चर पजल, स्लाइड शो, स्टॉक और मौसम को आप गैजेट्स के रूप में डेस्कटॉप पर रख सकते हैं।

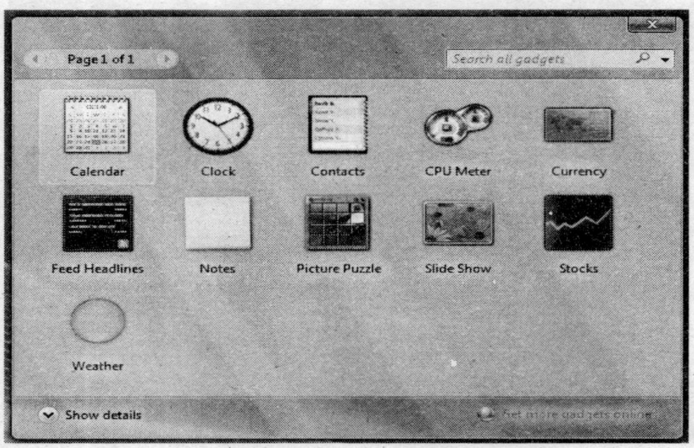

यदि आप कैलेंडर को डेस्कटॉप पर गैजेट्स के रूप में प्रदर्शित करना चाहते हैं तो कैलेंडरवाले आइकन पर क्लिक करें, कैलेंडर प्रदर्शित हो जाएगा।

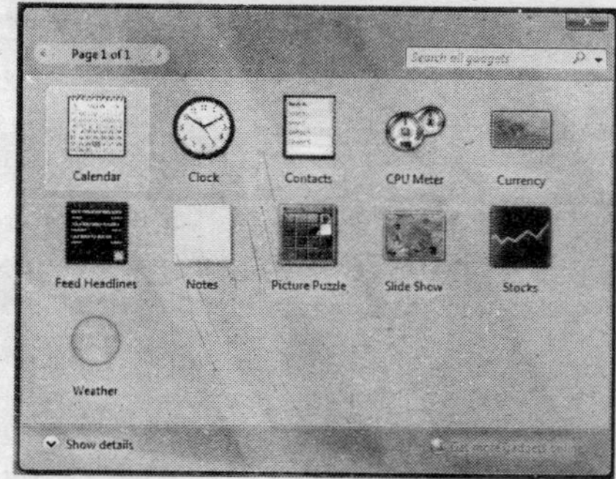

यदि आप गैजेट्स में दिखनेवाली क्लॉक का आकार-प्रकार बदलना चाहते हैं तो उपलब्ध 8 में से कोई एक क्लॉक चुन सकते हैं—

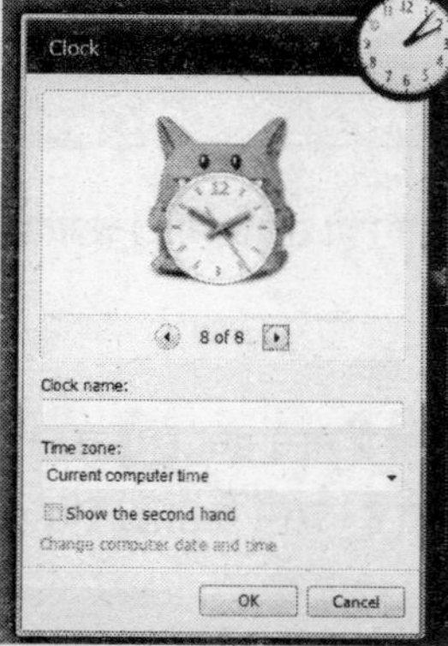

स्लाइड शो की सेटिंग आप निम्न प्रकार से बदल सकते हैं—

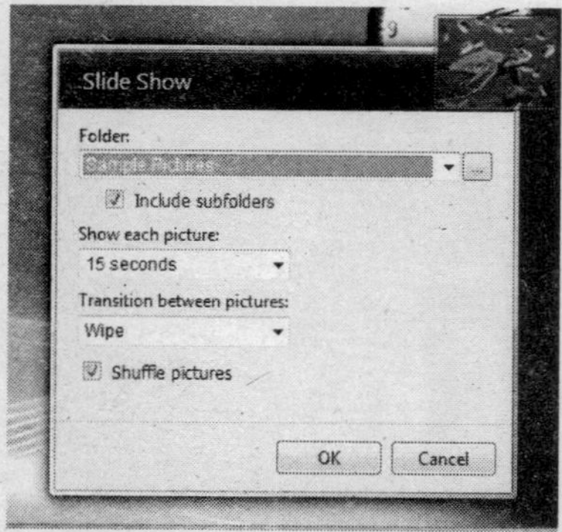

उसके बाद स्लाइड शो स्क्रीन पर प्रदर्शित किया जा सकता है—

यदि आप गैजेट्स में से सी.पी.यू. मीटर पर क्लिक करेंगे तो वह निम्न प्रकार से दिखाया जाएगा—

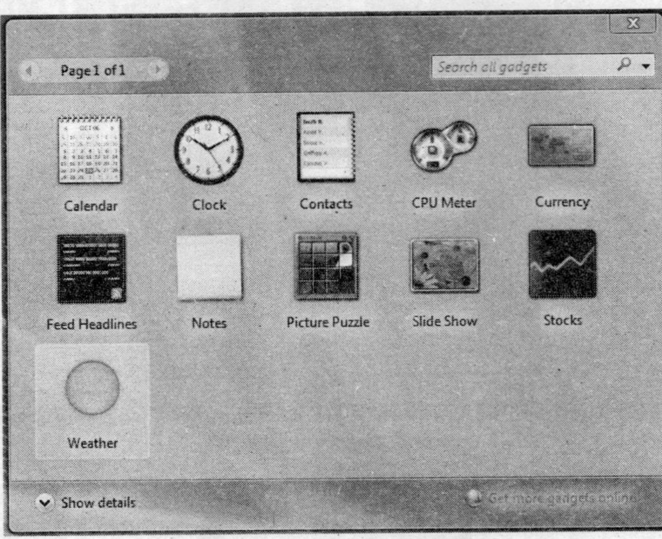

यह मीटर सी.पी.यू. और मेमोरी का कितना प्रयोग हो रहा है, यह दिखाता है।

विंडोज विस्टा को बंद करना

विंडोज विस्टा को बंद करने के लिए स्टार्ट मेन्यू में नीचे एक ⏻ बटन मिलता है, जिसे क्लिक करने पर Shut Down, Sleep, Restart, Lock, Log off विकल्प मिलते हैं। इसमें से Shut Down पर क्लिक करने पर विस्टा बंद हो जाता है।

□

7 MS-Word का परिचय

MS-Word माइक्रोसॉफ्ट ऑफिस का एक अभिन्न अंग है। MS-Word में डॉक्यूमेंट तैयार करने के लिए निम्न सुविधाएँ प्राप्त होती हैं—

- MS-Word Window based सॉफ्टवेयर है, अत: इस सॉफ्टवेयर में हम माउस का प्रयोग कर सकते हैं।
- सॉफ्टवेयर में हम अपने डॉक्यूमेंट की स्पेलिंग और ग्रामर भी चेक कर सकते हैं।
- MS-Word में हम किसी अन्य सॉफ्टवेयर के डॉक्यूमेंट को भी प्लेस कर सकते हैं।
- MS-Word में हम क्लिप आर्ट (रेडीमेड चित्र) का भी प्रयोग कर सकते हैं।

MS-Word कैसे लोड करें?

जब हम अपने कंप्यूटर को ऑन करते हैं तो वह विंडोज के डेस्कटॉप पर जाकर रुक जाता है। आगे के स्टेप हैं—

1. Start बटन पर क्लिक करके Programs में जाएँ और फिर MS-Office में MS-Word के आइकन पर माउस से क्लिक करें।
2. इससे Word की स्क्रीन आ जाती है।

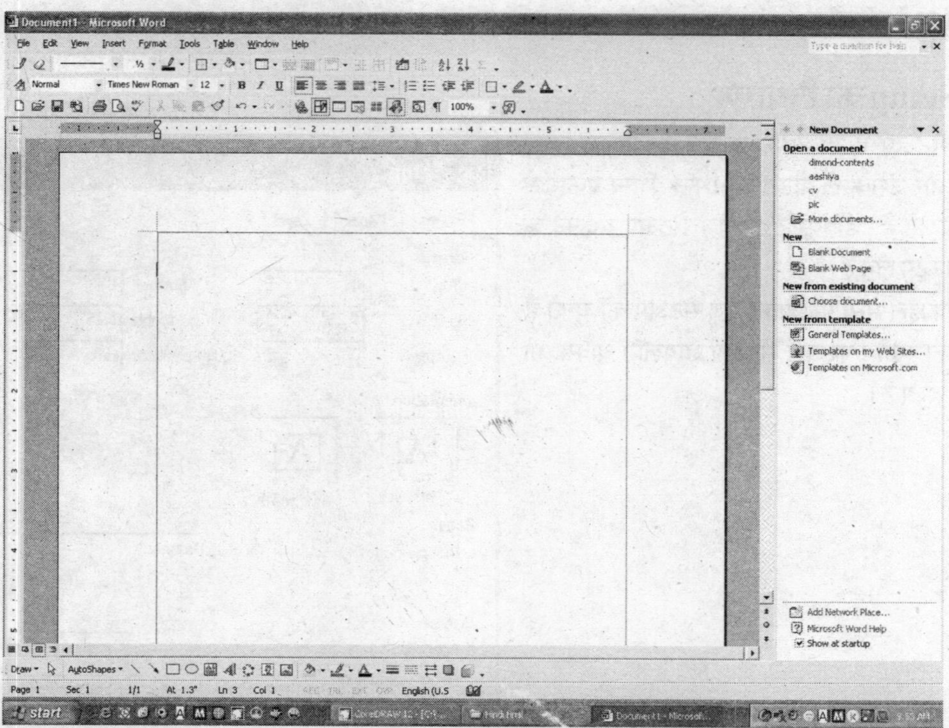

यदि आपकी स्क्रीन पर यहाँ दिखाई गई स्क्रीन से कम या अधिक टूलबार दिखाई देते हैं तो चिंता की कोई बात नहीं, क्योंकि हम किसी भी टूलबार को enable और disable कर सकते हैं (वर्णन आगे है)।

टूलबार

टूलबार कंप्यूटर की स्क्रीन के सबसे ऊपर (Top में) नजर आती है। इसके अतिरिक्त यह टूलबार स्क्रीन के नीचे (Bottom) पर दाएँ-बाएँ भी नजर आती है। इसके द्वारा हम किसी भी टूल को चुनकर एक निश्चित कार्य कर सकते हैं। MS-Word में टूल का प्रयोग करने का मुख्य लाभ यह होता है कि वर्डस्टार की तरह हमें एक-एक मेन्यू में जाकर कमांड देने की आवश्यकता नहीं पड़ती। उदाहरण के लिए, यदि हम पहले से save किसी फाइल को open करना चाहते हैं तो पहले नीचे आनेवाले पुल डाउन मेन्यू में Open पर माउस से क्लिक करते हैं। इसके बाद जो फाइल खोलनी है, उस फाइल को माउस सिलेक्ट करके Enter दबाते हैं तो वह फाइल हमारे कंप्यूटर की स्क्रीन पर open हो जाती है।

टूलबार को हटाना या लाना

यदि हम चाहते हैं कि हमारी स्क्रीन पर टूलबार दिखाई न दे तो उसे Off करके हटा भी सकते हैं। अगर वह पहले से ही हटा हुआ है तो उसे On करके पुन: ला सकते हैं।

टूलबार को On या Off करके लाने या हटाने के लिए निम्न स्टेप लेते हैं—

1. View मेन्यू पर क्लिक करके पॉइंटर को Toolbar विकल्प पर ले जाएँ।
2. यह सुनिश्चित कर लें कि 'Standard' और 'Formatting' के अतिरिक्त और सभी विकल्पों को Off कर रखा है। यदि आपके बॉक्स में (P) का निशान है तो वह ऑन है, अत: वहाँ माउस से क्लिक करके उसे Off कर दें।
3. माउस की सहायता से OK बटन पर क्लिक करें।

इस प्रकार हमारी स्क्रीन से टूलबार ऑफ हो जाएगा। यदि हम टूलबार को पुन: ऑन करना चाहते हैं तो Toolbars... विकल्प में सभी बॉक्सों पर मार्क लगाने के लिए माउस से क्लिक करते जाएँ और अंत में OK बटन पर माउस से क्लिक कर दें।

Page Setup का निर्धारण

पेज सेटअप में डॉक्यूमेंट के पेज का साइज बदल सकते हैं और उसके लेआउट को भिन्न-भिन्न प्रकार से सेट कर सकते हैं। डॉक्यूमेंट का पेज सेटअप बदलने के लिए निम्न स्टेप लेते हैं—

1. फाइल मेन्यू पर जाकर पेज सेटअप को चुनते हैं तो स्क्रीन पर पेज सेटअप डायलॉग बॉक्स आ जाता है।

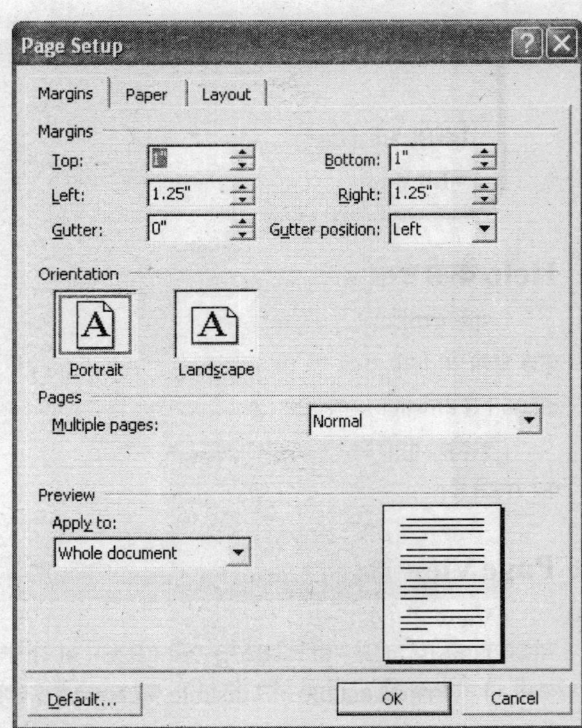

स्क्रीन पर दिखनेवाले विकल्पों Margins, Paper Size, Paper Source और Layout को टैब से या माउस की सहायता से चुन सकते हैं। मान लीजिए कि हम पेपर साइज विकल्प को चुनना चाहते हैं तो पेपर साइज पर माउस से क्लिक करते हैं। अब Paper Size डायलॉग बॉक्स स्क्रीन पर आ जाता है—

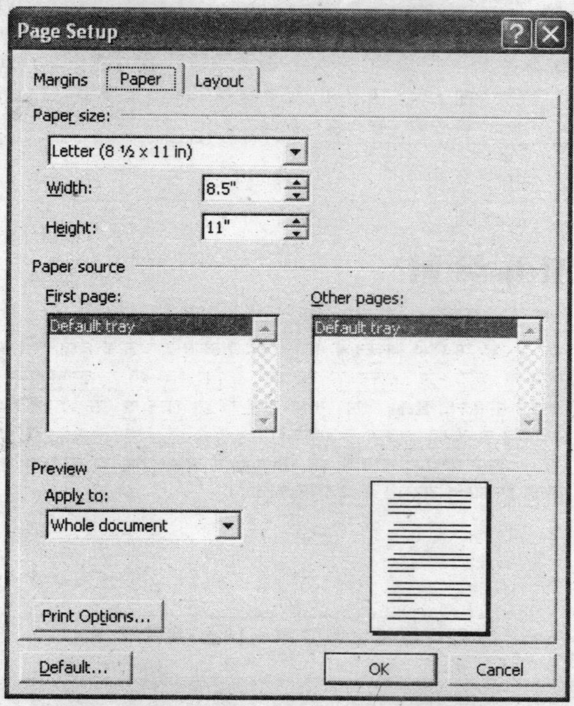

ध्यान रखें

किसी भी डायलॉग बॉक्स में एक दूसरे विकल्प पर जाने के लिए Tab key का प्रयोग किया जाता है।

Help कैसे देखें ?

यदि हम किसी आइकन से संबंधित कोई जानकारी प्राप्त करना चाहते हैं, जो अपने माउस का पॉइंटर उस आइकन पर कुछ क्षणों के लिए रोक देते हैं, परिणामस्वरूप उस आइकन से संबंधित Help स्क्रीन पर आ जाती है। इस स्क्रीन पर उस आइकन से होनेवाले कार्यों की संक्षिप्त जानकारी दी जाती है।

इसके अतिरिक्त स्क्रीन के नीचे (Bottom में) status bar पर माउस का पॉइंटर रखकर हम विस्तृत जानकारी भी प्राप्त कर सकते हैं।

Page View बदलना

View मेन्यू के सबसे ऊपर वाले चार विकल्पों द्वारा चार तरह से पेज को देखा जा सकता है—

1. Normal
2. Web Layout
3. Print Layout
4. Outline

Normal

इस option द्वारा अधिकांश text को साफ-साफ देखा जा सकता है और आसानी से edit भी किया जा सकता है, परंतु पूरे text को एक साथ नहीं देख सकते हैं।

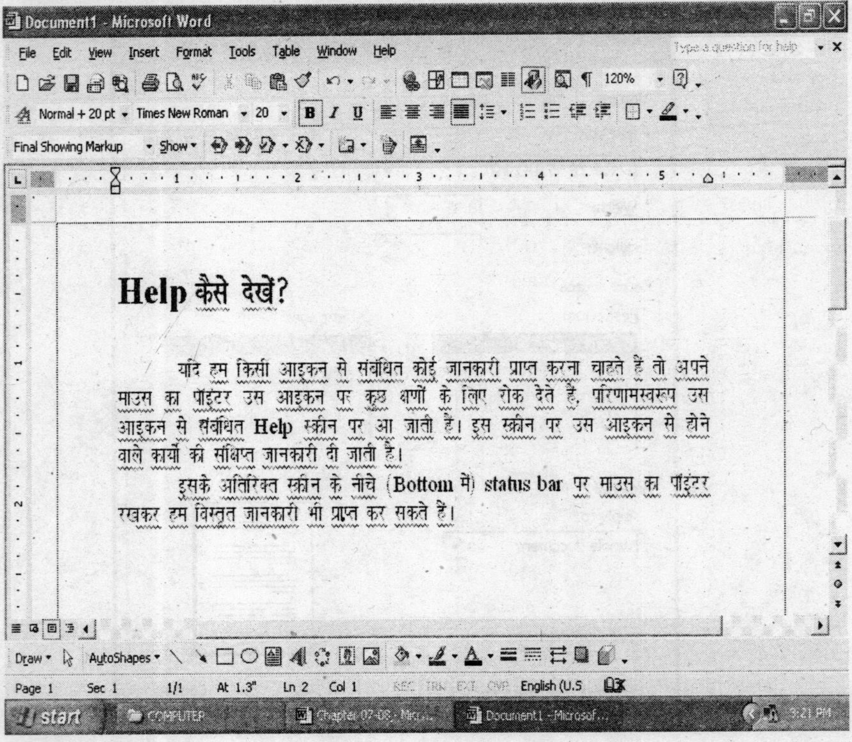

Web Layout

यह option आपको यह दिखाता है कि डॉक्यूमेंट के पेज में text किस प्रकार सेट हुआ है।

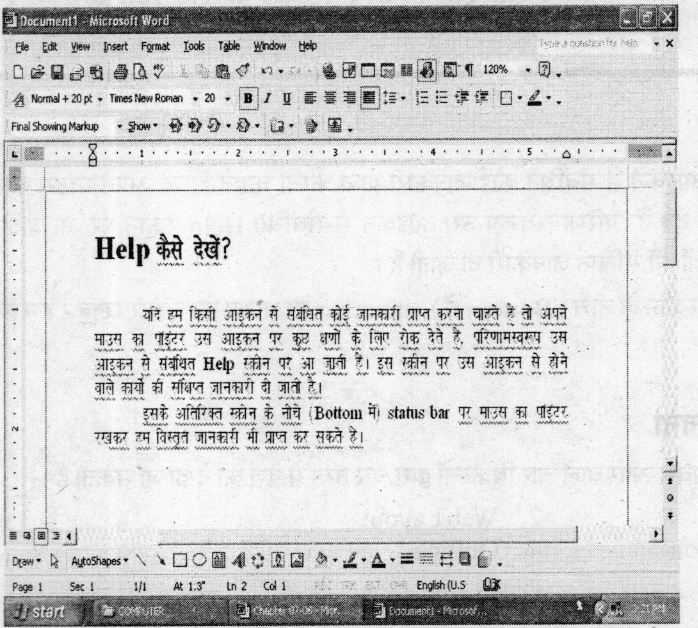

Print Layout

यह option out line view का एक विशेष रूप है, जिसमें हम बड़े और structured डॉक्यूमेंट को देख सकते हैं।

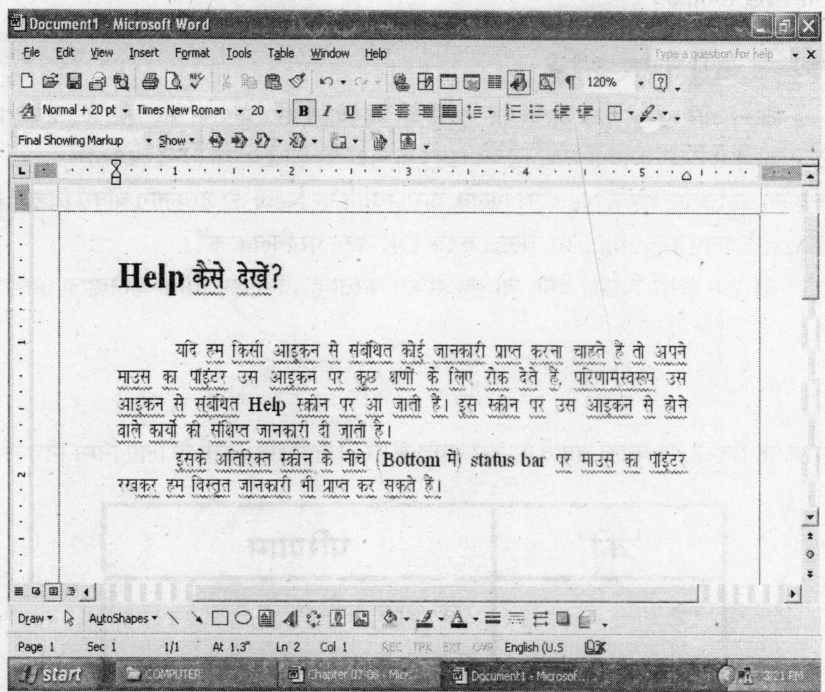

Out line

इस option में text structured out line के रूप में दिखाई देता है।

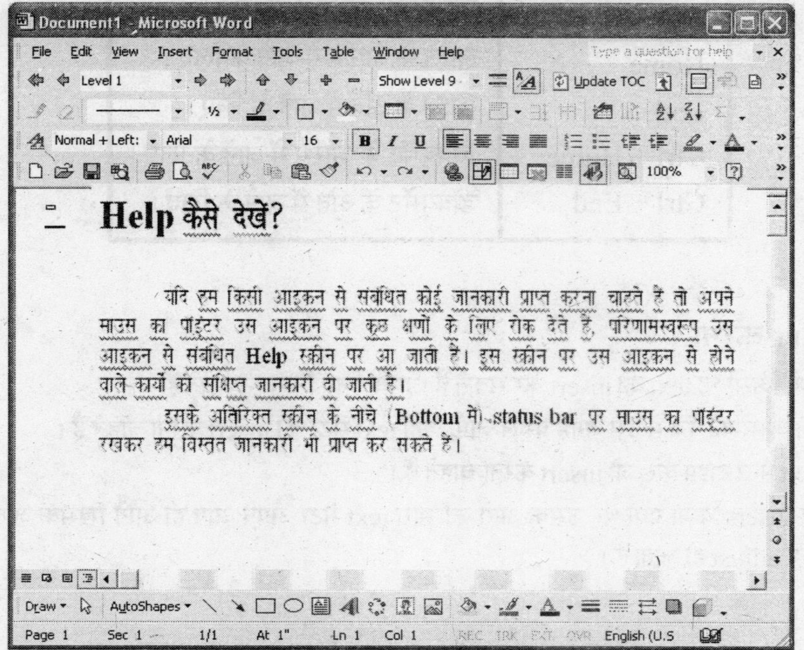

Word से बाहर कैसे निकलें ?

Word से बाहर आने के लिए फाइल मेन्यू में माउस से Exit पर क्लिक करते हैं। इसके अलावा close box पर माउस से क्लिक करके भी बाहर आ सकते हैं।

Word में डॉक्यूमेंट कैसे तैयार करें ?

MS-Word की स्क्रीन और उसके कुछ आवश्यक टूल्स की जानकारी तो हम प्राप्त कर चुके हैं। अब हम यह जानेंगे कि उसमें किसी डॉक्यूमेंट को कैसे तैयार करते हैं। Word को अपने कंप्यूटर पर लोड करके निम्न स्टेप लें—

1. फाइल विकल्प पर क्लिक करके New पर क्लिक करें। स्क्रीन पर New का डायलॉग बॉक्स दिखाई देगा।
2. Sample text के लिए Template पर क्लिक करके OK बटन पर क्लिक करें।

   अब स्क्रीन पर एक कर्सर दिखाई देगा, जो यह संकेत करता है कि टाइप किया जानेवाला अक्षर किस स्थान पर आएगा।

कर्सर मूवमेंट

स्क्रीन पर जिस जगह मैटर टाइप करना चाहते हैं, उस जगह कर्सर ले जाएँ। इस कार्य के लिए निम्न स्टेप लें—

'की'	परिणाम
→	एक अक्षर दाएँ जाने के लिए।
←	एक अक्षर बाएँ जाने के लिए
↑	एक लाइन ऊपर जाने के लिए।
↓	एक लाइन नीचे जाने के लिए।
Ctrl + →	एक शब्द दाएँ जाने के लिए।
Ctrl + ←	एक शब्द बाएँ जाने के लिए।
Home	लाइन के आरंभ में जाने के लिए।
End	लाइन के अंत में जाने के लिए।
Ctrl + Home	डॉक्यूमेंट के आरंभ में जाने के लिए।
Ctrl + End	डॉक्यूमेंट के अंत में जाने के लिए।

Text को Insert करना

अपने डॉक्यूमेंट में किसी भी text को insert कर सकते हैं। इसके लिए निम्न स्टेप लेते हैं—

1. सबसे पहले कर्सर को पेज में उस जगह पर ले जाएँ, जहाँ text मैटर को insert करना चाहते हैं।
2. अब वह text मैटर टाइप करें, जो insert करना चाहते हैं।

जिस जगह मैटर insert किया गया था, उसके आगे का सारा text मैटर अपने आप ही आगे खिसक जाता है और टाइप किया गया मैटर बीच में adjust हो जाता है।

Text को Delete कैसे करें ?

यदि हमने फाइल में भूलवश कोई गलत मैटर टाइप कर दिया है या पहले से टाइप किए गए किसी मैटर को delete करना चाहते हैं तो इस कार्य को दो विधियों द्वारा किया जा सकता है। यदि हम कर्सर से बाईं ओर मैटर delete करना चाहते हैं तो Backspace key का प्रयोग करते हैं और यदि कर्सर की दाईं ओर का मैटर delete करना चाहते हैं तो Delete key का प्रयोग करते हैं।

Backspace key द्वारा text मिटाना

Backspace key द्वारा किसी text को मिटाने के लिए निम्न स्टेप लेते हैं—

1. कर्सर को उस अक्षर या text के आगे ले जाएँ जिसे मिटाना है।
2. अब Backspace key को दबाएँ और तब तक इस key को दबाते रहें जब तक कि वह सारा text या अक्षर पूरी तरह मिट न जाए।

Delete key द्वारा text मिटाना

Delete key द्वारा किसी text को मिटाने के लिए हम निम्न स्टेप लेते हैं—

1. कर्सर को उस शब्द या text के पीछे ले जाएँ जिसे मिटाना है।
2. अब Delete key को दबाएँ। फलस्वरूप वह text या शब्द एक-एक अक्षर करके delete हो जाता है। Delete key को तब तक दबाते रहें जब तक कि हमारा पूरा text या शब्द delete नहीं हो जाता।

Text को सिलेक्ट करना

यदि हम माउस की सहायता से किसी text को सिलेक्ट करना चाहते हैं तो इसके लिए जिस text को सिलेक्ट करना है, उसके शुरू में माउस का पॉइंटर रखकर क्लिक करते हैं और माउस का बटन दबाते हुए text के दूसरे सिरे तक drag करके ले जाते हैं। अब माउस का बटन छोड़ देते हैं। इस प्रकार पेज में किसी भी text या अक्षर को सिलेक्ट कर सकते हैं।

यदि हम की-बोर्ड की सहायता से किसी text या अक्षर को सिलेक्ट करना चाहते हैं तो निम्न 'की'-फंक्शन का प्रयोग कर सकते हैं—

'की'	फंक्शन
Shift + →	कर्सर के स्थान से दाईं ओर का एक अक्षर सिलेक्ट करने के लिए।
Shift + ←	कर्सर के बाईं ओर का एक अक्षर सिलेक्ट करने के लिए।
Shift + ↑	कर्सर से एक लाइन ऊपर तक का मैटर सिलेक्ट करने के लिए।
Shift + ↓	कर्सर से एक लाइन नीचे तक का मैटर सिलेक्ट करने के लिए।
Shift + End	कर्सर से लाइन के अंत तक का पूरा मैटर सिलेक्ट करने के लिए।
Shift + Home	कर्सर से लाइन के शुरू तक का पूरा मैटर सिलेक्ट करने के लिए।

सिलेक्ट किए गए Text को बदलना

यदि हमने कोई text सिलेक्ट कर रखा है और फिर कोई मैटर टाइप करते हैं तो वह मैटर स्वत: ही सिलेक्ट किए गए मैटर को overwrite करके उसका स्थान ले लेगा।

डॉक्यूमेंट के अंत में Text जोड़ना

यदि हम पहले टाइप किए गए text में कुछ text जोड़ना चाहते हैं तो इसके लिए—

1. डॉक्यूमेंट के अंत में और text जोड़ने से पहले कर्सर (Insertion Point) को उस स्थान पर ले जाएँ।
2. डॉक्यूमेंट में जिस text के बाद नया text जोड़ना है, उस text के अंत में माउस से क्लिक करें।
3. अब जो text जोड़ना है, उसे टाइप करें।

मैटर पर Overtype कैसे करें ?

जब की-बोर्ड पर insert key को एक बार दबाते हैं तो insert मोड ऑफ हो जाता है और जब उसे दूसरी बार दबाते हैं तो insert मोड ऑन हो जाता है। जिस समय insert मोड ऑन हो और मैटर के बीच कहीं भी टाइप करें तो आगे का मैटर एक-एक स्थान आगे की ओर खिसकता है और टाइप किया गया अक्षर या शब्द बीच में आ जाता है। यदि कर्सर (Insertion Point) से दाहिनी ओर का मैटर मिटाना चाहते हैं और उसके ऊपर नया मैटर टाइप करना चाहते हैं तो insert मोड ऑफ करना होता है। अब जो भी मैटर टाइप करेंगे, वह कर्सर से दाहिनी ओरवाले मैटर पर overtype हो जाएगा। इसके लिए निम्न स्टेप लें—

1. की-बोर्ड पर Insert key दबाकर स्क्रीन पर 'OVR' इंडीकेटर ऑन करें।
   OVR इंडीकेटर बताता है कि word अब overtype मोड में आ गया है।
2. अब कर्सर को उस जगह ले जाएँ जहाँ नए मैटर का पहला अक्षर टाइप करना चाहते हैं।
3. अब मैटर टाइप करें।
4. वापस insert मोड में आने के लिए की-बोर्ड पर insert key को दबाएँ।

Text का फॉण्ट बदलना

Text का font बदल सकते हैं या font size कम-ज्यादा कर सकते हैं। मैटर को सिलेक्ट करके बोल्ड, इटैलिक या अंडर लाइन आदि भी कर सकते हैं और इसी तरह रिवर्स भी।

साइज बदलना

1. MS Word में जिस लाइन या शब्द का size बदलना है, उसे सिलेक्ट करें।

2. Toolbar में Size विकल्प क्लिक करें और मान लीजिए, 48 पर क्लिक करें तो

सिलेक्ट किए गए मैटर का point size 48 हो जाता है। इसी तरह कोई भी साइज चुनकर अक्षरों का आकार छोटा-बड़ा कर सकते हैं।

बोल्ड फेस में बदलना

1. जिस शब्द या मैटर को बोल्ड फेस में बदलना चाहते हैं, उसे सिलेक्ट करें।

2. टूलबार पर B टूल पर क्लिक करें या Ctrl + B Key दबाएँ। सिलेक्ट किया गया मैटर बोल्ड हो जाता है।

इटैलिक में बदलना

1. जिस शब्द या text मैटर को इटैलिक करना चाहते हैं, उसे सिलेक्ट करें।

2. टूलबार में *I* टूल पर क्लिक करें या Ctrl + I Key दबाएँ।

जो मैटर सिलेक्ट किया था, वह इटैलिक हो जाएगा।

अंडरलाइन करना

1. वह शब्द, text या मैटर, जिसे अंडरलाइन करना चाहते हैं, उसे सिलेक्ट करें।

2. टूलबार में U टूल पर क्लिक करें या Ctrl + U key दबाएँ। जो शब्द, text या मैटर सिलेक्ट किया था, वह अंडरलाइन हो जाएगा।

डॉक्यूमेंट Print करना

जब किसी डॉक्यूमेंट के मैटर को पूरा टाइप कर लें और डॉक्यूमेंट का प्रिंटआउट कागज पर लेना चाहें तो इसके लिए—

1. सबसे पहले File मेन्यू पर क्लिक करें।

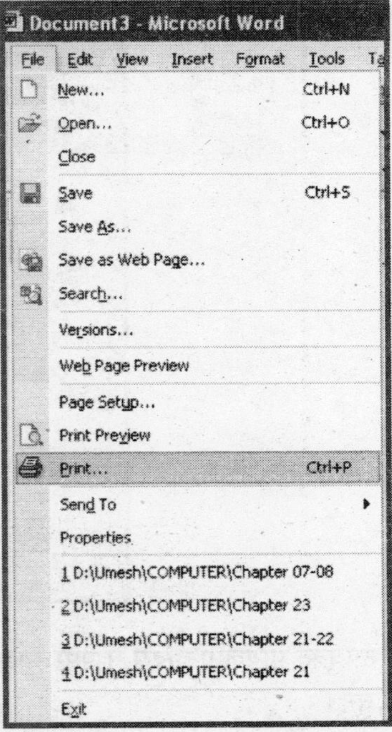

2. अब Print विकल्प को चुनें।

या

टूलबार में आइकन पर माउस द्वारा क्लिक करें, फलस्वरूप प्रिंट का डायलॉग बॉक्स स्क्रीन पर दिखाई देगा—

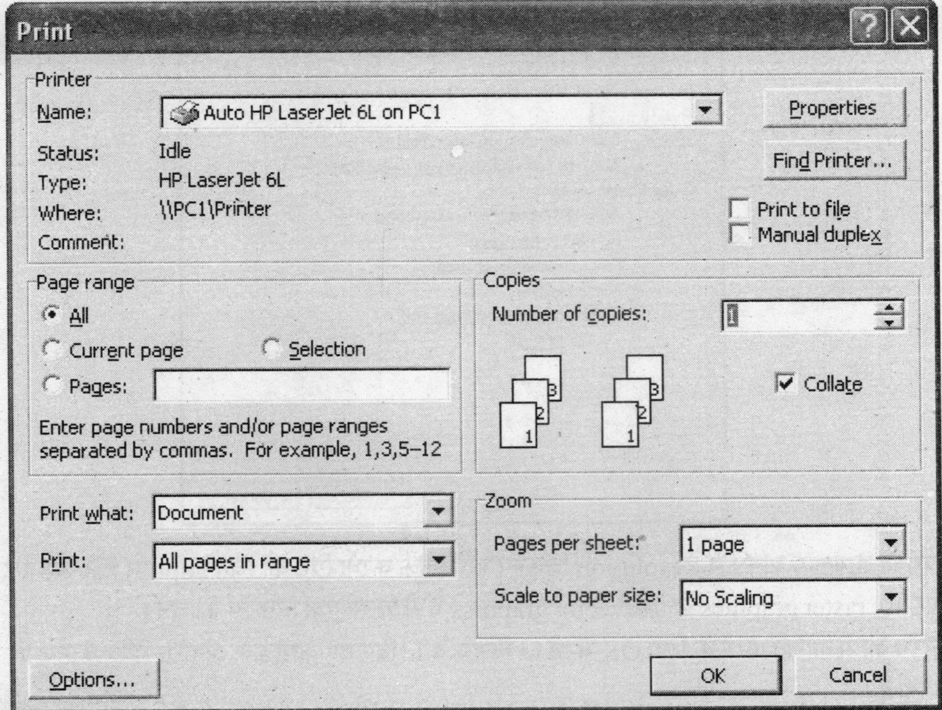

3. Tab की सहायता से Copies विकल्प पर जाएँ और डॉक्यूमेंट की जितनी भी कॉपी का प्रिंटआउट निकालना चाहें, वह संख्या उक्त डायलॉग बॉक्स में टाइप कर दें। उदाहरण के लिए, यदि 4 कॉपी प्रिंट करना चाहते हैं तो 4 टाइप करें।
4. अब Properties विकल्प पर क्लिक करें तो Properties का डायलॉग बॉक्स खुल जाता है।

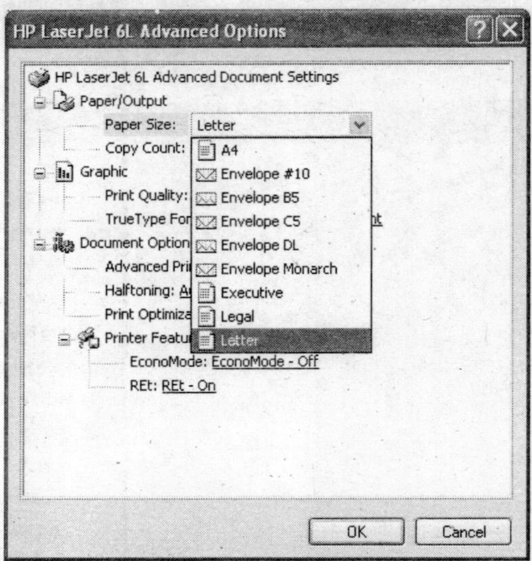

5. उपर्युक्त डायलॉग बॉक्स में पेपर साइज को चुनते हैं और Portrait या Landscape विकल्प में से किसी एक को चुनें।
6. अब Graphic विकल्प पर क्लिक करें।

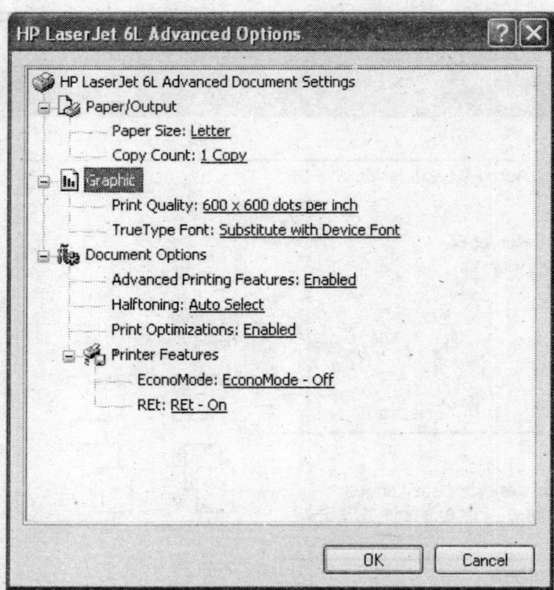

7. उपर्युक्त डायलॉग बॉक्स में Resolution विकल्प पर क्लिक करके प्रिंट को जितने dpi पर प्रिंट करना है, उसे चुनें और use raster graphics या use vector graphics में से किसी एक विकल्प को चुनें।
8. प्रिंटिंग को संचालित करने के लिए OK बटन पर क्लिक करें। दिए गए कमांड के अनुसार प्रिंटर कागज पर प्रिंट करने लगता है।

करेक्टर लेवल फॉरमैटिंग

Character-level का संबंध अक्षरों के attributes से होता है, जिसके द्वारा किसी अक्षर का size कम या ज्यादा किया जा सकता है। उस अक्षर को हम दूसरे fonts में बदल सकते हैं या उसे बोल्ड, इटैलिक और अंडरलाइन आदि जैसे effect देकर आकर्षक बना सकते हैं। यदि आवश्यक हो तो हम हर एक अक्षर को भिन्न-भिन्न attributes में बदलकर नया रूप प्रदान कर सकते हैं।

Formatting Toolbar का प्रयोग

यदि हम अपने मैटर का font बदलना चाहते हैं तो निम्न स्टेप लेने होंगे—

1. वह text मैटर सिलेक्ट करें, जिसे नया फॉरमैट देना चाहते हैं।
2. Format विकल्प पर क्लिक करें।

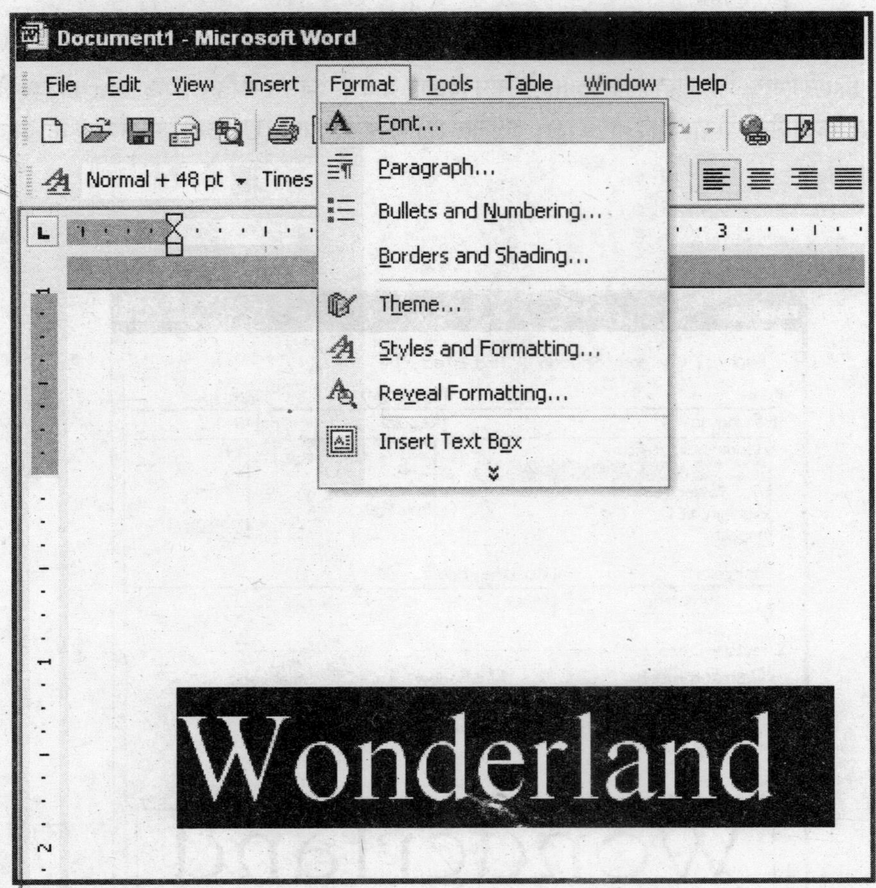

3. Font विकल्प पर क्लिक करने पर Font डायलॉग बॉक्स खुलकर स्क्रीन पर आ जाएगा।

4. Pop-up list में भिन्न-भिन्न प्रकार के fonts के नाम दिखाए जाते हैं, जिसमें से किसी एक font को चुन लें।
5. टूलबार पर किसी मैटर या शब्द को बोल्ड (B), इटैलिक (*I*) या अंडर लाइन (U) करके अपने मैटर को आकर्षक बना सकते हैं।

Font डायलॉग बॉक्स का प्रयोग

जब डॉक्यूमेंट में कोई मैटर टाइप करते हैं तो उस दौरान मैटर की फॉरमैटिंग की आवश्यकता होती है। इस कार्य को डायलॉग बॉक्स का प्रयोग करके बड़ी आसानी से कर सकते हैं। करेक्टर लेवल फॉरमैटिंग निम्न विधि से कर सकते हैं—

1. वह text सिलेक्ट करें जिसका font स्टाइल बदलना है।

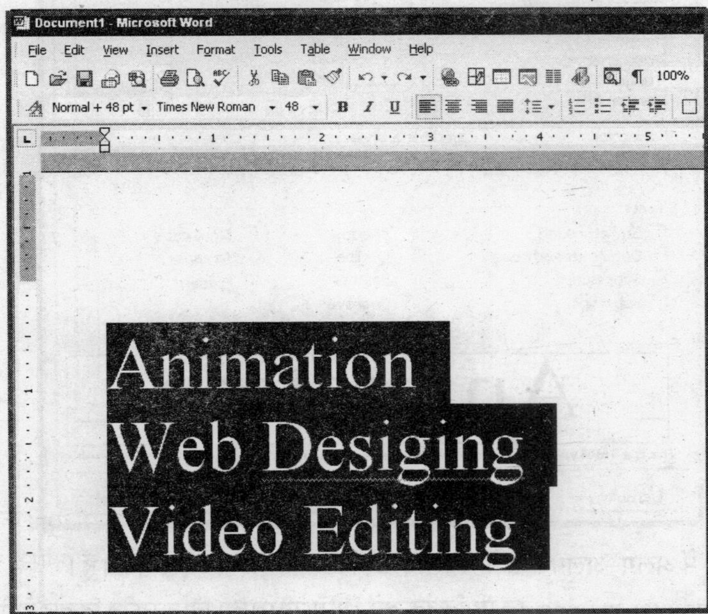

2. Format मेन्यू में Font विकल्प चुनें अथवा माउस द्वारा Right बटन क्लिक करेंगे तो कुछ विकल्प स्क्रीन पर दिखाई देते हैं—

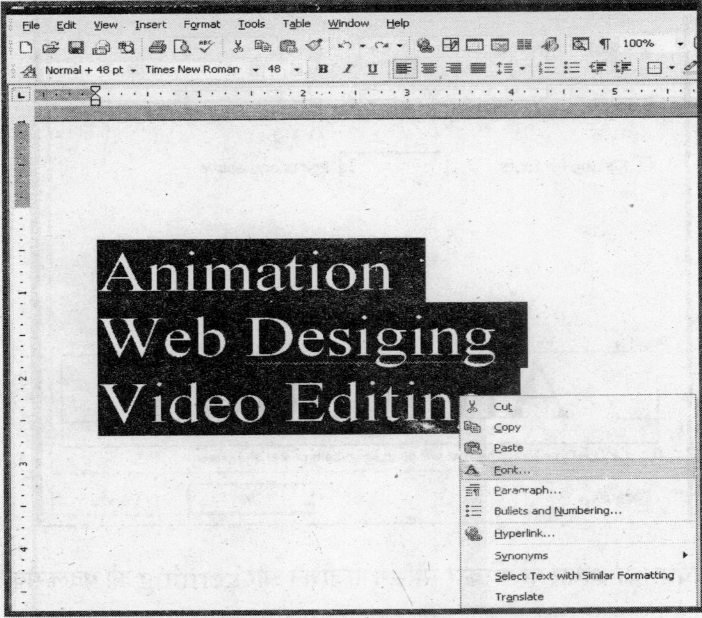

3. Font पर माउस द्वारा क्लिक करें तो Font डायलॉग बॉक्स स्क्रीन पर दिखाई देगा—

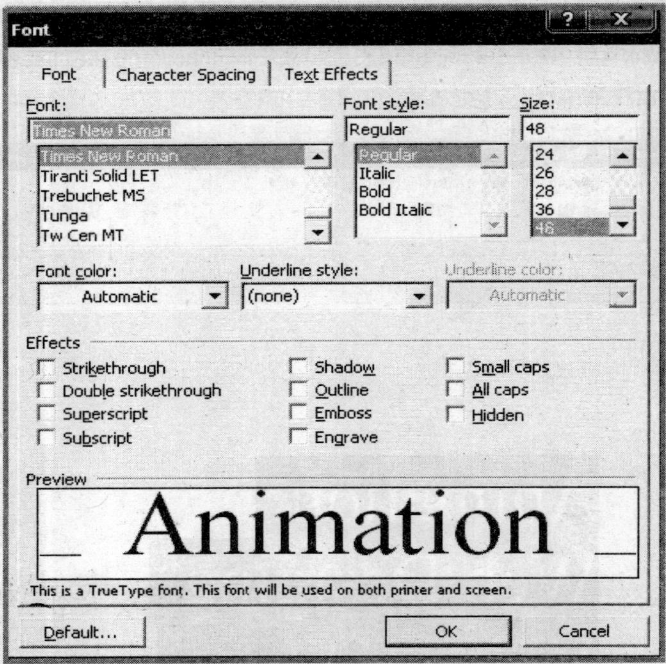

4. अब अपने text में अलग-अलग तरह के बदलाव करके उसका परिणाम देख सकते हैं।
5. माउस द्वारा Character spacing टैब पर क्लिक करें। परिणामस्वरूप निम्न स्क्रीन दिखाई देती है—

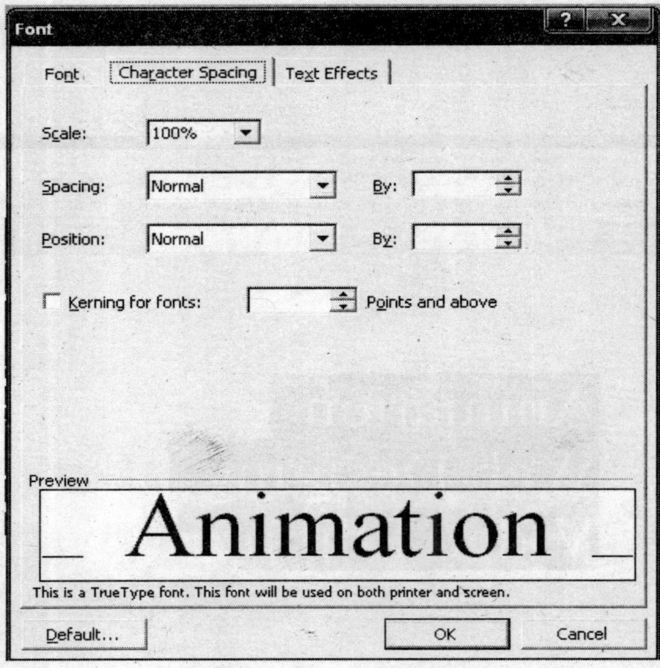

यहाँ से न्यूमेरिकल नियंत्रण के आधार पर करेक्टर स्पेसिंग पोजीशन और kerning को बदल सकते हैं।

Kerning क्या है ?

जब हम किसी मैटर को टाइप करते हैं तो अकसर किसी स्थान पर दो अक्षरों के बीच की दूरी को कम करने की भी आवश्यकता होती है। किन्हीं दो अक्षरों के बीच की स्पेसिंग को कम करना kerning कहलाता है। उदाहरण के लिए—

TO शब्द kerning के बाद TO के रूप में दिखेगा। इस प्रभाव के कारण हमारे कंप्यूटर की स्पीड कम हो सकती है, अत: 12 पॉइंट से बड़े अक्षरों पर ही इस प्रभाव का प्रयोग करना उचित होता है। kerning का प्रयोग करने के लिए निम्न स्टेप लेते हैं—

1. Font डायलॉग बॉक्स को खोलकर Character Spacing पर क्लिक करें।
2. Kerning for fonts विकल्प पर क्लिक करके ऑन करें।
3. Points and above वैल्यू को उपर्युक्त स्क्रीन में सेट करें।
4. स्पेसिंग विकल्प में वैल्यू को चुनें।

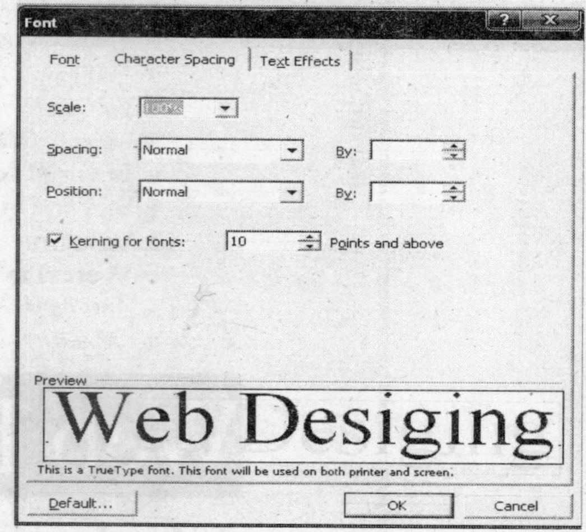

तीव्र गति से Font बदलना

जब हम किसी मैटर को टाइप करते हैं और उस बीच में font को बदलने की आवश्यकता पड़ती है तो तीव्र गति से font बदलने के लिए—

1. उस text को सिलेक्ट करें, जिसका font बदलना है।

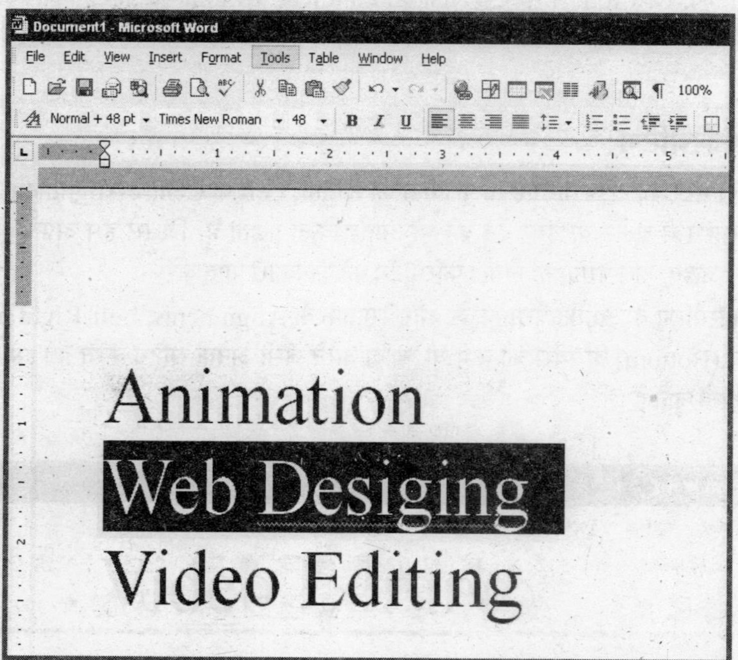

2. Ctrl + Shift + F key को एक साथ दबाएँ। परिणामस्वरूप Font का डायलॉग बॉक्स सिलेक्ट हो जाता है। अब माउस द्वारा Font टूल पर क्लिक करके उसे पुल-डाउन करें।

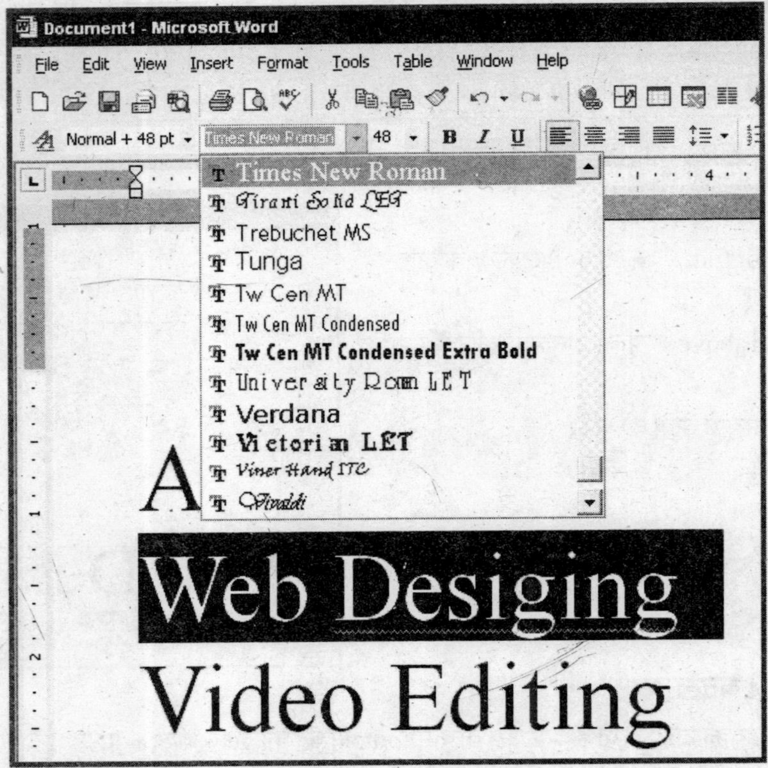

3. उस font को चुनें, जिस font में मैटर बदलना है। इसके लिए उस font का पहला अक्षर टाइप करें और अंत में Enter दबाएँ।

पैराग्राफ-लेवल फॉरमैटिंग

जब हम किसी text मैटर को टाइप करते हैं तो पैराग्राफ को Right, Left या Centre Alignment देने की आवश्यकता होती है। पैराग्राफ के आरंभ में बुलेट या नंबर देने की भी आवश्यकता पड़ती है, जिससे हम अपने डॉक्यूमेंट के text को आकर्षक बना सकते हैं। आइए, अब पैराग्राफ-लेवल फॉरमैटिंग की जानकारी प्राप्त करें—

पैराग्राफ-लेवल फॉरमैटिंग के अंतर्गत पैराग्राफ के और पैराग्राफ के Alignments, Left-Right indent और पैराग्राफ के ऊपर (Top) व नीचे (Bottom) के स्पेस को कम या ज्यादा करने जैसी अनेक सेटिंग करते हैं। इस तरह के प्रभाव हरेक पैराग्राफ में एक जैसे ही रखे जाते हैं।

टूलबार द्वारा फॉरमैटिंग

1. जिस पैराग्राफ को फॉरमैट करना चाहते हैं, उसे सिलेक्ट करें।
2. फॉरमैटिंग टूलबार पर माउस द्वारा उपयुक्त टूल चुनकर Alignment का चयन करें।

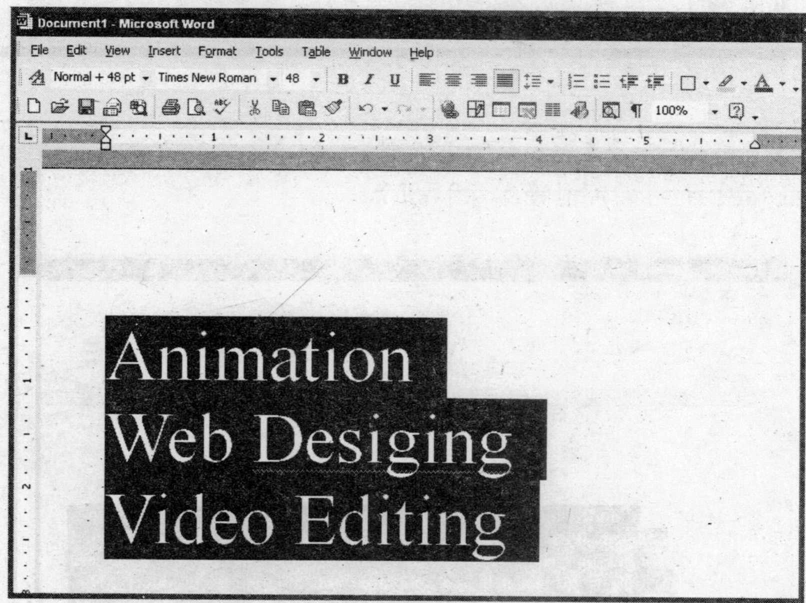

पैराग्राफ एलाइनमेंट

किसी पैराग्राफ का एलाइनमेंट चार प्रकार से कर सकते हैं, जो निम्नलिखित है—

Left

Left एलाइनमेंट के परिणामस्वरूप शब्द या पैराग्राफ की सभी लाइनें बाईं ओर से एलाइन हो जाती हैं, परंतु दाईं ओर से एलाइन नहीं होतीं, बल्कि छोटी–बड़ी रहती हैं।

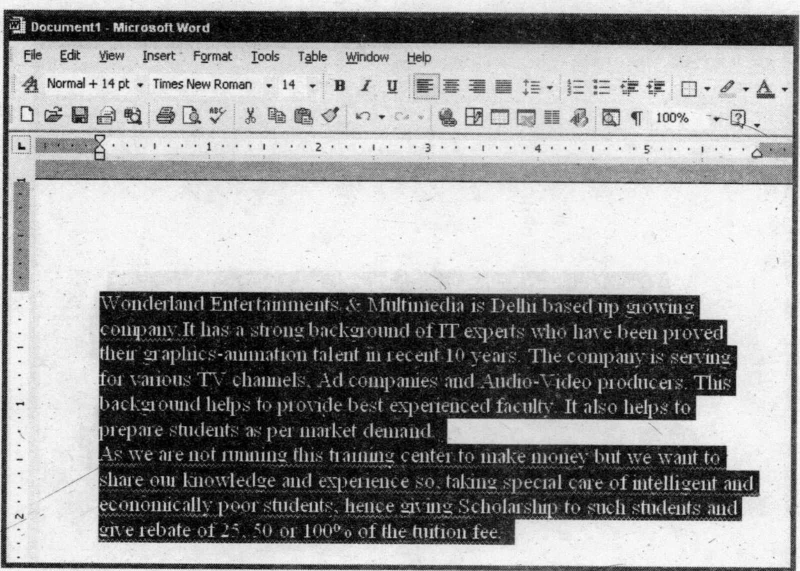

ध्यान दें!

प्रत्येक पैराग्राफ की अंतिम लाइन left जस्टीफाइड रखते हैं, ताकि अलग-अलग पैराग्राफ को आसानी से पहचाना जा सके।

Right

Right एलाइनमेंट करने पर शब्द या पैराग्राफ की सभी लाइनें दाईं ओर तो एक सीध में सेट हो जाती हैं, परंतु बाईं ओर से एक सीध में नहीं होतीं, बल्कि लाइनों की लंबाई छोटी-बड़ी रहती है।

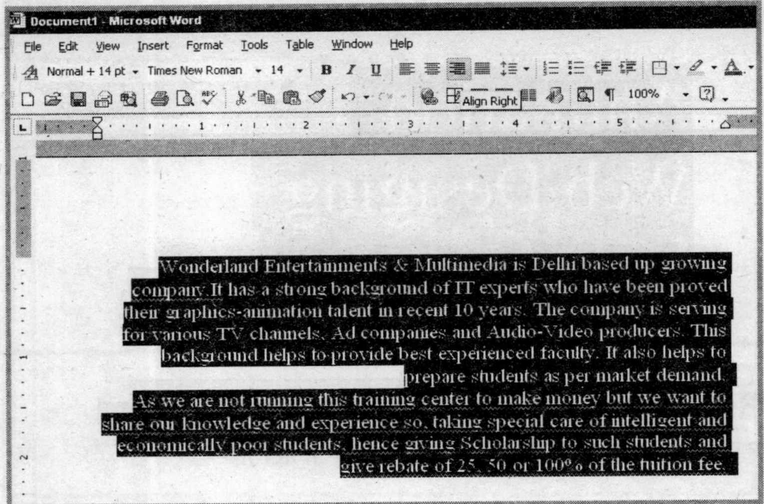

Centre

Centre एलाइनमेंट करने पर पैराग्राफ की प्रत्येक लाइन पेज के सेंटर में सेट हो जाती है, अर्थात् लाइन की दाईं और बाईं ओर बराबर स्थान रहता है।

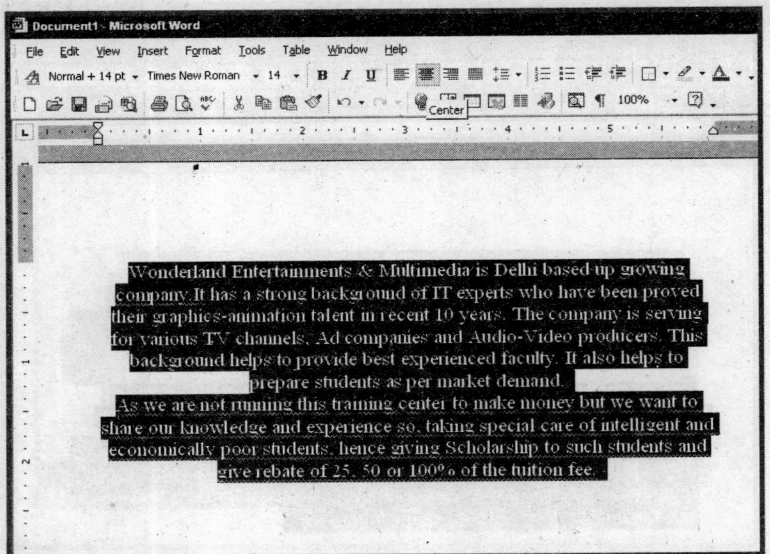

Justification

Justify एलाइनमेंट द्वारा जब हम किसी पैराग्राफ को Justified करते हैं तो प्रत्येक लाइन पेज के एक कोने से दूसरे कोने तक समान रहती है। अंत में बचा खाली स्थान लाइन के सभी शब्दों के बीच बराबर-बराबर adjust हो जाता है और पैराग्राफ की प्रत्येक लाइन की लंबाई समान हो जाती है।

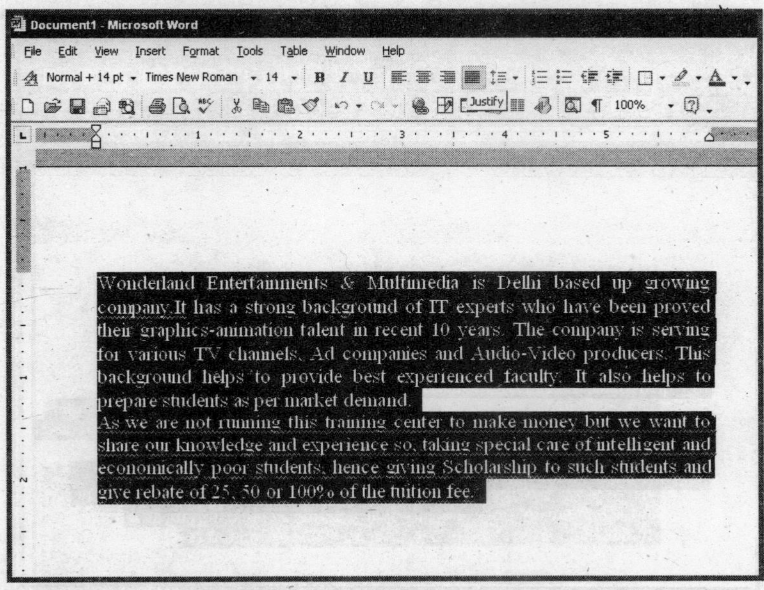

पैराग्राफ में नंबर का प्रयोग

यदि हम चाहते हैं कि प्रत्येक पैराग्राफ में शुरू होने से पहले नंबर (क्रम संख्या) भी प्रिंट हो तो MS-Word में यह काम बहुत आसानी से किया जा सकता है।

1. उन सभी पैराग्राफ्स को एक साथ सिलेक्ट करें, जिन्हें नंबर देना चाहते हैं।
2. Formation toolbar में Numbering आइकन पर माउस द्वारा क्लिक करें।

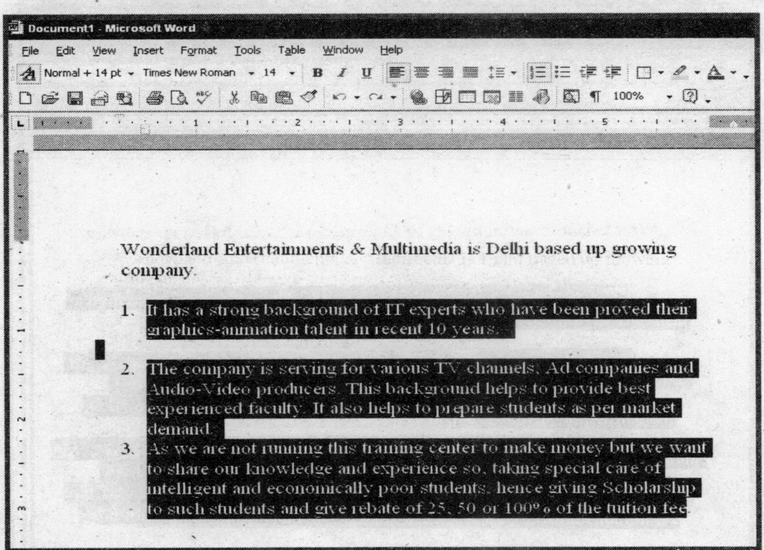

पैराग्राफ से नंबरिंग कैसे हटाएँ

यदि हम चाहते हैं कि पैराग्राफ से नंबरिंग हट जाए तो इसके लिए—

1. उस पैराग्राफ को सिलेक्ट करें जिसकी नंबरिंग हटाना चाहते हैं।
2. टूलबार में नंबरिंग आइकन पर माउस द्वारा क्लिक करें।

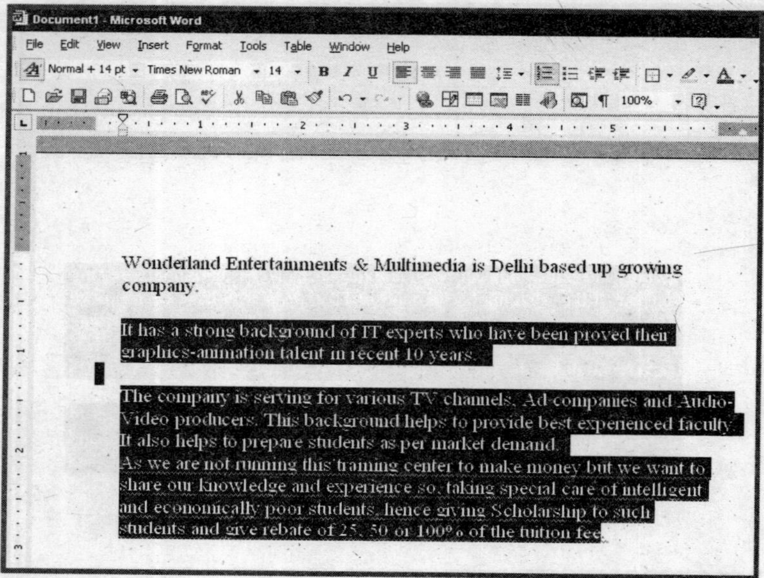

पैराग्राफ में बुलेट का प्रयोग

जिस प्रकार हम प्रत्येक पैराग्राफ के शुरू में नंबरिंग डालते हैं, उसी प्रकार कभी-कभी बुलेट (गोलियों) का प्रयोग भी किया जाता है। पैराग्राफ में बुलेट का प्रयोग करने के लिए—

1. उस पैराग्राफ को सिलेक्ट करें जिसके आरंभ में बुलेट का प्रयोग करना चाहते हैं।
2. Formatting टूलबार में Bullet आइकन पर माउस द्वारा क्लिक करें।

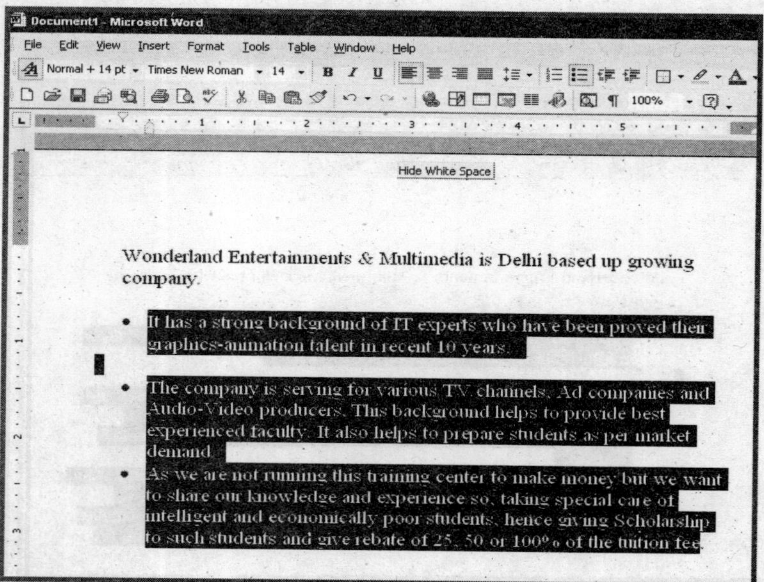

बुलेट कैसे हटाएँ

जिस प्रकार किसी बुलेट को लगा सकते हैं, उसी प्रकार बुलेट को हटा भी सकते हैं। इसके लिए निम्न स्टेप लेते हैं—

1. उस पैराग्राफ को सिलेक्ट करते हैं, जिसका बुलेट हटाना चाहते हैं।
2. Format टूलबार में बुलेट आइकन पर क्लिक करते हैं।

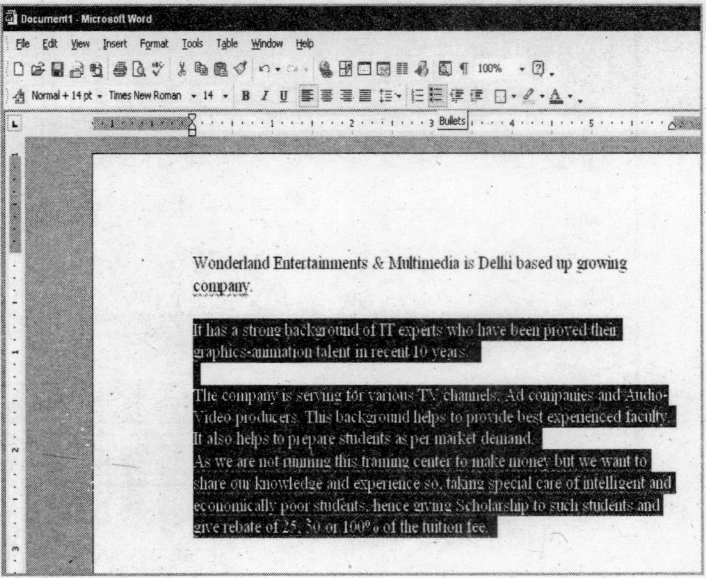

पैराग्राफ डायलॉग बॉक्स का प्रयोग

पैराग्राफ डायलॉग बॉक्स द्वारा पैराग्राफ लेवल फॉरमैटिंग और उससे संबंधित सभी कार्य कर सकते हैं। पैराग्राफ डायलॉग बॉक्स का प्रयोग निम्न प्रकार करते हैं—

1. उस text को सिलेक्ट करें, जिसे फॉरमैट करना चाहते हैं।
2. Format मेन्यू में paragraph विकल्प को चुनें अथवा डॉक्यूमेंट के अंदर कहीं भी माउस का पॉइंटर रखकर दाहिना बटन क्लिक करें।

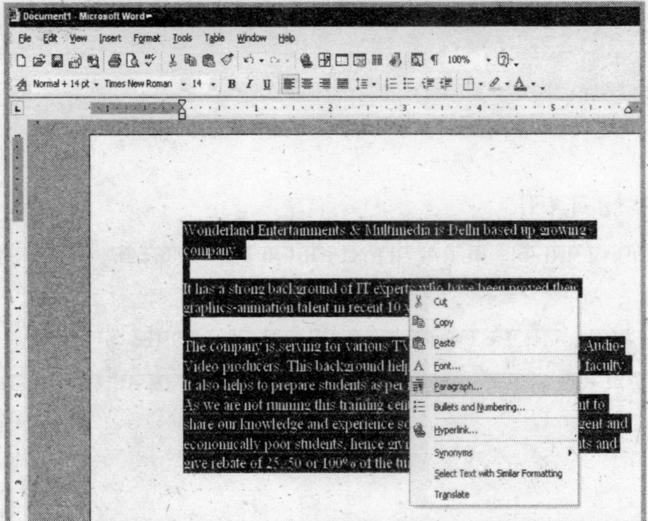

अब pop-up मेन्यू में Paragraph विकल्प को माउस द्वारा क्लिक करें। इसके फलस्वरूप निम्न डायलॉग बॉक्स स्क्रीन पर दिखाई देगा—

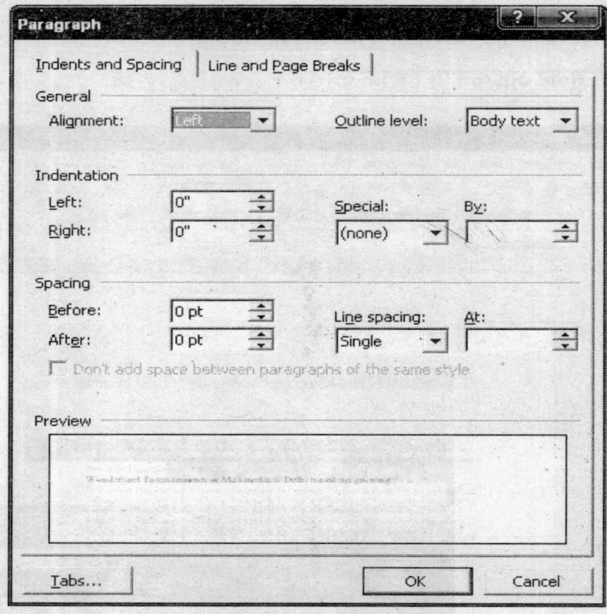

रूलर का प्रयोग

रूलर की सहायता से हम अपने text के टैब व indents को सेट कर सकते हैं। रूलर द्वारा किए जानेवाले अन्य कार्य निम्न प्रकार हैं—

1. अगर हमारी स्क्रीन पर रूलर नजर नहीं आ रहा है तो View मेन्यू में रूलर विकल्प को चुनकर रूलर को ऑन कर लें।
2. Paragraph को सिलेक्ट करें।
3. Indent markers को दाएँ-बाएँ खिसकाकर उसका परिणाम स्क्रीन पर text में देखें।

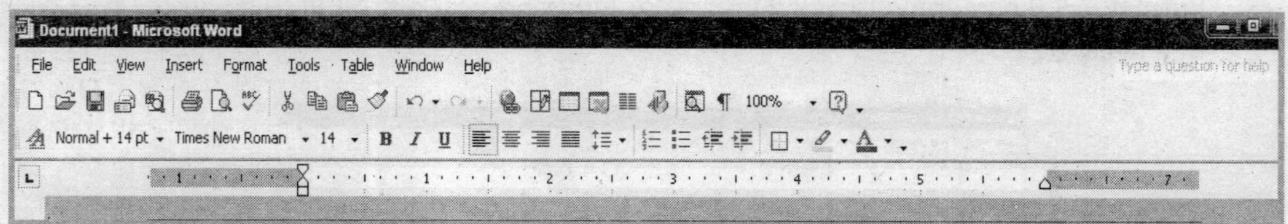

Text को Cut व Paste करना

MS-Word में टाइप किया गया कोई भी शब्द या text हम एक स्थान से कट करके दूसरे स्थान पर पेस्ट कर सकते हैं। इसके लिए—

1. उस text को सिलेक्ट करें जिसे एक स्थान से कट करके दूसरे स्थान पर पेस्ट करना है।
2. अब सिलेक्ट किए गए मैटर पर माउस का दाहिना बटन दबाने से जो बॉक्स उपस्थित हो, उसमें cut विकल्प पर माउस से क्लिक करें।

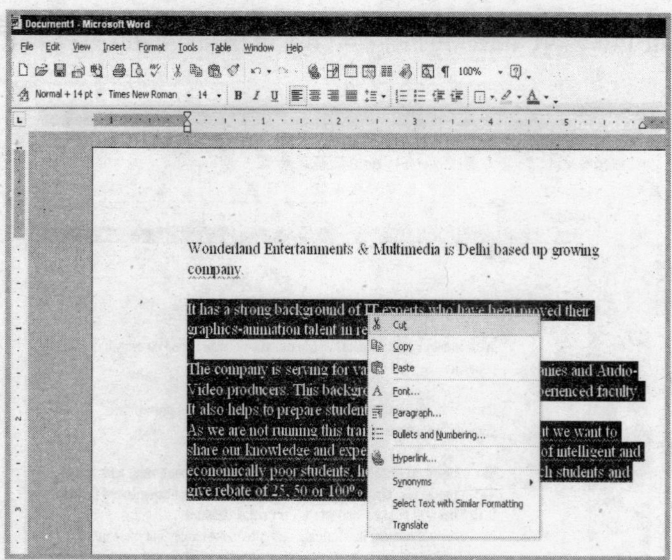

याद रखें

Cut व Paste विकल्पों को हम की–बोर्ड की सहायता से भी संचालित कर सकते हैं। किसी text को cut करने के लिए Ctrl + X व paste करने के लिए Ctrl + V का प्रयोग करते हैं। इससे cut व paste जल्दी से कर सकते हैं।

अब हमारे द्वारा सिलेक्ट किया गया text उस जगह से मिट जाता है। यद्यपि वह text clipboard की मेमोरी में स्टोर रहता है, जिसे पुन: प्राप्त करके कहीं भी पेस्ट कर सकते हैं।

3. कर्सर (Insertion Point) का पॉइंटर उस स्थान पर ले जाएँ जिस स्थान पर उस text को पेस्ट करना चाहते हैं। अब माउस का दाहिना बटन दबाएँ तो एक बॉक्स उपस्थित होता है—

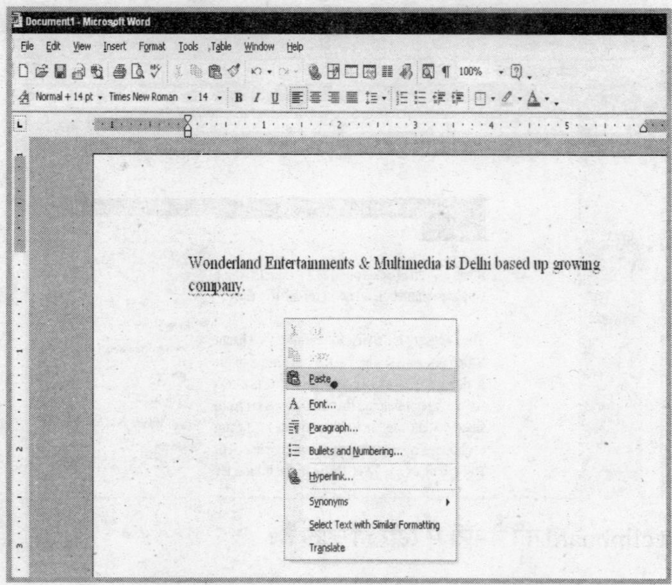

4. इस बॉक्स में Paste विकल्प पर माउस द्वारा क्लिक करें तो Cut किया गया मैटर निम्न प्रकार Paste हो जाता है—

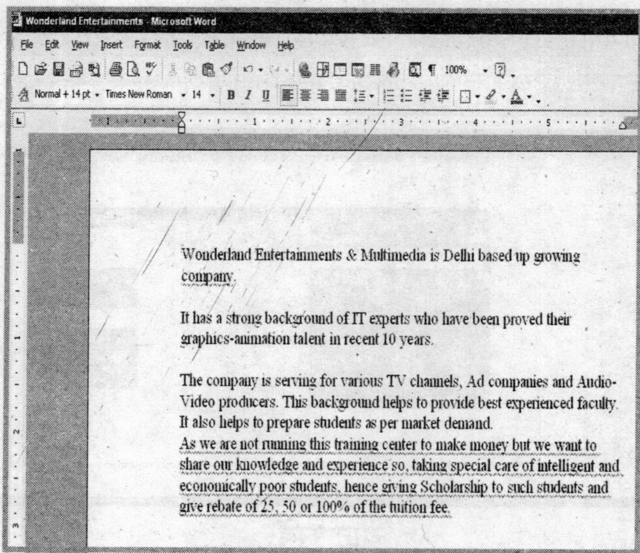

Copy और Paste करना

जब हम किसी मैटर को टाइप करते हैं तो एक ही शब्द कई स्थानों पर बार–बार टाइप करना पड़ता है। MS-Word, Copy व Paste विकल्पों की सुविधा प्रदान करता है, जिससे एक शब्द को बार–बार टाइप करने से बचा जा सकता है। इन दोनों विकल्पों का प्रयोग करने की विधि इस प्रकार है—

1. उस text को सिलेक्ट करें जिसे कॉपी करना चाहते हैं।
2. माउस का दाहिना बटन दबाएँ तो स्क्रीन पर एक बॉक्स आएगा। उस बॉक्स में Copy विकल्प पर माउस से क्लिक करें।

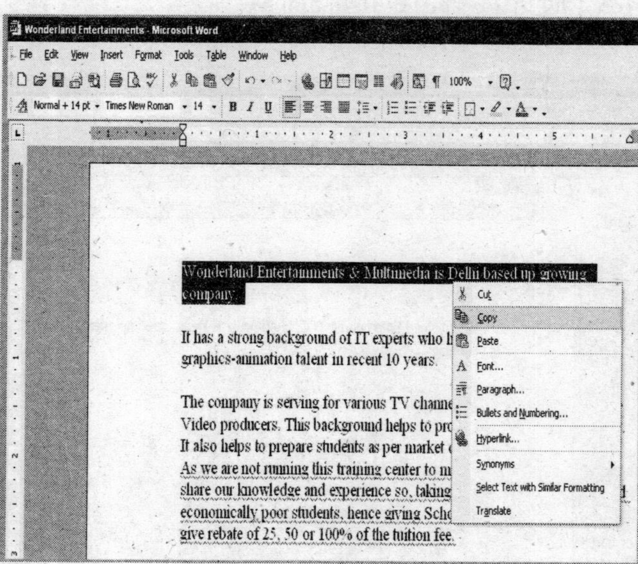

Copy किया गया text clipboard की मेमोरी में स्टोर हो जाता है।

ध्यान रखें

एक बार कॉपी किया गया text clipboard में तब तक स्टोर रहता है, जब तक हम कोई अन्य text कॉपी न कर लें। कॉपी किया गया मैटर जितनी बार चाहें, विभिन्न स्थानों पर Paste कर सकते हैं।

3. कर्सर को उस स्थान पर ले जाएँ, जहाँ कॉपी किया गया text Paste करना चाहते हैं।
4. स्क्रीन पर माउस का दाहिना बटन दबाने पर निम्न प्रकार का मेन्यू बॉक्स उपस्थित होता है—

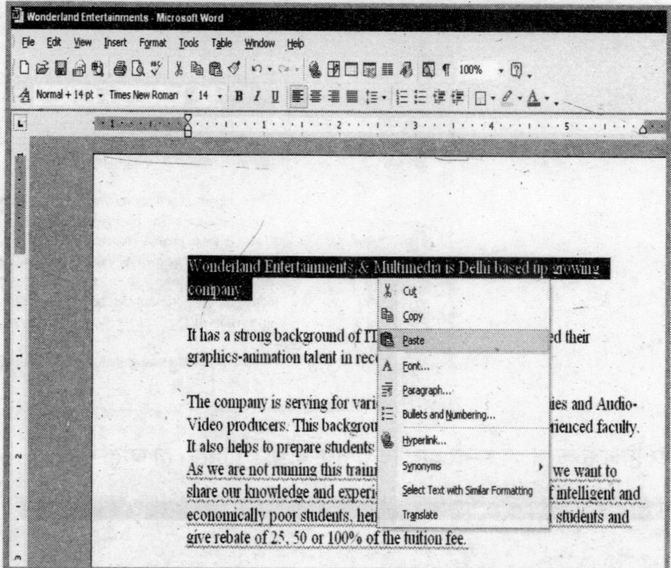

5. उपर्युक्त बॉक्स में Paste विकल्प पर माउस से क्लिक करें। इससे Copy किया गया मैटर निम्न प्रकार Paste हो जाता है—

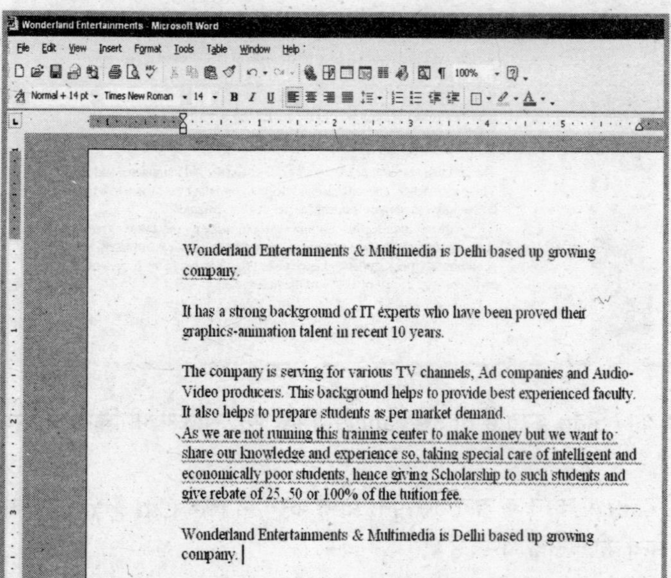

Undo और Redo करना

जब हम किसी text को करने के लिए कॉपी करते हैं तो वह text clipboard की मेमोरी पर स्टोर हो जाता है। अगर कभी अचानक हमसे कोई गलत 'की' दब जाती है तो वह सारा text हमारे कर्सर के आगे Paste हो जाता है। यदि हमने गलती से कोई कमांड दे दी है और डॉक्यूमेंट में कोई बदलाव हो गया है तो Undo कमांड की सहायता से उसे वापस पूर्वस्थिति में ला सकते हैं। इस कार्य के लिए—

1. Edit मेन्यू को पुल-डाउन करें।

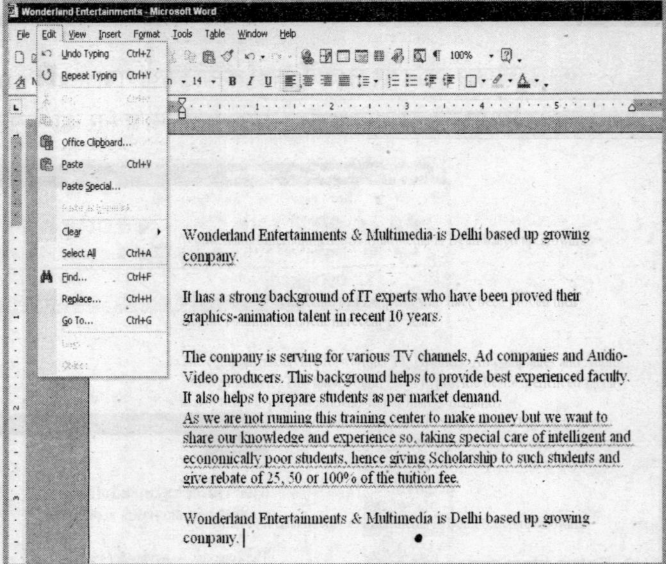

2. Undo विकल्प पर क्लिक करने पर हमारे द्वारा दिया गया कमांड Undo हो जाता है।

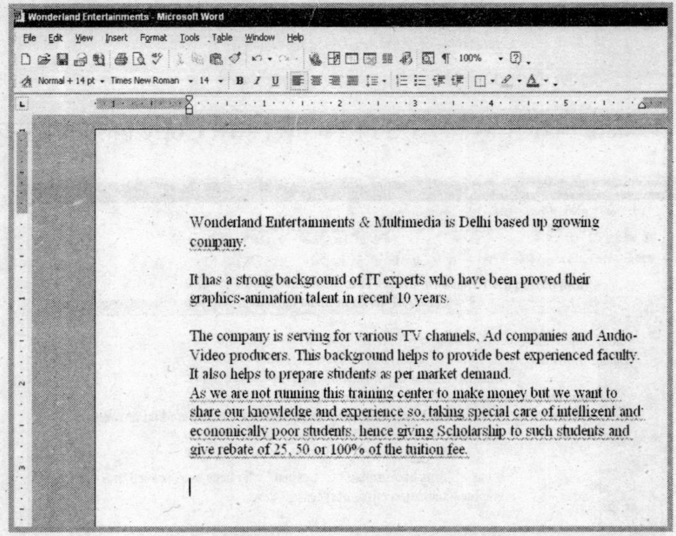

जब हम किसी कमांड को Undo करते हैं तो उसे cancel करके पुनः सक्रिय भी किया जा सकता है। इसके लिए निम्न कार्य करते हैं—

1. किसी कमांड को cancel करने के बाद उसे पुनः प्राप्त करने के लिए Ctrl + Y टाइप करते हैं अथवा माउस द्वारा Redo pop-up मेन्यू को क्लिक करते हैं।

पेज ब्रेक करना

MS-Word में हम किसी डॉक्यूमेंट में पेज ब्रेक भी कर सकते हैं। पेज ब्रेक की लाइन एक बिंदुओंवाली (dotted) लाइन के रूप में दिखाई देती है। अगर हम अपने मनचाहे स्थान पर पेज ब्रेक देना चाहते हैं तो उसके लिए निम्न स्टेप लेते हैं—

1. Insert मेन्यू पर क्लिक करें।
2. अब Break विकल्प पर क्लिक करें तो एक डायलॉग बॉक्स स्क्रीन पर दिखाई देगा—

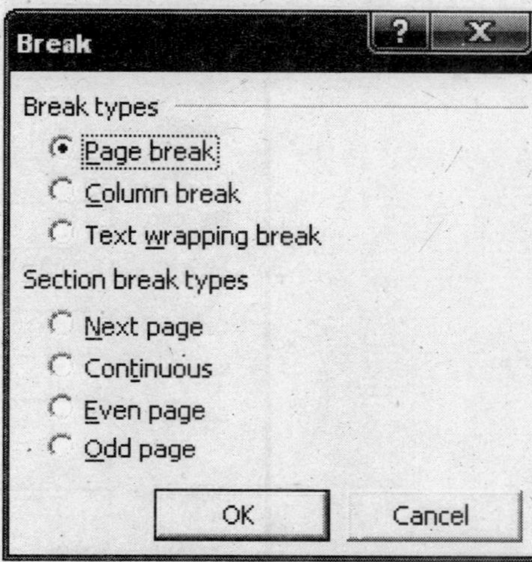

3. जब निम्न प्रकार की स्क्रीन आ जाए तो यह निश्चित हो जाता है कि Page Break चुना गया है या नहीं। फिर माउस द्वारा OK बटन पर क्लिक करें।

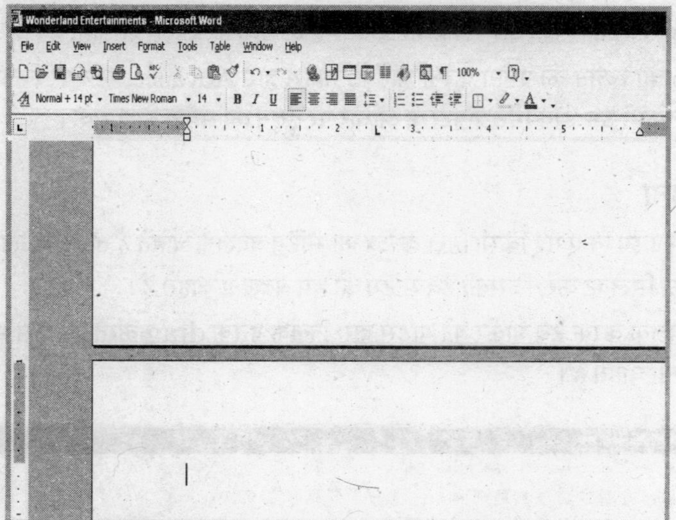

याद रखें

की-बोर्ड की सहायता से भी Ctrl + Enter दबाकर पेज ब्रेक कमांड दे सकते हैं।

डॉक्यूमेंट प्रॉपर्टीज

Windows 3.1 पर आधारित ऑपरेटिंग सिस्टम का प्रयोग करते समय हम अधिकतम 8 अक्षरों तक का फाइल नेम दे सकते हैं; परंतु यदि हमारे कंप्यूटर में Windows 95 है तो इस फाइल नेम के अक्षरों की संख्या अधिक हो सकती है। ऐसी स्थिति में उस फाइल नेम के साथ उसकी विस्तृत जानकारी भी शामिल कर लेनी चाहिए, ताकि फाइल ढूँढ़ने में सुविधा रहे। इसके लिए निम्न स्टेप लेते हैं—

1. फाइल मेन्यू पर जाकर प्रॉपर्टीज विकल्प पर माउस द्वारा क्लिक करें। स्क्रीन कुछ इस प्रकार दिखाई देगी—

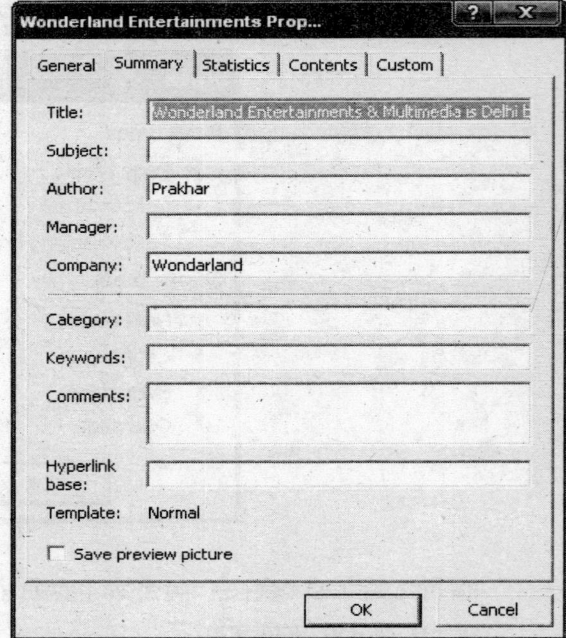

2. संबंधित जानकारी को टाइप करें, जो हमारे डॉक्यूमेंट के साथ ही Save हो जाती है।
3. जब Open की स्क्रीन का प्रयोग करना चाहें तो माउस द्वारा Advance बटन पर क्लिक करें, ताकि Word को वह विस्तृत जानकारी उस डॉक्यूमेंट प्रॉपर्टी के आधार पर ढूँढ़ने का संकेत मिल सके।

टैब सेटिंग बदलना

यदि हम पहले से टाइप किए गए किसी text के टैब की सेटिंग बदलना चाहते हैं तो इसके लिए—

1. उस text को सिलेक्ट करें, जिसकी टैब सेटिंग को हम बदलना चाहते हैं।
2. रूलर पर क्लिक करके टैब मार्कर को माउस द्वारा क्लिक करके drag करते हुए उस स्थान पर ले जाएँ, जहाँ पर टैब को सेट करना चाहते हैं।

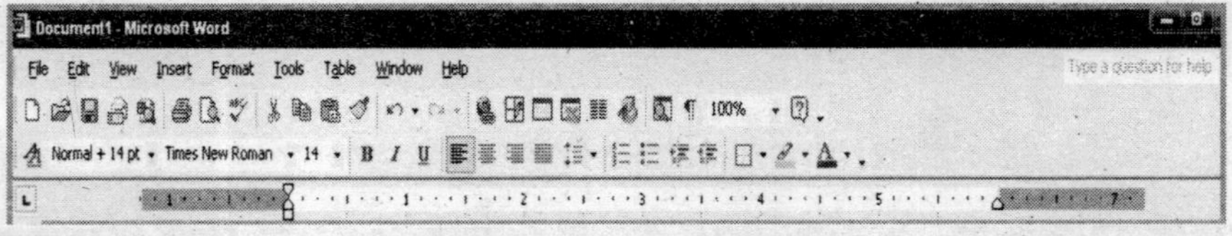

3. जिस-जिस टैब की सेटिंग को बदलना चाहते हैं, उपर्युक्तानुसार उन्हें भी सेट कर सकते हैं।

यदि पहले से सेट टैब को हटाना चाहते हैं तो इसके लिए माउस द्वारा उन टैब को पकड़कर रूलर लाइन से नीचे की ओर करते जाएँ। यह क्रिया तब तक दोहराते रहें जब तक कि सभी टैब हट न जाएँ।

Left, Right और Centre टैब

कंप्यूटर की स्क्रीन पर रूलर लाइन के बाईं ओर एक बटन नजर आता है। इस बटन को माउस द्वारा क्लिक करके टैब स्टाप से Centre, Right व Left एलाइन कर सकते हैं।

बुलेटवाली लिस्ट बनाना

यदि हम बुलेटवाली लिस्ट बनाना चाहते हैं तो निम्न स्टेप लेते हैं—

1. उस text को सिलेक्ट करें, जिसके शुरू में बुलेट लगाना चाहते हैं।
2. फॉरमैट मेन्यू पर माउस द्वारा बुलेट and नंबरिंग विकल्प को चुनें।

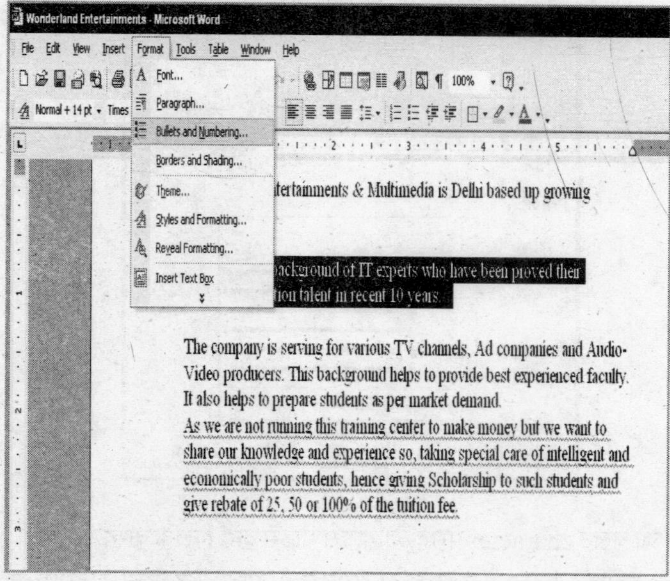

परिणामस्वरूप Bullets and Numbering की स्क्रीन आ जाती है—

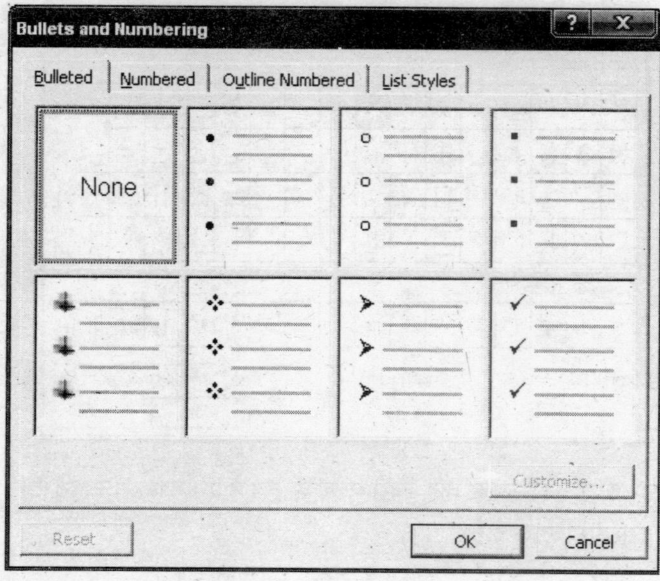

3. उपर्युक्त स्क्रीन के बॉक्स में माउस द्वारा बुलेटिड विकल्प के किसी भी प्रकार को चुनें।
4. अब बुलेट की स्टाइल को चुनें। यदि विकल्प के और अधिक options देखना चाहें तो Customize विकल्प पर माउस द्वारा क्लिक करने पर और एक स्क्रीन आ जाती है—

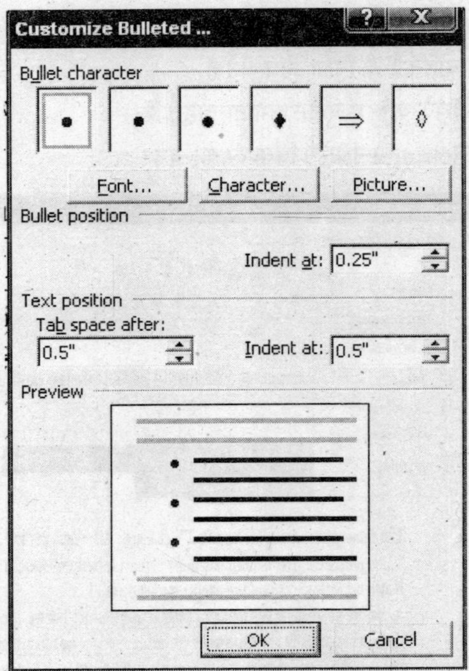

5. उपर्युक्त स्क्रीन में जो बुलेट character पसंद आए, उसे माउस द्वारा क्लिक करके चुनें।
6. यदि Customize बुलेटिड लिस्ट में कोई बुलेट पसंद नहीं आता, तब निम्न बॉक्स में माउस द्वारा बुलेट बटन पर क्लिक करके अनेक और बुलेट्स देख सकते हैं—

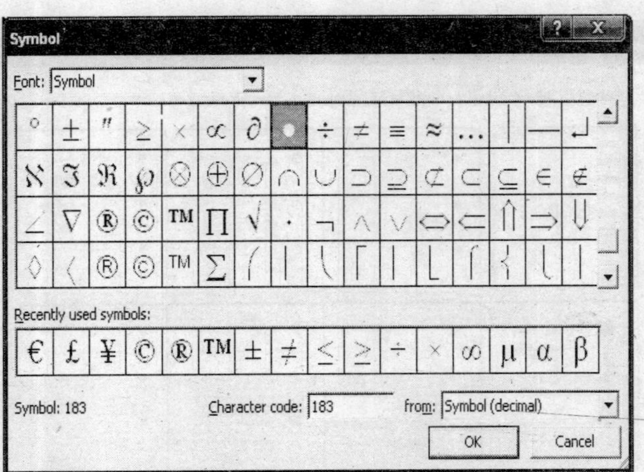

7. उपर्युक्त स्क्रीन में उस चिह्न को सिलेक्ट करें, जिसे बुलेट के रूप में प्रयोग करना चाहते हैं।
8. अंत में माउस द्वारा OK पर क्लिक करें।

परिणामस्वरूप चुना गया बुलेट सिलेक्ट की गई लाइन के शुरू में आ जाता है।

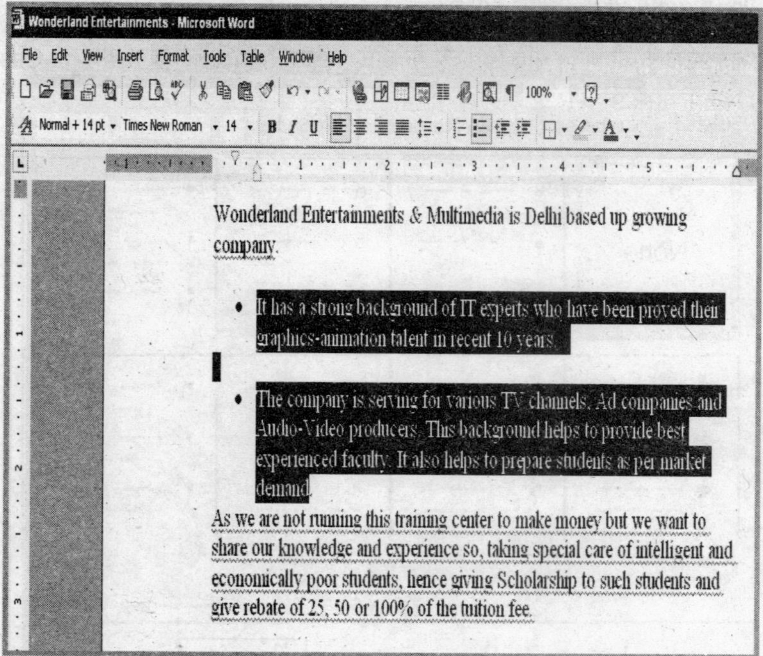

नंबर के साथ लिस्ट बनाना

यदि हम कोई ऐसी लिस्ट बनाना चाहते हैं जिसका प्रत्येक पैराग्राफ एक पॉइंट नंबर के साथ शुरू हो तो इस कार्य को Word में बहुत आसानी से कर सकते हैं। इसके लिए—

1. उस text को सिलेक्ट करें, जिसके आगे नंबरिंग पॉइंट लगाना चाहते हैं।
2. Format मेन्यू पर माउस द्वारा Bullets and Numbering विकल्प को चुनें।

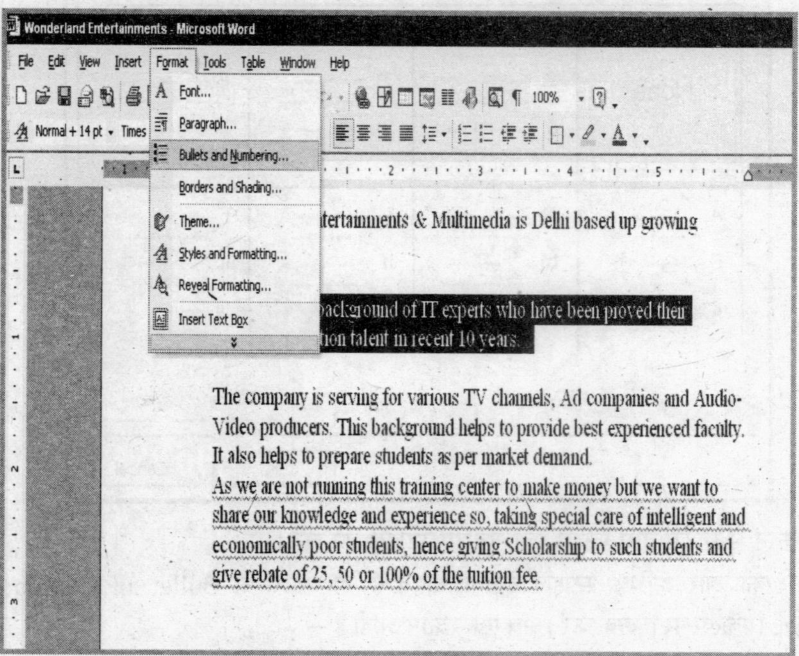

फलत: स्क्रीन पर एक डायलॉग बॉक्स दिखाई देता है—

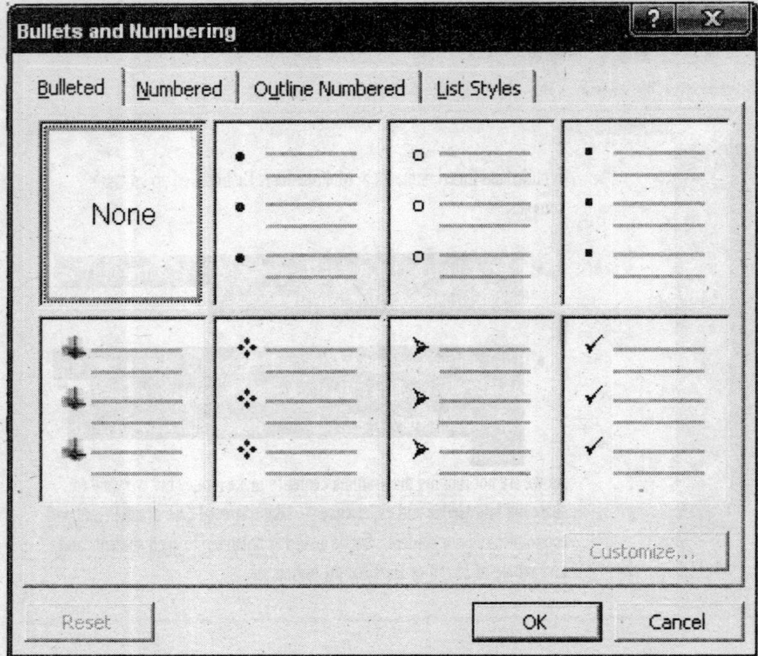

3. उपर्युक्त स्क्रीन में Numbered विकल्प पर माउस से क्लिक करें, तब एक और स्क्रीन आती है—

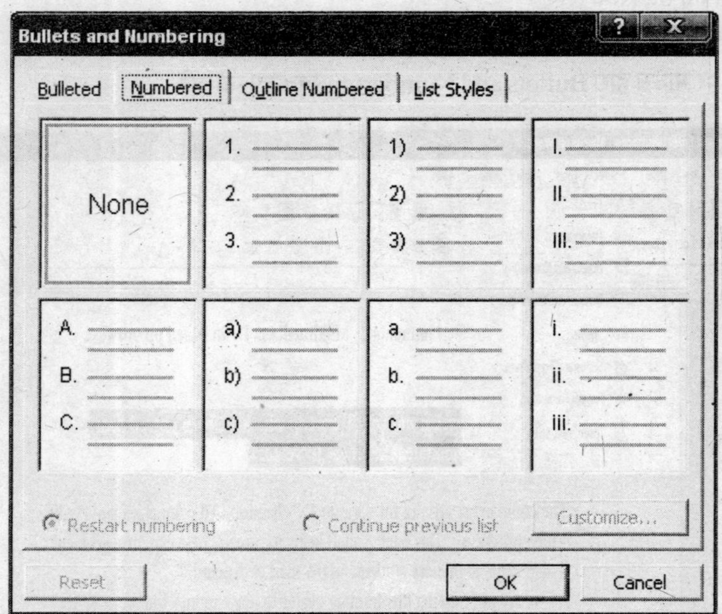

4. उपर्युक्त स्क्रीन में माउस द्वारा किसी एक नंबरिंग स्टाइल को चुनें।
5. यदि नंबरिंग की और अधिक स्टाइल देखना चाहते हैं तो माउस से Bullet and Numbering बॉक्स में Customize विकल्प पर क्लिक करें। अब एक स्क्रीन आती है—

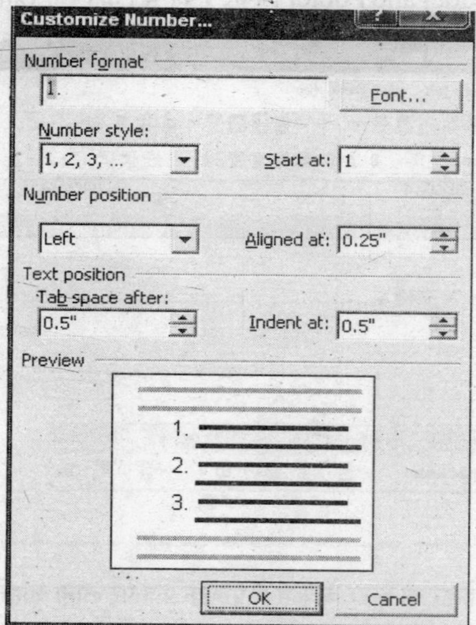

6. भिन्न-भिन्न प्रकार की सेटिंग बदलकर उनके परिणाम Preview बॉक्स में देख सकते हैं और अपनी सेटिंग को अंतिम रूप दिया जा सकता है।
7. OK बटन पर माउस द्वारा क्लिक करें। चुना गया नंबर सिलेक्ट की गई लाइन के शुरू में आ जाता है।

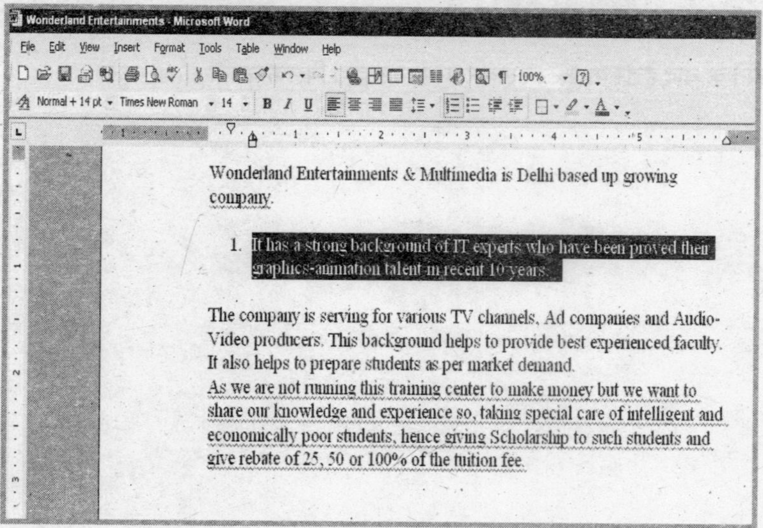

हेडर और फुटर का प्रयोग

हेडर सामान्यत: किसी डॉक्यूमेंट में पेज के ऊपर (Top में) प्रिंट होनेवाली लाइन होती है। इसी तरह फुटर वह लाइन होती है, जो डॉक्यूमेंट के प्रत्येक पेज के नीचे (Bottom पर) प्रिंट होती है।

1. View मेन्यू में माउस द्वारा Header and Footer विकल्प को चुनें तो निम्न स्क्रीन सामने आएगी—

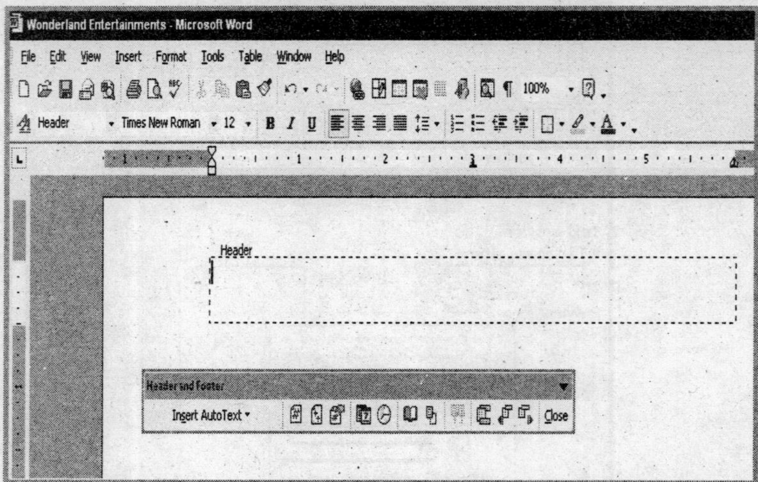

2. उस मैटर को टाइप करें, जिसे हेडर या फुटर के रूप में प्रत्येक पेज पर लाना चाहते हैं। हेडर और फुटर की स्क्रीन निम्न प्रकार दिखाई देती है—

3. सेटिंग पूरी करने के बाद हेडर या फुटर टूलबार पर माउस द्वारा क्लिक करके close करें।

□

8 MS-Word में एडवांस कार्य

MS-Word के द्वारा सामान्य कार्य करना आप सीख चुके हैं। अब आप अन्य एडवांस कार्यों का अभ्यास करेंगे, जिनके द्वारा Find, Replace, Spell Check, Grammar Check, Clip Art व शब्दों की गिनती आदि का कार्य करना सीखेंगे।

MS-Word में शब्द ढूँढ़ना

MS-Word में विकल्प द्वारा शब्द को ढूँढ़ने का काम किया जाता है। डॉक्यूमेंट में वह शब्द, जिसे आप find कर रहे हैं, जहाँ-जहाँ पर होगा, उसे ढूँढ़ा जा सकता है। इसके लिए निम्न स्टेप लेते हैं—

1. Edit मेन्यू में माउस द्वारा Find विकल्प पर क्लिक करें या Ctrl + F टाइप करें तो एक डायलॉग बॉक्स आ जाता है।

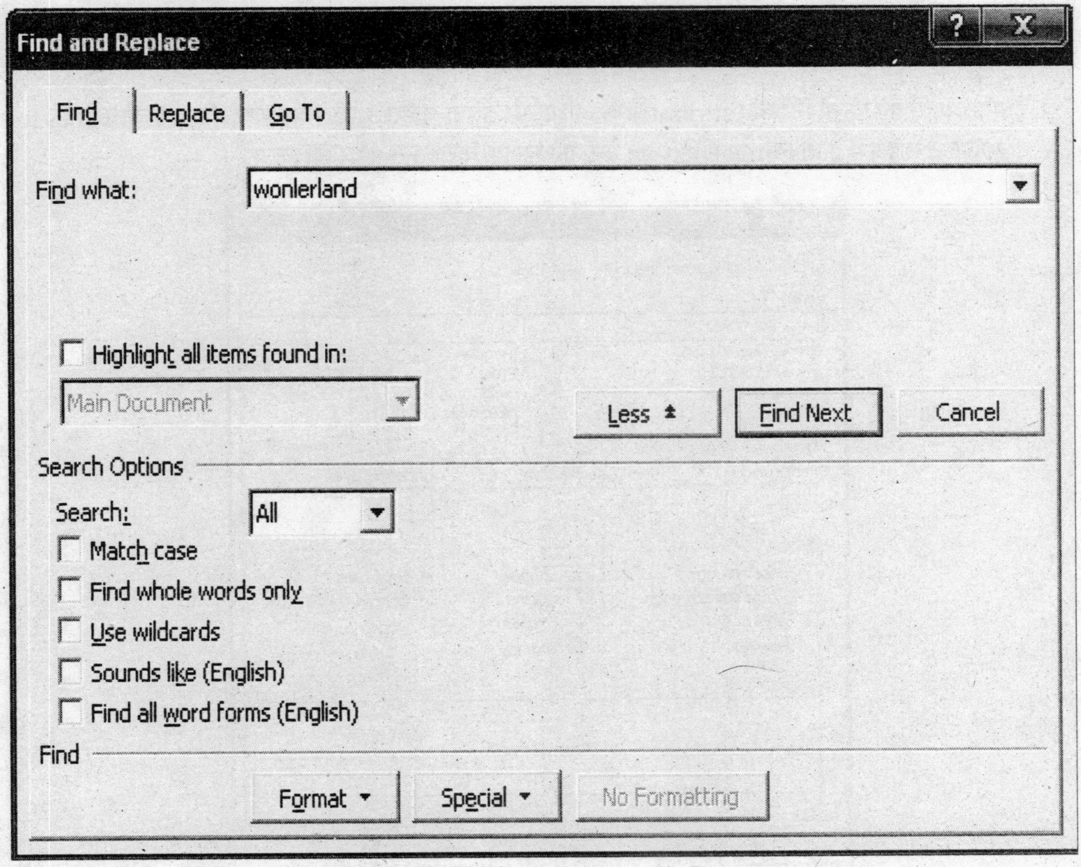

Find and Replace

Find | Replace | Go To

Find what: wonlerland

Highlight all items found in:

Main Document

Less | Find Next | Cancel

Search Options

Search: All

Match case

Find whole words only

Use wildcards

Sounds like (English)

Find all word forms (English)

Find

Format | Special | No Formatting

2. उपर्युक्त डायलॉग बॉक्स में Find what विकल्प में वह शब्द टाइप करें, जिस शब्द को आप ढूँढ़ना चाहते हैं।
3. अब Search विकल्प में से चुनाव करें। कर्सर से ऊपर या नीचे अथवा पूरे डॉक्यूमेंट में अंत तक या शुरू से Search करने के लिए Up, Down या All में से किसी एक विकल्प को चुन सकते हैं।

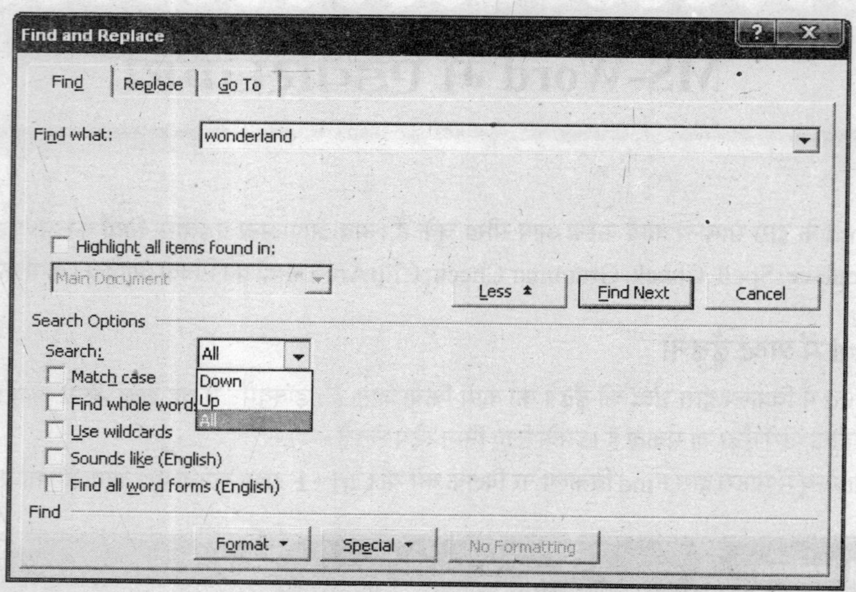

4. यदि अक्षरों को किसी निश्चित attributes के आधार पर ढूँढ़ना चाहते हैं, जैसे वह शब्द ढूँढ़ना है जो Times font में 20 पॉइंट साइज में है तो Format pop-up मेन्यू को क्लिक करके Font पर क्लिक करें।

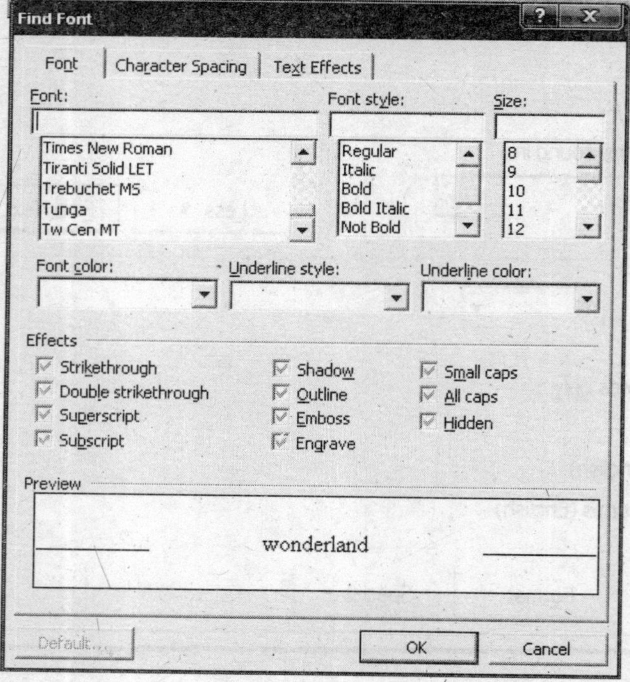

5. OK बटन दबाकर Find डायलॉग बॉक्स में वापस आ जाएँ।
6. अब माउस द्वारा Find बटन को क्लिक करके search का काम शुरू करें।
   MS-Word हमारे डॉक्यूमेंट में match करनेवाला पहला शब्द दिखाकर रुक जाता है।
7. अब माउस द्वारा Find Next विकल्प पर क्लिक करके आगे और search कर सकते हैं।

शब्द Replace कैसे करें ?

Replace विकल्प किसी शब्द को बदलने की सुविधा प्रदान करता है। मान लें कि हमने किसी शब्द को गलत टाइप कर दिया है, जैसे कि 'बाक्स', जो कि 'बॉक्स' होना चाहिए था तो इसके लिए प्रत्येक जगह जहाँ-जहाँ पर वह शब्द गलत टाइप किया गया है, Replace कमांड द्वारा उस शब्द को सही कर सकते हैं। इसके लिए—

1. माउस द्वारा Edit मेन्यू में Replace विकल्प पर क्लिक करें या Ctrl + H टाइप करें, जिससे स्क्रीन पर एक डायलॉग बॉक्स आएगा—

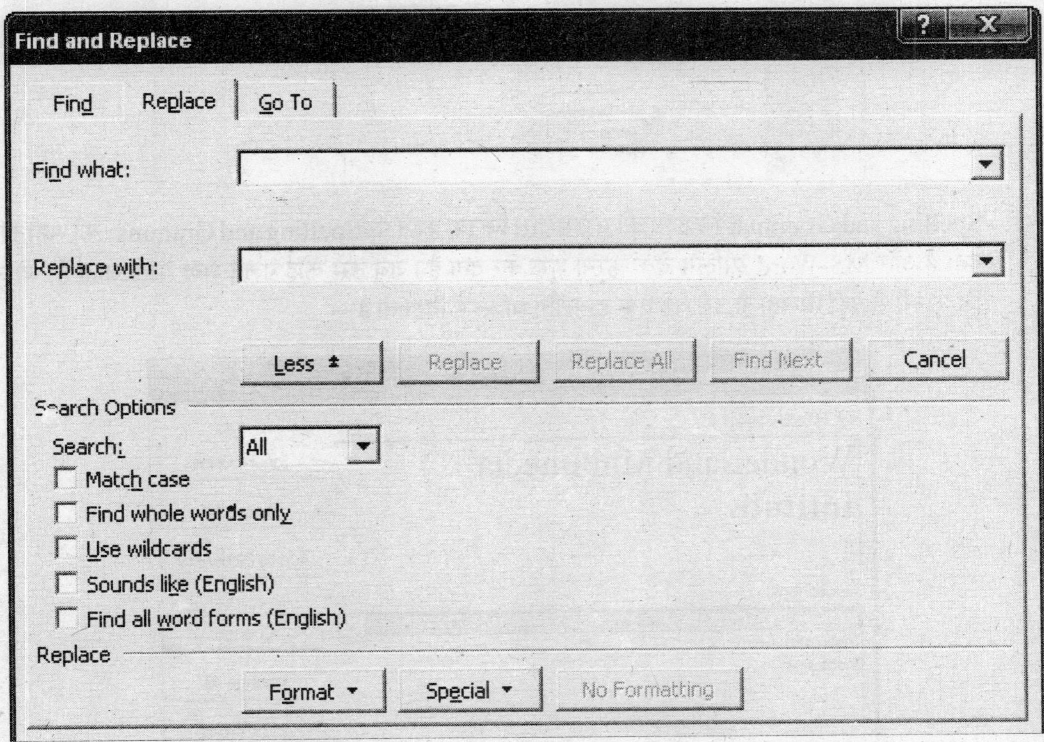

2. Find what के आगे उस शब्द को टाइप करें जिस शब्द को आप बदलना चाहते हैं (उदाहरण के लिए 'बाक्स')।
4. माउस द्वारा Replace All विकल्प को क्लिक करें।

यदि प्रत्येक जगह शब्द को देख-देखकर Replace करना चाहते हैं तो Replace All की जगह Replace बटन को माउस से क्लिक करते रहें।

स्पेलिंग चेक करना

MS-Word डॉक्यूमेंट की स्पेलिंग चेक करने की सुविधा भी प्रदान करता है। इसके द्वारा हम गलत स्पेलिंग को सही कर सकते हैं। स्पेलिंग चेक करने के लिए निम्न स्टेप लेते हैं—

1. उस text को सिलेक्ट करें जिसकी स्पेलिंग चेक करना चाहते हैं।

2. टूल्स मेन्यू पर क्लिक करें।

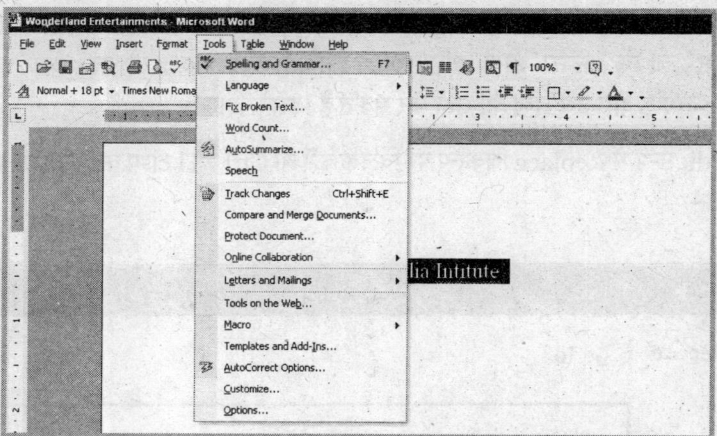

3. Spelling and Grammar विकल्प को माउस द्वारा क्लिक करने पर Spelling and Grammar की स्क्रीन दिखाई देती है और MS-Word स्पेलिंग चेक करना शुरू कर देता है। जब उसे कोई गलत शब्द मिल जाता है, जो उसकी डिक्शनरी से नहीं मिलता तो उसे वह एक डायलॉग बॉक्स में दिखाता है—

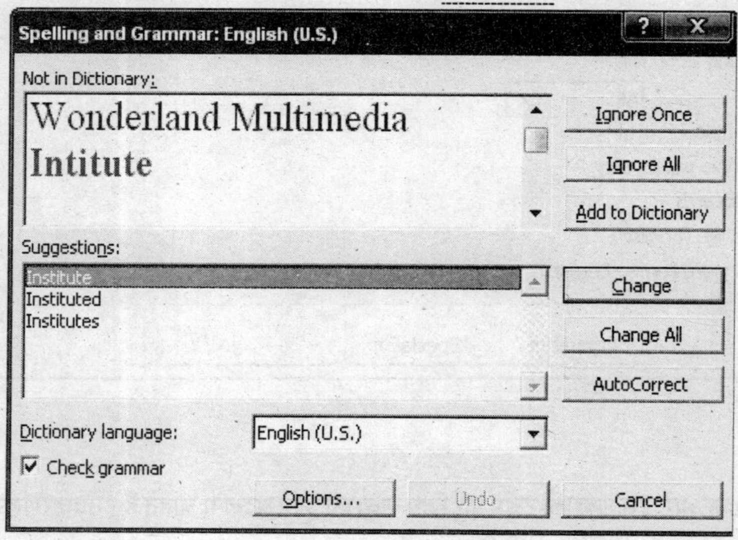

4. MS-Word गलत स्पेलिंगवाला जो शब्द दिखाता है, उससे मिलते-जुलते कुछ अन्य शब्द नीचे बॉक्स में दिखाता है। उन शब्दों में से सही शब्द को चुनकर Change बटन को माउस द्वारा क्लिक करें

अथवा

गलत शब्द के आगे दिखाए गए शब्दों में से अगर सही शब्द नहीं मिलता तो सही शब्द टाइप करके भी बदल सकते हैं

अथवा

यदि हमारा शब्द कोई नाम या कोई ऐसा शब्द है जो डिक्शनरी में नहीं है और हमें पूरा विश्वास है कि वह शब्द सही है तो Ignore बटन को माउस द्वारा क्लिक करके आगे की स्पेलिंग चेक करते हैं।

स्पेलिंग चेक का कार्य पूरा होने के बाद एक डायलॉग बॉक्स स्क्रीन पर दिखाई देता है—

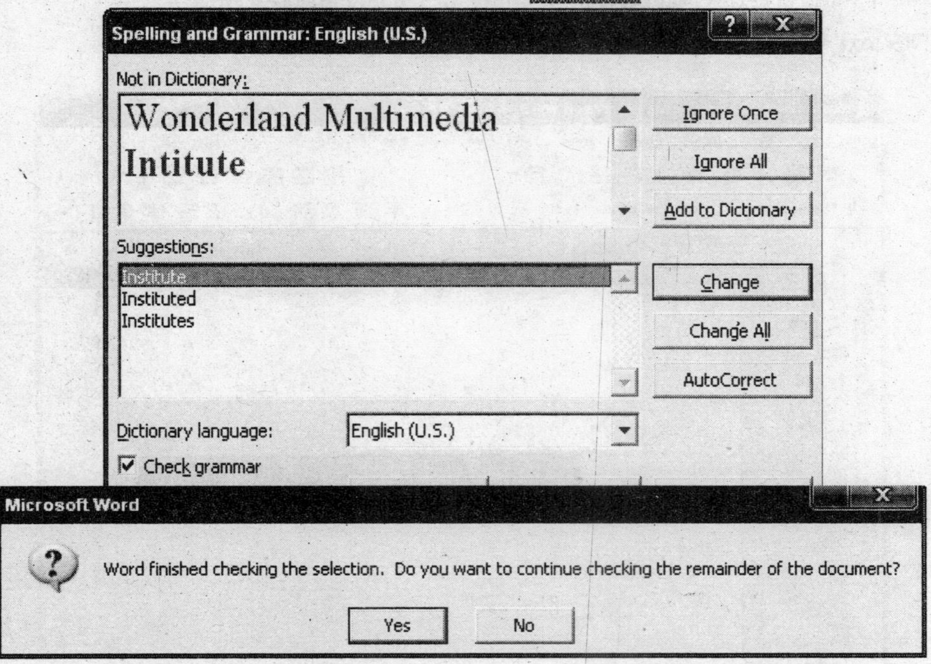

5. जब माउस द्वारा Yes बटन पर क्लिक करके स्पेलिंग चेक की कार्यवाही को समाप्त करते हैं तो स्क्रीन पर एक डायलॉग बॉक्स दिखाई देता है—

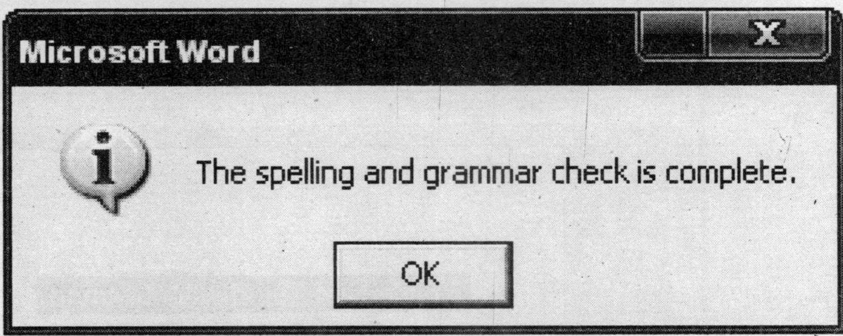

ध्यान दें!

MS-Word में केवल English मैटर की स्पेलिंग ही चेक कर सकते हैं, Hindi या अन्य किसी भाषा की नहीं।

शब्दों की गिनती करना

डॉक्यूमेंट के किसी भी text में कितने शब्द हैं, यह गिनती करने के लिए निम्न स्टेप लेते हैं—

1. जिस text के शब्दों को गिनना चाहते हैं, उसे सिलेक्ट करें।

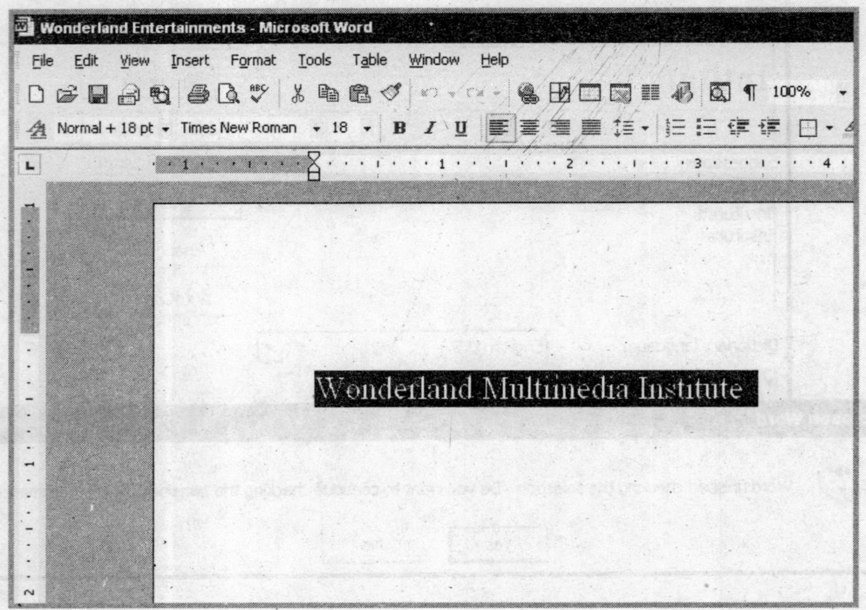

2. माउस द्वारा टूल्स मेन्यू में Word Count को क्लिक करें तो एक स्क्रीन दिखाई देती है—शब्दों, अक्षरों व लाइनों आदि का विवरण दिखाया जाता है।

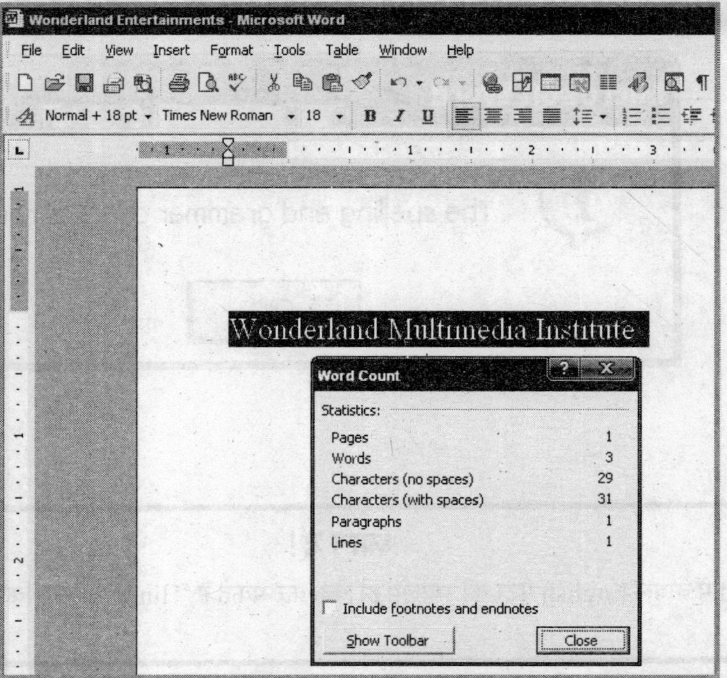

Thesaurus का प्रयोग

Thesaurus द्वारा एक शब्द के विभिन्न पर्यायवाची शब्दों में से किसी भी शब्द को चुनकर अपने शब्द से बदल सकते हैं। इस तरह एक ही शब्द को डॉक्यूमेंट में बार-बार प्रयोग होने से बच सकते हैं और भाषा में खूबसूरती आ जाती है। Thesaurus प्रयोग की विधि है—

1. उस शब्द को सिलेक्ट करें जिसे Thesaurus द्वारा बदलना चाहते हैं।

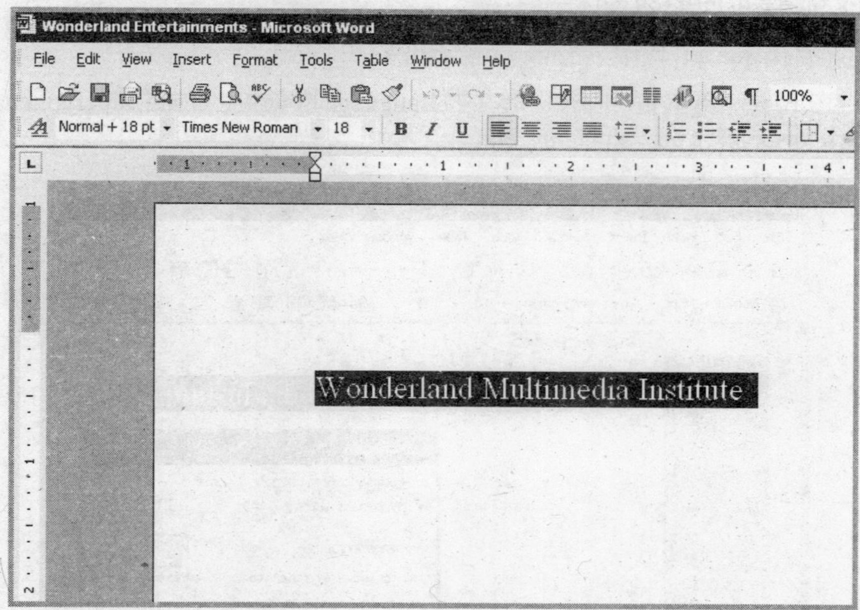

2. टूल्स मेन्यू पर क्लिक करके माउस पॉइंटर को Language विकल्प पर ले जाएँ और Thesaurus विकल्प पर क्लिक करें या Shift + F7 key दबाएँ तो एक स्क्रीन दिखाई देगी—

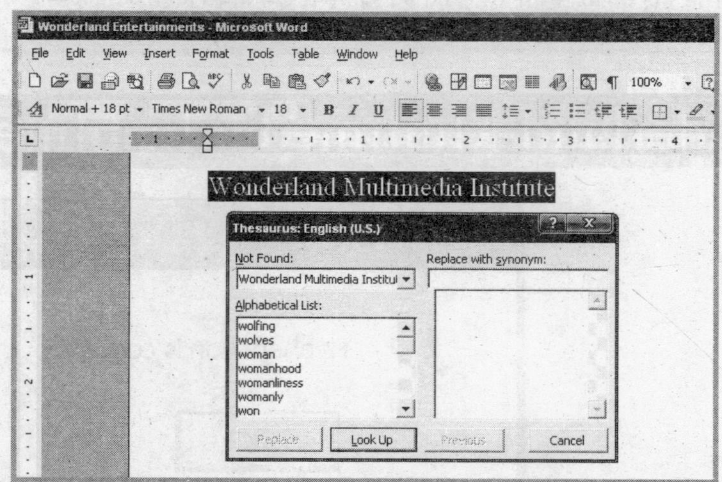

3. उपर्युक्त स्क्रीन में उस शब्द के बदले में जो शब्द प्रयोग कर सकते हैं, उसकी लिस्ट स्क्रीन पर दिखाई देती है। इसमें से उपयुक्त शब्द को चुनें और माउस द्वारा Replace बटन को क्लिक करें।

हाइफन का प्रयोग

जब हम किसी text को टाइप करते हैं तो text टाइप करते-करते कर्सर लाइन के अंत में पहुँच जाता है और जिस शब्द को हमें टाइप करना होता है, वह शब्द अचानक टूटकर अगली लाइन में चला जाता है। उस शब्द की ऊपर और नीचे की लाइन के दोनों भागों को (-) हाइफन द्वारा जोड़ दिया जाता है। हाइफन को हटाकर पूरे शब्द को नीचे की लाइन में ले जा सकते हैं। इस प्रकार ऊपर की लाइन के अंत में बचा खाली स्थान लाइन के सभी शब्दों के बीच बराबर-बराबर बाँट लिया जाता है। अगर हाइफन को हटाना चाहते हैं तो निम्न स्टेप लेते हैं—

1. उस text को सिलेक्ट करें, जिसका हाइफन हटाना चाहते हैं।
2. माउस द्वारा Tools मेन्यू पर क्लिक करके पॉइंटर को Language विकल्प पर ले जाएँ और Hyphenation विकल्प पर माउस क्लिक करें तो एक स्क्रीन दिखाई देगी—

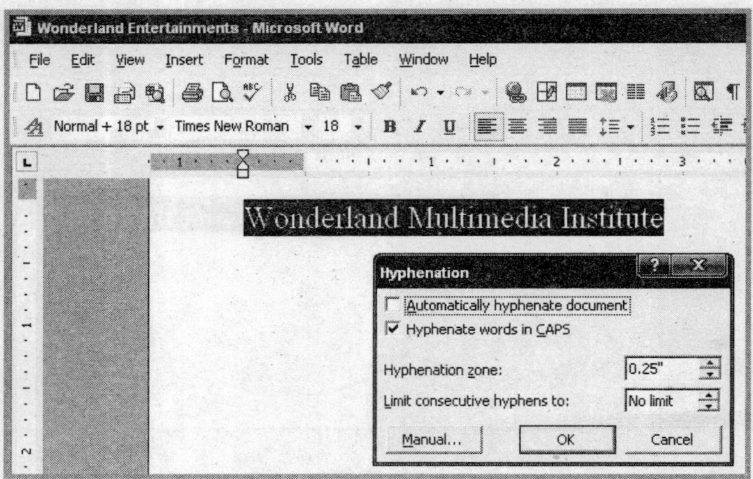

3. यदि उपर्युक्त स्क्रीन में माउस द्वारा Manual बटन पर क्लिक कर दें तो पूरे डॉक्यूमेंट में सभी जगह पर अपनी आवश्यकतानुसार हाइफन का प्रयोग कर सकते हैं। स्क्रीन पर एक बॉक्स दिखाई देता है—

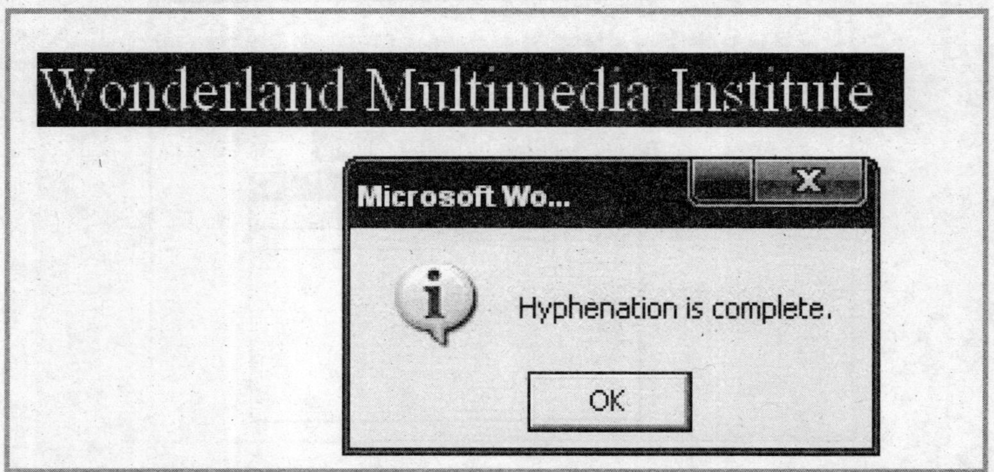

4. उपर्युक्त स्क्रीन में Yes पर क्लिक करने पर Hyphenation is complete का मैसेज स्क्रीन पर दिखाई देता है।

Grammar चेक करना

MS-Word द्वारा हम किसी डॉक्यूमेंट में व्याकरण की गलतियाँ भी ढूँढ़ सकते हैं। इसके लिए निम्न स्टेप लेते हैं—

1. उस text को सिलेक्ट करें, जिसकी ग्रामर चेक करना चाहते हैं।

2. टूल्स मेन्यू पर क्लिक करें।

3. माउस द्वारा Spelling and Grammar विकल्प को क्लिक करते ही स्क्रीन पर Spelling and Grammar का डायलॉग बॉक्स दिखाई देता है—

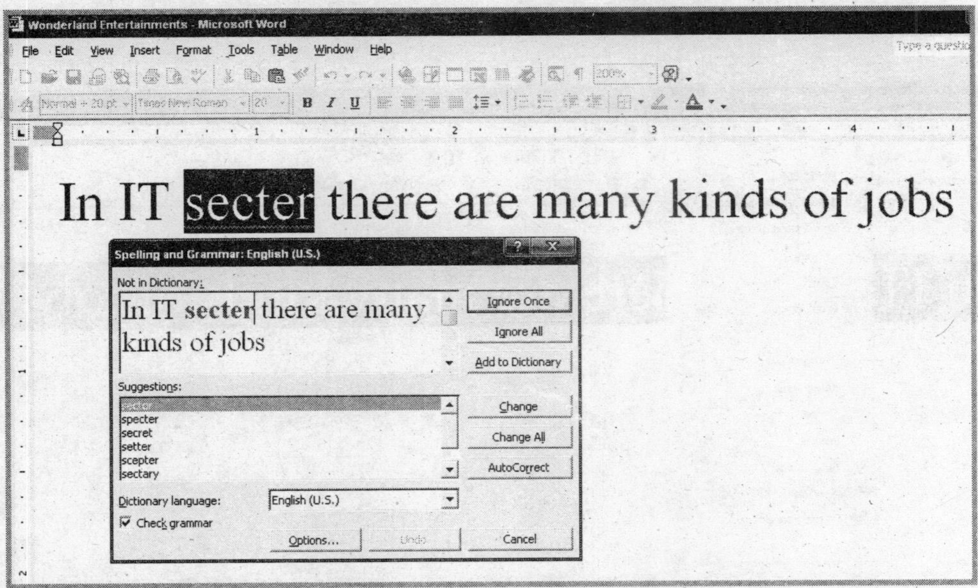

4. माउस द्वारा Options विकल्प को क्लिक करें।

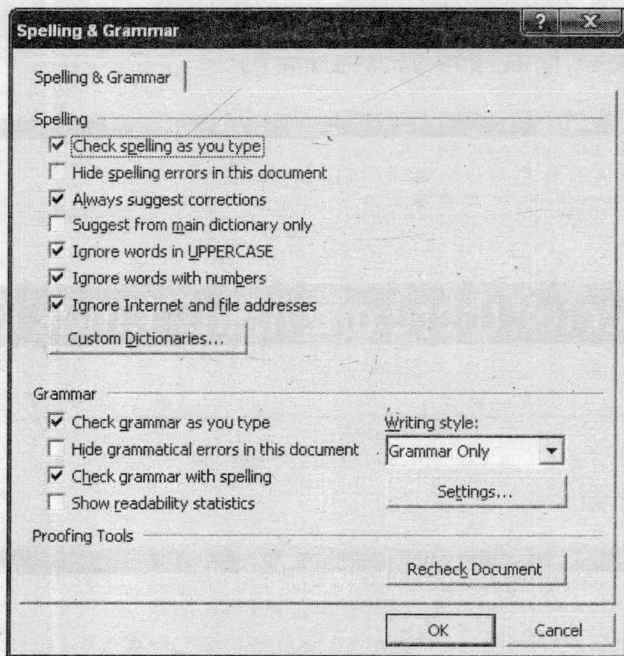

5. Dictionaries को बदलने के लिए माउस द्वारा Dictionaries विकल्प को क्लिक करें।
6. यदि Grammar विकल्प की पूरी जानकारी प्राप्त करना चाहते हैं तो माउस द्वारा Settings... विकल्प को क्लिक करके यह जानकारी प्राप्त कर सकते हैं।

Text का स्टाइल बदलना

यदि हम अपने text का स्टाइल बदलना चाहते हैं तो निम्न स्टेप लेते हैं—

1. उस text को सिलेक्ट करें, जिसका स्टाइल बदलना चाहते हैं।
2. Format विकल्प पर क्लिक करें।

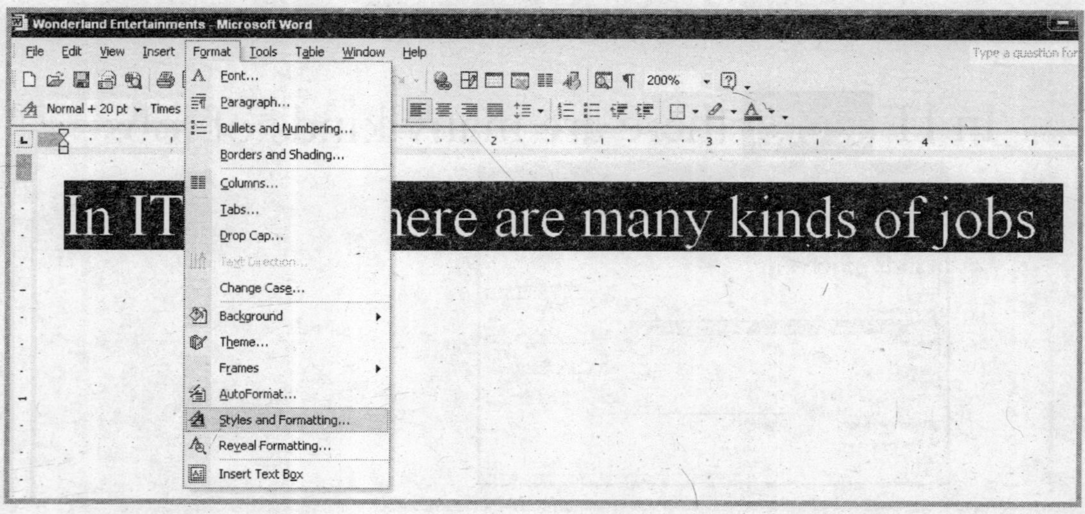

3. माउस द्वारा Styles and Formatting विकल्प पर क्लिक करें।

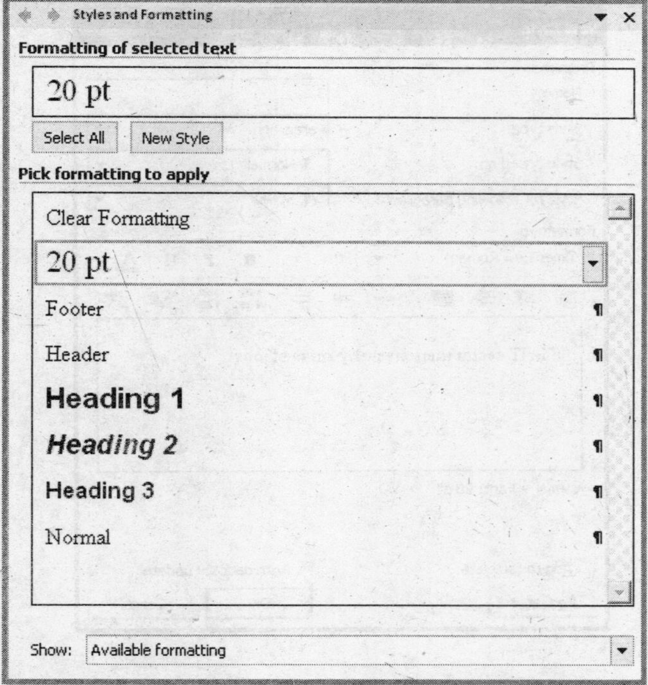

4. Style की List देखने के लिए List विकल्प पर क्लिक करें।

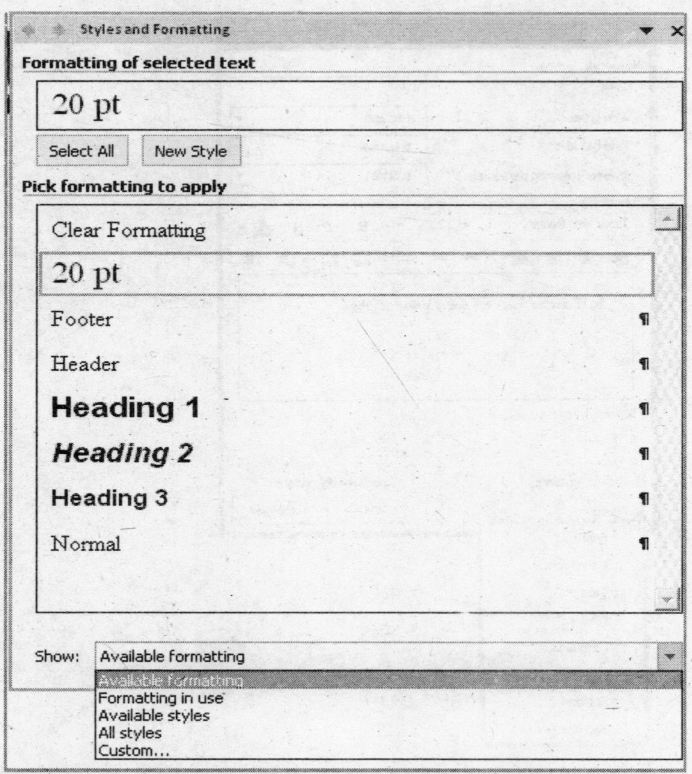

5. यदि स्क्रीन पर दिखाई गई List से आप संतुष्ट नहीं हैं तो Modify विकल्प को चुनें।

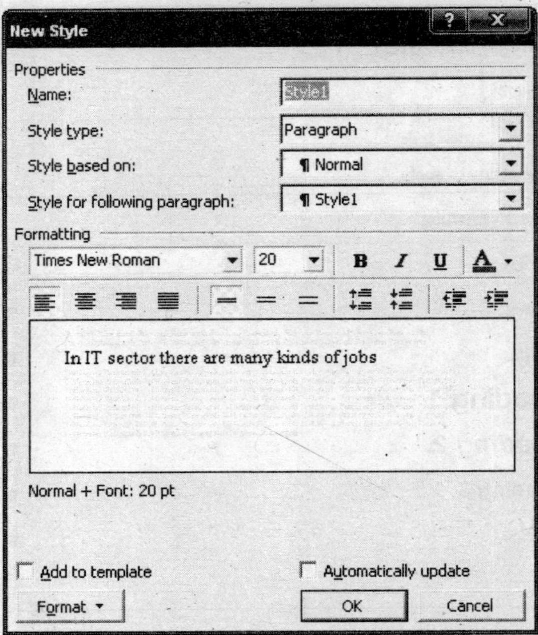

6. अब Format विकल्प पर क्लिक करके उस Format को चुनें जिसके Style में बदलाव करके अपने Text को सेट करना चाहते हैं।

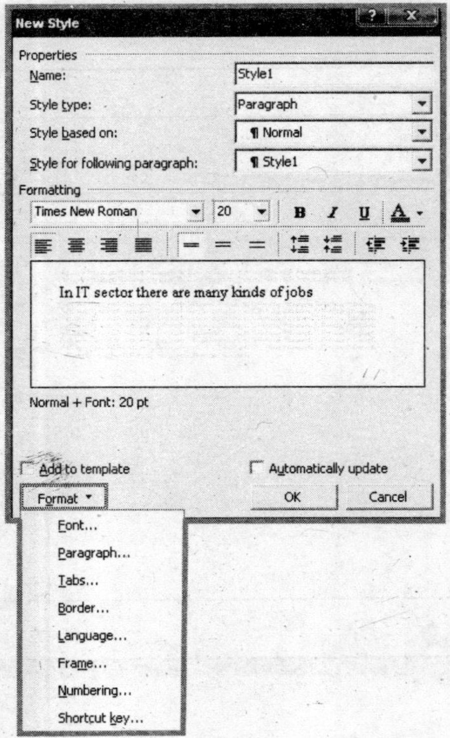

7. यदि आप Paragraph Style बदलना चाहते हैं तो Paragraph विकल्प पर क्लिक करें।

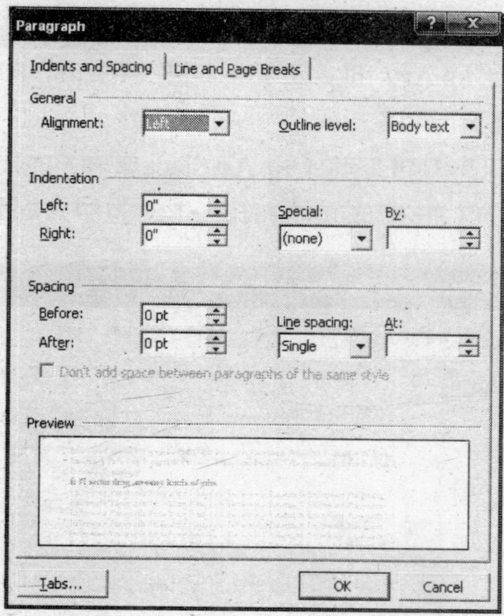

8. अब आप अपने Text का Paragraph Style बदल सकते हैं। बदलाव करने के पश्चात् OK बटन पर क्लिक करें तो Modify Style डायलॉग बॉक्स आ जाएगा।
9. OK बटन पर क्लिक करें। यदि हम Text में नया स्टाइल डालना चाहते हैं तो माउस द्वारा New Style विकल्प पर क्लिक करें।

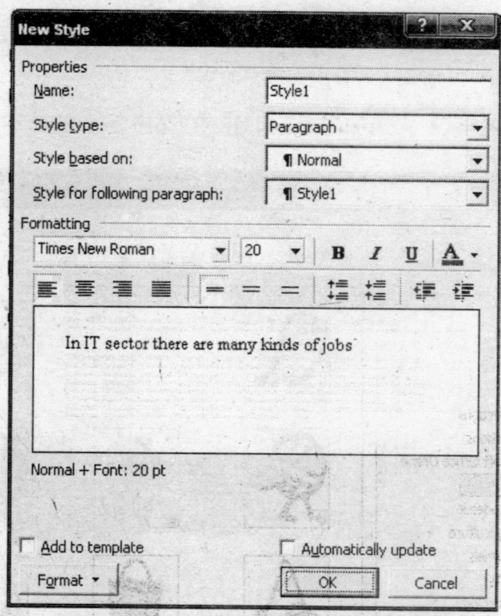

10. उपर्युक्त डायलॉग बॉक्स में Name, Style type, Style based on व Style for following paragraph विकल्पों में Style को चुनें।
11. अंत में OK बटन पर क्लिक करके Apply बटन पर क्लिक करने से Text चुने गए Format में बदल जाता है।

Clip Art का प्रयोग

MS-Word के किसी भी डॉक्यूमेंट में Clip Arts... (readymade चित्र) को भी प्रयोग कर सकते हैं। इससे डॉक्यूमेंट देखने में अधिक आकर्षक लगता है। Clip Arts को edit करके उनके स्वरूप को बदल भी सकते हैं। Clip Art को अपने डॉक्यूमेंट में place करने के लिए निम्न स्टेप लेते हैं—

1. कर्सर के पॉइंटर को उस स्थान पर रखते हैं जहाँ Clip Art place करना चाहते हैं।
2. Insert मेन्यू पर क्लिक करें और माउस पॉइंटर को Picture विकल्प पर ले जाएँ।

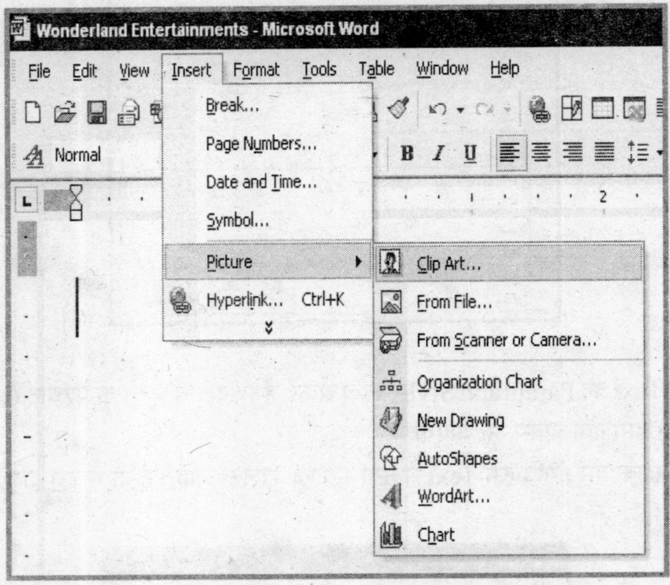

3. Picture विकल्प पर क्लिक करने पर निम्न डायलॉग बॉक्स स्क्रीन पर दिखाई देगा—

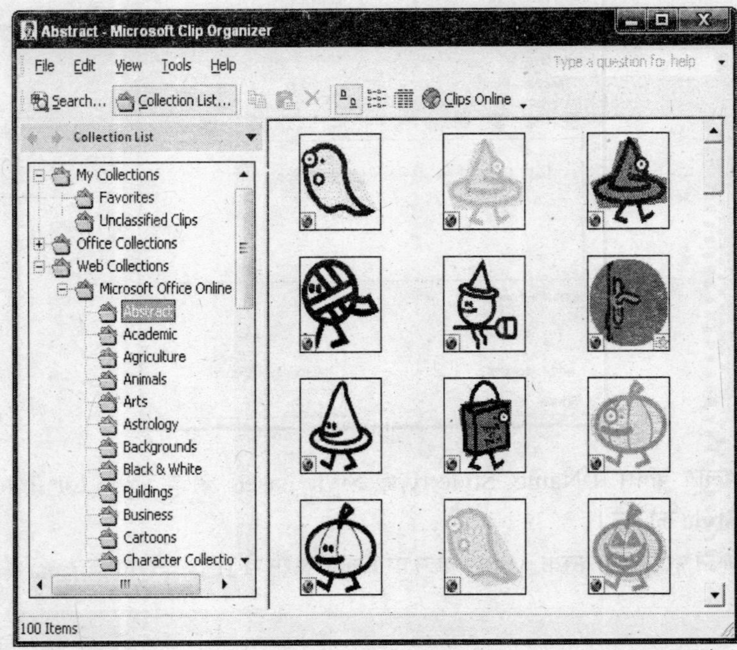

4. 'Insert Clip Art' में उस Category पर माउस द्वारा क्लिक करें जिसकी Picture को Insert करना चाहते हैं।

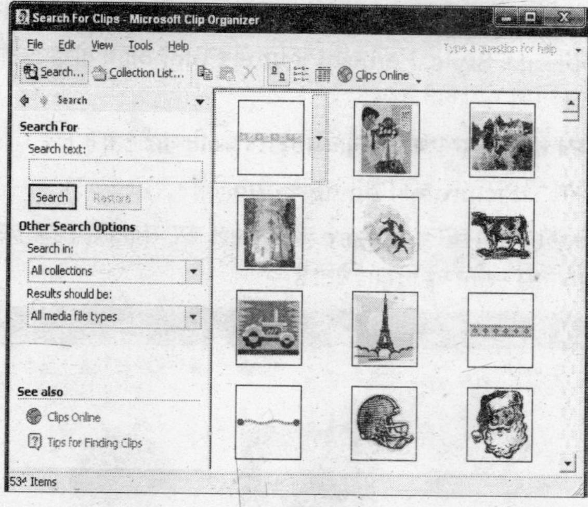

5. अब उस Picture पर क्लिक करें, जिसे Insert करना चाहते हैं, तब स्क्रीन पर एक लिस्ट दिखाई देती है—

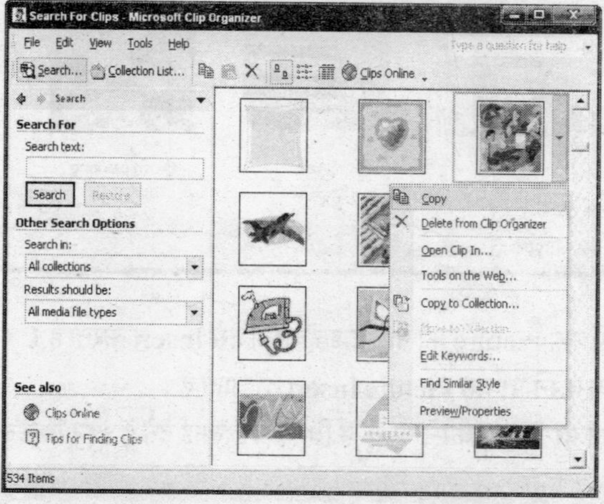

6. अब Insert बटन पर माउस द्वारा क्लिक करें तो वह Picture क्लिक किए गए स्थान पर Place हो जाती है।

इमेज की Editing करना

यदि हम Clip Art द्वारा place की गई Picture की Editing करके उसके Style को बदलना चाहते हैं, जैसे—Contrast, Brightness, Crop, Line Style, Format Picture, Color आदि तो इस कार्य को निम्न विधि से कर सकते हैं—

1. माउस द्वारा चित्र को क्लिक करने पर एक टूल बॉक्स स्क्रीन पर दिखाई देता है।
2. इस बॉक्स द्वारा कई प्रकार से Picture की Editing कर सकते हैं।
3. Insert Picture बटन का प्रयोग करके Picture को Insert कर सकते हैं। इस बटन पर क्लिक करने पर Insert Picture का डायलॉग बॉक्स स्क्रीन पर दिखाई देता है—

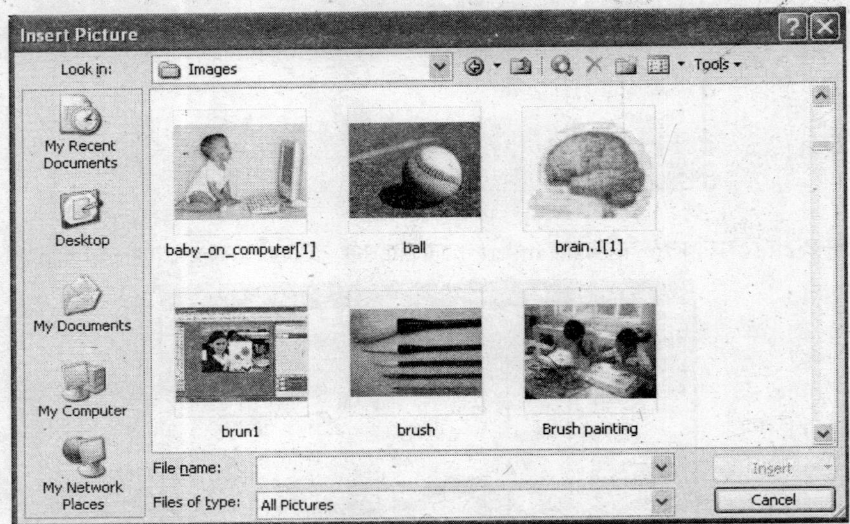

4. File name विकल्प में उस Picture का नाम टाइप करें, जिसे Insert करना है।
5. Insert बटन पर क्लिक करने पर वह Picture Insert हो जाती है।
6. Image Control बटन पर क्लिक करने पर कुछ विकल्प दिखाई देते हैं। इन विकल्पों में से किसी एक को चुन सकते हैं।

7. More Contrast बटन पर क्लिक करने से Picture के Contrast को बढ़ाया जा सकता है। इस बटन पर जितनी बार क्लिक करेंगे, Picture का Contrast उतना ही बढ़ता जाएगा।

8. Less Contrast बटन पर क्लिक करने से Picture के Contrast को घटाया भी जा सकता है। इस बटन पर भी जितनी बार क्लिक करेंगे, Picture का Contrast उतना ही कम होता जाएगा।

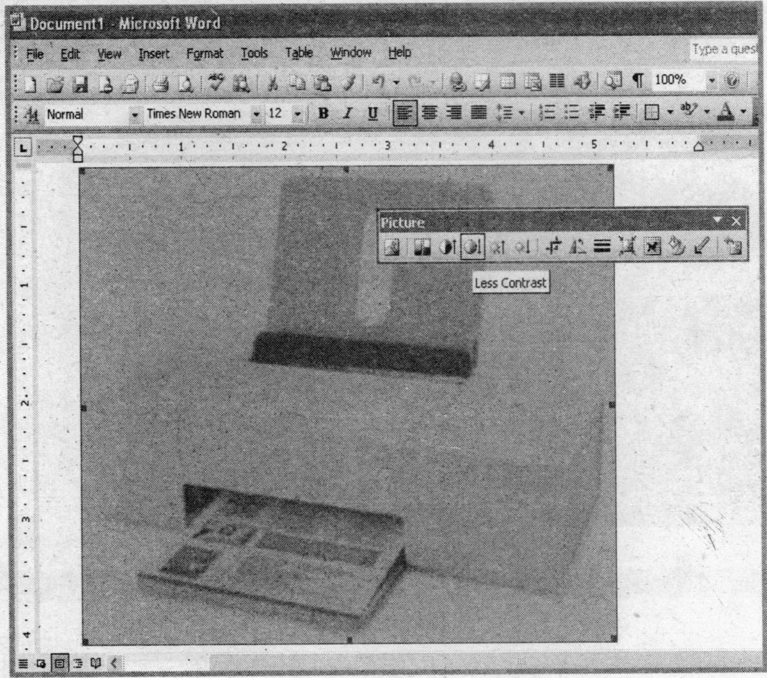

9. More Brightness बटन पर क्लिक करके Picture की Brightness को बढ़ाया जा सकता है। इस बटन पर जितनी बार क्लिक करेंगे, Picture की Brightness उतनी ही बढ़ती जाएगी।

10. Less Brightness बटन पर क्लिक करके Picture की Brightness को कम भी किया जा सकता है। इस बटन पर आप जितनी बार क्लिक करते हैं, Picture की Brightness उतनी ही कम होती जाती है।

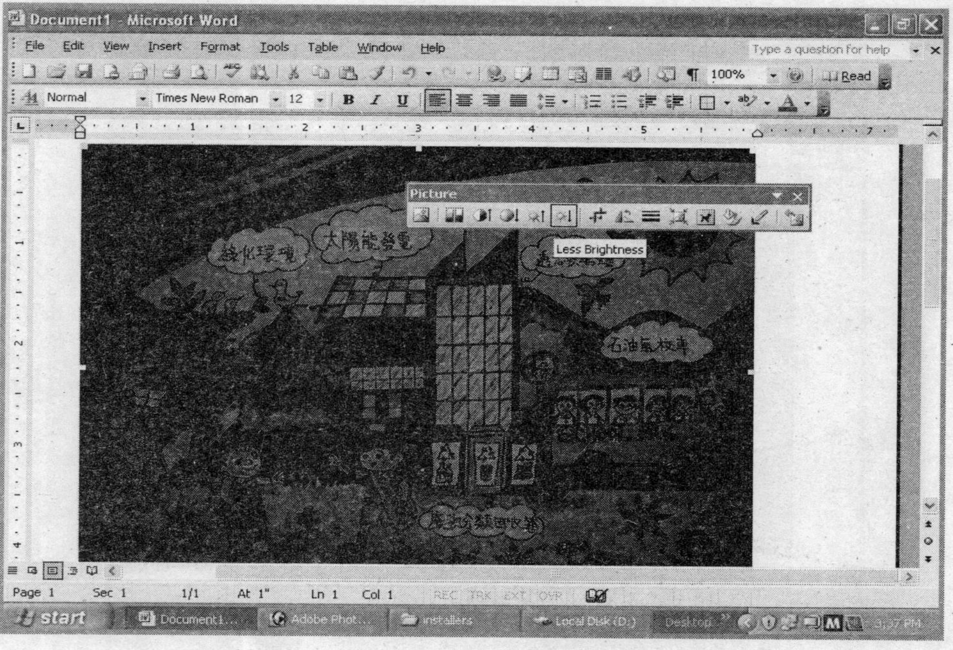

11. Crop बटन पर क्लिक करके Picture को Crop (कट) कर सकते हैं। माउस द्वारा इस बटन पर क्लिक करने पर पॉइंटर Crop टूल में बदल जाता है। अब इस टूल द्वारा Picture के चारों ओर दिखाई दे रहे नोड्स में से किसी एक नोड को क्लिक करके माउस को घुमाने पर Picture Crop हो जाती है।

12. Line Style बटन पर क्लिक करके Picture की लाइन को बदल सकते हैं। माउस द्वारा इस टूल पर क्लिक करने पर Line के कुछ Style दिखाई देते हैं। इन Styles में से आप किसी एक को चुन सकते हैं।

13. Text Wrapping बटन पर क्लिक करके Picture को Text के बीच में Insert कर सकते हैं। माउस द्वारा इस टूल पर क्लिक करने पर Text Wrapping के कुछ स्टाइल दिखाई देते हैं। इन स्टाइल में से आप किसी एक को चुन सकते हैं।

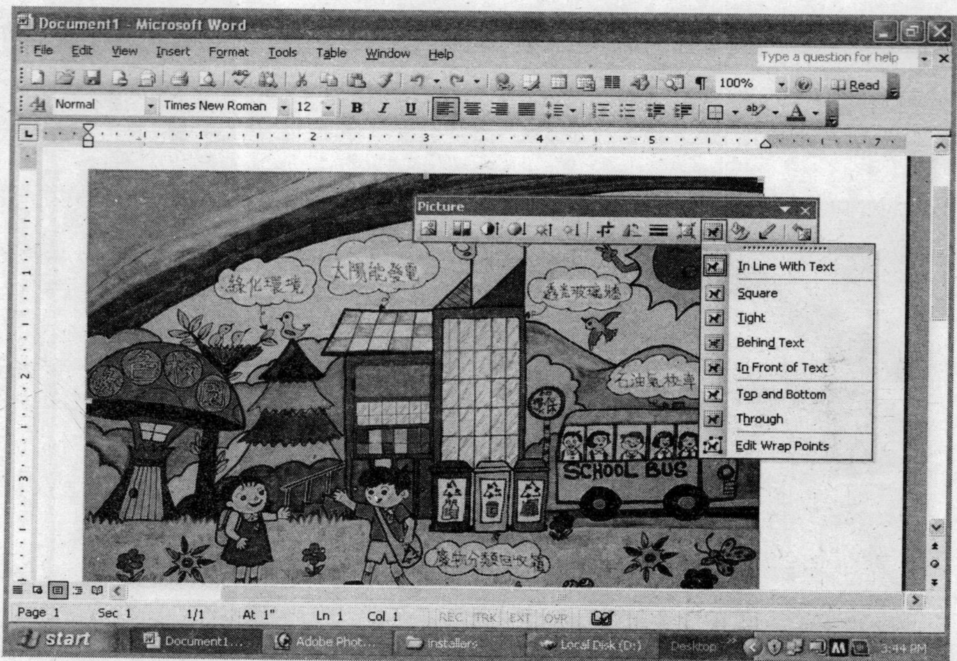

14. Format Picture बटन पर क्लिक करके Picture के Format को सेट कर सकते हैं, जैसे—Size, Layout, Web, Color और Line आदि। माउस द्वारा इस टूल पर क्लिक करने पर Format Picture का डायलॉग बॉक्स स्क्रीन पर दिखाई देता है। अब आवश्यकतानुसार विकल्प को चुनकर सेट कर सकते हैं।

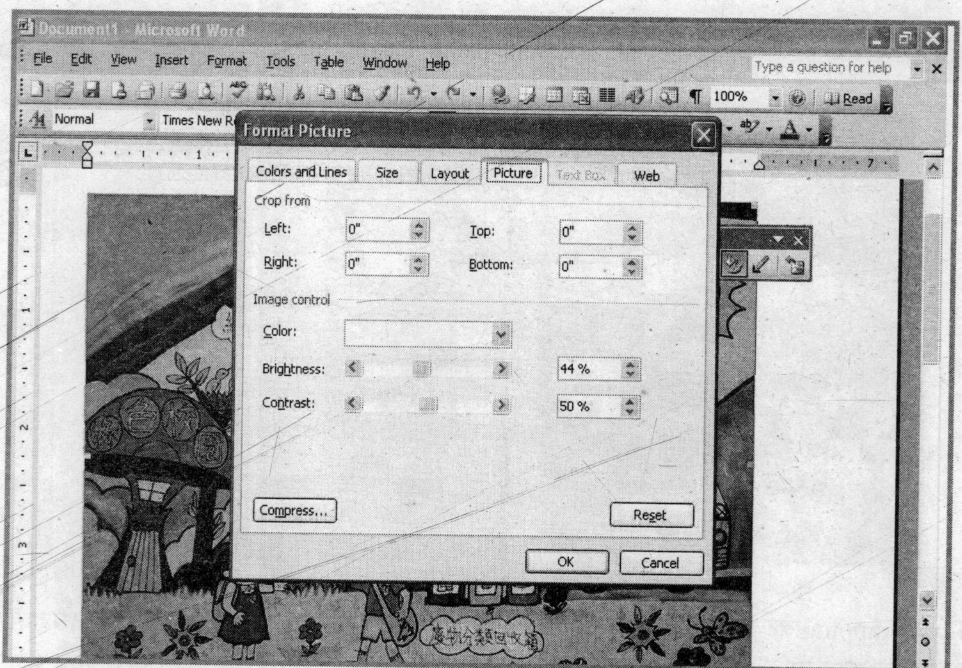

15. Set Transparent Color बटन पर क्लिक करके Picture को Transparent Color में बदल सकते हैं।

16. Reset Picture बटन पर क्लिक करके Picture को Reset कर सकते हैं।

17. Picture टूल बॉक्स को बंद करने के लिए Close बटन पर क्लिक करते हैं।

Table बनाना

MS-Word में हम अपने पेज में Table बनाकर उसमें मैटर टाइप कर सकते हैं। इसके लिए—

1. डॉक्यूमेंट में खाली लाइन पर कर्सर रखें।
2. Table विकल्प पर क्लिक करके माउस पॉइंटर को Insert विकल्प पर ले जाएँ।

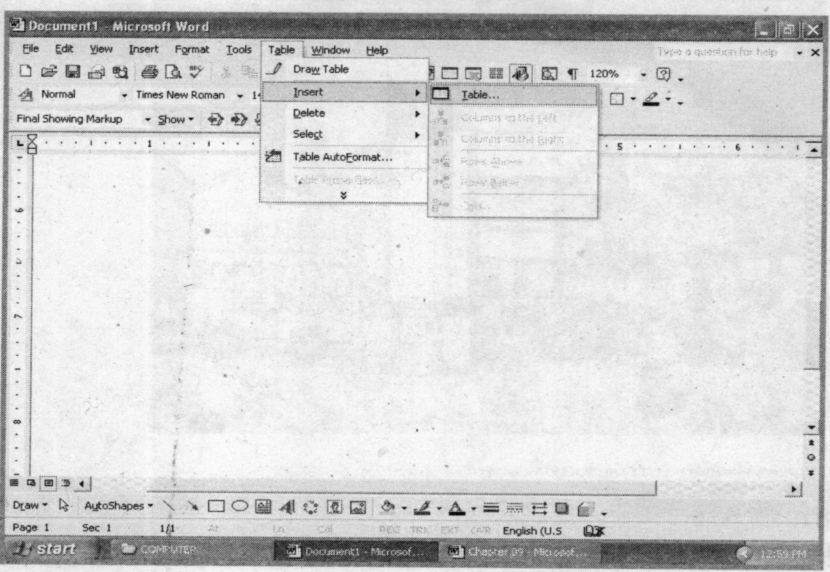

3. Table विकल्प पर क्लिक करने पर Insert Table का डायलॉग बॉक्स स्क्रीन पर आ जाता है।

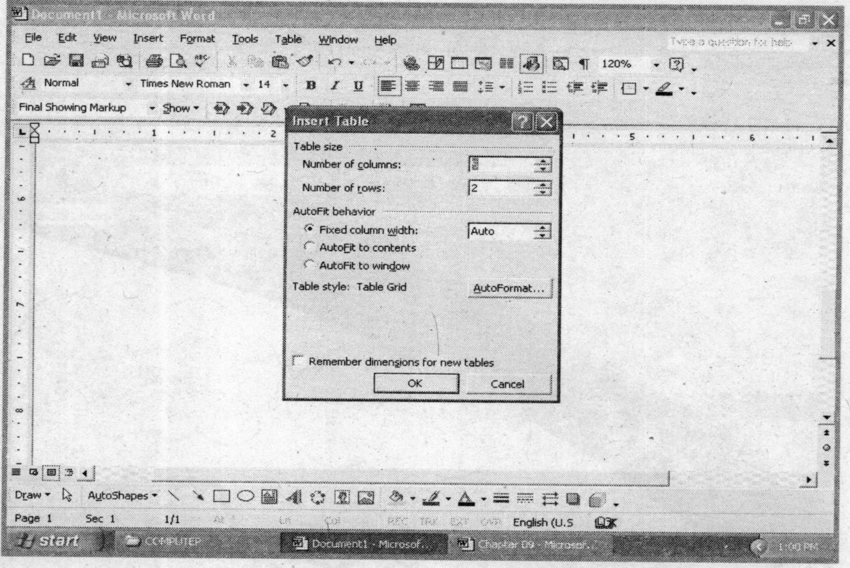

4. उपर्युक्त स्क्रीन में जितने rows व columns की Table बनाना चाहते हैं, उन्हें Number of columns एवं Number of rows विकल्प में टाइप करें।
5. OK बटन पर क्लिक करने पर स्क्रीन पर एक Table बन जाती है, जिसमें अपने text के अनुसार किसी भी कॉलम में कर्सर को ले जाकर मैटर टाइप कर सकते हैं।

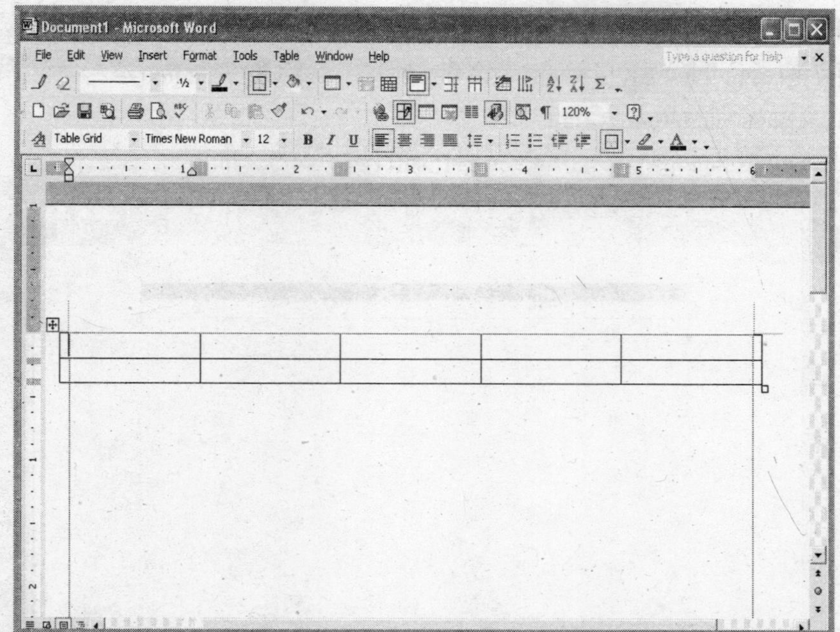

Row या Column Insert करना

यदि Table बनाने के बाद और अधिक row या column बढ़ाने चाहिए तो उस Table के बीच में row या column बढ़ा सकते हैं। इसके लिए—

1. उस कॉलम को सिलेक्ट करें, जिसके बाईं ओर कॉलम बढ़ाना चाहते हैं।

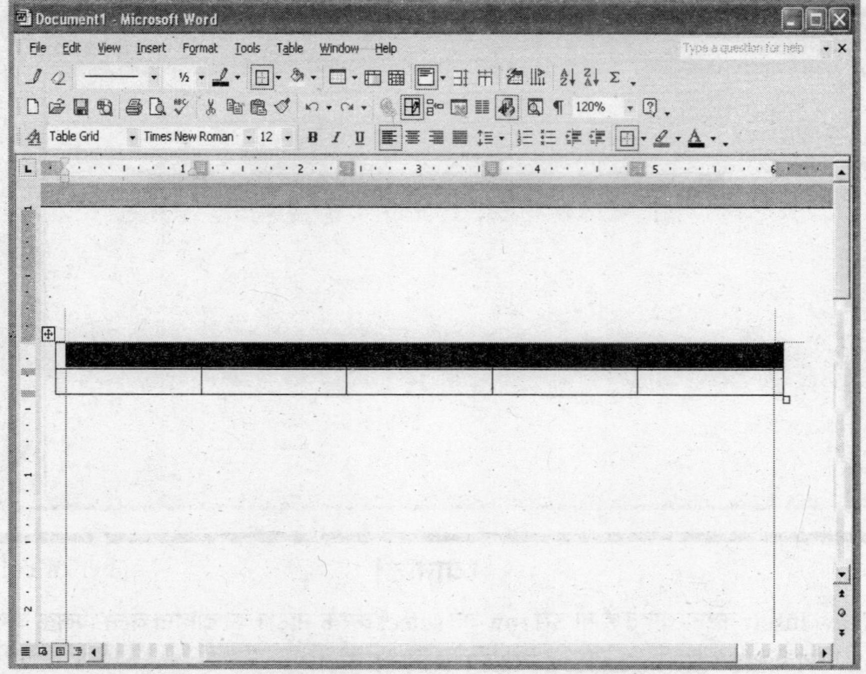

2. Table विकल्प पर क्लिक करके माउस पॉइंटर को Insert विकल्प पर ले जाएँ।

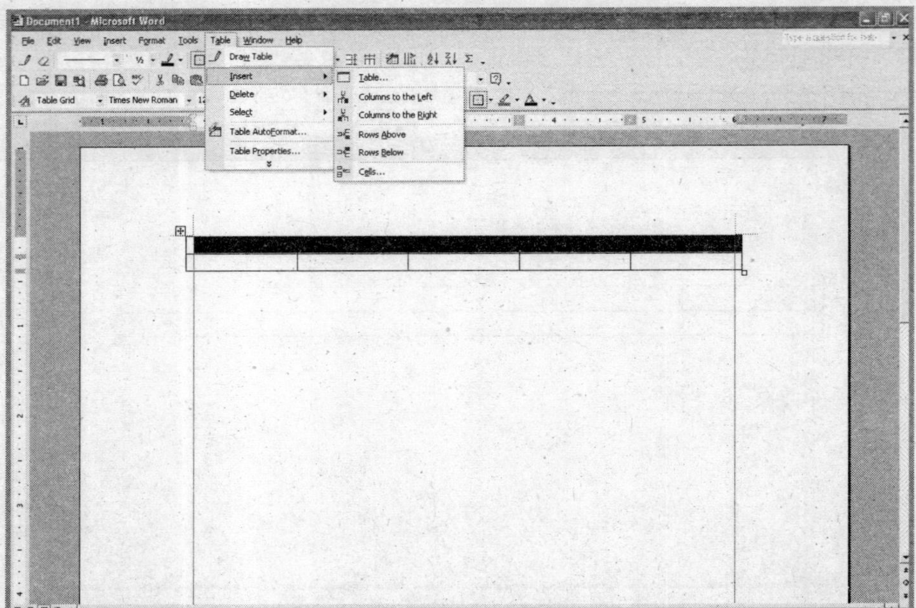

3. उपर्युक्त स्क्रीन पर दिखाई दे रहे Columns to the Left, Columns to the Right, Rows Above व Rows Below विकल्प में से जिस Row व Column को Insert करना चाहते हैं, उसे चुनें। अगर सिलेक्ट की गई Row के नीचे एक Row Insert करना चाहते हैं तो Rows Below विकल्प पर क्लिक करें, इससे Row Insert हो जाती है।

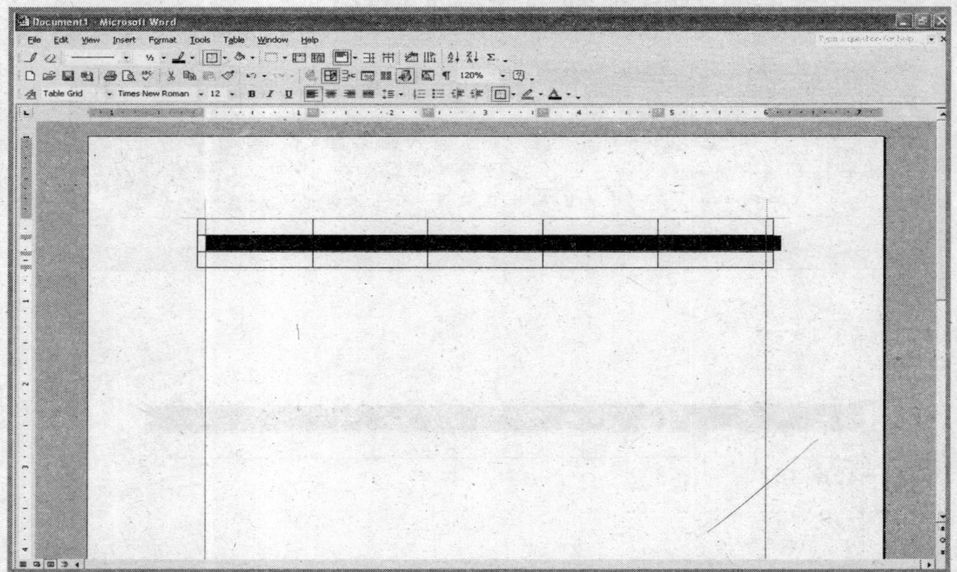

ध्यान दें!

अगर Row Insert करना चाहते हैं तो उस row को select करके माउस का दाहिना बटन क्लिक करके pop-up मेन्यू में माउस द्वारा Insert Row विकल्प पर क्लिक करें।

डॉक्यूमेंट की प्रिंटिंग

जब किसी डॉक्यूमेंट को पूरा तैयार कर लेते हैं तो उस डॉक्यूमेंट का प्रिंटआउट कागज पर निकालने की आवश्यकता होती है। इसके लिए निम्न स्टेप लेते हैं—

1. माउस द्वारा विकल्प पर क्लिक करें।

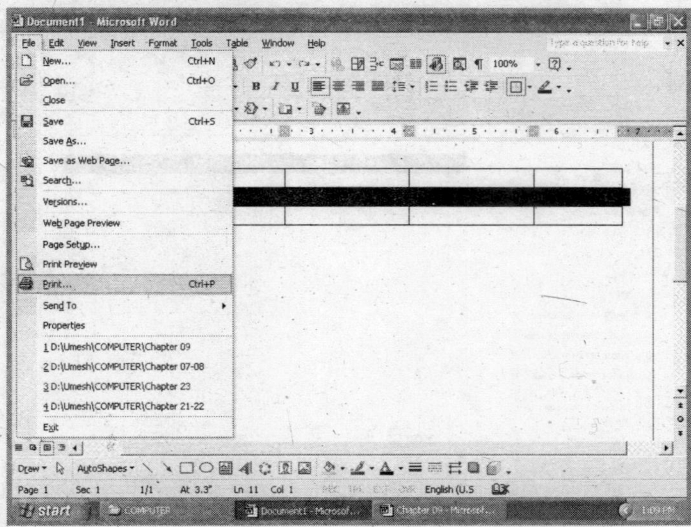

2. माउस द्वारा Print विकल्प पर क्लिक करने पर Print डायलॉग बॉक्स स्क्रीन पर दिखाई देगा—

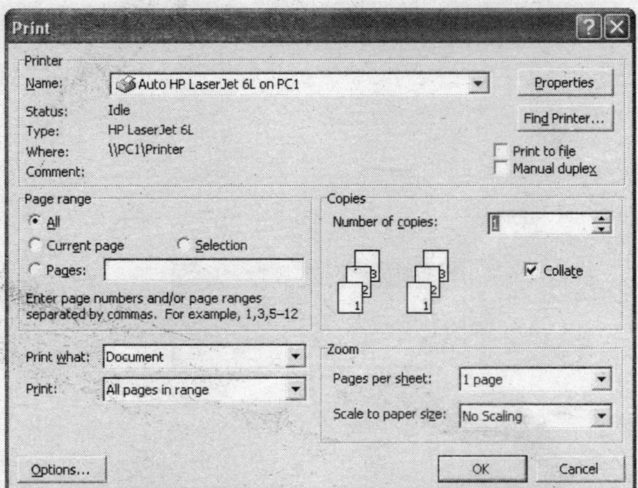

3. उपर्युक्त स्क्रीन में प्रिंट की संख्या चुनें।
4. माउस द्वारा OK बटन पर क्लिक करने पर वह डॉक्यूमेंट कागज पर प्रिंट होने लगता है।

याद रखें!

प्रिंटर पर प्रिंट के लिए कमांड देने से पहले प्रिंटर ऑन करके उसे Ready मोड में अवश्य सेट कर लेना चाहिए।

Word को Close करना

Word को Close करने के लिए निम्न स्टेप लेते हैं—

1. माउस द्वारा File विकल्प पर क्लिक करें।

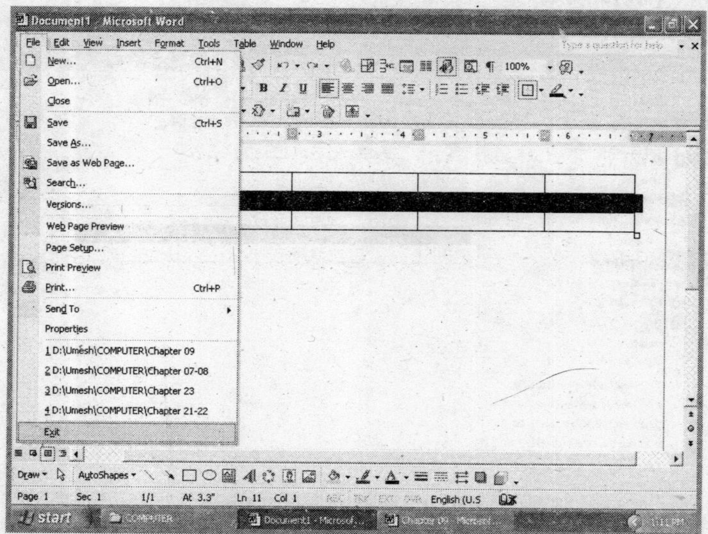

2. माउस द्वारा Exit विकल्प पर क्लिक करने पर एक डायलॉग बॉक्स स्क्रीन पर दिखाई देगा, जो Word फाइल को Save करने की Confirmation माँगता है।

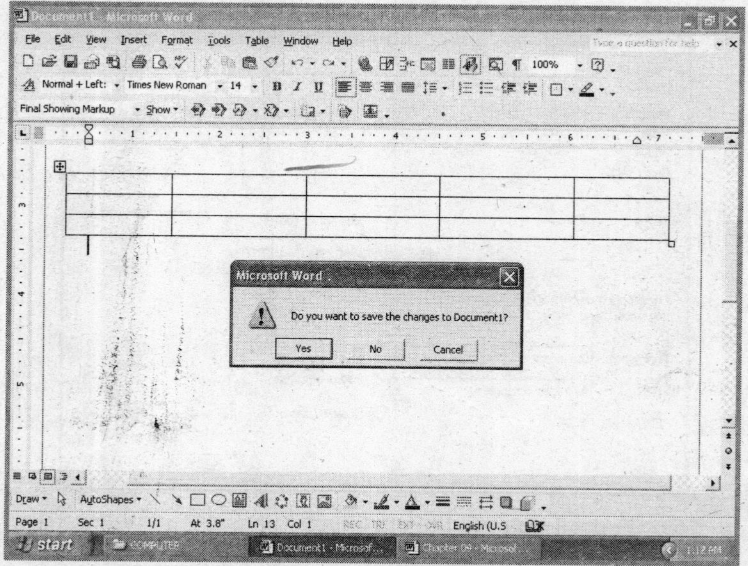

3. यदि फाइल में किए गए बदलाव को Save करना चाहते हैं तो 'Yes', Save नहीं करना चाहते तो 'No' और यदि Word को बंद नहीं करना चाहते हैं तो 'Cancel' विकल्प पर क्लिक करें।
4. यदि आप 'Yes' विकल्प चुनते हैं तो Word फाइल को Save कर लेता है और बंद हो जाता है।

□

9 Excel और वर्कशीट

Spreadsheet (स्प्रेडशीट)

Excel स्क्रीन का मुख्य और सबसे बड़ा भाग स्प्रेडशीट होती है, जो देखने में ग्राफ पेपर की तरह लगती है। स्प्रेडशीट यद्यपि आकार में बहुत बड़ी होती है और पूरी स्प्रेडशीट एक साथ स्क्रीन पर दिखाई नहीं देती, परंतु उसका ऊपरी बायाँ भाग स्क्रीन पर अवश्य दिखाया जाता है, जहाँ से डेटा इनपुट करना आरंभ कर सकते हैं। स्प्रेडशीट के प्रत्येक छोटे-छोटे खानों को सेल कहते हैं, जिन्हें अपने डेटा के आकार और प्रकार के अनुसार छोटा-बड़ा और फॉरमैट कर सकते हैं।

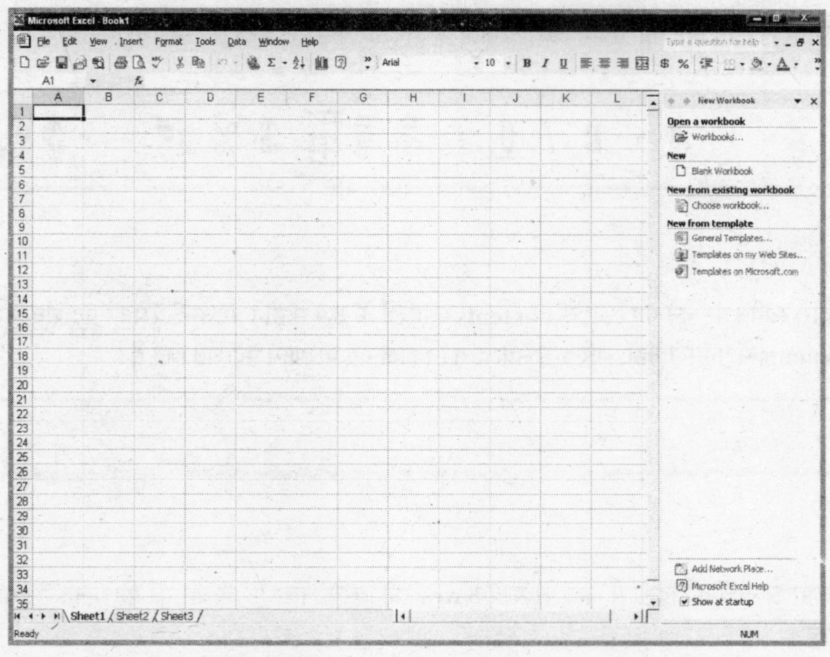

Title बार

टाइटल बार स्क्रीन पर एक पट्टी के रूप में उस प्रोग्राम का नाम दिखाता है, जिसमें स्टोर की गई स्प्रेडशीट कार्यरत होती है। इसके बाईं ओर pull down बटन रहता है, जिसमें कंट्रोल मेन्यू होता है। Excel से बाहर निकलने के लिए इस बटन पर डबल क्लिक कर सकते हैं। Excel से बाहर निकलने की यह सबसे आसान विधि है।

Microsoft Excel - Book1

मेन्यू बार

मेन्यू बार में स्प्रेडशीट बनाने, फॉरमैट करने और नियंत्रित करने के विकल्प मिलते हैं। माउस के बाएँ बटन द्वारा मेन्यू के किसी विकल्प को क्लिक करने पर उस विकल्प से संबंधित एक पुल डाउन मेन्यू स्क्रीन पर आ जाता है।

Microsoft Excel - Book1

File Edit View Insert Format Tools Data Window Help   Type a question for help

स्टैंडर्ड टूलबार

इस टूलबार में अधिकांश प्रयोग होनेवाले कमांड्स के लिए बटन दिखाए जाते हैं। जिस बटन पर हम माउस का पॉइंटर लाते हैं, उस बटन से होनेवाले कार्यों की जानकारी नीचे एक छोटे से बॉक्स में दिखाई देती है। यदि हम इस टूलबार के बटनों को एक बार पहचान लें, तो इनके द्वारा कमांड्स संचालित करना बहुत आसान हो जाता है।

फॉरमैटिंग टूलबार

फॉरमैटिंग टूलबार से स्प्रेडशीट को अपनी आवश्यकता के अनुसार फॉरमैट करने की सुविधा मिलती है।

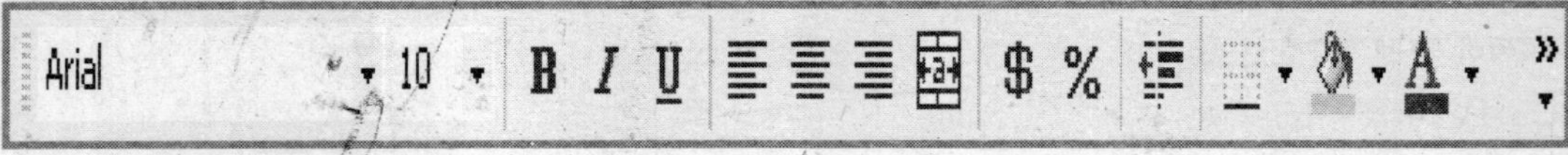

फॉर्मूला बार

फॉर्मूला बार द्वारा स्क्रीन पर चुने गए cell के contents फॉर्मूलों के रूप में होने पर उन्हें वैसे ही प्रदर्शित कर देते हैं, जबकि सामान्य रूप से contents में फॉर्मूले नहीं, बल्कि उसके द्वारा निकाले गए परिणाम प्रदर्शित होते हैं।

रो-हेडिंग

स्प्रेडशीट में ऊपर से नीचे की दिशा में जाने पर प्रत्येक row को उसके नंबर के आधार पर पहचानते हैं। यह रो नंबर 1, 2, 3... के क्रम में होते हैं।

Vertical स्क्रोल बार

Vertical स्क्रोल बार का प्रयोग स्क्रीन पर उपस्थित वर्कशीट को ऊपर या नीचे खिसकाने के लिए करते हैं।

Horizontal स्क्रोल बार

Horizontal स्क्रोल बार द्वारा वर्कशीट को दाएँ या बाएँ खिसका सकते हैं।

कॉलम हेडिंग

स्प्रेडशीट के कॉलम में बाएँ से दाएँ जाने पर उन्हें नंबर द्वारा नहीं, बल्कि A, B, C, D जैसे अक्षरों द्वारा पहचाना जाता है। इन्हें कॉलम हेडिंग कहते हैं।

Workbook क्या है ?

वर्कबुक एक ऐसी फाइल होती है, जिसमें स्प्रेडशीट और चार्ट रखते हैं। एक वर्कबुक में हम एक ही प्रकार के कार्य से संबंधित अनेक स्प्रेडशीट रख सकते हैं।

Worksheet क्या है ?

स्प्रेडशीट को वर्कशीट भी कहते हैं। वर्कशीट एक आयताकार शीट होती है, जिसमें छोटे-छोटे खाने बने होते हैं। वर्कशीट के प्रत्येक खाने में table के रूप में डेटा स्टोर करके रखते हैं और आवश्यकतानुसार उसे copy, move आदि कर सकते हैं। इस डेटा को अपने कार्य के अनुसार फॉर्मूला देकर कैलकुलेट भी कर सकते हैं।

वर्कशीट का आकार

Excel opening window पर जो वर्कशीट का भाग दिखाई देता है उसमें बाएँ से दाएँ A से I तक कुल 9 खाने दिखाई देते हैं और ऊपर से नीचे 1 से 18 लाइनें दिखाई देती हैं। वास्तव में पूरी वर्कशीट आकार में बहुत बड़ी होती है, जिसे एक साथ स्क्रीन पर देखना संभव नहीं है। Excel की समूची वर्कशीट में बाएँ से दाएँ कुल 256 खाने होते हैं, जिन्हें A, B, C... Z, AA, BB, BC... IV के रूप में नाम दिए जाते हैं, जिन्हें कॉलम हेडिंग करते हैं। पूरी वर्कशीट में ऊपर से नीचे कुल 16,384 लाइनें होती हैं, जिन्हें 1, 2, 3... आदि संख्याओं के आधार पर लेबल दिया जाता है। इस प्रकार Excel की पूरी स्प्रेडशीट में 256 × 16,384 = 41,94,304 खाने मिलते हैं।

इतनी बड़ी वर्कशीट को एक साथ न तो स्क्रीन पर देख सकते हैं और न ही कागज पर प्रिंट कर सकते हैं, परंतु इसके थोड़े-थोड़े भाग को हम स्क्रीन पर एक जगह से दूसरी जगह पर ले जाकर खिसका-खिसकाकर देख सकते हैं और टुकड़ों में इस कागज पर प्रिंट भी कर सकते हैं।

सेल पॉइंटर क्या है ?

Excel की स्प्रेडशीट में एक आयताकार खाना हमेशा चमकता रहता है, जो 'सेल पॉइंटर' कहलाता है। यह उस सेल को प्रदर्शित करता है, जो कि इस समय सक्रिय है अथवा दूसरे शब्दों में हम यह भी कह सकते हैं कि हम की-बोर्ड पर जो डेटा टाइप करते हैं, वह उस सेल में जाता है जिस पर सेल पॉइंटर स्थित होता है। यदि जिस जगह सेल पॉइंटर है, वहाँ डेटा टाइप करना नहीं चाहते, बल्कि किसी दूसरे स्थान पर डेटा टाइप करना चाहते हैं तो सेल पॉइंटर को मूव करके उस स्थान पर ले जाना होता है।

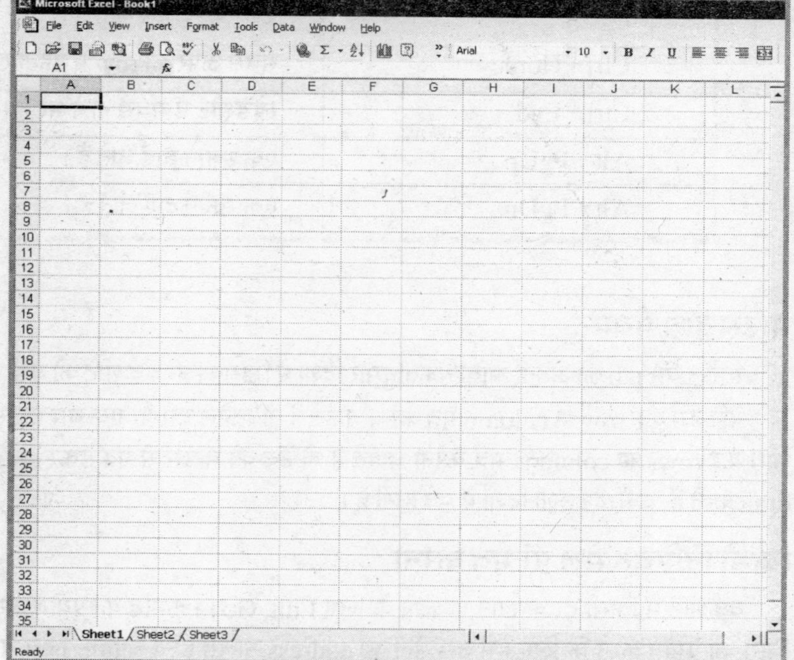

Excel स्प्रेडशीट में मूव कैसे करें ?

Excel की वर्कशीट में डेटा इनपुट करने या edit करने के लिए एक से दूसरे cell में जाने की आवश्यकता होती है। नीचे दी गई विधि से बड़ी सुगमता से किसी भी cell पर जा सकते हैं—

कमांड	कार्य
→	एक कॉलम दाएँ जाते हैं।
←	एक कॉलम बाएँ जाते हैं।
↑	एक row ऊपर जाते हैं।
↓	एक row नीचे जाते हैं।
Ctrl +	डेटा भरी हुई ऊपर की सबसे पहली row पर जाते हैं।
Ctrl + ↓	डेटा भरी हुई नीचे की पहली row पर जाते हैं।
Ctrl + →	दाईं ओर के पहले भरे हुए खाने पर जाते हैं।
Ctrl + ←	बाईं ओर के पहले भरे हुए खाने पर जाते हैं।
Home	आरंभवाली row पर जाते हैं।
End	End mode सेट करते हैं।
End + Enter	अंतिम Cell पर जाते हैं।
PgUp	एक स्क्रीन ऊपर जाते हैं।
PgDg	एक स्क्रीन नीचे जाते हैं।
Ctrl + Home	सबसे ऊपर की row में पहले खाने पर जाते हैं।
Ctrl + End	स्प्रेडशीट में सबसे नीचे भरे हुए खाने में जाते हैं।
Alt + PgUp	एक स्क्रीन बाएँ जाते हैं।
Alt + PgDn	एक स्क्रीन दाएँ जाते हैं।

माउस द्वारा मूवमेंट

स्क्रोल बार tab को अपनी आवश्यकतानुसार दिशा में खिसकाकर वर्कशीट को बड़ी आसानी से मूव कर सकते हैं।

यदि हम एक row या column मूव करना चाहते हैं तो स्क्रोल बार पर एक बार माउस द्वारा क्लिक कर देते हैं और यदि एक साथ कई rows या columns मूव करना चाहते हैं तो टैब को माउस से पकड़कर drag करते हैं। टैब को हम जिस दिशा में drag करते हैं, वर्कशीट उसी दिशा में मूव होती है।

किसी निश्चित सेल पर मूव करना

वर्कशीट में किसी दूर के खाने पर जाने के लिए Edit, Go to कमांड का प्रयोग करना सबसे आसान तरीका होता है। इस विधि का प्रयोग करने के लिए हमें उस सेल का address मालूम होना चाहिए, जिस सेल पर मूव करके हम जाना चाहते हैं। निम्न विधि से हम किसी निश्चित सेल पर जा सकते हैं—

1. Edit मेन्यू में Go to विकल्प पर क्लिक करने पर Go To का बॉक्स स्क्रीन पर दिखाई देगा।

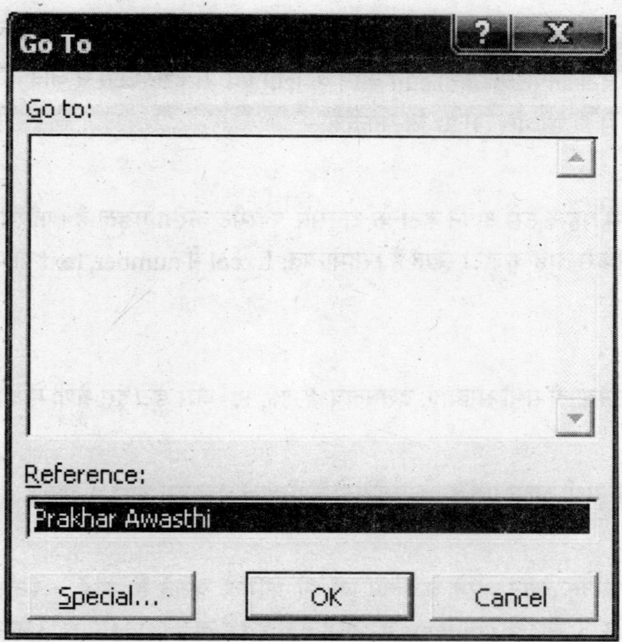

2. OK पर क्लिक करें या Enter दबाएँ।

सेल पॉइंटर निर्दिष्ट cell address पर आ जाता है।

वर्कबुक में एक से दूसरी वर्कशीट में मूव करना

Excel में एक वर्कबुक में कई वर्कशीटें रखी जाती हैं, जो एक–दूसरे से डेटा आदान–प्रदान (share) कर सकती हैं। इस तरह की एक से दूसरी वर्कशीट पर जाने के लिए Ctrl + PgUp और वापस आने के लिए Ctrl + PgDn 'की' का प्रयोग करते हैं।

□

10 स्प्रेडशीट फॉरमैटिंग और उसमें कार्य

Excel में कार्य करने से पहले उसे अपने डेटा के अनुसार फॉरमैट करना पड़ता है। फॉरमैट करने के लिए यह जानना आवश्यक है कि हम किस-किस तरह के डेटा रखते हैं। सामान्यत: Excel में number, text या फॉर्मूले के रूप में कोई entry दे सकते हैं।

Number

0 से 9 के आधार पर बननेवाली सभी संख्याएँ, दशमलव, #, %, +, - जैसे डेटा इस श्रेणी में आते हैं।

Text

A से Z तक वर्णमाला के सभी अक्षर एवं उनके प्रयोग से बननेवाले शब्द इस श्रेणी में आते हैं।

Formula

गणित के आधार पर कैलकुलेशन करने के लिए जो भी फॉर्मूले बनाते हैं, उन्हें = चिह्न से शुरू करके लिखते हैं। उदाहरणार्थ—यदि C1, C2, C3, सेल के contents को जोड़ना चाहते हैं तो =C1+C2+C3 के रूप में फॉर्मूला लिखते हैं।

ऑटो करेक्शन की सेटिंग

कुछ ऐसे शब्द होते हैं जिनकी स्पेलिंग बार-बार गलत लिखने का हमारा अभ्यास होता है। उदाहरण के लिए, यदि कोई अपने नाम की स्पेलिंग Kalpana लिखता है तो भी हम अपनी आदत के अनुसार बार-बार Kalpna लिख देते हैं। इस तरह की गलतियों से बचने के लिए हम Excel की Autocorrect सुविधा का लाभ उठा सकते हैं।

वह शब्द, जिसकी स्पेलिंग गलत टाइप होने का अंदेशा होता है, से AutoCorrect में सेट कर दिया जाता है और फिर जब भी हम वह शब्द टाइप करते हैं, Excel उसे स्वयं ही ठीक शब्द से बदल देता है। मान लीजिए कि हम Kalpana शब्द को Kalpna टाइप होने से बचाना चाहते हैं तो इनकी सेटिंग इस प्रकार करेंगे—

1. Tools मेन्यू पर Auto Correct विकल्प को चुनें।

अब स्क्रीन पर निम्न डायलॉग बॉक्स दिखाई देता है।

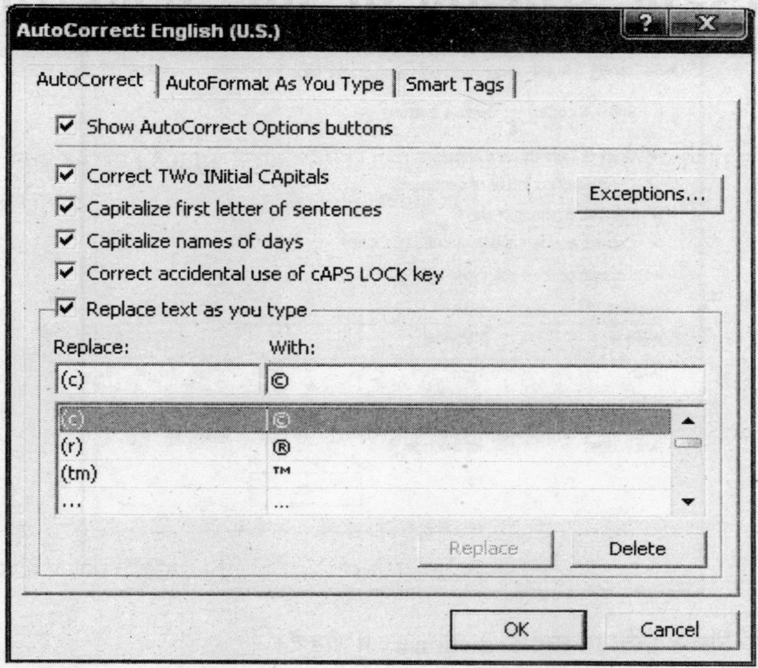

2. Replace text as you type के बॉक्स में tick का निशान लगाएँ और उसे उपस्थित करें।
3. Replace के नीचेवाले बॉक्स में वह शब्द टाइप करें, जो गलत टाइप होने की संभावना है। उदाहरण के लिए, यहाँ हम Kalpna टाइप कर सकते हैं।

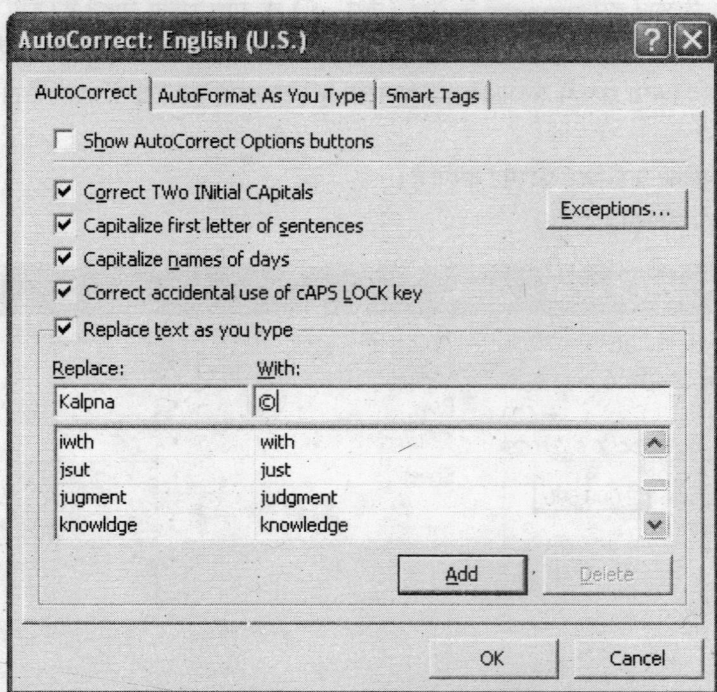

4. With के बॉक्स में उस शब्द की सही स्पेलिंग टाइप करें। उदाहरण के लिए, हम Kalpana टाइप कर सकते हैं।

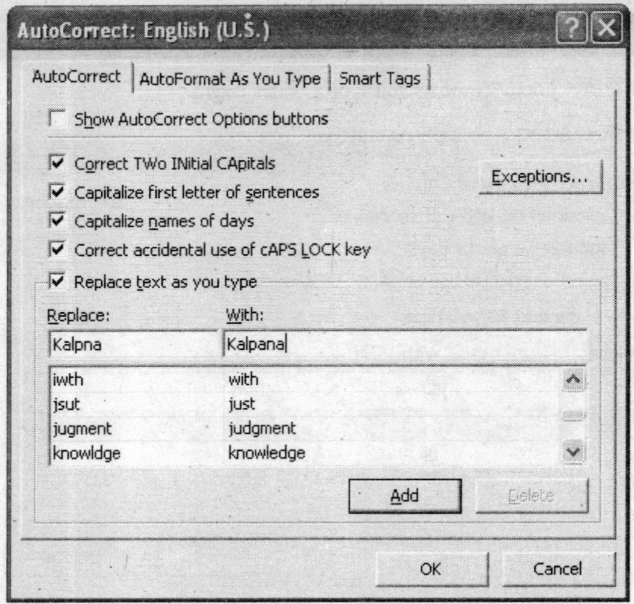

5. Add बटन पर क्लिक करके इस शब्द को dictionary में जोड़ दें।
6. अब OK बटन दबाएँ। इसके बाद हम जब भी गलत स्पेलिंग टाइप करते हैं, Excel उसे स्वयं ही ठीक कर देता है।

सेल की फॉरमैटिंग

वर्कशीट में हम भिन्न-भिन्न प्रकार की संख्याएँ इनपुट करते हैं। कुछ संख्याएँ हम दशमलव के आगे निश्चित स्थानों तक रखना चाहते हैं एवं कुछ संख्याएँ हम currency के चिह्न (जैसे—$) के साथ रखना चाहते हैं। इसी तरह Date, Time, Percentage, Fraction, Scientific आदि फॉरमैट में डेटा रखने के लिए Cell को भिन्न-भिन्न प्रकार से फॉरमैट करते हैं।

उदाहरण के लिए, यदि किसी सेल में संख्याओं को दशमलव के तीन स्थान तक रखना चाहते हैं तो निम्न प्रकार फॉरमैट करें—

1. उस Cell को सिलेक्ट करें, जिसे फॉरमैट करना है।
2. Format विकल्प को चुनें।

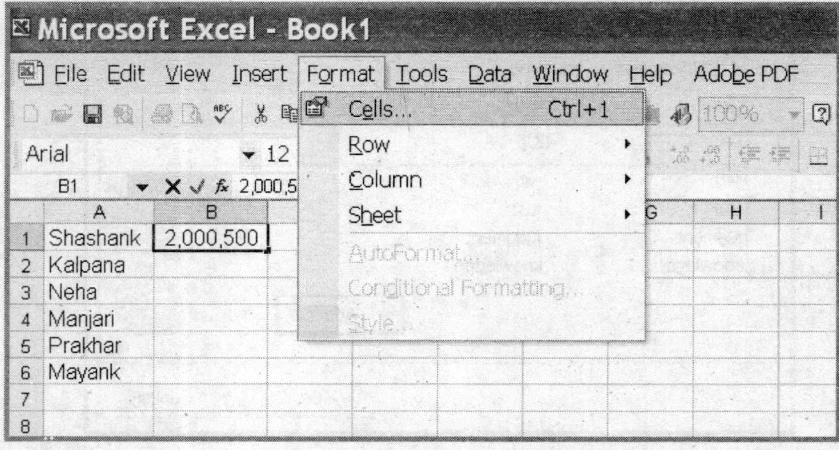

3. Format Cells लिस्ट से सेल विकल्प चुनें।

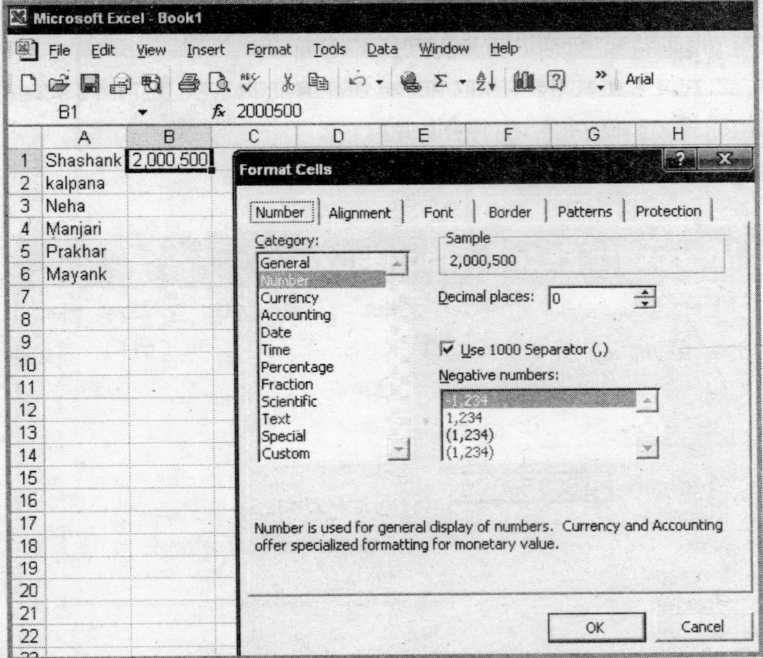

4. Format Cells की लिस्ट से Number विकल्प पर क्लिक करें।

5. Decimal Places के आगे वह संख्या टाइप कर दें, जितने स्थान तक हम दशमलव के आगे अंक चाहते हैं। इस उदाहरण में हम 3 टाइप करेंगे।

6. OK बटन पर क्लिक करें।

फॉरमैट के बाद संख्या निम्न प्रकार से दिखाई देगी—

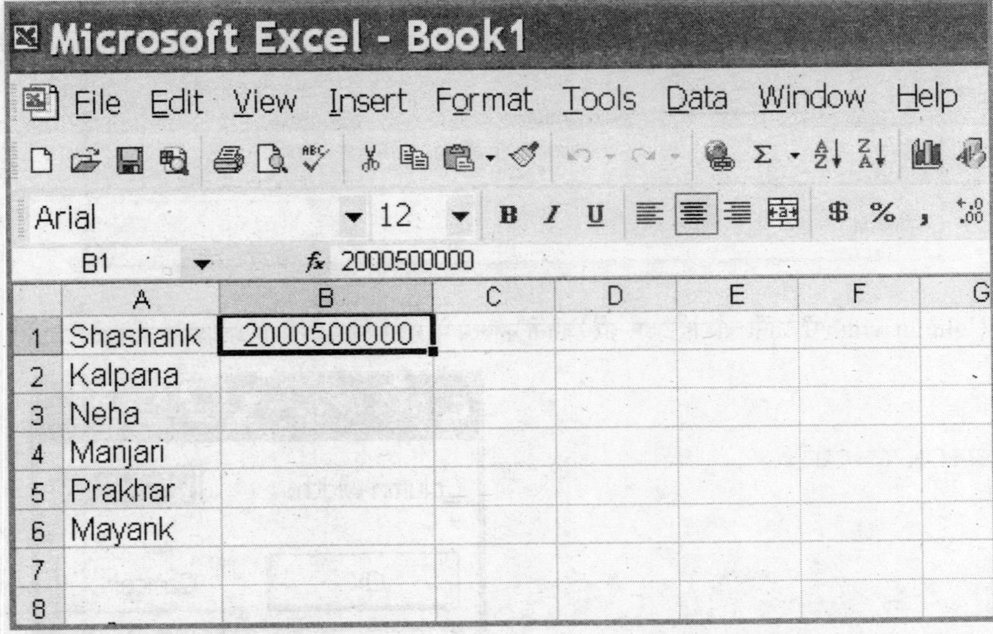

Format मेन्यू द्वारा Width बदलना

कोई डेटा, जो इनपुट किया गया है, यदि वह सेल से बड़ा हो तो उस सेल में डेटा के स्थान पर "#####" दिखता है। इस प्रकार उस सेल में उसकी चौड़ाई की सीमा से अधिक बड़ा इनपुट कर सकते हैं।

हम किसी cell में डेटा रखने के बाद उसके अनुसार सेल को छोटा-बड़ा कर सकते हैं। विधि इस प्रकार है—

1. वह cell, जिसकी चौड़ाई बदलनी है, उसे सिलेक्ट करें।
2. Format मेन्यू में कॉलम पर क्लिक करें।

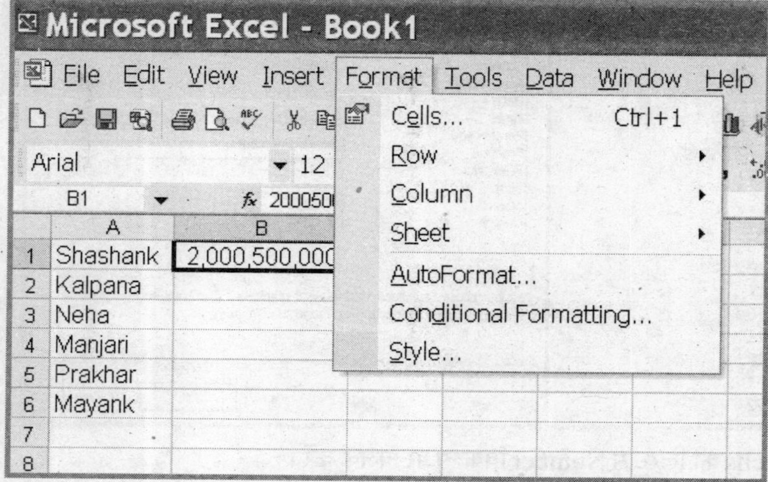

3. कॉलम सब-मेन्यू में Width... पर क्लिक करें।

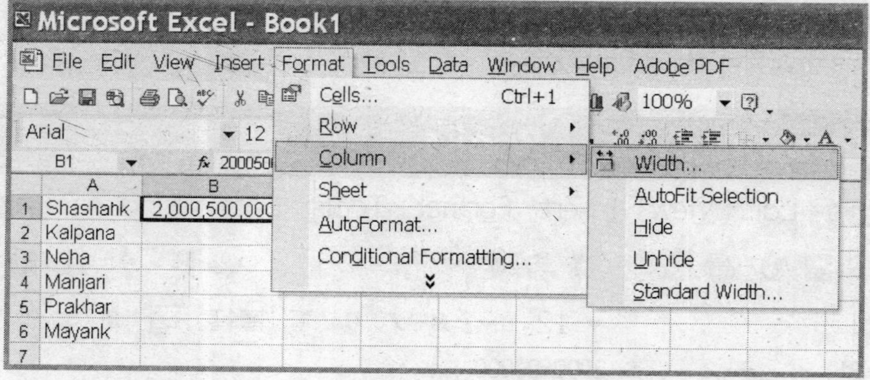

4. Column width में उतनी चौड़ाई टाइप करें जितनी कॉलम में अक्षर रखने के लिए आवश्यक समझते हैं।
5. अब OK बटन दबाएँ।

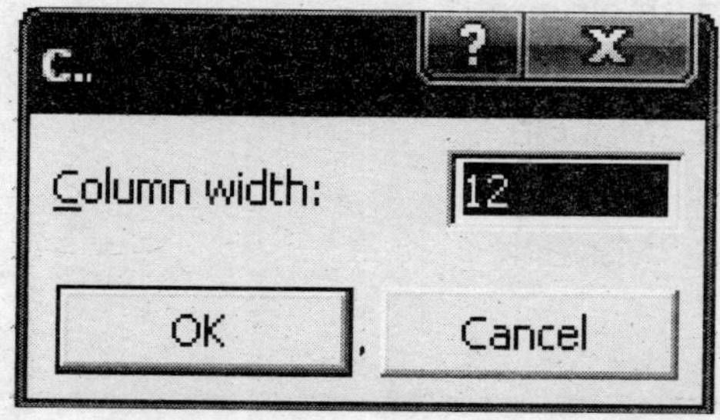

माउस द्वारा Column Width बदलना

माउस द्वारा कॉलम की चौड़ाई बदलना बहुत ही आसान है। विधि इस प्रकार है—

1. कॉलम हेडिंग के दाईं ओर के मार्जिन को माउस द्वारा point कर लेते हैं। इसके परिणामस्वरूप पॉइंटर दो मुँह वाले तीर की तरह दिखने लगता है।
2. माउस द्वारा इस तीर रूपी पॉइंटर को जितना कॉलम आगे या पीछे ले जाएँगे column width उतना ही बढ़ या घट जाएगी।

Row या Column Insert करना

यदि हम वर्कशीट में सभी डेटा इनपुट कर चुके हैं, इसके बाद हमें यह ध्यान आता है कि कोई row या column टाइप होने से छूट गया है, तो उस row या column को बाद में भी उसके वांछित स्थान पर insert कर सकते हैं। Excel में किसी blank row या column को insert करने की विधि इस प्रकार है—

Row Insert करना

1. उस row के नीचे पॉइंटर रखते हैं जिसके नीचे blank row चाहिए। यदि उदाहरण के लिए, row नंबर 9 के बाद रिक्त स्थान चाहते हैं तो row नंबर 10 पर पॉइंटर रखते हैं।
2. यदि एक से अधिक row बढ़ाना चाहते हैं, तब नीचे की ओर उतनी row सिलेक्ट कर लेते हैं।
3. अब उस स्थान पर वांछित blank row आ जाती हैं और नीचे के सभी डेटा उतने-उतने एक-एक स्थान नीचे होते जाते हैं।

Column Insert करना

जिस प्रकार row insert करते हैं, उसी प्रकार column भी insert कर सकते हैं।

1. जिस कॉलम से दाहिनी ओर वाला blank कॉलम चाहते हैं, उसके आगे पॉइंटर रखते हैं। उदाहरण के लिए, यदि हम कॉलम D के बाद E पर कॉलम insert करना चाहते हैं तो E पर पॉइंटर रखेंगे।
2. यदि एक से अधिक column चाहते हैं तो जितने blank कॉलम चाहिए, दाहिनी ओर उतने ही कॉलम सिलेक्ट कर लेते हैं।
3. Insert मेन्यू पर क्लिक करते हैं।
4. Column विकल्प पर क्लिक करते हैं। इस तरह blank कॉलम insert हो जाते हैं।

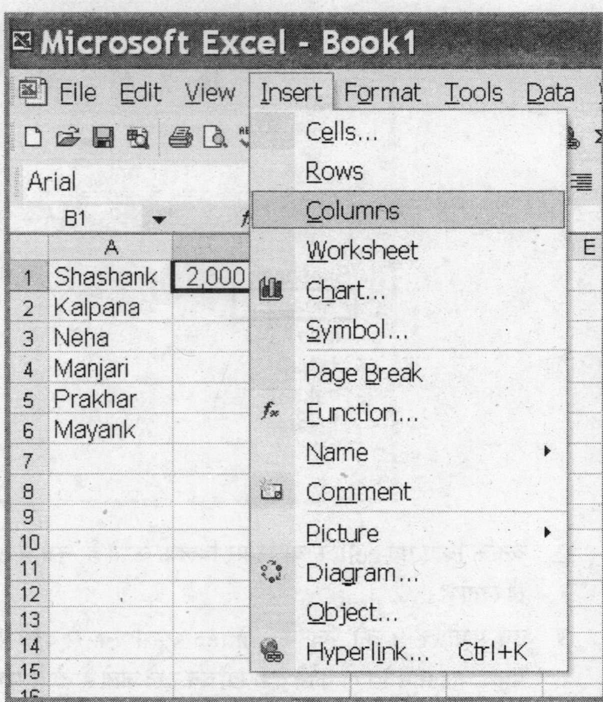

Microsoft Excel - Book1

File Edit View Insert Format Tools Dat

Arial 10 B I U

B1 fx

	A	B	C
1	Shashank		2,000,500,000
2	Kalpana		
3	Neha		
4	Manjari		
5	Prakhar		
6	Mayank		
7			
8			

Cell को कॉपी करना

1. उन cells को सिलेक्ट करते हैं जिन्हें कॉपी करके दूसरे स्थान पर ले जाना चाहते हैं।

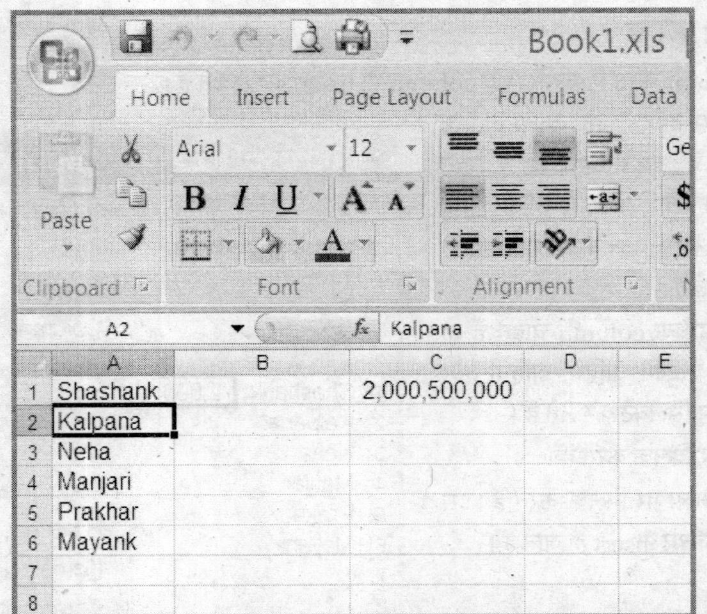

2. ब्लॉक किए गए cell के बॉर्डर पर क्लिक करते हैं, तब माउस का पॉइंटर प्लस (+) से बदलकर तीर (→) का रूप ले लेता है।
3. उन सभी cells को, जिनके contents हम एक से दूसरे स्थान पर कॉपी करना चाहते हैं, एक कोने से माउस द्वारा पकड़कर सामनेवाले कोने तक खींचकर ले जाते हैं तो वे सभी cells सिलेक्ट हो जाते हैं।
4. एक हाथ से Ctrl key दबाते हैं और दूसरे हाथ से माउस द्वारा सिलेक्ट किए गए cell वाले बॉक्स को खींचकर उस

स्थान पर ले जाते हैं, जहाँ cells के contents रखना चाहते हैं। इस तरह cells के contents कॉपी होकर दूसरी जगह भी आ जाते हैं।

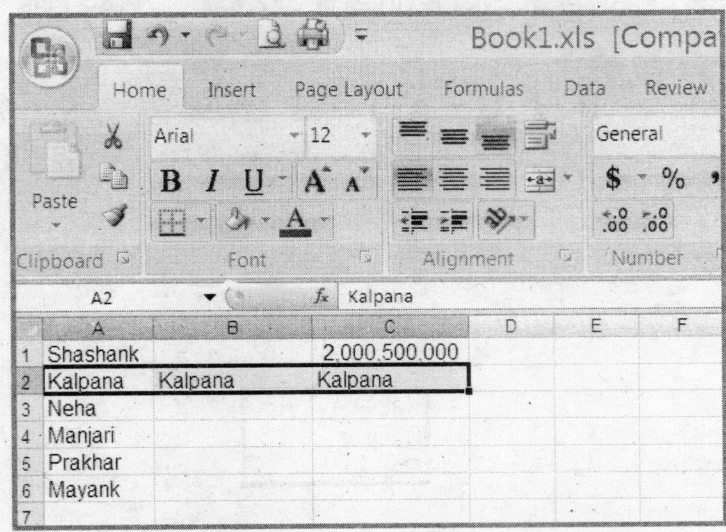

Cell को मूव करना

1. उन cells को सिलेक्ट करते हैं, जिन्हें मूव करके दूसरे स्थान पर ले जाना है।

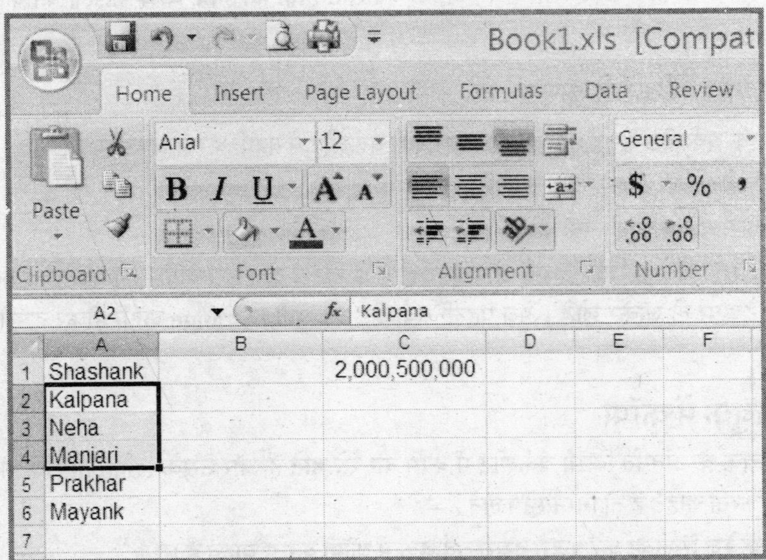

2. ब्लॉक किए गए cell के बॉर्डर पर क्लिक करते हैं तो माउस का पॉइंटर प्लस (+) से बदलकर तीर (→) का रूप ले लेता है।
3. वे सभी cells जिनके contents एक से दूसरे स्थान पर कॉपी करना चाहते हैं, उनको माउस द्वारा एक कोने से पकड़कर सामनेवाले कोने तक ड्रैग करके ले जाते हैं तो वे सभी cells सिलेक्ट हो जाते हैं।
4. माउस की सहायता से सिलेक्ट किए गए cells के बॉक्स को उस स्थान तक ड्रैग करके ले जाते हैं, जहाँ इन्हें move करना चाहते हैं। इस तरह सिलेक्ट किए गए cell के contents वर्कशीट्स में दूसरे स्थान पर मूव किए जा सकते हैं।

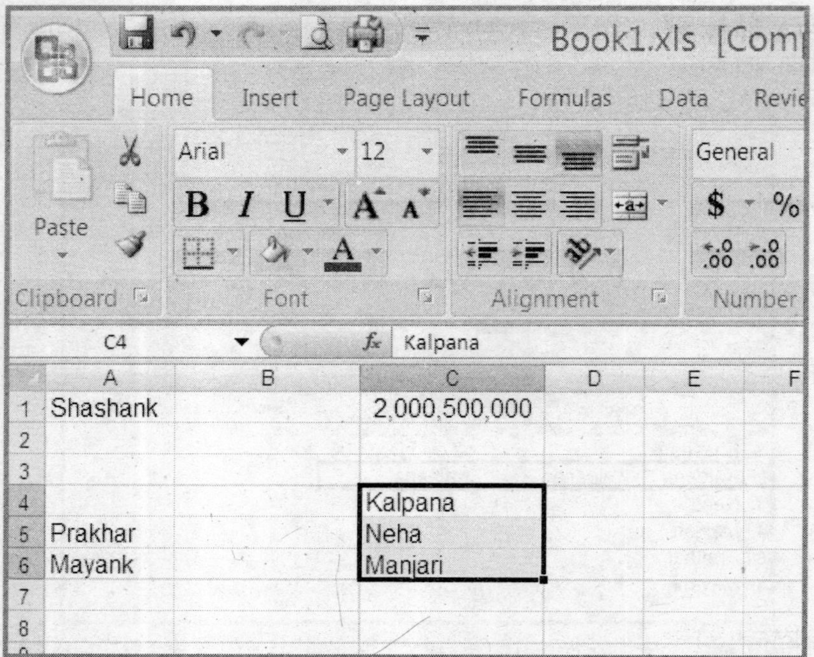

Workbook और Worksheet के बीच कॉपी

एक वर्कबुक में एक जैसे कार्य करने से संबंधित अनेक वर्कशीट होती हैं। इनके बीच फाइलों को कॉपी करने की विधि निम्न प्रकार है—

एक से दूसरी वर्कशीट में कॉपी करना

Excel में किसी एक वर्कशीट के contents को यदि दूसरी वर्कशीट में कॉपी करना चाहते हैं, तो—

1. वह range सिलेक्ट करें, जिसे कॉपी करना है।
2. चुनी गई रेंजवाले बॉक्स को क्लिक करें।
3. एक हाथ से Ctrl एवं Alt 'की' दबाएँ और दूसरे हाथ से माउस द्वारा उस बॉक्स को पकड़कर drag करते हुए उस वर्कशीट के टैब पर ले जाकर छोड़ें। अब पहली वर्कशीट की चुनी गई range कॉपी होकर दूसरी वर्कशीट में पहुँच जाएगी।

एक से दूसरी वर्कबुक में कॉपी

जब हम एक वर्कबुक के अंतर्गत किसी वर्कशीट में काम कर रहे होते हैं और उसके contents किसी दूसरी वर्कबुक में रखी वर्कशीट में कॉपी करना चाहते हैं तो निम्न स्टेप लेते हैं—

1. वर्कशीट में वह रेंज सिलेक्ट करें, जिसे दूसरी वर्कबुक में कॉपी करना चाहते हैं।
2. जो रेंज अभी सिलेक्ट की है, उसके पूरे बॉक्स को क्लिक करें।
3. एक हाथ से Ctrl 'की' दबाकर रखें और दूसरे हाथ से माउस द्वारा बॉक्स को drag करके उस वर्कशीट पर ले जाकर छोड़ें, जिसमें कॉपी करना है।

Excel वर्कशीट को कैसे Save करें ?

यदि हम अपनी वर्कशीट को पहले save कर चुके हैं तो Ctrl + S दबाकर पुन: save कर सकते हैं, परंतु यदि वर्कशीट को पहली बार save करने जा रहे हैं तो इसके लिए—

1. File मेन्यू पर क्लिक करें।

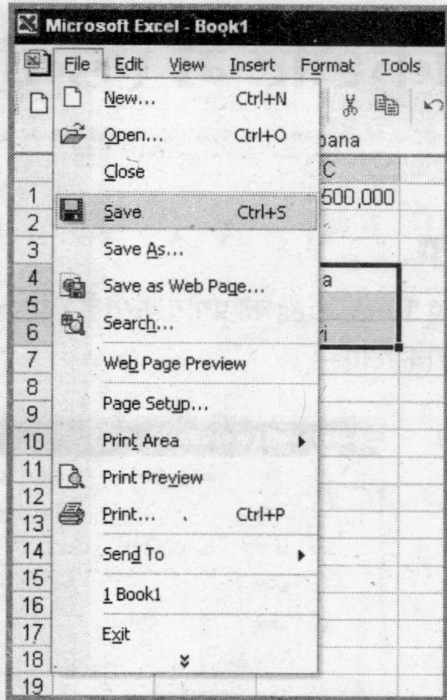

2. Save as विकल्प को चुनें, तब Save as का डायलॉग बॉक्स स्क्रीन पर दिखाई देता है।

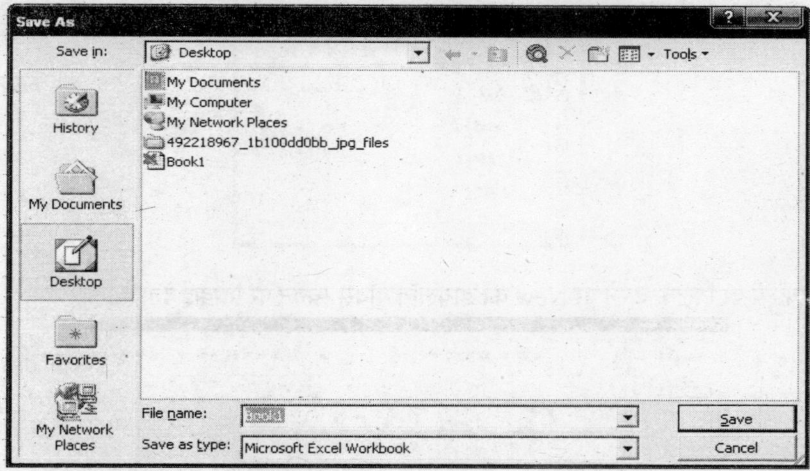

3. Save in वाले बॉक्स में वह ड्राइव और फोल्डर दिखाया जाता है, जिसमें अभी फाइल save होने के लिए तैयार है। जब किसी दूसरी ड्राइव और फोल्डर में अपनी वर्कशीट save करके रखना चाहें, तब Save in के सामने बॉक्स में उसे सिलेक्ट कर लें।
4. Tab दबाकर File name वाले बॉक्स में आ जाएँ और फिर अपनी वर्कशीट फाइल के लिए कोई ऐसा उपयुक्त, छोटा सा नाम टाइप कर दें, जिसे याद रख सकें और अनेक फाइलों के बीच अपनी वर्कशीट फाइल को पहचान सकें।
5. Save as type वाले बॉक्स में Microsoft Excel workbook को ही हाईलाइट रखें।
6. Save बटन पर माउस द्वारा क्लिक करते हैं।

इस तरह वर्कशीट एक फाइल के रूप में डिस्क पर Save हो जाती है, जिससे फाइल को दोबारा कभी भी खोलकर प्रयोग किया जा सकता है।

□

11 Excel वर्कशीट में एडवांस हैंडलिंग

Workbook Create करना

नई वर्कबुक create करने के लिए Templates का प्रयोग करते हैं। Template एक रेडीमेड वर्कबुक होती है, जो प्रयोग के लिए सदैव काम में लाई जाती है। इसके लिए—

1. File मेन्यू पर क्लिक करें।

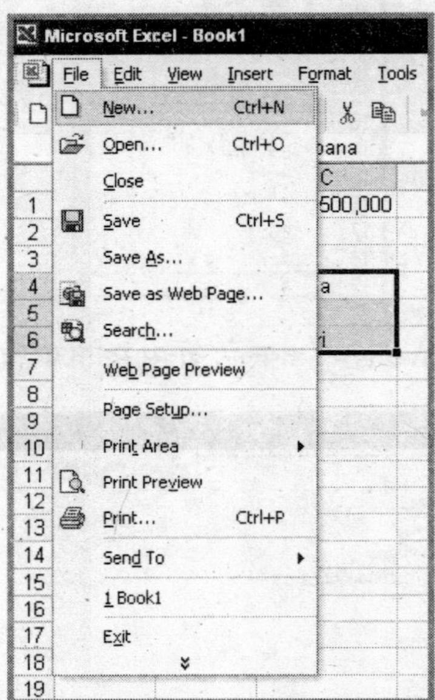

2. New विकल्प पर क्लिक करने पर New का डायलॉग बॉक्स स्क्रीन पर दिखाई देता है।

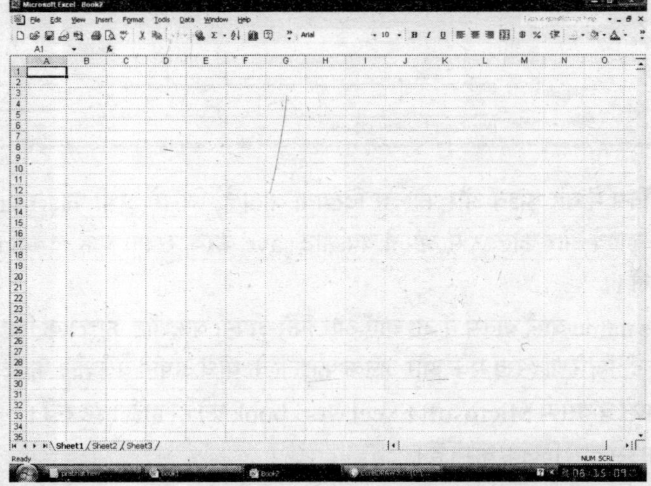

3. एक blank वर्कशीट तैयार करने के लिए माउस द्वारा General टैब पर क्लिक करें।
4. Work book आइकन पर डबल क्लिक करें या OK बटन पर क्लिक करें। इस तरह चुने गए template से वर्कबुक create हो जाती है, जिसमें हम एक जैसे कार्यों के लिए कई वर्कशीट रख सकते हैं।

Workbook को Template की तरह Save करना

अपनी वर्कबुक को यदि Template की तरह save करना चाहते हैं तो Save As type वाले बॉक्स में Template को हाईलाइट कर लें। विधि इस प्रकार है—

1. File मेन्यू पर क्लिक करें।
2. Save as विकल्प पर क्लिक करने पर Save As का डायलॉग बॉक्स स्क्रीन पर आ जाता है।

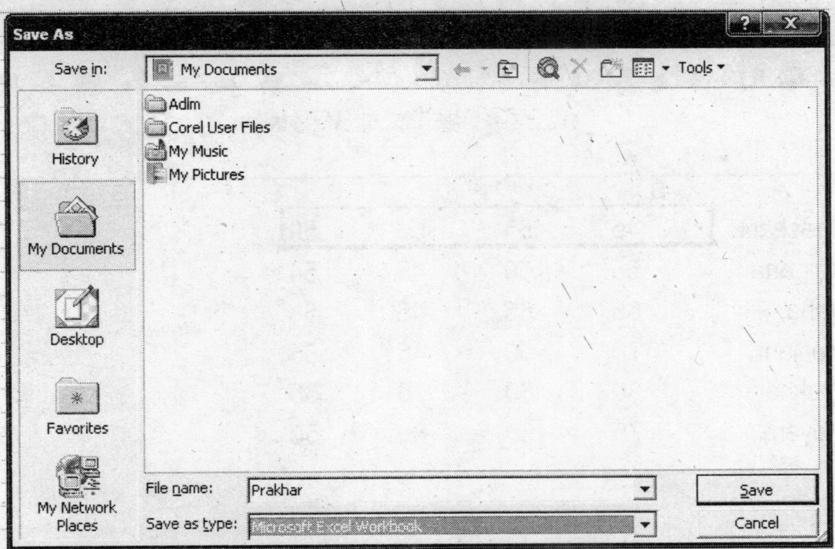

3. General टैब पर template को place करने के लिए Templates फोल्डर को सिलेक्ट करके रखें।
4. नए फोल्डर को template में जोड़ने के लिए बटन पर क्लिक करें।
5. Save as type पर क्लिक करके Template विकल्प को चुनें।

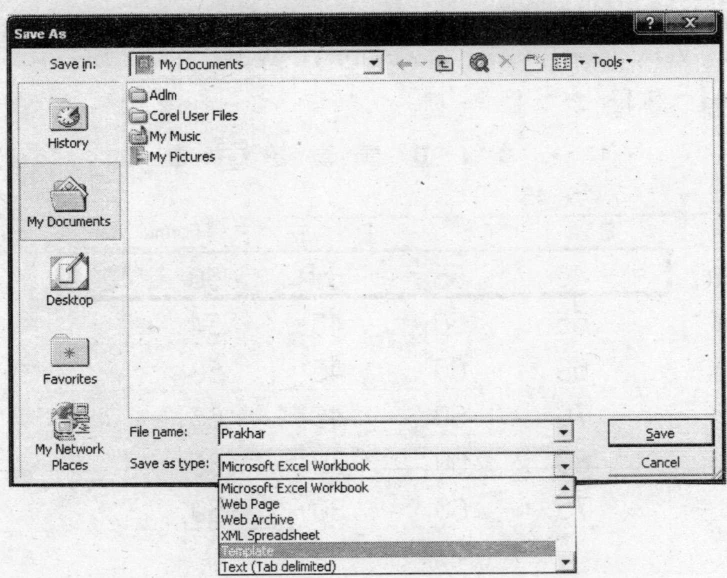

6. अब Templates में नया फोल्डर create करने पर एक नया टैब बनकर स्क्रीन पर आ जाता है।

IF फंक्शन द्वारा योग निकालना

जब हम एक साथ रखे कुछ cells के contents का योग (total) ज्ञात करना चाहते हैं, तब Excel में sum फंक्शन का प्रयोग करते हैं। यदि हमें टूलबार में Auto sum बटन की पहचान है तो उसे दबाकर भी योग निकाल सकते हैं।

1. एक साथ रखे वे सभी cells सिलेक्ट करें, जिनके contents का योग निकालना चाहते हैं।

Microsoft Excel - Book1

File Edit View Insert Format Tools Data Window Help Adobe PDF

Arial 12 B I U $ % , 100%

B1 fx 45

	A	B	C	D	E	F	G	H
1	Shashank	45	55	50	50			
2	Kalpana	55	50	45	54			
3	Neha	60	65	45	58			
4	Manjari	70	50	45	65			
5	Prakhar	80	60	70	65			
6	Mayank	75	60	80	50			
7								
8								
9								

2. स्टैंडर्ड टूलबार में Auto sum बटन दबाएँ। परिणामस्वरूप सिलेक्ट किए गए सभी cells के contents का योग स्क्रीन पर आ जाता है।

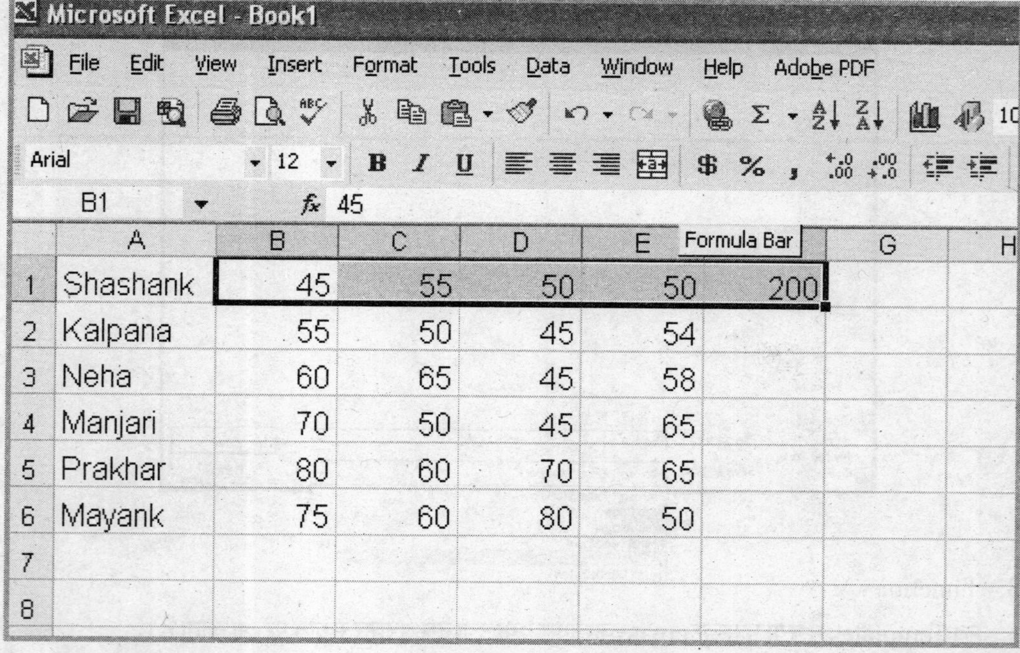
Microsoft Excel - Book1

File Edit View Insert Format Tools Data Window Help Adobe PDF

Arial 12 B I U $ % ,

B1 fx 45

Formula Bar

	A	B	C	D	E	F	G	H
1	Shashank	45	55	50	50	200		
2	Kalpana	55	50	45	54			
3	Neha	60	65	45	58			
4	Manjari	70	50	45	65			
5	Prakhar	80	60	70	65			
6	Mayank	75	60	80	50			
7								
8								

IF फंक्शन का प्रयोग

IF फंक्शन के साथ में कुछ लॉजिकल ऑपरेटर्स का प्रयोग किया जाता है। उन ऑपरेटर्स के अनुसार कंडीशन के सत्यापित होने पर हम एक प्रकार की कार्रवाई करते हैं और सत्यापित न होने की स्थिति में दूसरे प्रकार की कार्रवाई करते हैं।

लॉजिकल ऑपरेटर्स, जो IF फंक्शन के साथ प्रयोग होते हैं, निम्नलिखित हैं—

= Equal to (बराबर)

<> Not equal to (बराबर नहीं)

> Greater than (से बड़ा)

< Less than (से छोटा)

>= Greater than or equal to (बड़ा या बराबर)

<= Less than or equal to (छोटा या बराबर)

IF () फंक्शन हमें Function wizard में Logical category में मिलते हैं।

मान लीजिए कि हम अपने कर्मचारियों को बोनस देना चाहते हैं, जिसके लिए निम्न शर्तें हैं—

- ❑ जो 4 वर्ष या इससे कम समय से काम कर रहे हैं, उन्हें वेतन का 5%
- ❑ जो 9 वर्ष या इससे कम समय से काम कर रहे हैं, उन्हें वेतन का 10%
- ❑ जो 19 वर्ष या इससे कम समय से काम कर रहे हैं, उन्हें वेतन का 15%
- ❑ जो 20 वर्ष या इससे अधिक समय से काम कर रहे हैं, उन्हें वेतन का 20%

इन शर्तों के आधार पर बोनस कैलकुलेट करने के लिए IF फंक्शन का प्रयोग करते हैं। विधि इस प्रकार है—

1. IF फंक्शन के उस cell में पॉइंटर रखें, जिससे परिणाम प्राप्त करना चाहते हैं।
2. Insert मेन्यू पर क्लिक करें।

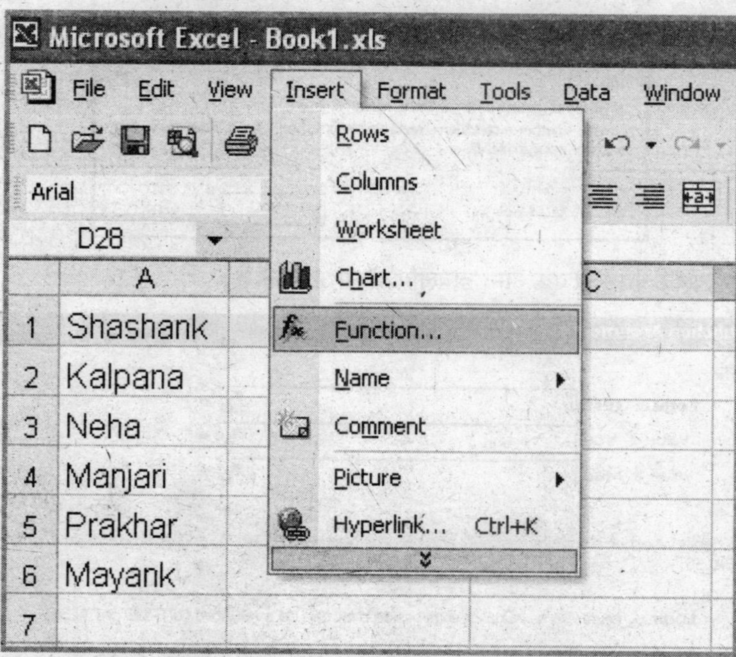

3. Function विकल्प पर क्लिक करने पर Paste Function का डायलॉग बॉक्स स्क्रीन पर दिखाई देता है।

4. Function category में Logical विकल्प पर क्लिक करें।

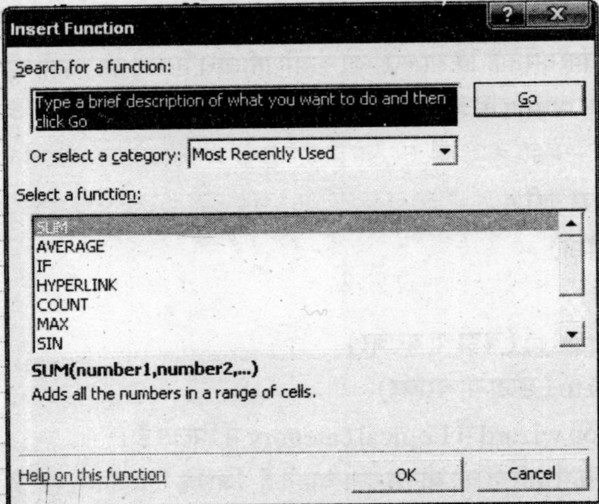

5. Function Name में IF पर क्लिक करें।

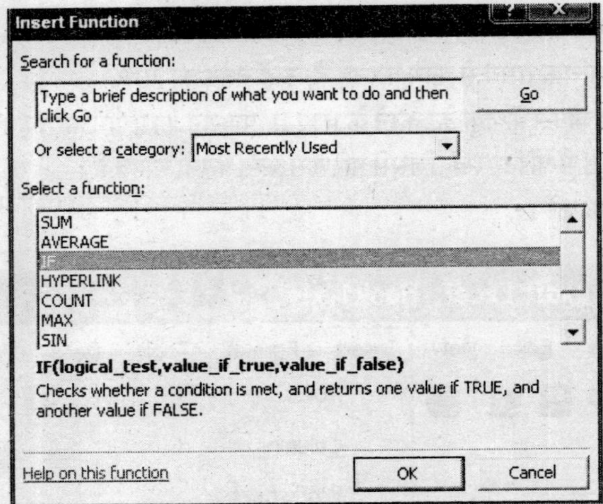

6. OK बटन पर क्लिक करने पर एक अन्य डायलॉग बॉक्स आ जाता है।

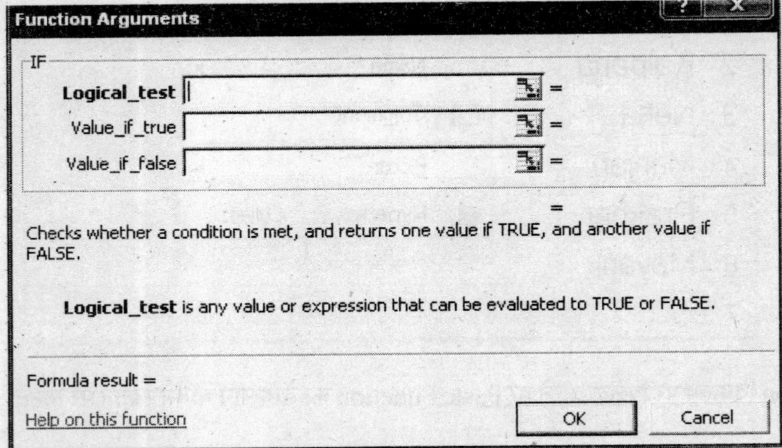

7. इस बॉक्स में Logical test वाले बॉक्स में उस कंडीशन पर टाइप करें जिसे चेक करना चाहते हैं। उदाहरण के लिए, यदि Length of service C3 में है तो इस IF फंक्शन में कंडीशन देने के लिए C3>= 20 टाइप करें।
8. Value if true वाले बॉक्स में वह क्रिया करें, जो कंडीशन सत्य मिलने पर करना चाहते हैं। उदाहरण के लिए, सेल एड्रेस C3 का मान 21 से अधिक मिलने पर salary का 20% बोनस देना चाहते हैं, अत: (D3*20)/100 टाइप करें।
9. Value if false विकल्प में वह कार्रवाई करें, जो कंडीशन के असत्य होने पर करना चाहते हैं।

इसी प्रकार प्रत्येक बार हरेक कंडीशन चेक कर सकते हैं और जब डेटा कंडीशन से match करता है तो उसके आधार पर मिलनेवाले परिणाम देख सकते हैं।

10. OK बटन पर क्लिक करके कार्य को समाप्त करें।

ध्यान दें!

यदि किसी सेल में फंक्शन रखने के बाद हम उसे drag करके दूसरे cell पर ले जाते हैं तो उस cell में भी वही फंक्शन उपस्थित हो जाता है।

Page Setup से पेज सेट करना

पेज सेटअप विकल्प द्वारा आप अपने डॉक्यूमेंट के पेज को किसी भी आकार में सेट कर सकते हैं। अपने डॉक्यूमेंट के पेज को सेट करने के लिए आप निम्न स्टेप लेते हैं—

1. File मेन्यू पर क्लिक करें।

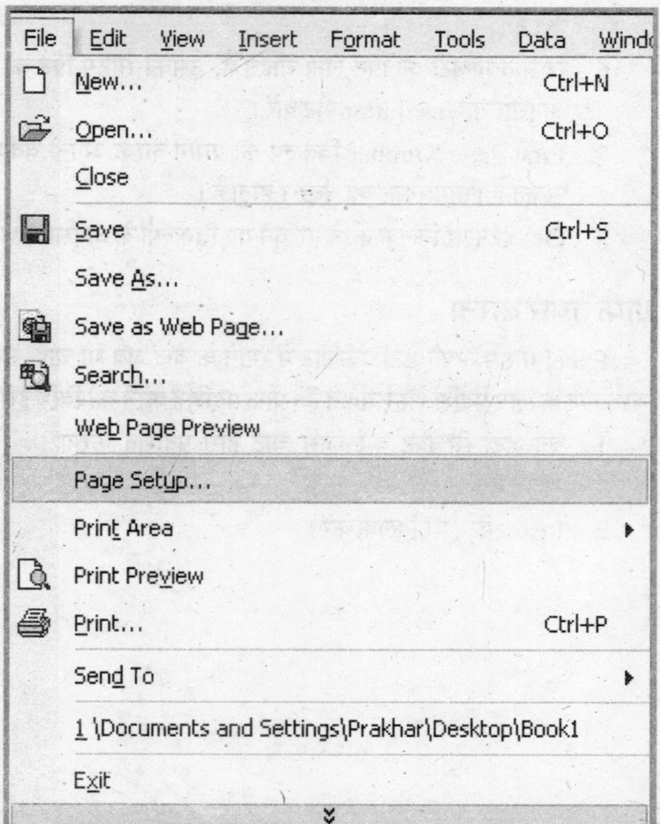

2. Page Setup विकल्प चुनने पर निम्न डायलॉग बॉक्स स्क्रीन पर आ जाता है।

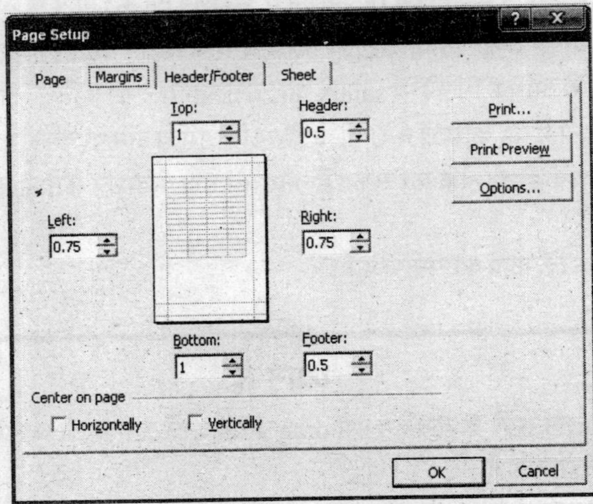

3. Portrait व Landscape विकल्प में से किसी एक को चुनें।
4. Scaling विकल्प में Adjust to पर क्लिक करके अपनी वर्कशीट का साइज कागज के अनुसार घटाने के लिए % का मान बदलें, या Fit to विकल्प पर क्लिक करके उन पेजों की संख्या टाइप करें जिन पर वर्कशीट प्रिंट करना चाहते हैं।
5. Tab दबाकर Paper Size के विकल्प पर आएँ, यदि उसे बदलने की आवश्यकता है तो अपने पेपर का साइज टाइप कर दें।
6. जिस क्वालिटी का प्रिंट लेना चाहते हैं, उसकी सेटिंग प्रिंट का resolution बदलकर की जाती है। अपने प्रिंटर के अनुसार यह resolution सेट करें।
7. First Page Number विकल्प का प्रयोग करके अपनी वर्कशीट के प्रिंट होनेवाले पेज का आरंभिक नंबर बदल सकते हैं। सामान्यत: यह नंबर 1 होता है।
8. OK बटन पर क्लिक करने पर चुने गए विकल्पों के अनुसार पेज सेट हो जाता है।

ग्राफ तैयार करना

Excel में हम अपने डेटा वर्कशीट में रखने के बाद जब भी चाहें, उन्हें या उनके परिणामों को ग्राफ के रूप में तुलनात्मक विश्लेषण के लिए प्रदर्शित कर सकते हैं। ग्राफ प्रदर्शित करने की विधि इस प्रकार है—

1. वह डेटा सिलेक्ट करें जिसे चार्ट द्वारा प्रदर्शित करना चाहते हैं।
2. Insert मेन्यू पर क्लिक करें।

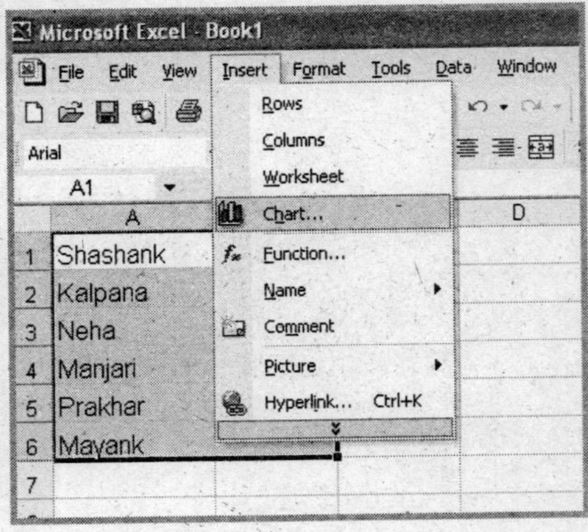

3. Chart विकल्प पर क्लिक करने पर स्क्रीन पर Chart Wizard Step 1 of 4-Chart Type का डायलॉग बॉक्स स्क्रीन पर दिखाई देता है।

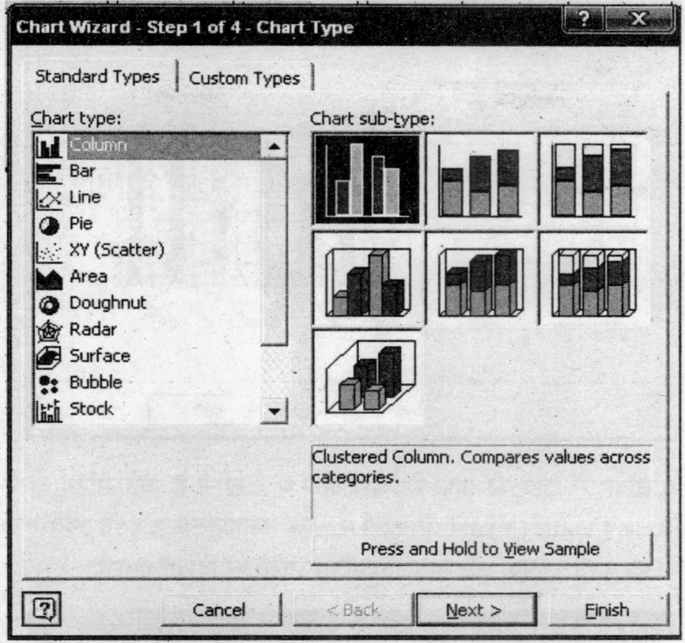

4. उपर्युक्त डायलॉग बॉक्स में किसी एक Chart type को चुनें।
5. Next बटन को क्लिक करने पर दूसरा डायलॉग बॉक्स स्क्रीन पर आ जाता है।

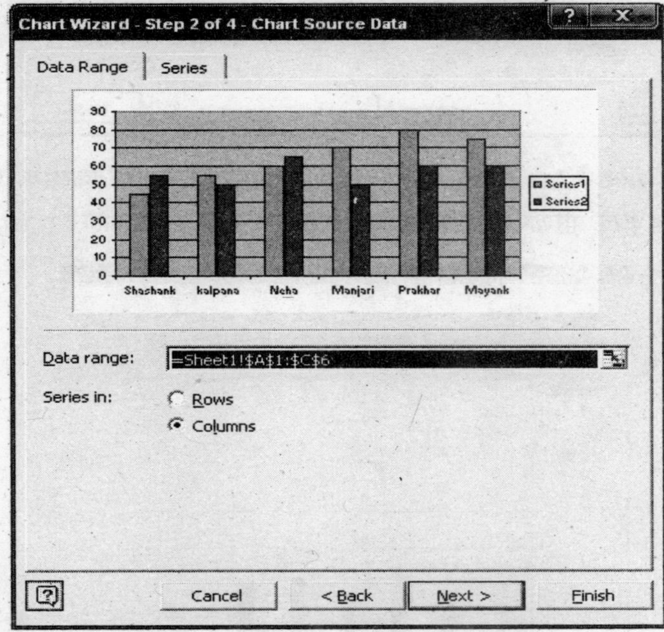

6. उपर्युक्त डायलॉग बॉक्स में Rows व Columns में से किसी एक विकल्प को चुनें और Data range विकल्प में Range टाइप करें।

7. Next बटन पर क्लिक करने पर पुन: एक अन्य बॉक्स स्क्रीन पर आ जाता है।

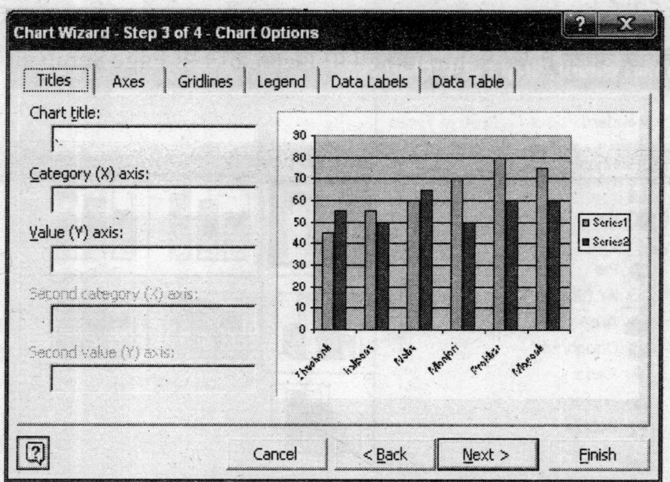

8. उपर्युक्त डायलॉग बॉक्स में डेटा को ग्राफ में किस अक्ष में दिखाना है, यह सेटिंग करने के लिए Chart title, Category (X) axis व Value (Y) axis विकल्प में आवश्यकतानुसार कोई भी फॉरमैट टाइप करें।
9. Next बटन पर क्लिक करने पर एक और डायलॉग बॉक्स स्क्रीन पर दिखाई देता है।

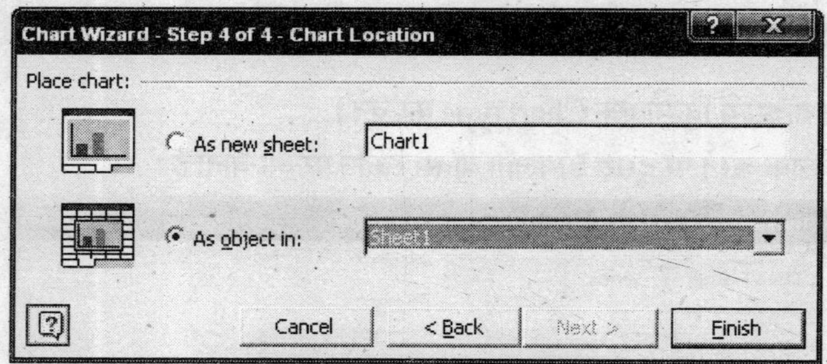

10. उपर्युक्त डायलॉग बॉक्स में As new sheet व As object in में से किसी एक विकल्प को चुनें।
11. Finish पर क्लिक करके परिणामस्वरूप तैयार किया गया ग्राफ स्क्रीन पर आ जाता है।

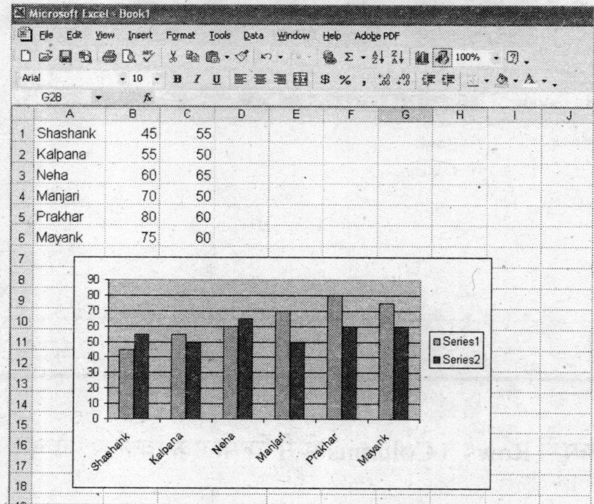

Print area की सेटिंग

यदि आप अपने Print area से संतुष्ट नहीं हैं तो उसे बदल भी सकते हैं। इसके लिए निम्न स्टेप लेते हैं—

1. File मेन्यू पर क्लिक करके Page Setup विकल्प पर क्लिक करने पर Page Setup का डायलॉग बॉक्स सामने आ जाता है।

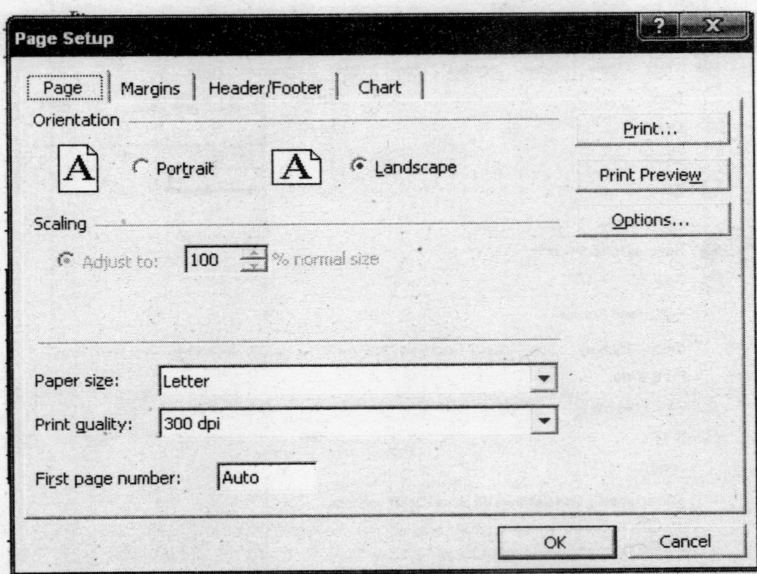

2. उपर्युक्त डायलॉग बॉक्स में Sheet विकल्प पर क्लिक करने पर Sheet का डायलॉग बॉक्स स्क्रीन पर आ जाता है।

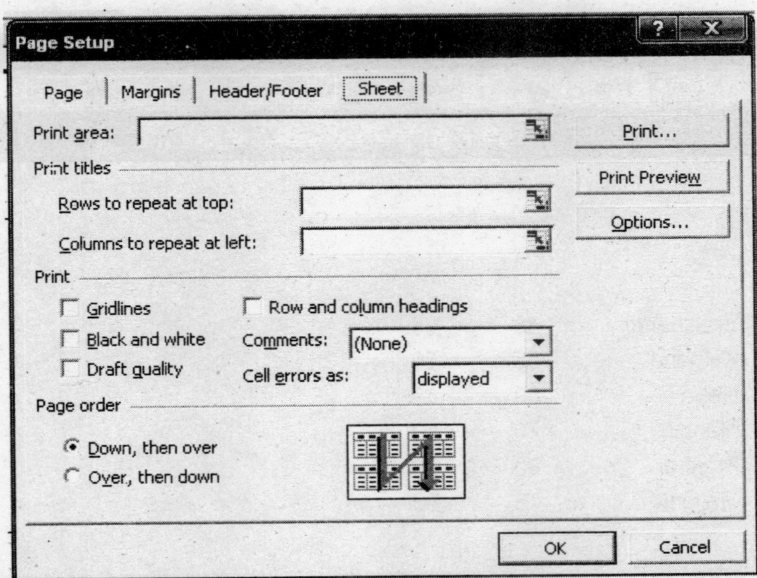

3. Print area में वर्कशीट का वह भाग निर्धारित करें, जिसे प्रिंट के लिए भेजना चाहते हैं। मान लीजिए कि A1 से G10 तक की रेंज प्रिंट करना चाहते हैं तो A1-G10 टाइप करें।
4. OK पर क्लिक करने पर चुनी गई रेंज Print area में सेट हो जाती है।

प्रिंट का Preview

वर्कशीट को कागज पर प्रिंट करने से पहले यदि स्क्रीन पर ही उसका Print Preview देख लें तो गलत प्रिंट निकलने की समस्या से बचा जा सकता है। Preview देखने की विधि है—

1. File मेन्यू पर क्लिक करें।

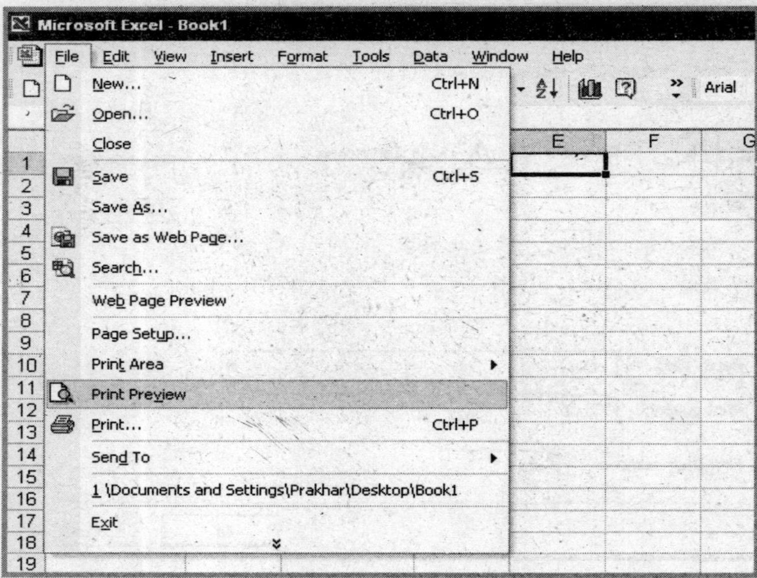

2. Print Preview विकल्प चुनने पर स्क्रीन इस प्रकार दिखाई देता है।

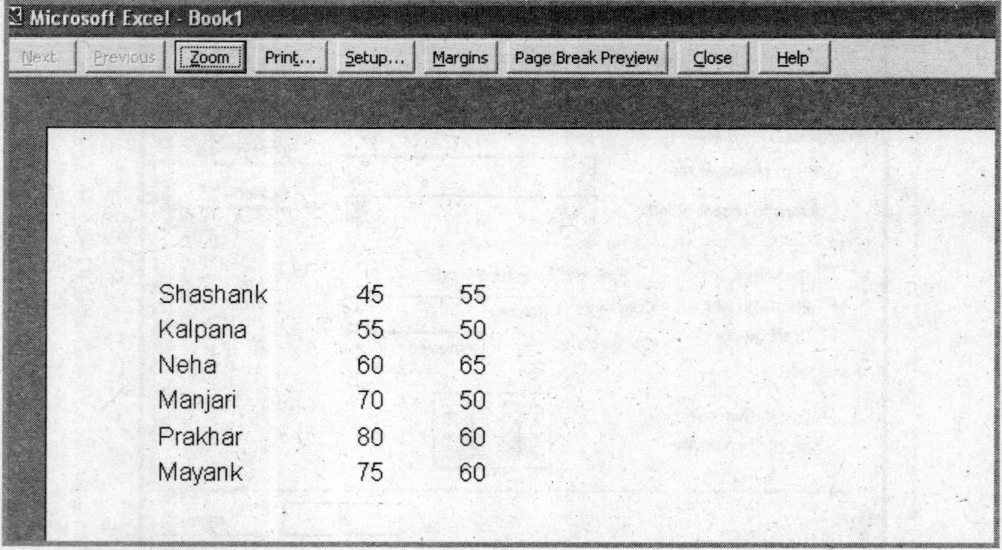

3. पेज के किसी स्थान को निकट से देखने के लिए Zoom बटन पर क्लिक करें।
4. यदि preview ठीक लगता है और ऐसा ही प्रिंट कागज पर लेना चाहते हैं तो Print बटन पर क्लिक करें। यदि प्रिंट में कोई गलती नजर आ रही है तो Close बटन दबाकर पुन: वर्कशीट पर आ जाएँ और वांछित परिवर्तन करें।

प्रिंटिंग आरंभ करना

यदि सभी तरह की सेटिंग कर चुके हैं और अब प्रिंटिंग आरंभ करना चाहते हैं तो प्रिंटर द्वारा निम्न कमांड दें—

1. File मेन्यू को Pull down करें।

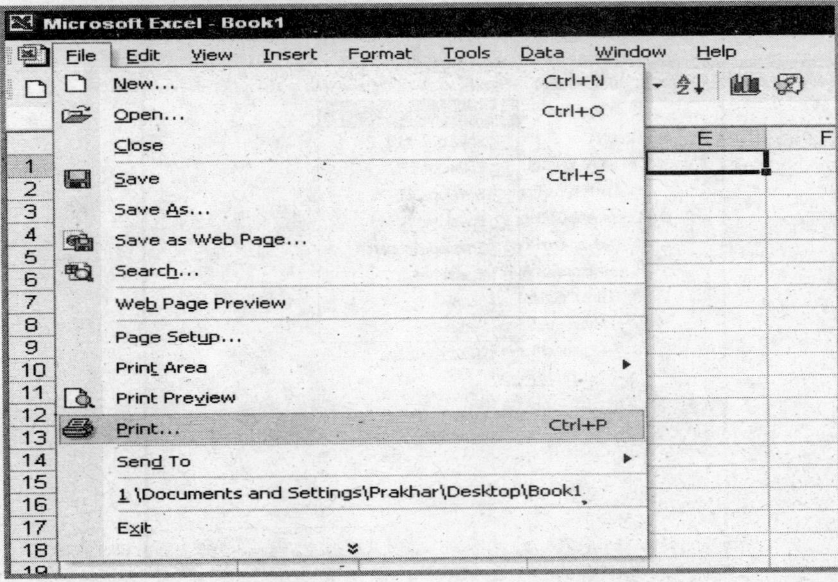

2. Print विकल्प को चुनें।

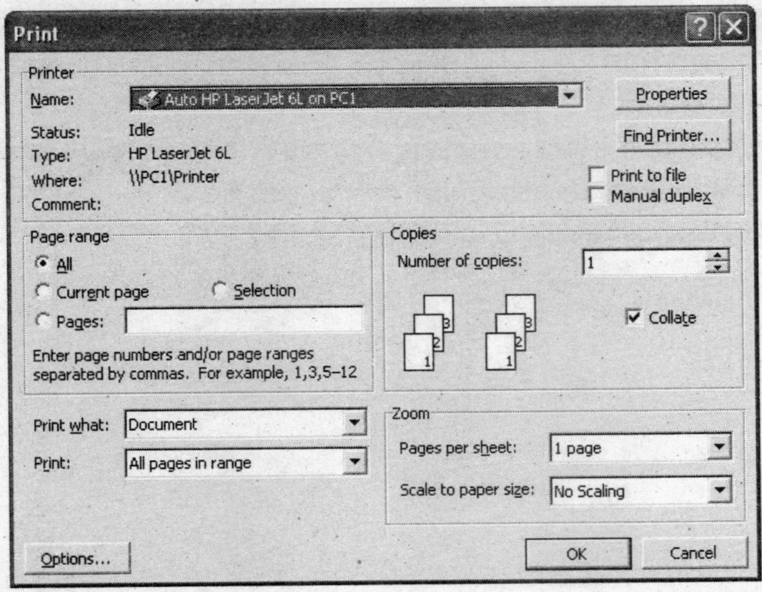

3. Tab की सहायता से Print What विकल्प में जाकर सिलेक्ट sheet(s) के बॉक्स के बुलेट को क्लिक करके ऑन करें।
4. Page Range में यदि सभी पेजों का प्रिंट निकालना चाहते हैं तो All पर या किसी विशेष पेज को प्रिंट करना चाहते हैं तो Page(s) विकल्प के सामने From और To में उन पेजों के नंबर टाइप करें।

5. Copies विकल्प में वह संख्या टाइप करें जितनी कॉपी प्रिंट करना चाहते हैं।
6. Properties विकल्प पर क्लिक करने पर एक अन्य डायलॉग बॉक्स स्क्रीन पर दिखाई देता है—

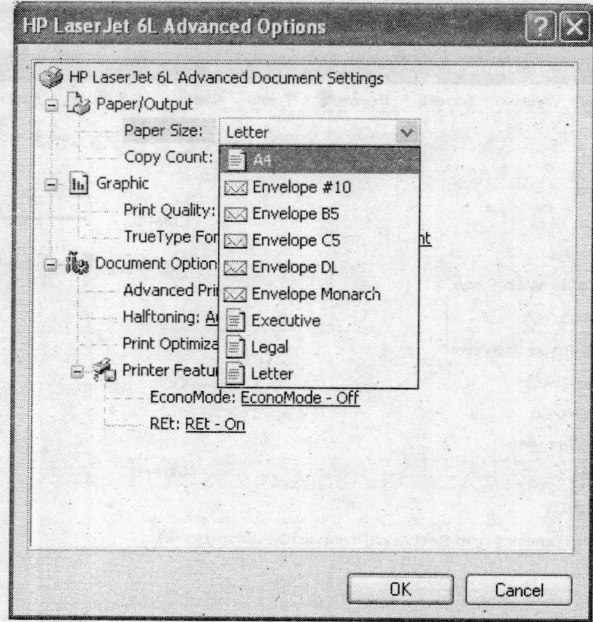

उपर्युक्त डायलॉग बॉक्स में Paper Size सेट कर सकते हैं और उसे Portrait, Landscape आदि में बदल सकते हैं।

7. Graphics विकल्प पर क्लिक करने पर Graphics का डायलॉग बॉक्स स्क्रीन पर दिखाई देता है।
   उपर्युक्त डायलॉग बॉक्स में Resolution, Dithering, Intensity व Graphics mode को सेट कर सकते हैं।
8. OK बटन पर क्लिक करें।
9. यदि यह देखना चाहते हैं कि प्रिंट होने पर वर्कशीट कागज पर कैसी दिखेगी तो Preview बटन पर क्लिक करें।
10. Print बटन पर क्लिक करके वर्कशीट की प्रिंटिंग आरंभ कर सकते हैं।
11. OK बटन पर क्लिक करने पर प्रिंटर पर कागज प्रिंट होने लगता है।

□

12

Access का परिचय

डेटाबेस बनाना

जब हम Access को लोड करते हैं तब स्क्रीन पर Microsoft Access का डायलॉग बॉक्स दिखाई देता है। यदि आप कोई नया डेटाबेस बनाना चाहते हैं तो इसके लिए निम्न स्टेप लेते हैं—

1. Blank Access Database विकल्प पर क्लिक करें।

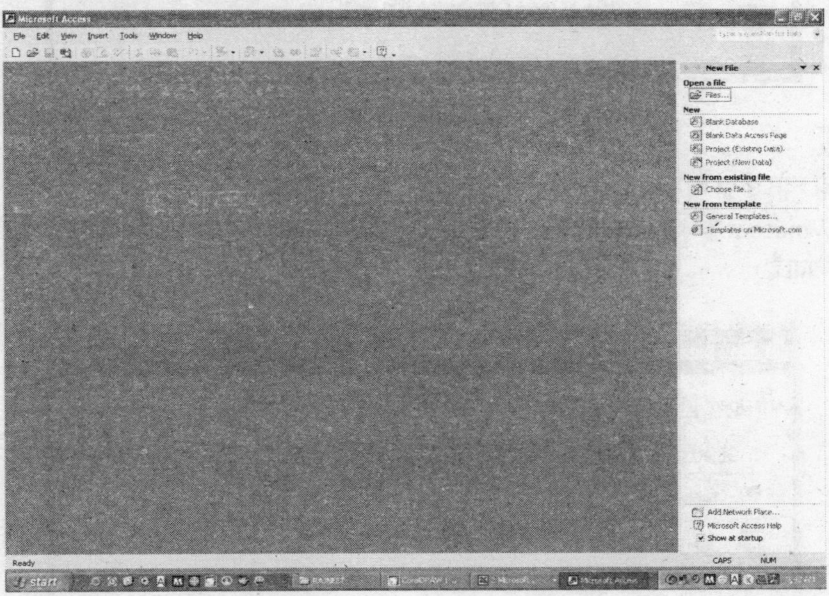

2. माउस द्वारा OK बटन पर क्लिक करने पर New Database का डायलॉग बॉक्स स्क्रीन पर दिखाई देता है।

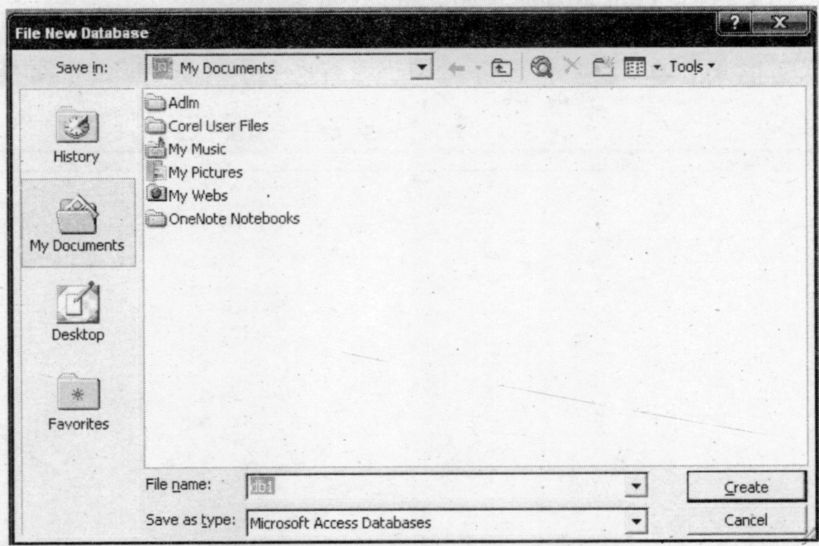

3. Save in के आगेवाले बॉक्स में उस ड्राइव और फोल्डर को चुनें, जिसमें नया डेटाबेस रखना चाहते हैं।
4. File name विकल्प पर डेटाबेस को Save करने के लिए एक फाइल का नाम टाइप करें।
5. Create पर click करने पर नया डेटाबेस बनकर स्क्रीन पर दिखाई देता है।

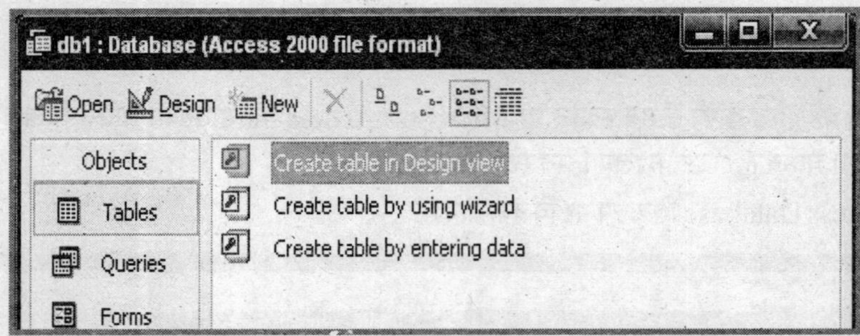

Table बनाना

यदि आप डेटा स्टोर करने के लिए नई Table बनाना चाहते हैं तो इसके लिए—

1. Data Windows की स्क्रीन पर क्लिक करके New पर क्लिक करने पर New Table का डायलॉग बॉक्स स्क्रीन पर आ जाता है।

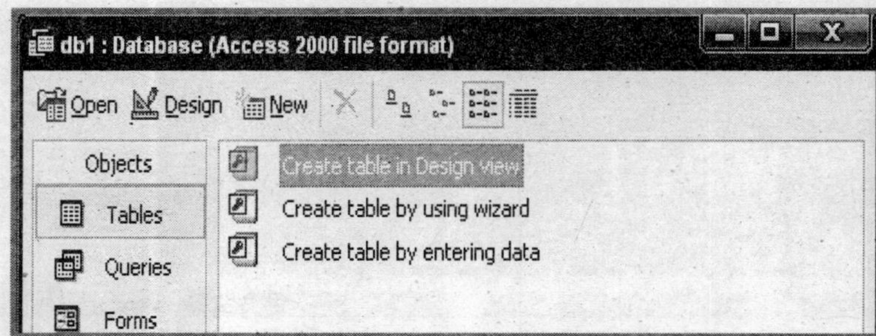

2. Datasheet View पर क्लिक करें।
3. OK बटन दबाने पर नई Table इस प्रकार बनकर स्क्रीन पर आ जाती है—

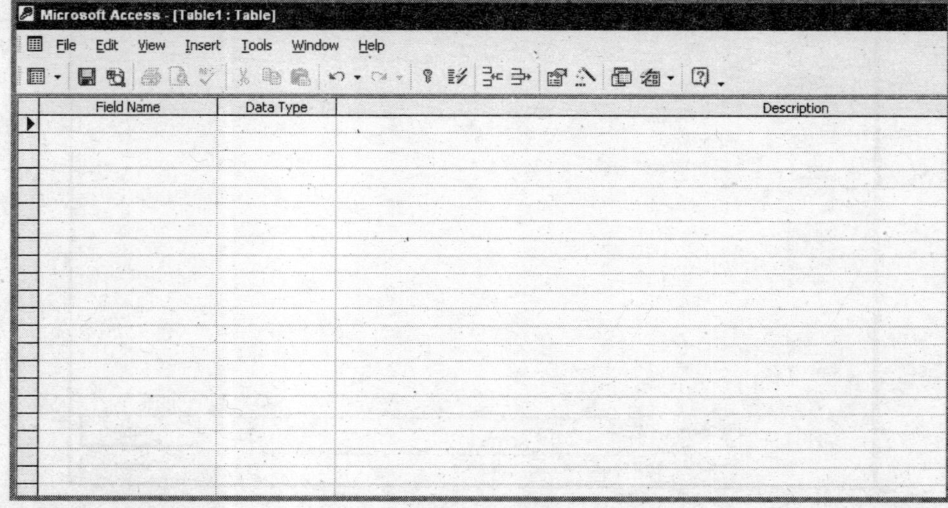

Toolbar का परिचय

स्क्रीन पर वह पट्टी जिसमें भिन्न-भिन्न प्रकार के बटन होते हैं, Toolbar कहलाती है। Access में काम करने के लिए Toolbar एक महत्त्वपूर्ण भूमिका निभाता है।

टूलबार में प्रत्येक टूल एक विशेष प्रकार के चिह्न के रूप में प्रदर्शित होकर किए जानेवाले कार्यों का संकेत करता है। अपनी आवश्यकतानुसार किसी भी बटन को दबाकर अपना काम बड़ी आसानी से कर सकते हैं। एक ही टूल एक जैसे अनेक कार्य करने की सुविधा प्रदान करता है। उदाहरण के लिए, table datasheet टूल की सहायता से निम्न कार्य बड़ी आसानी से किए जा सकते हैं—

1. Copy और Paste करना।
2. Cut और Paste करना।
3. Print Preview का प्रयोग करना।
4. भिन्न-भिन्न views में बदलना।
5. Access में Help का प्रयोग करना।
6. डॉक्यूमेंट को Save करना।
7. डॉक्यूमेंट को Print करना।

इस तरह के सभी काम हम केवल एक बटन दबाकर ही कर सकते हैं।

Toolbar में Button जोड़ना

Access को लोड करने पर जो बटन उसकी default (पूर्व निर्धारित) सेटिंग के अनुसार दिखाई देते हैं, वे संख्या में बहुत कम होते हैं। Access को अपनी आवश्यकतानुसार प्रयोग करने के लिए अपनी पसंद का बटन Toolbar में जोड़ भी सकते हैं। पहले यह देख लेना चाहिए कि जिस toolbar में बटन add करना चाहते हैं, वह highlighted है अथवा नहीं। यदि यह बटन highlighted नहीं है तो पहले उसे highlight करके निम्न स्टेप लें—

1. Toolbar पर माउस का दायाँ बटन क्लिक करने पर स्क्रीन पर कुछ विकल्प दिखाई देते हैं—

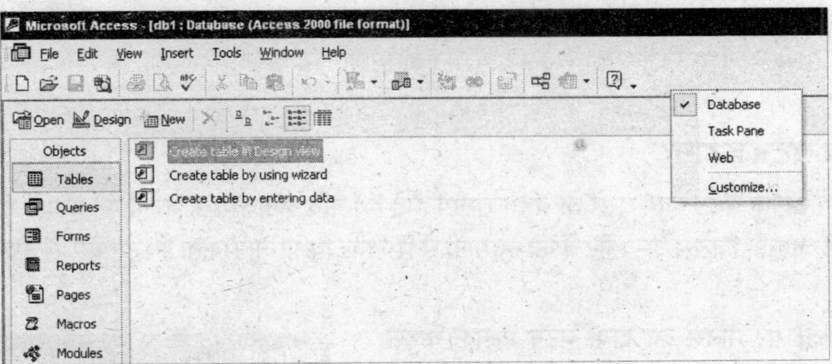

2. उपर्युक्त स्क्रीन पर Customize विकल्प पर क्लिक करने पर Customize का डायलॉग बॉक्स दिखाई देता है।

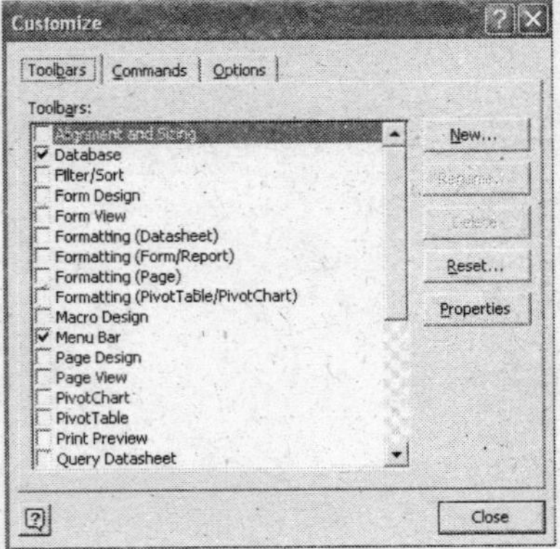

3. अब जिस Toolbar को add करना चाहते हैं, उस विकल्प पर डबल क्लिक करने पर उस Toolbar के टूल Toolbar में Add हो जाते हैं।

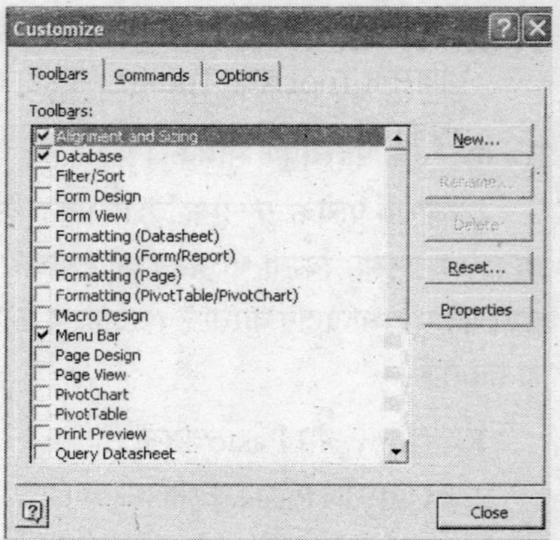

4. यदि आप कोई नया Toolbar बनाना चाहते हैं तो इसके लिए New विकल्प पर माउस द्वारा क्लिक करते हैं, फलत: New Toolbar का डायलॉग बॉक्स स्क्रीन पर दिखाई देता है।

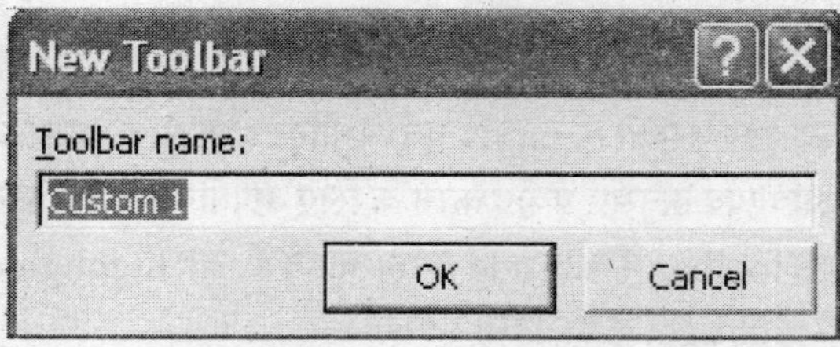

5. उपर्युक्त बॉक्स में Toolbar name विकल्प में उस नाम को टाइप करें जिस नाम से नया Toolbar बनाना चाहते हैं, फिर OK बटन पर क्लिक करें। इस प्रकार बनाया गया नया Toolbar Customize बॉक्स में Add हो जाता है।
6. अब Close बटन पर क्लिक करके इस डायलॉग बॉक्स को बंद कर दें।

Toolbar से बटन हटाना

Toolbar में अनेक बटन एक-दूसरे के बहुत समीप होते हैं। यदि अनावश्यक बटनों को हटा दें तो टूलबार पर बटनों के बीच की दूरी बढ़ जाएगी, जिससे अन्य बटनों को आसानी से सिलेक्ट किया जा सकता है। टूलबार से बटन हटाने की विधि निम्न प्रकार है—

1. Toolbar पर माउस का दायाँ बटन क्लिक करके Customize विकल्प पर क्लिक करें।

2. अब उस विकल्प पर माउस द्वारा डबल क्लिक करें, जिसके Tool बटन Toolbar से हटाना चाहते हैं। इस प्रकार उस विकल्प से टूल बटन हट जाते हैं।

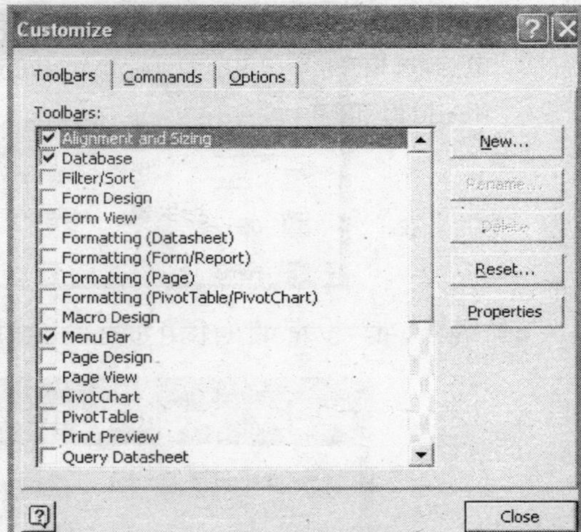

3. अब Close बटन दबा दें।

पहले बनाए गए डेटाबेस को कैसे खोलें ?

यदि हम Access में एक बार डेटाबेस फाइल बना चुके हैं तो उसे कभी भी दोबारा खोलकर प्रयोग कर सकते हैं। इस फाइल को खोलकर जब चाहें, नए रिकॉर्ड जोड़ सकते हैं और पुराने रिकॉर्ड्स मिटा सकते हैं तथा रिकॉर्ड्स में भिन्न-भिन्न प्रकार के बदलाव (Editing) कर सकते हैं। जब कंप्यूटर पर Access को लोड करते हैं तो निम्न स्क्रीन दिखाई देती है—

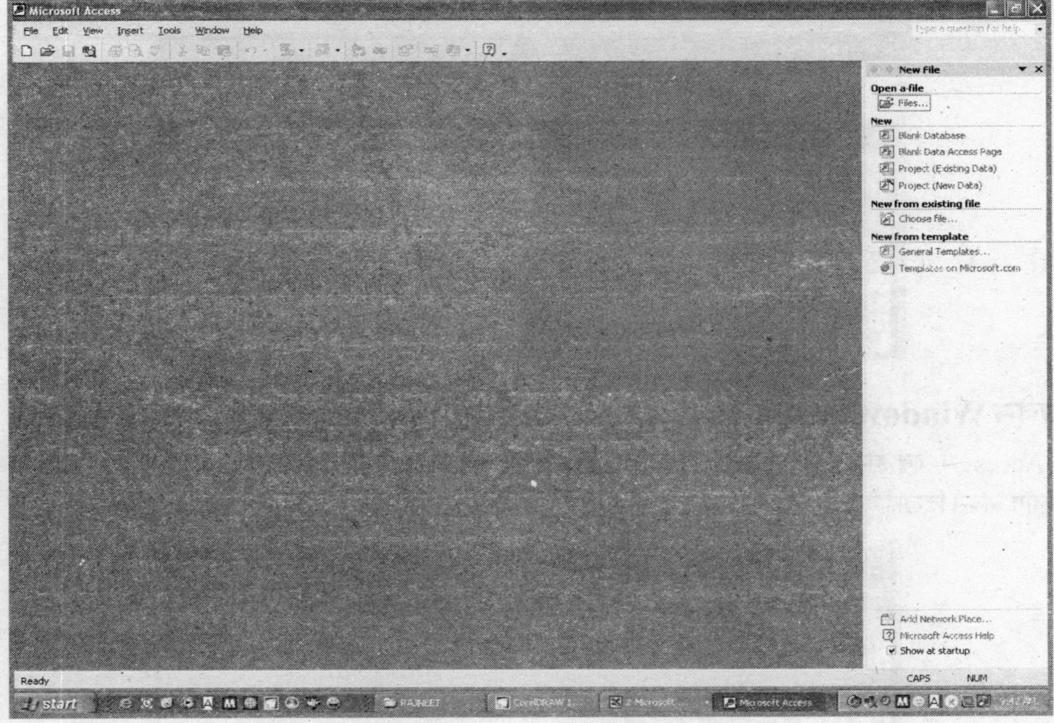

1. उपर्युक्त स्क्रीन पर Opening existing file विकल्प पर क्लिक करें।
2. उस डेटाबेस फाइल पर क्लिक करें जिसे Open करना चाहते हैं।
3. OK बटन पर क्लिक करने पर वह डेटाबेस फाइल Open हो जाती है।

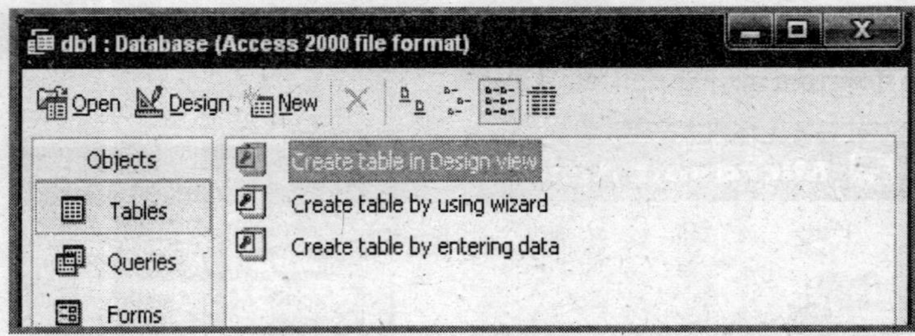

4. पहले बनाई गई वह फाइल जिसे खोलना चाहते हैं, उसे क्लिक करें।

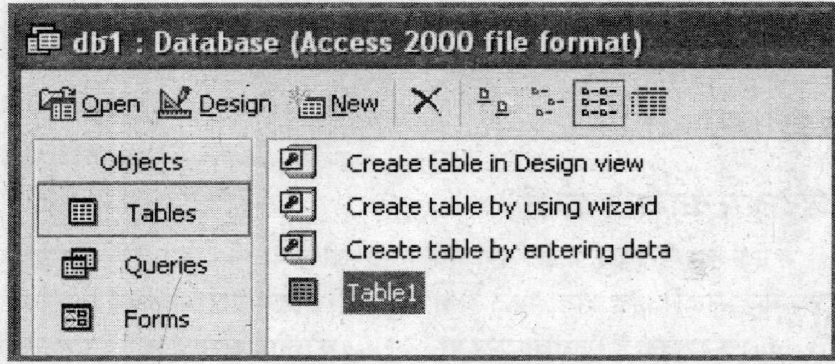

5. OK बटन पर क्लिक करने पर वह फाइल इस प्रकार स्क्रीन पर खुल जाती है—

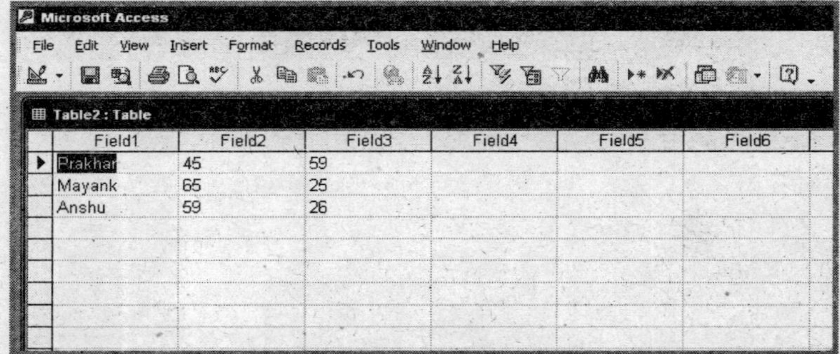

Field1	Field2	Field3	Field4	Field5	Field6
Prakhar	45	59			
Mayank	65	25			
Anshu	59	26			

डेटाबेस Window का प्रयोग

Access में जब हम नया डेटाबेस create करते हैं अथवा पहले तैयार किया गया डेटाबेस खोलते हैं तो स्क्रीन पर एक डायलॉग बॉक्स दिखाई देता है—

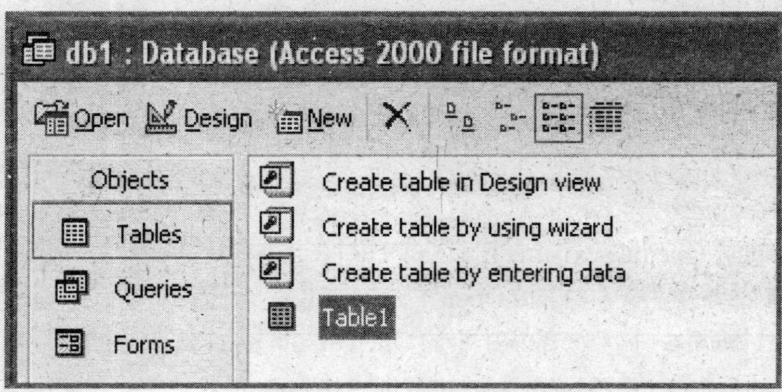

सक्रिय डेटाबेस के लिए डेटाबेस window एक कमांड सेंटर का काम करती है, जो tables, queries, forms और रिपोर्ट्स को प्रयोग करने में सहायता करता है।

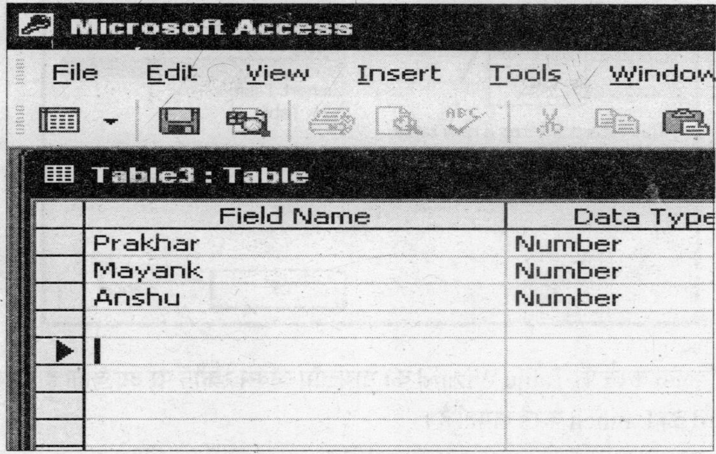

Table Wizard द्वारा टेबल बनाना

जब हम Table Wizard द्वारा कोई table बनाना चाहते हैं तो पहले Database Window पर निम्न स्टेप लेते हैं—

1. Tables विकल्प पर क्लिक करके Create table by using wizard विकल्प पर क्लिक करें।

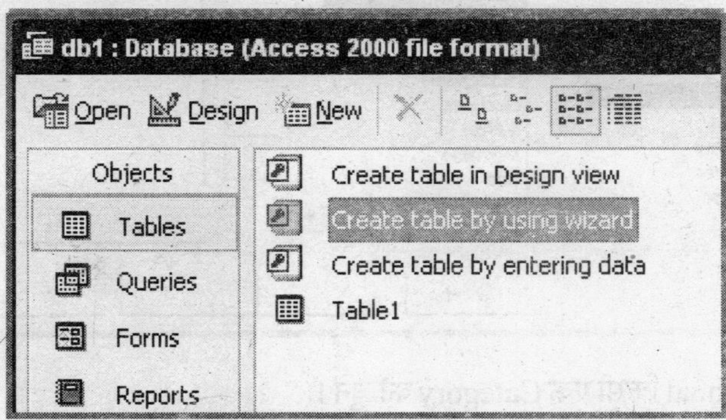

2. New विकल्प पर क्लिक करने पर New Table का डायलॉग बॉक्स स्क्रीन पर दिखाई देता है।

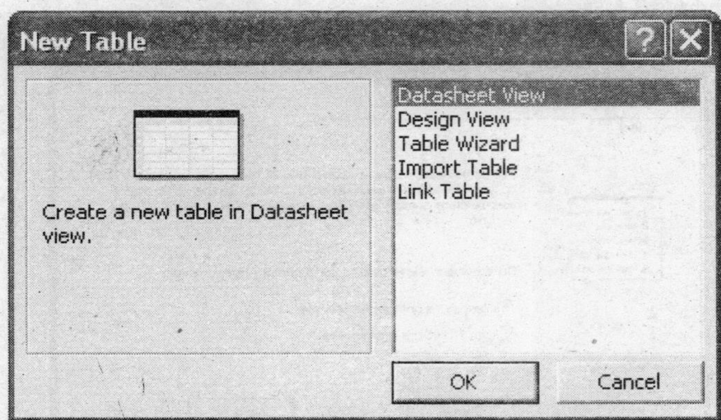

3. Table Wizard को क्लिक करें।

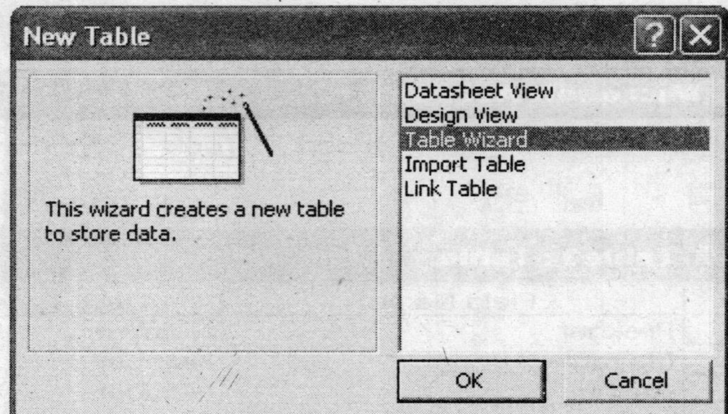

4. OK बटन पर क्लिक करने पर Table Wizard का डायलॉग बॉक्स स्क्रीन पर आ जाता है। अब Access कंप्यूटर में Table Wizard को Launch करने लगता है।

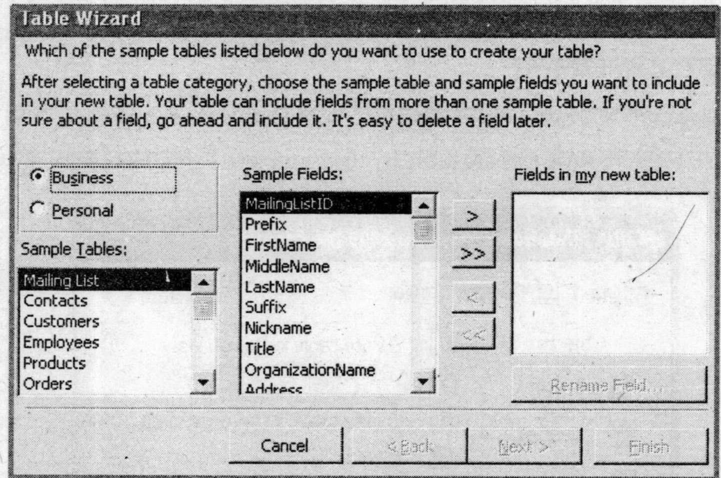

5. Business या Personal किसी एक Category को चुनें।
6. माउस द्वारा किसी एक Sample table पर क्लिक करें।
7. जिस फील्ड को प्रयोग करना है, उस पर डबल क्लिक करें।
8. Next बटन पर क्लिक करें।

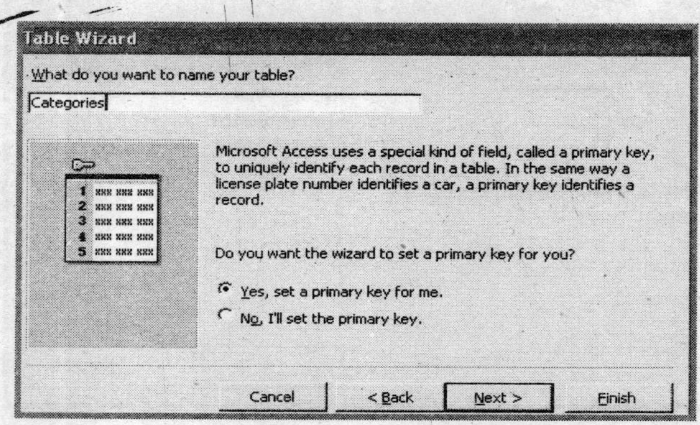

9. अब अपनी Table को एक नया नाम दे दें।
10. Set a primary key myself पर क्लिक करें।
11. Next बटन पर क्लिक करें।

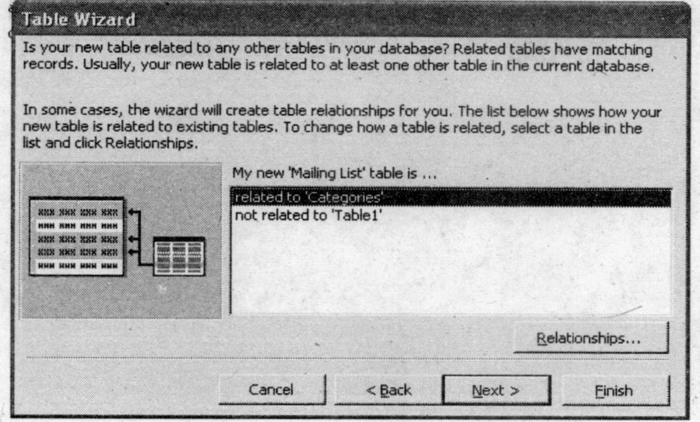

12. यदि इस टेबल को किसी दूसरी टेबल के साथ जोड़ना चाहते हैं तो Relationship बटन पर क्लिक करें।

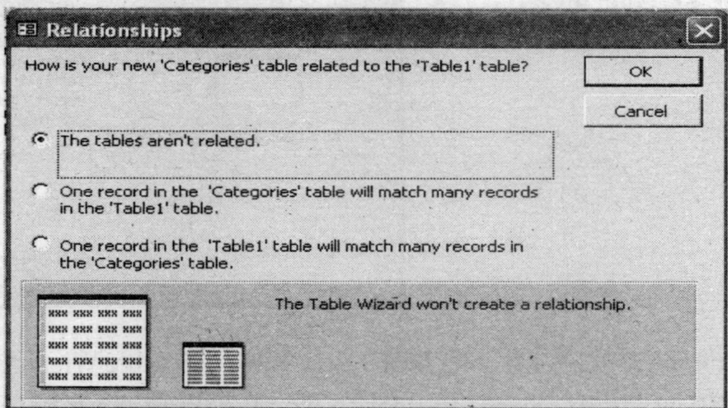

13. OK बटन पर क्लिक करें।
14. Next बटन दबाने पर एक डायलॉग बॉक्स स्क्रीन पर आ जाता है।

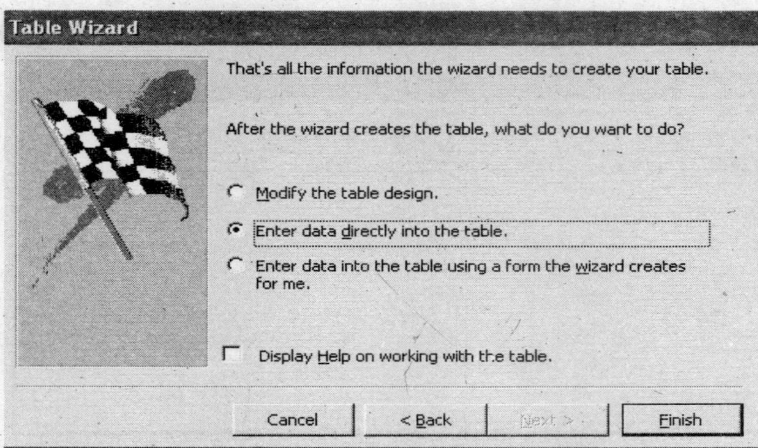

15. अपनी आवश्यकतानुसार विकल्प चुनें।

16. Finish बटन पर क्लिक करने पर स्क्रीन पर नई Table बन जाती है।

Table Wizard द्वारा Table Create करने की तैयारी पूरी हो जाती है। इसके बाद डेटा enter करना होता है। यह दो प्रकार से करते हैं—

1. Table में डायरेक्ट डेटा enter करके।

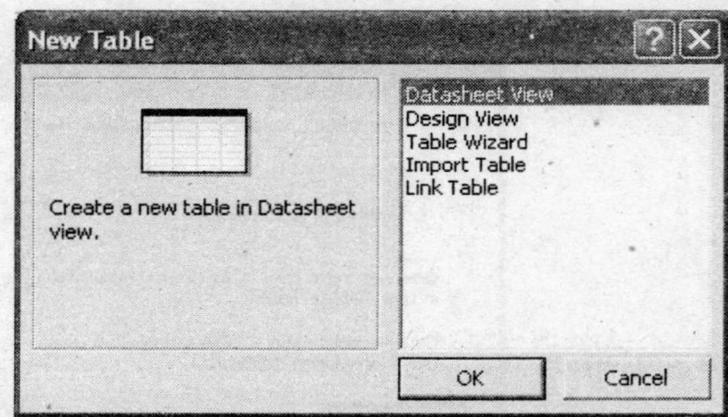

2. Wizard द्वारा बनाए गए फॉरमैट में डेटा enter करके। New Table और Table Wizard दोनों विकल्पों के भिन्न-भिन्न महत्त्व हैं। हम जो चाहें वह विकल्प चुन सकते हैं। यदि हम बहुत तेज गति से डेटा enter करना चाहते हैं तो Table Wizard वाली विधि ठीक रहती है।
3. अब स्क्रीन पर उपस्थित दूसरे विकल्प को क्लिक करें।
4. Finish बटन पर क्लिक करें।

इसके बाद Access द्वारा निम्न प्रकार की स्क्रीन प्रदर्शित की जाती है। डेटा enter करने का काम शुरू कर सकते हैं—

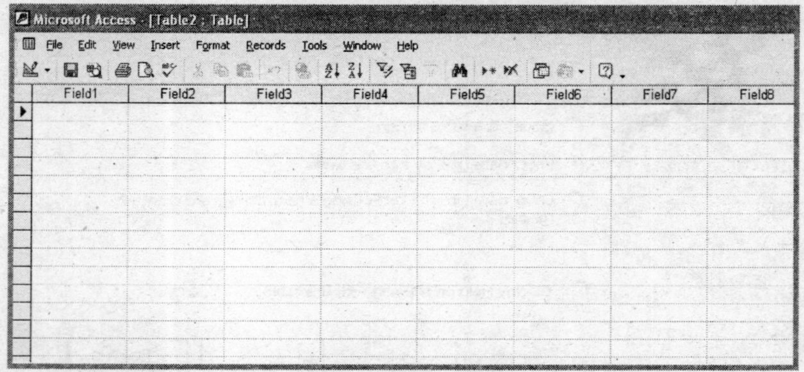

Design और Datasheet का प्रदर्शन

Datasheet View में डेटा को एक grid structure की तरह दिखाया जाता है, यद्यपि Design View में एक समय में स्क्रीन पर एक ही रिकॉर्ड दिखाया जाता है।

मान लीजिए कि आप एक प्रकार का View बदलकर दूसरी तरह का View स्क्रीन पर प्रदर्शित करना चाहते हैं तो View विकल्प पर क्लिक करें। यह बॉक्स स्क्रीन पर दिखाई देगा—

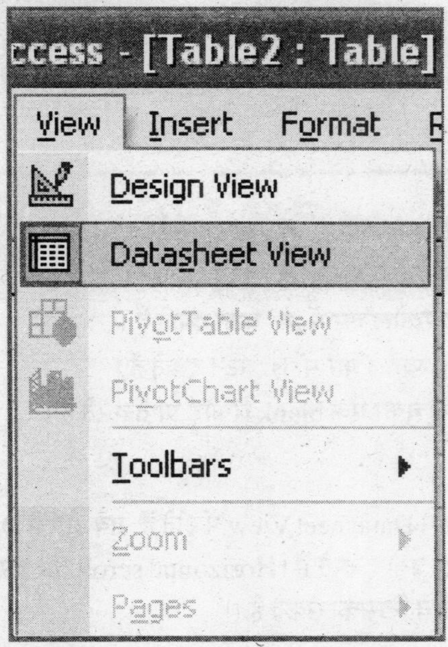

अब आप जिस डेटाबेस का View बदलना चाहते हैं, माउस द्वारा उस विकल्प पर क्लिक करें।

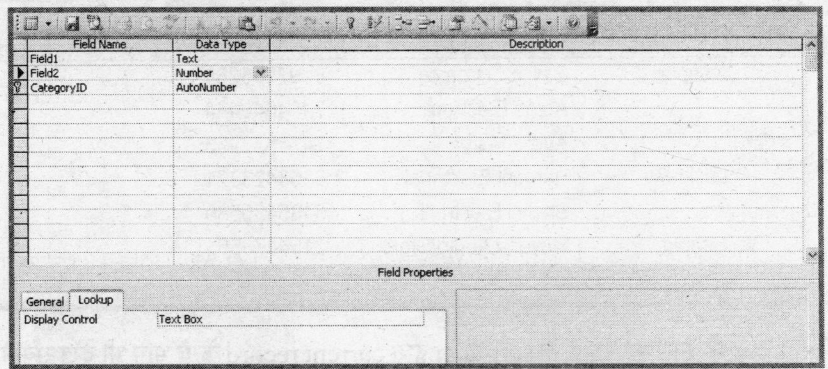

डेटाबेस में Move करना

Access में बनाए गए डेटाबेस में हम बहुत आसानी से एक स्थान से दूसरे स्थान पर मूव कर सकते हैं। डेटाशीट में स्क्रीन के View का कोई प्रभाव नहीं पड़ता। अत: हम चाहे Form View में काम करें या Datasheet View में, मूवमेंट की विधि में कोई अंतर नहीं होता है।

डेटाबेस में मूव करने के लिए Record gauge का प्रयोग किया जाता है। अपने कर्सर को Record gauge में ले जाने के लिए की-बोर्ड पर F5 key का प्रयोग करते हैं। इसके बाद आवश्यकता के अनुसार किसी एक बटन को दबाते हैं।

Microsoft Access - [Table1 : Table]

File Edit View Insert Format Records Tools Window Help Adobe PDF

Field1	Field2	Field3	Field4	Field5	Field6
	Kanpur	S.K. Electronics	8697256288		
		Arzoo Electronics	7464646444		
		Audio Vision	7474632233		
	Lucknow	Hemant Electricals	6353423321		
		Shalini Electronics	5485485589		
	Sitapur	Mayank Audio Store	2154478551		

1. पहले रिकॉर्ड पर जाने के लिए स्क्रोल बार में ▶| बटन दबाएँगे।
2. एक रिकॉर्ड पीछे जाने के लिए स्क्रोल बार में ◀ बटन दबाएँगे।
3. एक रिकॉर्ड आगे जाने के लिए स्क्रोल बार में ▶ बटन दबाते हैं।
4. अंतिम रिकॉर्ड पर जाने के लिए स्क्रोल बार में |◀ बटन दबाते हैं।

   बटन द्वारा अंतिम रिकॉर्ड पर पहुँचकर एक blank रिकॉर्ड प्राप्त करते हैं।

स्क्रोल बार कैसे प्रयोग करें ?

Access में काम करते समय जब हम Datasheet View में होते हैं, तब अपनी Datasheet को दाएँ-बाएँ या ऊपर-नीचे खिसकाकर देखने के लिए स्क्रोल बार का प्रयोग करते हैं। Horizontal scroll बार द्वारा डेटाशीट को दाएँ या बाएँ खिसकाते हैं और Vertical scroll बार द्वारा ऊपर-नीचे खिसका सकते हैं।

Microsoft Access - [Table1 : Table]

File Edit View Insert Format Records Tools Window Help Adobe PDF

Field1	Field2	Field3	Field4	Field5	Field6
	Kanpur	S.K. Electronics	8697256288		
		Arzoo Electronics	7464646444		
		Audio Vision	7474632233		
	Lucknow	Hemant Electricals	6353423321		
		Shalini Electronics	5485485589		
	Sitapur	Mayank Audio Store	2154478551		

यदि हम Form View में काम कर रहे हैं तो scrollbar द्वारा current record के वे भाग भी देख सकते हैं, जो स्क्रीन के दाएँ या बाएँ छिपे हुए हैं और दिखाई नहीं दे रहे।

रिकॉर्ड Insert करना

डेटाबेस तैयार करने के बाद कई बार कुछ नए रिकॉर्ड्स जोड़ने की आवश्यकता होती है। नए रिकॉर्ड्स को जोड़कर अपने डेटाबेस को up-to-date रख सकते हैं। डेटाबेस में रिकॉर्ड्स बढ़ाने की दो विधियाँ हैं—

1. Menu द्वारा insert करना।
2. Toolbar द्वारा insert करना।

Menu विधि

Menu विधि द्वारा रिकॉर्ड insert करने के लिए Datasheet या Form view पर उपलब्ध Insert विकल्प को चुनें और फिर उसके मेन्यू को pull down करें।

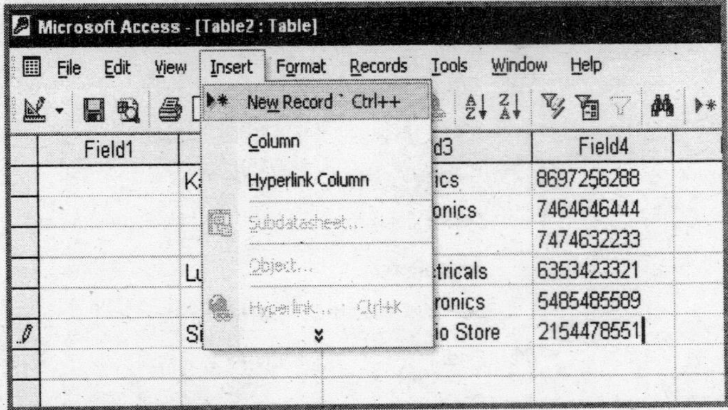

मेन्यू में दिखाए गए विकल्पों में से Records विकल्प पर क्लिक करने पर नया रिकॉर्ड insert हो जाता है।

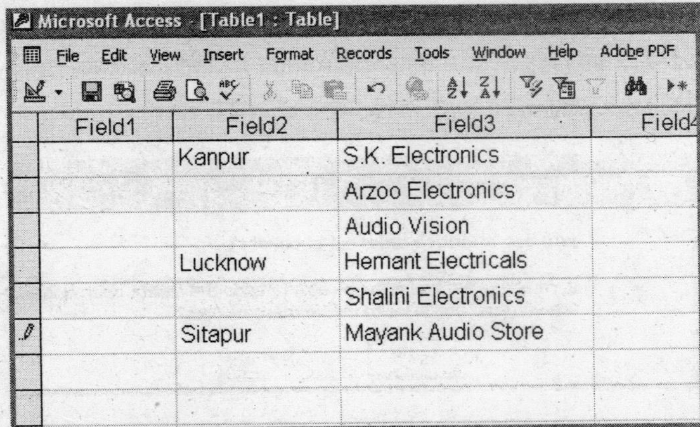

यह बात ध्यान देने योग्य है कि जब कोई नया रिकॉर्ड insert करते हैं तो Access कर्सर को insert किए गए नए Record पर रख देता है।

रिकॉर्ड को Delete करना

ऐसे रिकॉर्ड्स, जो डेटाबेस में अनावश्यक रूप से स्थान घेर रहे हैं, उन्हें मिटाकर डिस्क पर घिरा स्थान बच जाता है। विधि निम्न प्रकार है—

1. वह रिकॉर्ड, जिसे delete करना चाहते हैं, उसे सिलेक्ट करें।

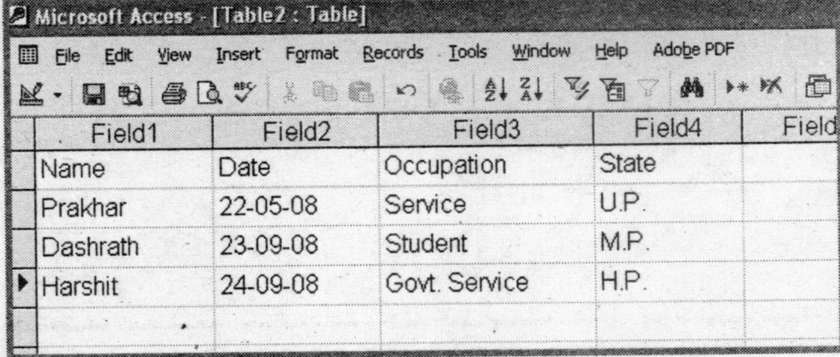

2. Edit पर क्लिक करें।

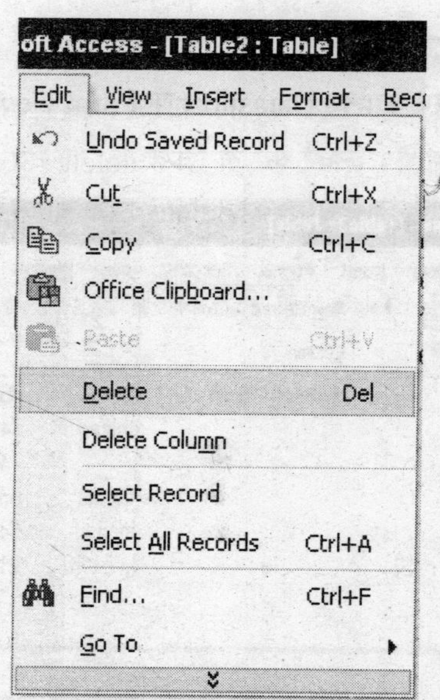

3. स्क्रीन पर दिखाए गए विकल्पों में से Delete विकल्प पर क्लिक करने पर स्क्रीन पर एक मैसेज दिखाई देता है, जिसमें Access रिकॉर्ड को Delete करने की अनुमति माँगता है। यदि रिकॉर्ड को Delete करना चाहते हैं तो Yes बटन पर और यदि Delete नहीं करना चाहते तो No बटन पर क्लिक करें।

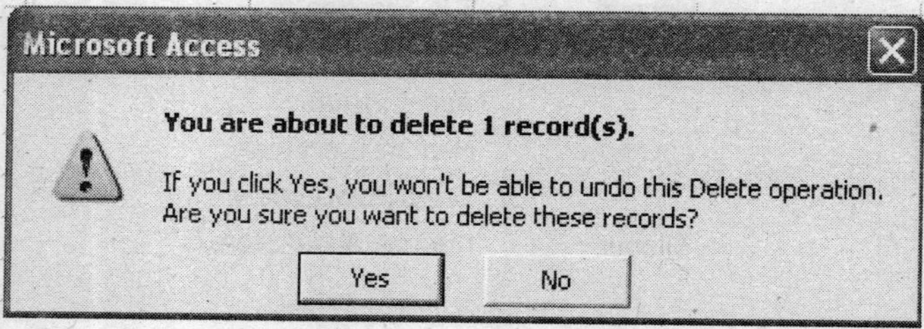

4. Yes बटन पर क्लिक करने पर वह रिकॉर्ड Delete हो जाता है।

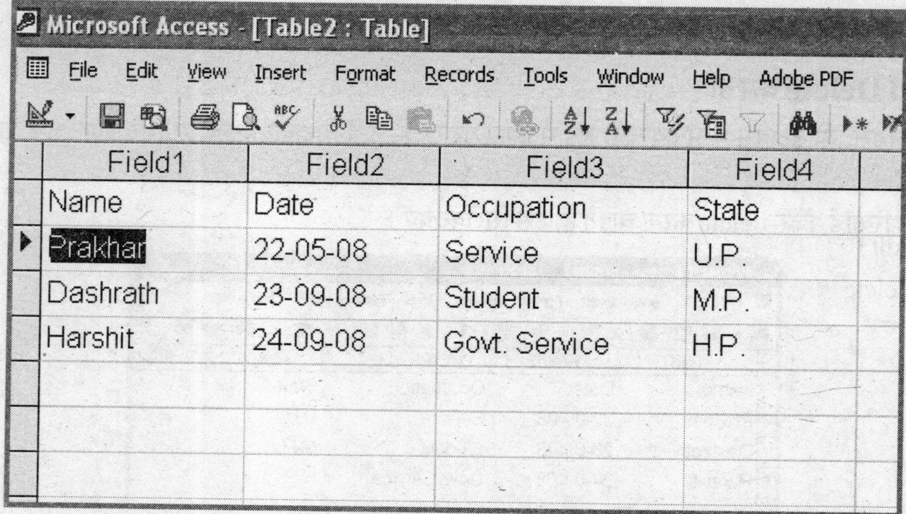

एक साथ अनेक रिकॉड्‌र्स मिटाना

Access में तैयार किए गए डेटाबेस में एक साथ अनेक रिकॉड्‌र्स Delete भी कर सकते हैं। विधि इस प्रकार है—

1. उन सभी रिकॉड्‌र्स को एक साथ सिलेक्ट कर लें जिन्हें delete करना चाहते हैं। इसके लिए पहले उस समूह के ऊपरवाले रिकॉर्ड पर पॉइंटर रखें, जिस समूह को delete करना चाहते हैं।

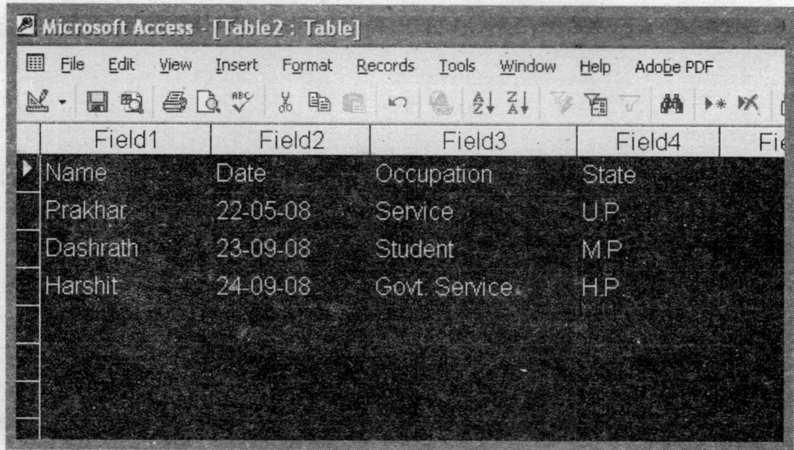

2. इसके बाद Shift को दबाते हुए उस समूह के अंतिम रिकॉर्ड पर क्लिक करें।

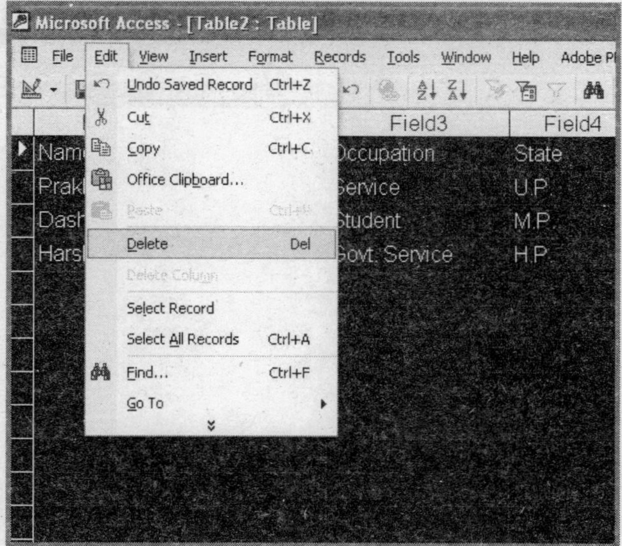

3. Edit मेन्यू पर क्लिक करके उसे pull down करें।
4. Delete विकल्प पर क्लिक करें। रिकॉर्ड के delete होने से पहले Access द्वारा चेतावनी दी जाती है—

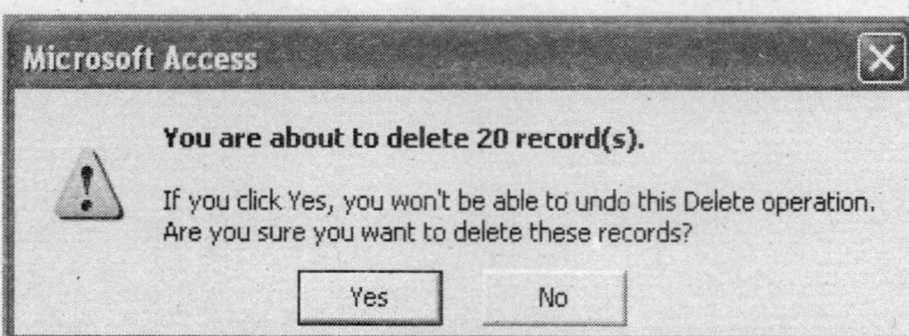

5. यदि आप रिकॉर्ड को Delete करना चाहते हैं तो Yes बटन पर और यदि Delete नहीं करना चाहते हैं तो No बटन पर क्लिक करें।

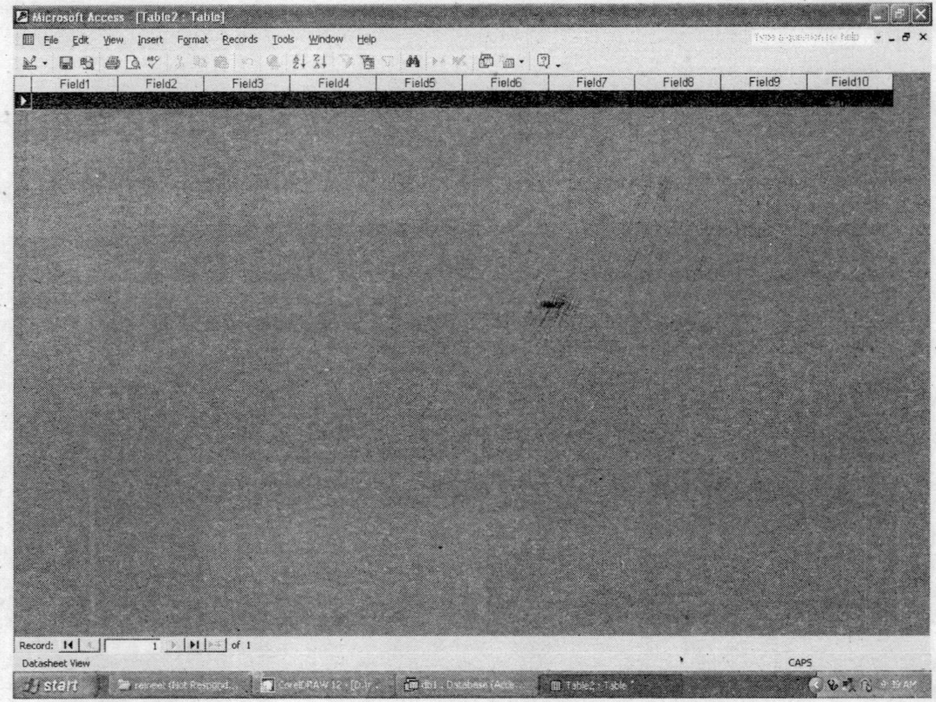

Access डेटाबेस में एडवांस हैंडलिंग

डेटा को Search करना

Access में text को हम active डेटाबेस में ढूँढ़ सकते हैं। इस कार्य द्वारा हमें निम्न सुविधाएँ मिलती हैं—

- सभी फील्ड्स में प्रत्येक रिकॉर्ड को Search करना।
- Search को प्रत्येक रिकॉर्ड की किसी विशिष्ट फील्ड के लिए सीमित करना।
- किसी स्थान से आगे या पीछे Search करना या Search को प्रत्येक रिकॉर्ड की किसी विशिष्ट फील्ड के लिए सीमित करना।
- Exact matching ढूँढ़ने के लिए सेटिंग करना।
- Field sections के लिए search को सीमित करना।

यदि आप ऐसे डेटा को ढूँढ़ना चाहते हैं, जो स्क्रीन पर दिखाई नहीं दे रहा है तो इसके लिए आप निम्न स्टेप लेते हैं—

1. Edit मेन्यू पर क्लिक करें।
2. Find विकल्प पर क्लिक करने पर Find and Replace का डायलॉग बॉक्स स्क्रीन पर आ जाता है।

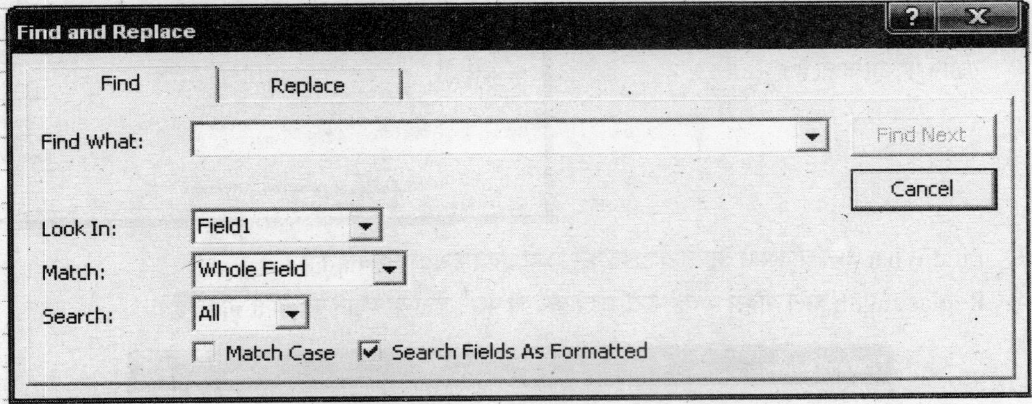

3. Find What में वह डेटा टाइप करें जिसे ढूँढ़ना चाहते हैं।
4. विशिष्ट case के अनुसार search के लिए Match Case पर क्लिक करें।
5. Search वाले बॉक्स में वह विकल्प चुनें जिस दिशा में हम search करना चाहते हैं।
6. Field section को चुनने के लिए Match पर क्लिक करें।
7. Search पद में current field को अपनी आवश्यकता के अनुसार ऑन अथवा ऑफ कर सकते हैं।
8. Find Next पर क्लिक करने पर स्क्रीन पर वह text सिलेक्ट हो जाता है जिस text को आप ढूँढ़ रहे थे।

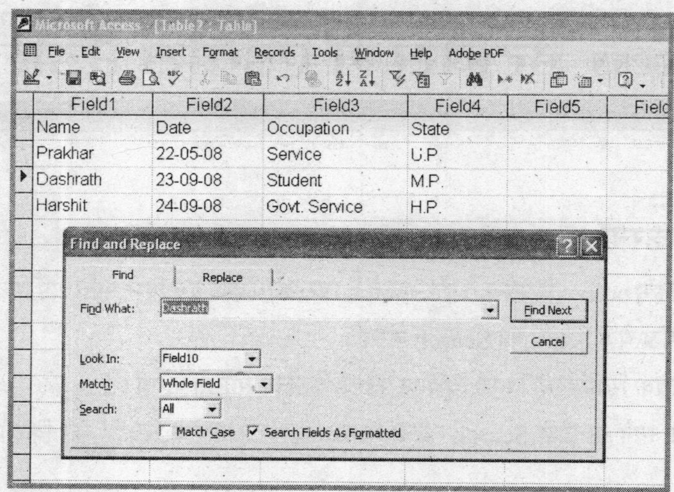

डेटा को Replace करना

Access में बनाई गई डेटाशीट में यदि हमने कोई डेटा गलत टाइप कर दिया है और वह गलती कई बार दोहराई गई हो तो कमांड द्वारा एक ही बार में टाइप किए गए सभी स्थानों पर गलत डेटा को सही डेटा में बदल सकते हैं। इसके लिए निम्न स्टेप लेते हैं—

1. Edit मेन्यू पर क्लिक करें।
2. Replace विकल्प को चुनने पर Find and Replace का डायलॉग बॉक्स स्क्रीन पर आ जाता है।

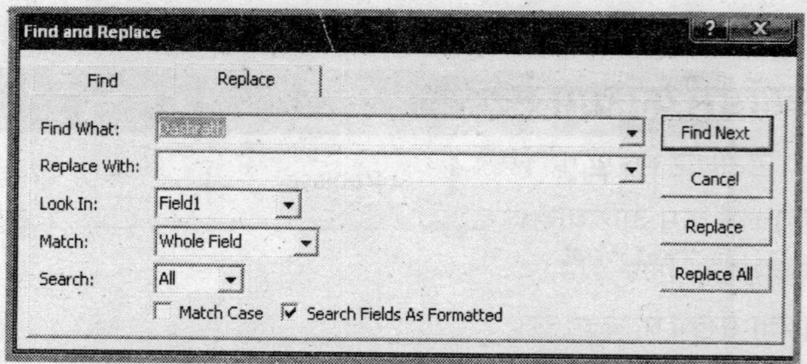

3. Find What वाले बॉक्स में वह डेटा टाइप करें जिसे ढूँढ़कर बदलना चाहते हैं।
4. Replace With वाले बॉक्स में वह डेटा टाइप करें जो पुराने डेटा के स्थान पर लाना चाहते हैं।

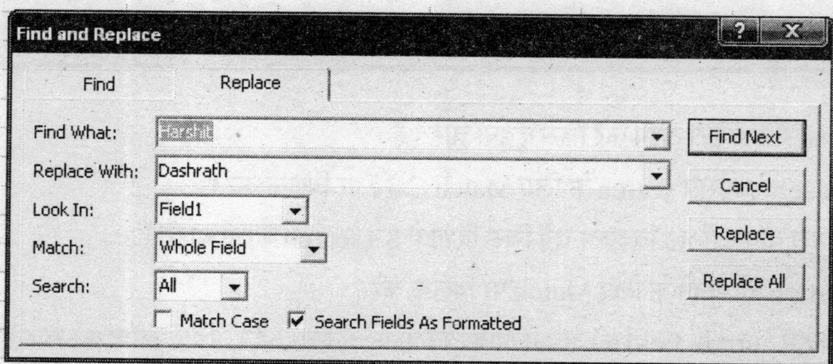

5. Match Case पर क्लिक करें और Search Case को specify करें। इसमें हमें यह सुविधा मिलती है कि यदि हम चाहें तो केवल उस डेटा को ही replace कर सकते हैं, जिसके अक्षरों में capital और small letters का प्रयोग हमारे द्वारा टाइप किए गए डेटा के हू-ब-हू होता है।
6. Match पर क्लिक करके अपनी आवश्यकता के अनुसार विकल्प को चुनें।

7. Search में current field को अपनी आवश्यकतानुसार All, Up या Down पर क्लिक कर सकते हैं।
8. Replace बटन पर क्लिक करने पर पुराना डेटा नए डेटा में परिवर्तित हो जाता है।

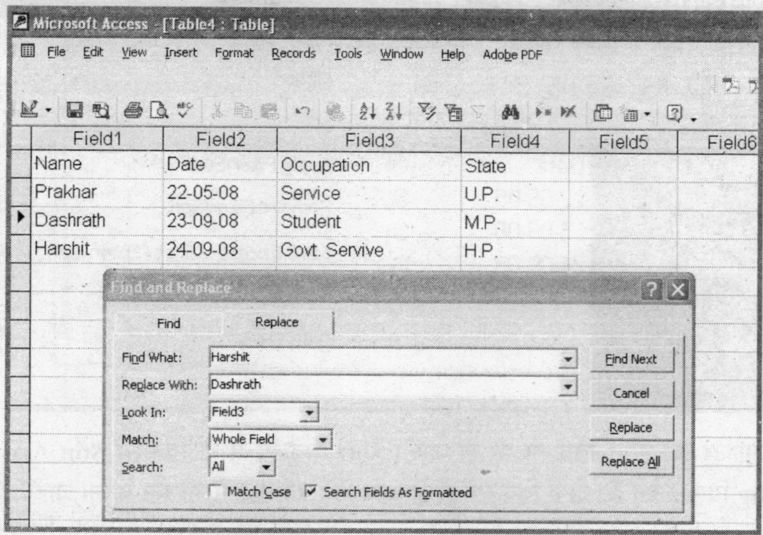

9. यदि आप चाहते हैं कि फाइल में प्रत्येक जगह जहाँ भी यह डेटा मिले, उसे नए डेटा से बदल दिया जाए तो Replace All विकल्प चुनें।
10. Cancel बटन दबाकर अपनी डेटाशीट पर वापस आ जाएँ।

रिकॉर्ड्स का क्रम बदलना

डेटाशीट में रखे गए रिकॉर्ड्स यदि हमने क्रमवार भी रखे हैं तो भी नया डेटा इनपुट करके डेटाबेस को up-to-date करते हैं तो उनका क्रम अव्यवस्थित हो जाता है। रिकॉर्ड्स का क्रम व्यवस्थित करने के लिए कई प्रकार के आधार माने जा सकते हैं। उदाहरण के लिए, रिकॉर्ड्स को वर्णमाला के बढ़ते क्रम (A...Z) या घटते क्रम (Z...A)के रूप में व्यवस्थित कर सकते हैं अथवा संख्या के बढ़ते क्रम (0...7) या घटते क्रम(7...0) में भी व्यवस्थित कर सकते हैं। डेटा को क्रम में व्यवस्थित करने के लिए उन्हें sort करना पड़ता है। यह कार्य निम्न विधि से करते हैं—

1. चाहे हम Datasheet View में हों अथवा Form View में, पहले उस field पर क्लिक करें, जिसके आधार पर sorting करना चाहते हैं।

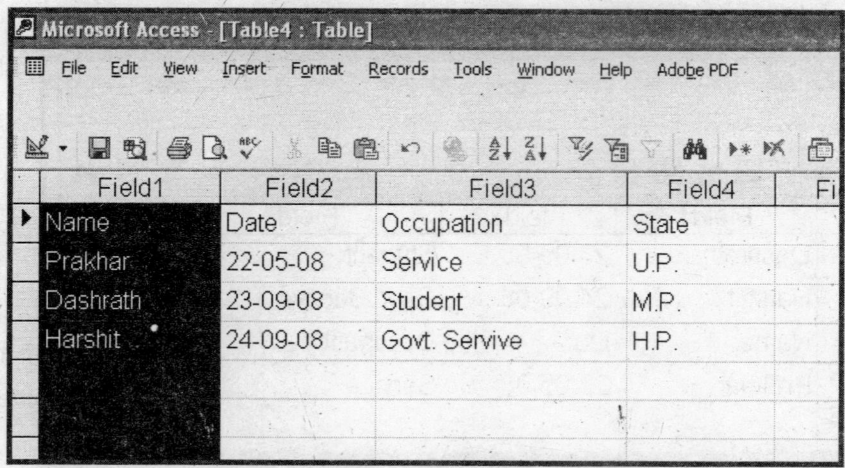

2. Record मेन्यू पर क्लिक करें।

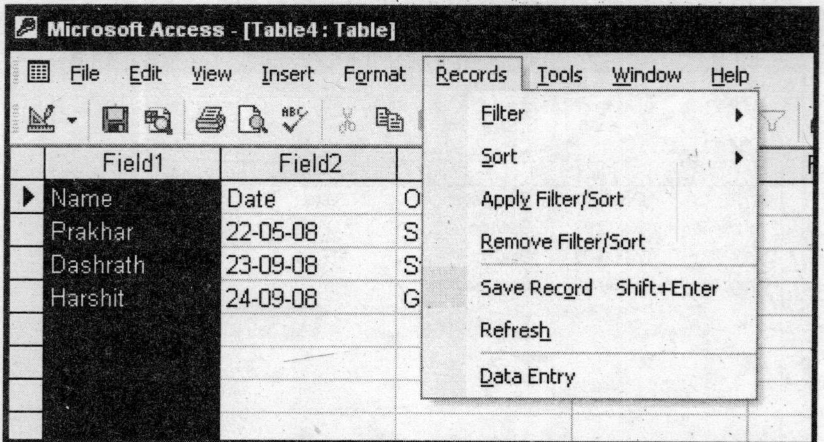

3. अब माउस पॉइंटर को Sort विकल्प पर ले जाएँ। Sort विकल्प में दो विकल्प Sort Ascending या Sort Descending दिखाई देते हैं। दोनों विकल्पों में से आप जिस Order में भी सेट करना चाहते हैं, उस विकल्प पर क्लिक करें।

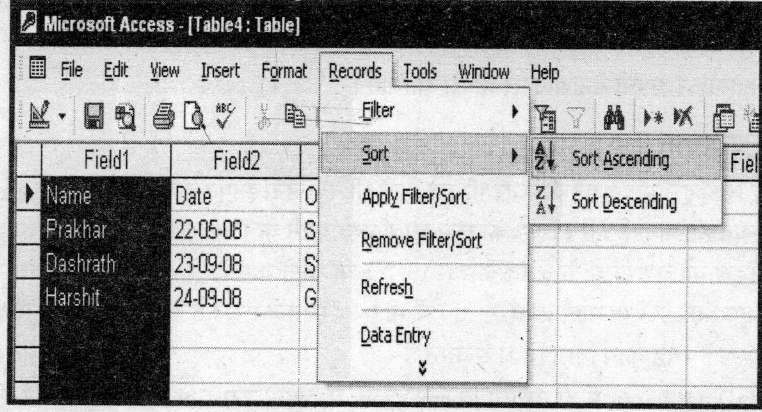

उपर्युक्त कार्य के बाद हमें अपने रिकॉर्ड्स नए क्रम में बदले हुए मिलते हैं।

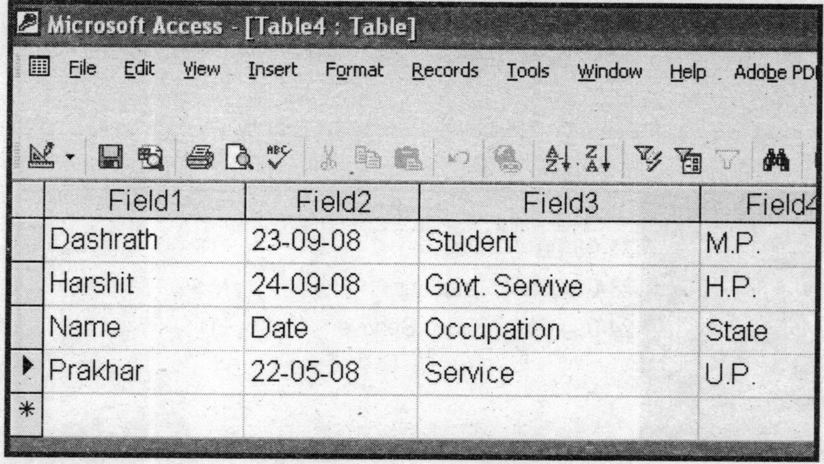

डेटा को Filter करना

Filter का प्रयोग भी डेटाबेस को किसी criteria के आधार पर पुनर्व्यवस्थित करने के लिए होता है। यह कमांड Sort की अपेक्षा अधिक प्रभावी ढंग से कार्य करती है। Filter कमांड का प्रयोग करने के लिए निम्न स्टेप लेते हैं—

1. सबसे पहले उस Field को सिलेक्ट करें जिसके आधार पर रिकॉर्ड को पुनर्व्यवस्थित करना चाहते हैं।

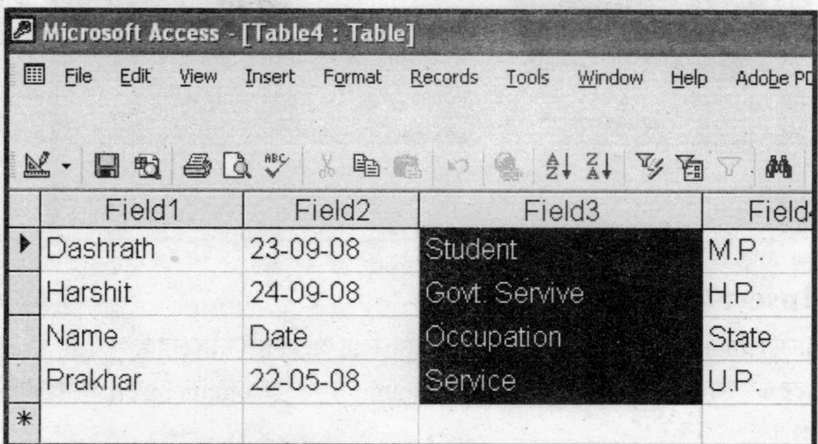

2. Record के विकल्प पर क्लिक करके माउस पॉइंटर को Filter विकल्प पर ले जाएँ और Filter by Form विकल्प पर क्लिक करें। इससे डेटा Filter हो जाता है।

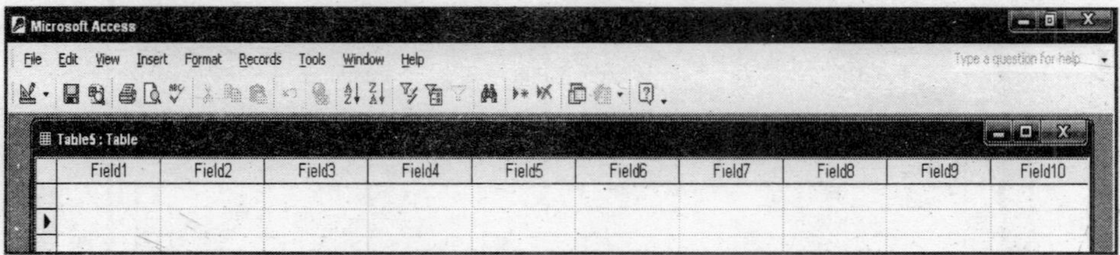

फिल्टर को Save करना

फिल्टर का प्रभाव हम जब चाहें, समाप्त कर सकते हैं। विधि निम्न प्रकार है—

1. Ctrl + F4 'की' को एक साथ दबाएँ।

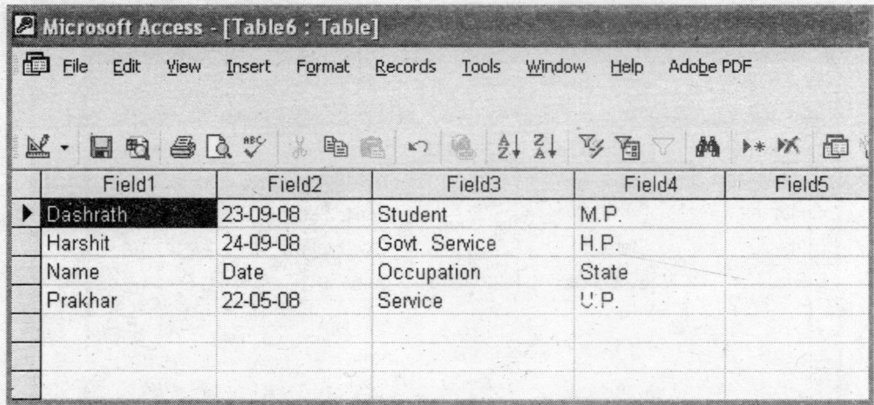

2. Record मेन्यू को pull down करके Remove Filter/Sort विकल्प पर क्लिक करें।

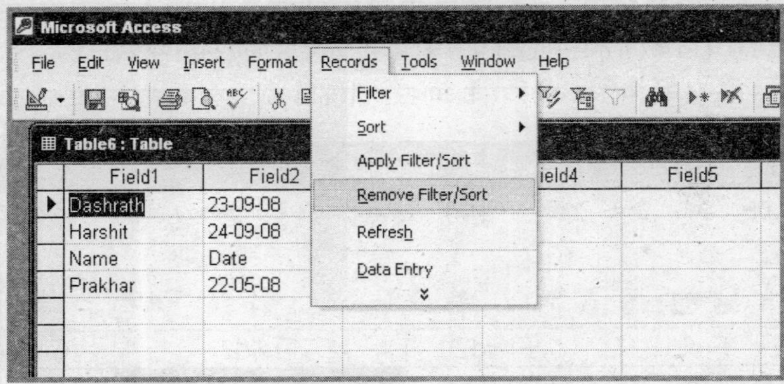

Column को Insert करना

यदि आप Table में Column Insert करना चाहते हैं तो इसके लिए आप निम्न स्टेप लेते हैं—

1. माउस पॉइंटर को उस Column पर ले जाएँ, जिस Column से पहले Column Insert करना चाहते हैं और माउस द्वारा Insert पर क्लिक करें।

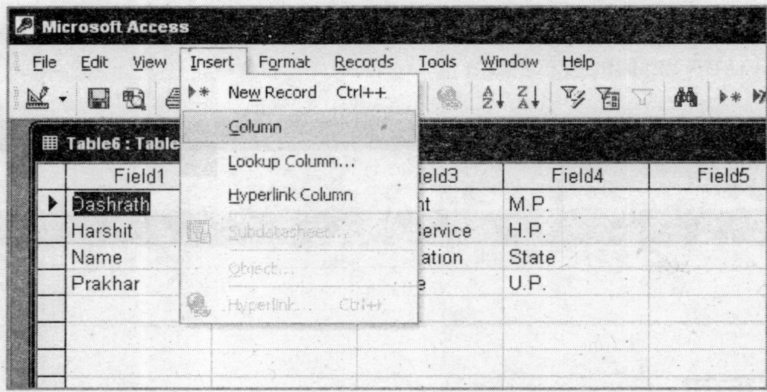

2. Column विकल्प पर क्लिक करने पर क्लिक किए गए Column से पहले Column Insert हो जाता है।

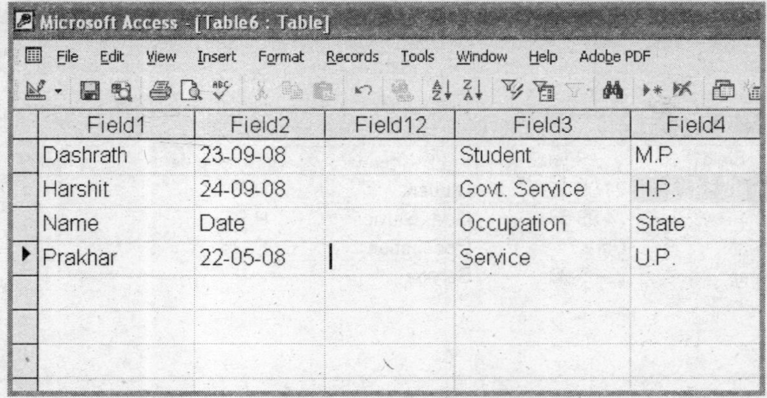

Column को Delete करना

यदि आप टेबल में किसी Column को Delete करना चाहते हैं तो इसके लिए निम्न स्टेप लेते हैं—

1. जिस Column को Delete करना चाहते हैं, उस Column के हेडिंग पर माउस का Right बटन क्लिक करने पर स्क्रीन पर कुछ विकल्प दिखाई देते हैं—

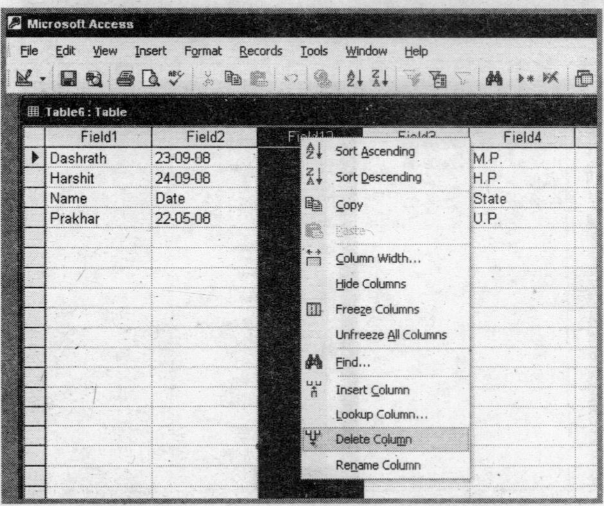

2. स्क्रीन पर दिखाए गए विकल्पों में से Delete Column विकल्प पर क्लिक करने पर स्क्रीन पर एक बॉक्स दिखाई देता है—

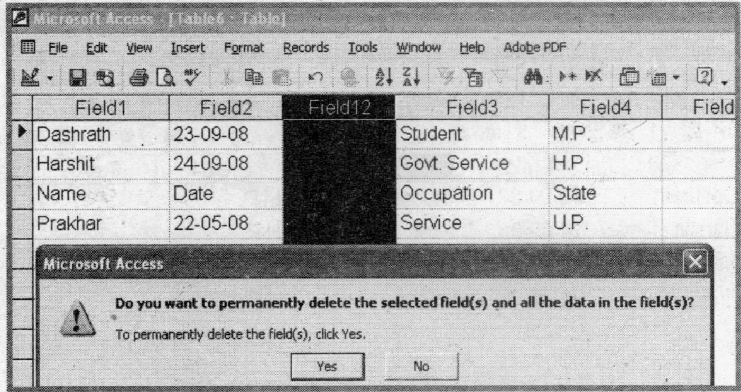

3. Yes विकल्प पर क्लिक करने पर सिलेक्ट किया गया Column Delete हो जाएगा।

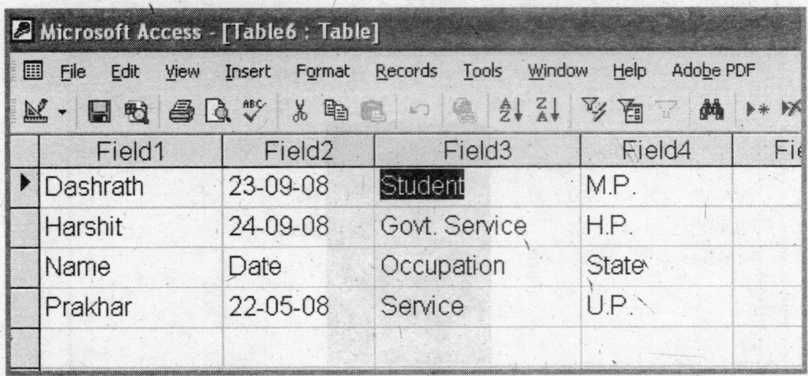

Column का नाम कैसे बदलें ?

यदि आप किसी Column का नाम बदलना चाहते हैं तो इसके लिए निम्न स्टेप लेते हैं—

1. जिस Column का नाम बदलना है, उस Column के हेडिंग पर माउस का Right बटन क्लिक करें। इससे स्क्रीन पर कुछ विकल्प दिखाई देते हैं—

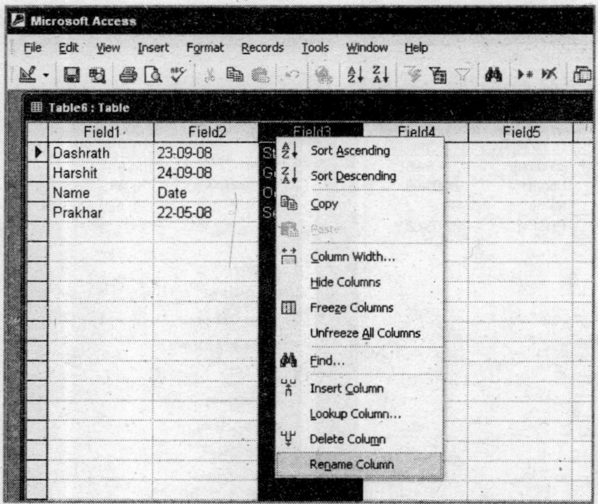

2. स्क्रीन पर दिखाए गए विकल्पों में से Rename Column विकल्प पर क्लिक करने पर Column हेडिंग सिलेक्ट हो जाएगी।

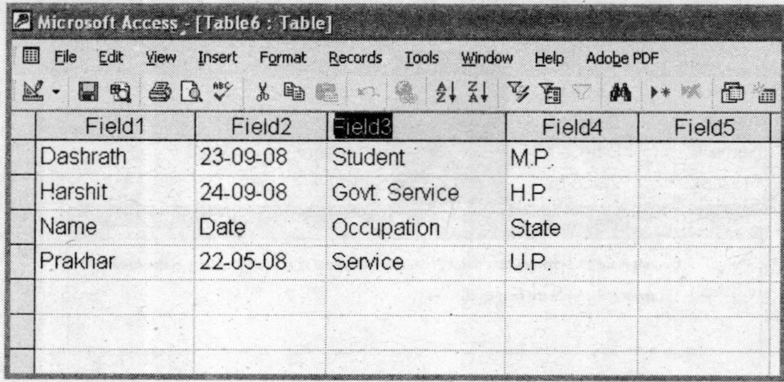

3. अब Column के लिए नया नाम टाइप करके Column हेडिंग बदल सकते हैं।

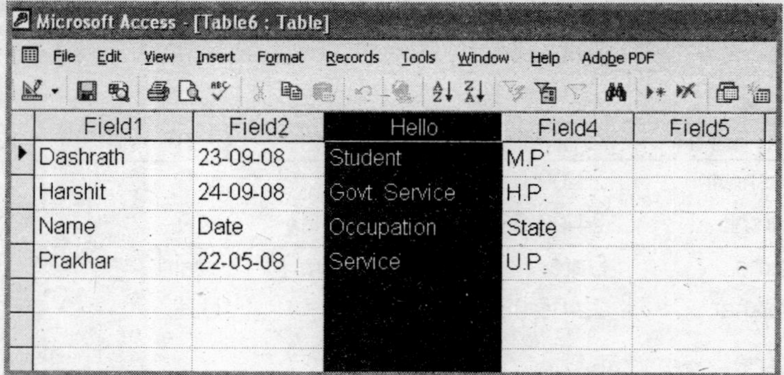

Filter को Save कैसे करें ?

यदि हम Filter का प्रयोग करने के बाद उसके डायलॉग बॉक्स को close कर दें तो उसका प्रभाव समाप्त हो जाता है। इस प्रभाव को यदि हम पुन: देखना चाहते हैं तो Filter को save करना होता है। Filter को save करने की विधि निम्न प्रकार है—

1. यदि Filter डायलॉग बॉक्स स्क्रीन पर है तो File मेन्यू पर क्लिक करें।

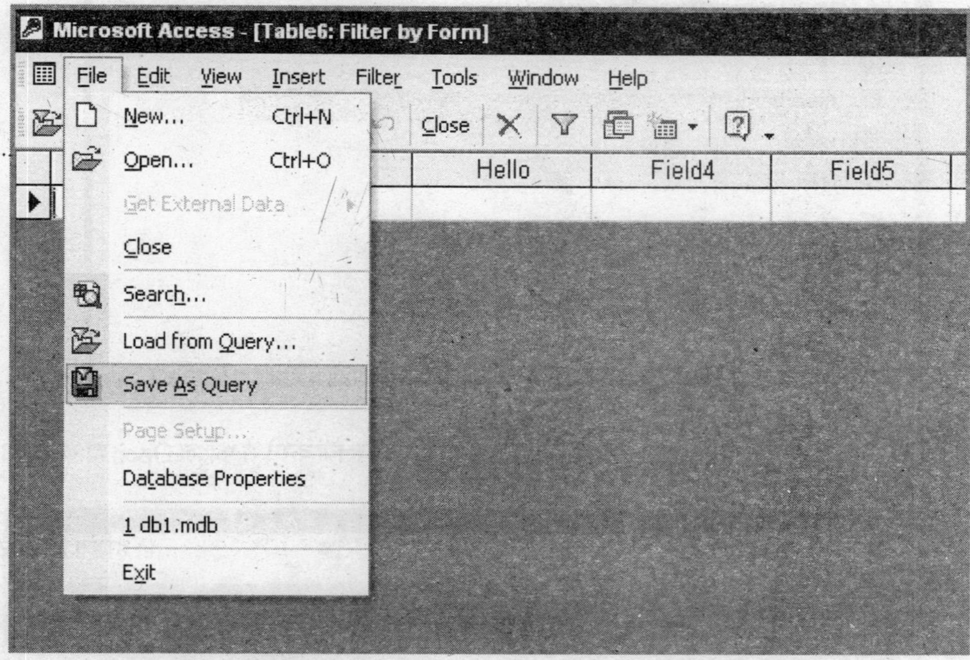

2. Query Name पर फिल्टर को फाइल के रूप में डिस्क पर स्टोर करने के लिए नाम टाइप कर दें।

3. OK बटन पर क्लिक करने पर फिल्टर फाइल डिस्क पर स्टोर हो जाती है।

Save किए गए फिल्टर को Open करना

Filter को एक बार डिस्क में save करने के बाद open करके कभी भी प्रयोग कर सकते हैं। पहले save किए गए फिल्टर को open करने के लिए निम्न स्टेप लेते हैं—

1. Database Windows के डायलॉग बॉक्स में Queries विकल्प पर क्लिक करें।

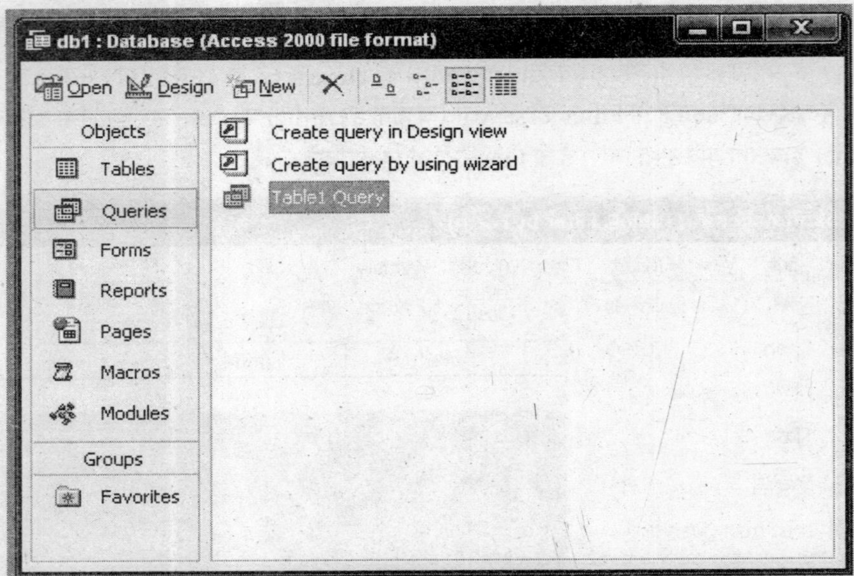

2. अब जिस Query फाइल को Open करना चाहते हैं, उस पर डबल क्लिक करने से फाइल Open हो जाती है।

14 Access में रिपोर्ट डिजाइनिंग

Access में रिपोर्ट्स को सुंदर ढंग से प्रस्तुत करने के लिए हमें अपने डेटाबेस को व्यवस्थित ढंग से arrange करने और layout को आकर्षक बनाने की आवश्यकता होती है। जब हम रिपोर्ट को view या create करते हैं तो निम्न प्रकार की सुविधाएँ प्राप्त होती हैं—

- Layout को हम अधिक प्रभावी ढंग से प्रस्तुत कर सकते हैं।

रिपोर्ट्स तैयार करने से पहले हमें निम्न कार्य करने होते हैं—

1. पूरे डेटाबेस को चेक करते हैं और Current Tables, Forms और Queries की संख्याएँ देख लेते हैं।
2. यह देख लेना चाहिए कि डेटाबेस में वह कौन सा component है, जो डेटा को represent करता है। यह भी देख लेना चाहिए कि वह सारा data जिसे रिपोर्ट में सम्मिलित करना चाहते हैं, डेटाशीट में enter हो चुका है या नहीं। यदि कोई कमी है तो उसे पूरा कर लें।
3. यदि हम डेटा इनपुट करने के साथ-साथ view भी करना चाहते हैं, तब Form का प्रयोग करना उचित रहता है।

रिपोर्ट Create करना

Access में डेटाशीट तैयार करने के बाद रिपोर्ट तैयार करने के लिए निम्न में से किसी एक विधि का प्रयोग किया जा सकता है—

Report Wizard द्वारा रिपोर्ट तैयार करना

Report Wizard में हमें तीन विकल्प मिलते हैं, जो इस प्रकार हैं—

Columner Auto Report

इस विकल्प की सहायता से प्रथम कॉलम में चुनी गई table की साधारण रिपोर्ट बड़ी शीघ्रता से तैयार की जा सकती है।

Tabular Auto Report

इस विकल्प का चयन हम तब करते हैं जब table फॉर्मेट में चुने गए डेटाबेस की सामान्य रिपोर्ट automatically और शीघ्रता से तैयार करना चाहते हैं।

Report Wizard

इस विकल्प का प्रयोग करके हम अपनी चुनी गई table और field को पूरी शुद्धता (accuracy) के साथ तैयार कर सकते हैं।

यदि हम सुविधापूर्वक और शीघ्रता से रिपोर्ट तैयार करना चाहते हैं तो Auto Reports को चुनते हैं, परंतु यदि हम अपने मनचाहे ढंग से सेटिंग करके रिपोर्ट तैयार करना चाहते हैं तो Report wizard का प्रयोग करते हैं।

Auto Report द्वारा रिपोर्ट बनाना

यदि आप Auto Report द्वारा कोई रिपोर्ट बनाना चाहते हैं तो इसके लिए निम्न स्टेप लेते हैं—

1. सबसे पहले Database Window की स्क्रीन पर Reports पर क्लिक करके Create report in Design view पर क्लिक करें।

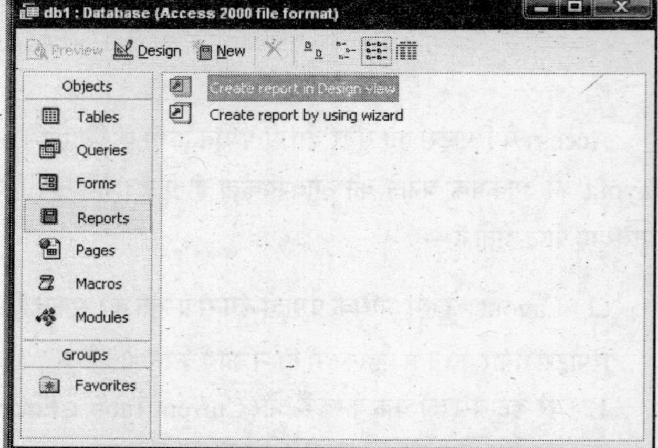

2. New विकल्प पर क्लिक करने पर New Report का डायलॉग बॉक्स स्क्रीन पर दिखाई देता है।

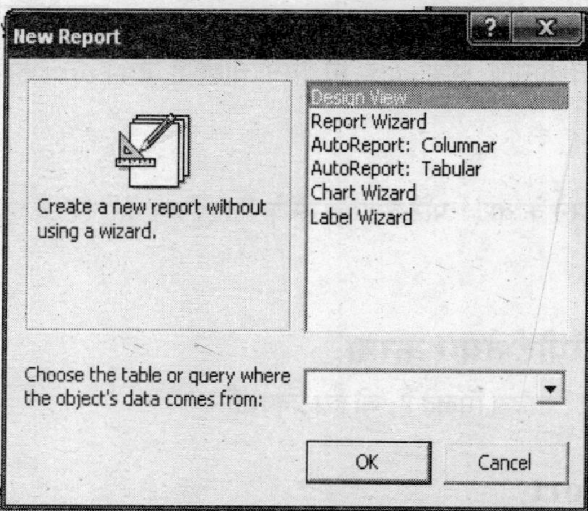

3. Choose the table or query where the object's data comes from के बॉक्स पर क्लिक करके उस डेटा फाइल को चुनें, जिसके आधार पर Auto Report बनाना चाहते हैं।

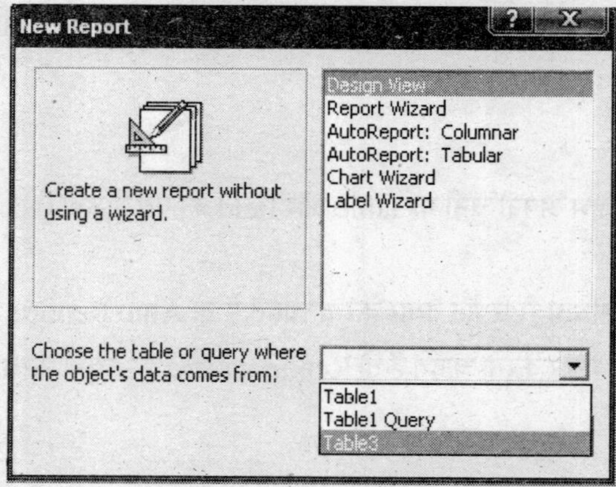

4. OK बटन पर क्लिक करने पर Report फाइल बन जाती है।

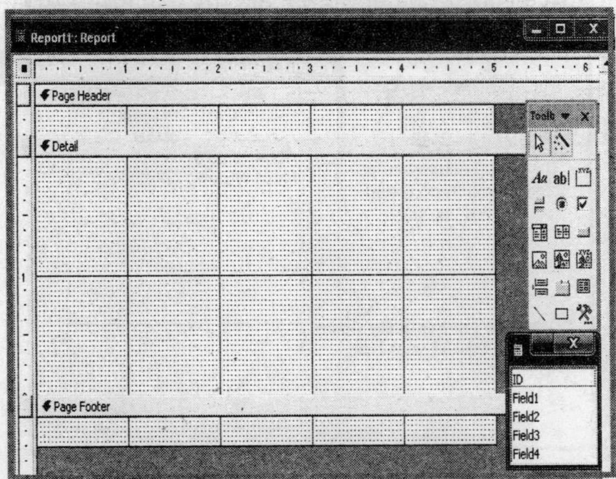

Report Wizard द्वारा रिपोर्ट बनाना

यदि आप Report Wizard द्वारा रिपोर्ट तैयार करना चाहते हैं तो इसके लिए निम्न स्टेप लेते हैं—

1. सबसे पहले Database Windows की स्क्रीन पर Reports पर क्लिक करके Create report by using wizard पर क्लिक करें।

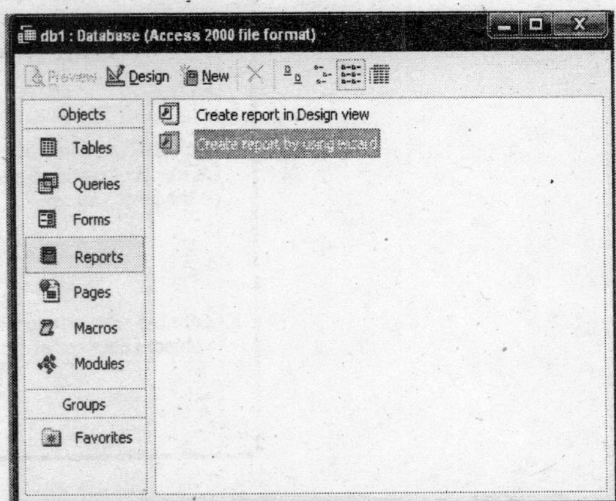

2. New विकल्प पर क्लिक करने पर New Report का डायलॉग बॉक्स स्क्रीन पर आ जाता है।

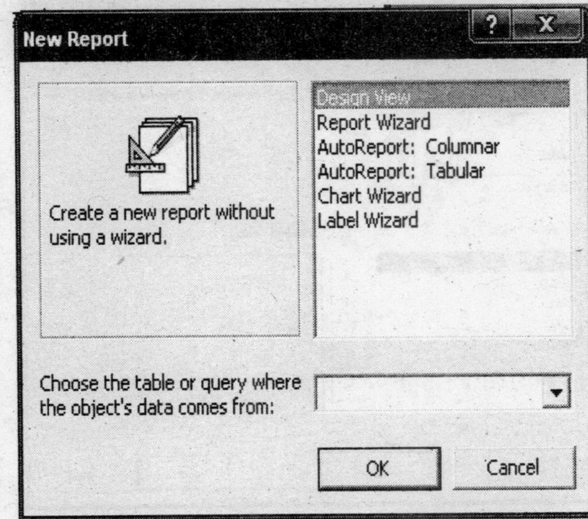

3. Report Wizard विकल्प पर क्लिक करें।

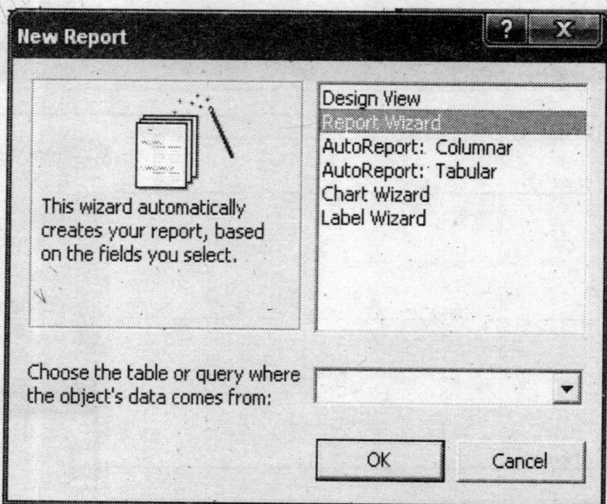

4. Choose the table or query where the object's data comes from के बॉक्स पर क्लिक करके उस डेटा फाइल को चुनें, जिसके आधार पर Report बनाना चाहते हैं।

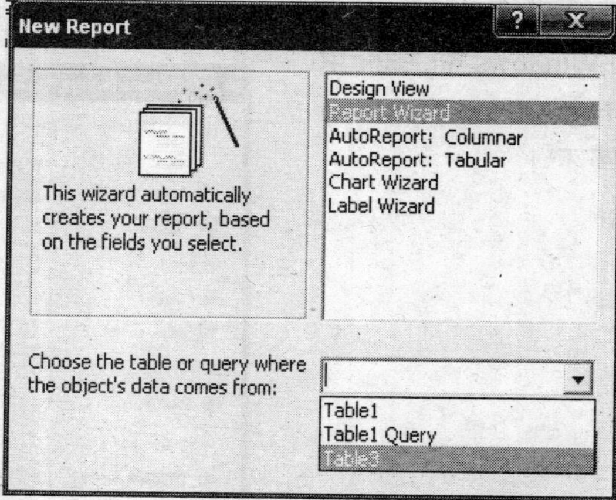

5. OK बटन पर क्लिक करने पर Report Wizard का डायलॉग बॉक्स स्क्रीन पर आ जाता है।

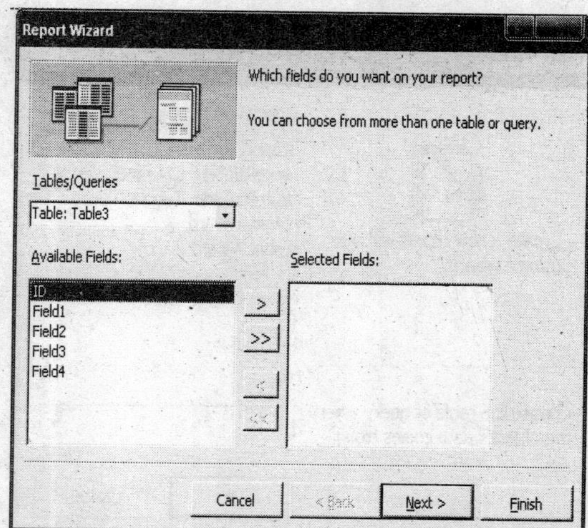

6. उपर्युक्त स्क्रीन पर क्लिक करके उन फील्ड्स को सिलेक्ट करें, जिनके आधार पर Report बनाना चाहते हैं।

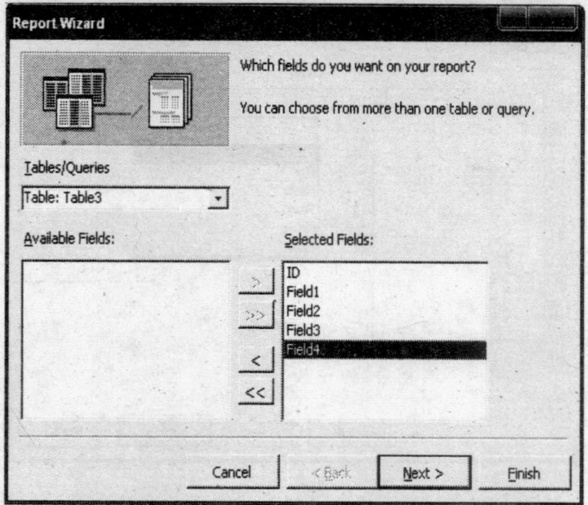

7. Next बटन पर क्लिक करें।

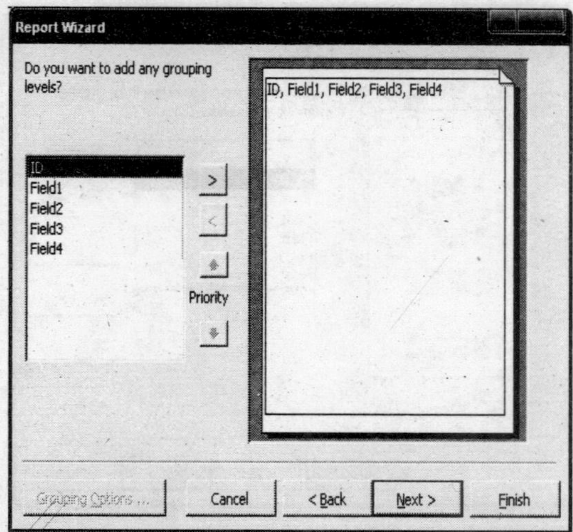

8. उपर्युक्त स्क्रीन पर ❒ बटन पर क्लिक करके Groups को सिलेक्ट करें।

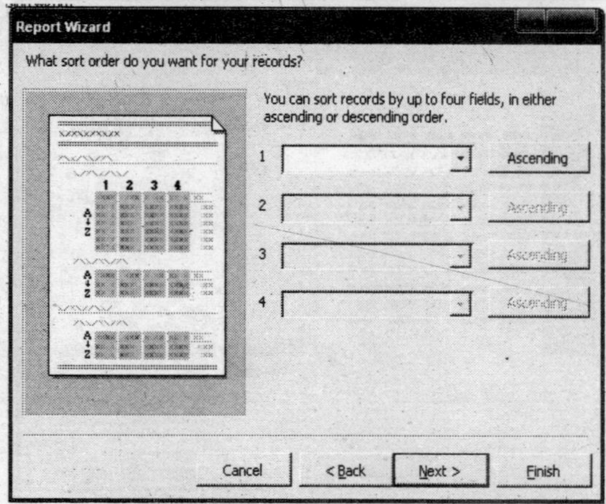

9. अब Next बटन पर क्लिक करें।

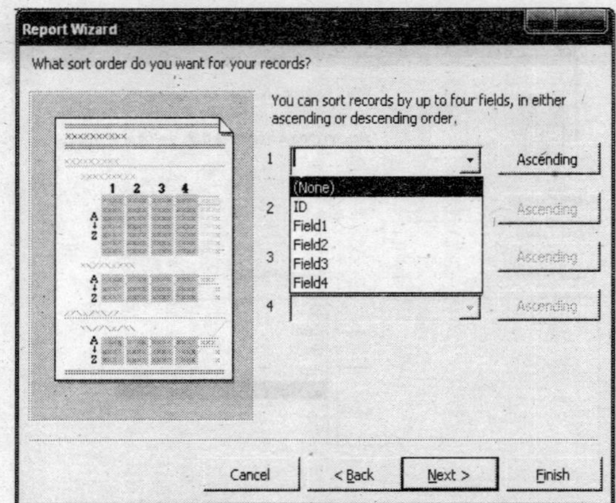

10. उपर्युक्त डायलॉग बॉक्स में रिकॉर्ड्स की 2 फील्ड्स को क्रम में व्यवस्थित करने के लिए Option चुनें। इसके लिए प्रत्येक फील्ड के पुल डाउन बटन को क्लिक करके विकल्प चुनें।

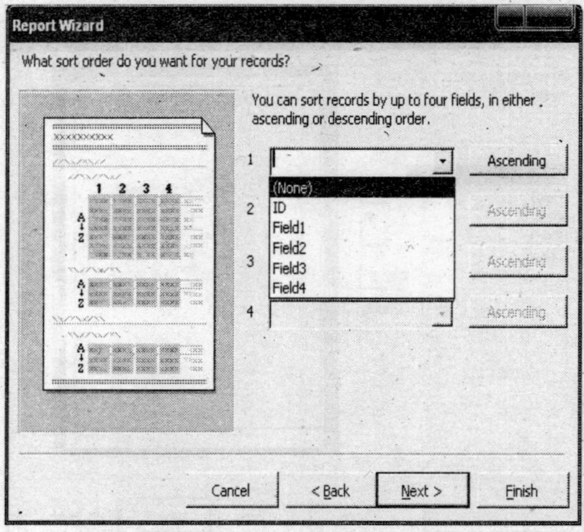

11. बॉक्स नंबर 1 पर क्लिक करें और Next बटन को दबाएँ।

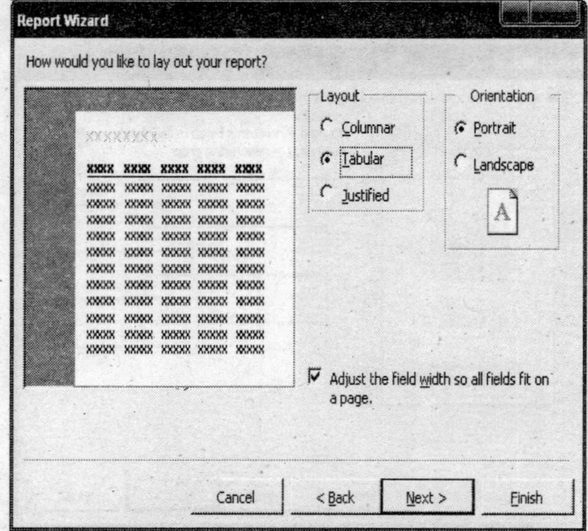

12. Layout के विकल्पों में से किसी एक का चयन करें, जिसमें आप Report Wizard तैयार करना चाहते हैं।

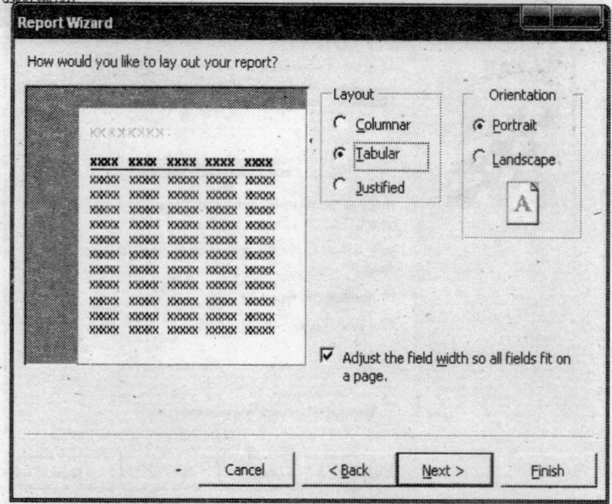

13. Orientation में किसी एक विकल्प को चुनें।

14. Next बटन पर क्लिक करें।

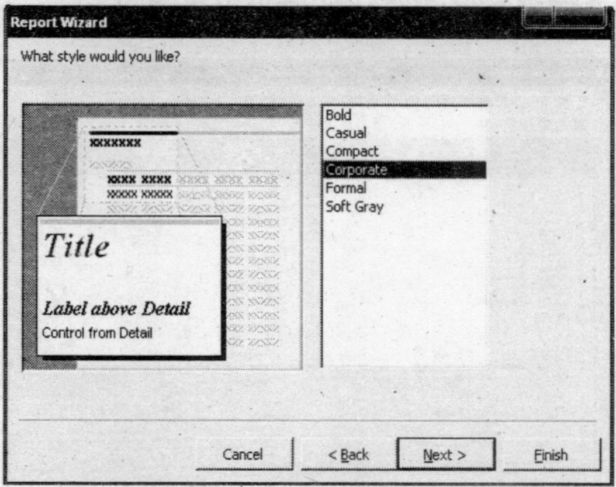

15. रिपोर्ट के लिए कोई एक स्टाइल चुनें।

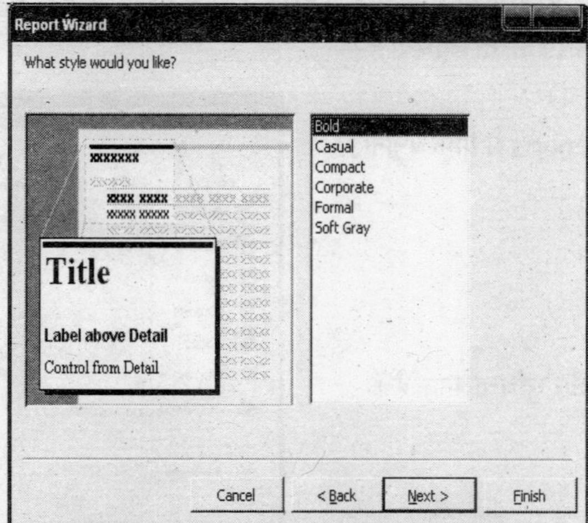

16. Next बटन पर क्लिक करें।

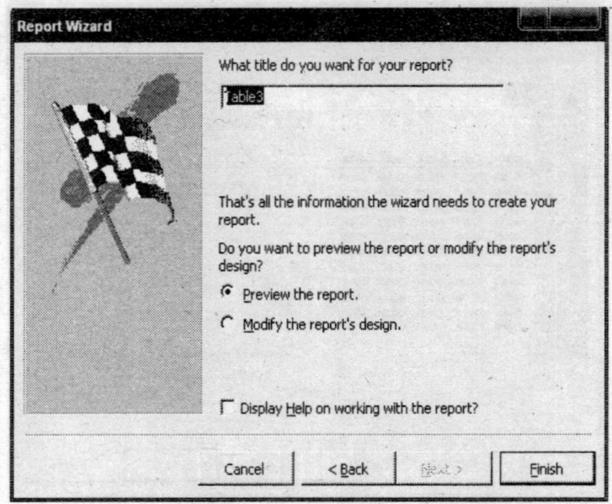

17. What title do you want for your report? पर किसी फाइल का नाम टाइप करें।
18. Preview the report को सिलेक्ट करें।
19. Finish बटन पर क्लिक करने पर रिपोर्ट तैयार होकर स्क्रीन पर आ जाती है।

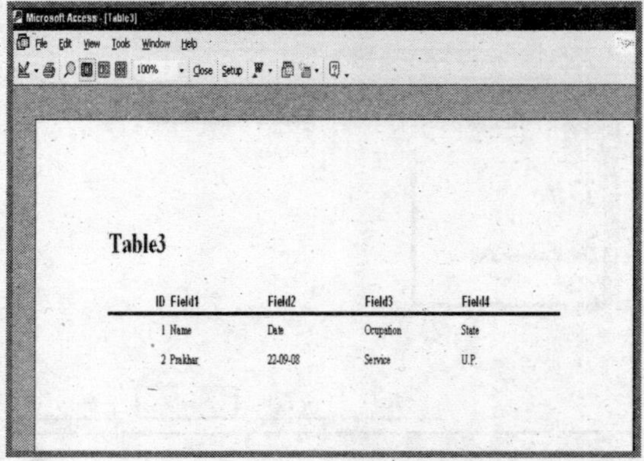

ग्राफ बनाना

Access में Chart Wizard की सुविधा मिलती है, जिसके द्वारा डेटाशीट में डेटा को आधार बनाकर ग्राफ के रूप में प्रदर्शित कर सकते हैं। ग्राफ तैयार करने की दो विधियाँ हैं—

1. Scratch द्वारा ग्राफ बनाना।
2. Existing Form या Reports से ग्राफ बनाना।

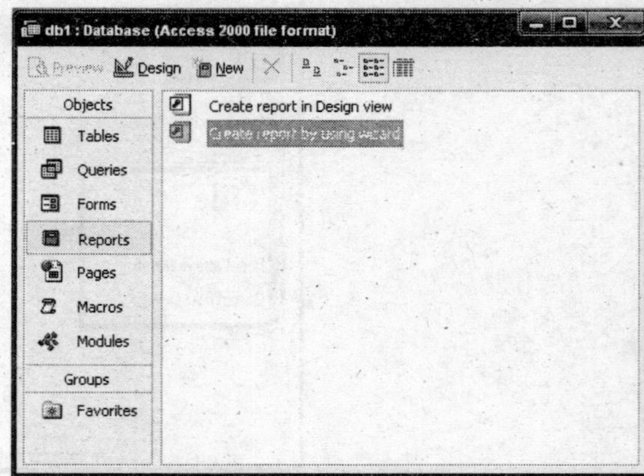

इन दोनों में पहली विधि तेज और सुविधाजनक है।

Scratch द्वारा ग्राफ बनाना

Scratch द्वारा ग्राफ बनाने के लिए हम Access की Database Window पर निम्न स्टेप लेते हैं—

1. Forms या Reports पर क्लिक करके Create report by using wizard पर क्लिक करें।

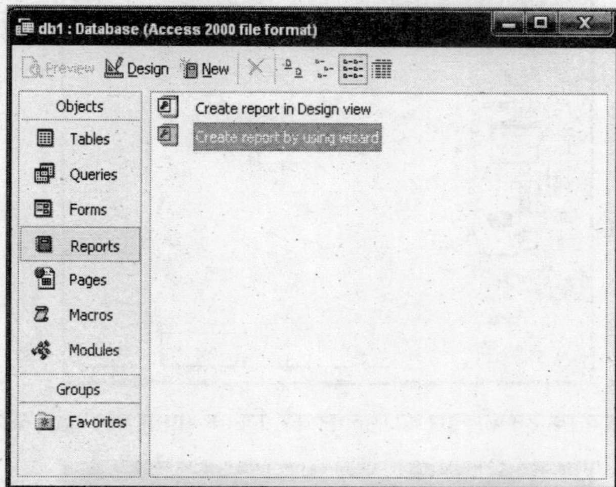

2. New बटन पर क्लिक करने पर New Report का डायलॉग बॉक्स स्क्रीन पर दिखाई देता है।

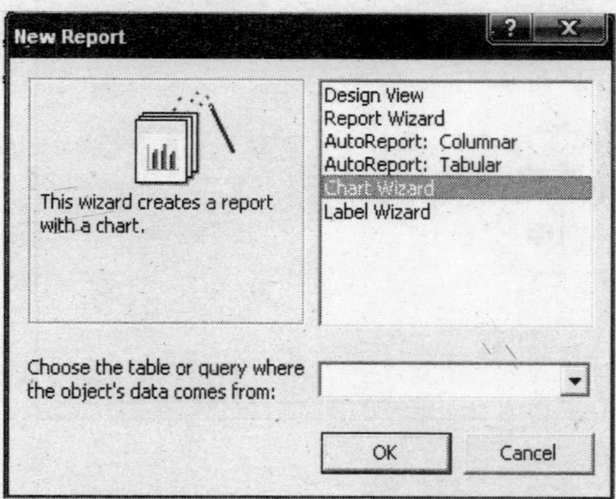

3. Chart Wizard पर क्लिक करें।

4. Choose the table or query where the object's data comes from के बॉक्स पर क्लिक करके उस डेटा फाइल को चुनें, जिसके आधार पर Chart बनाना चाहते हैं।

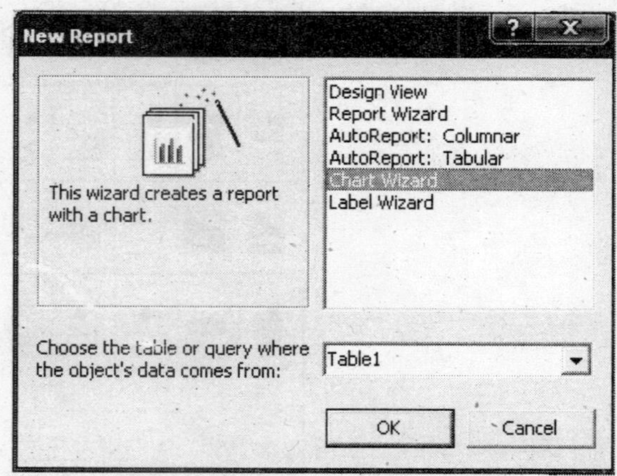

5. OK पर क्लिक करने पर Chart Wizard का डायलॉग बॉक्स स्क्रीन पर दिखाई देता है।

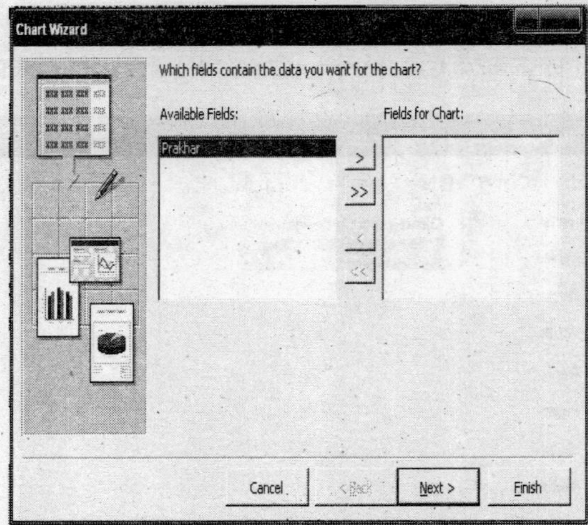

6. उपर्युक्त स्क्रीन क्लिक करके उन फील्ड्स को सिलेक्ट करें, जिनके आधार पर Chart बनाना है।

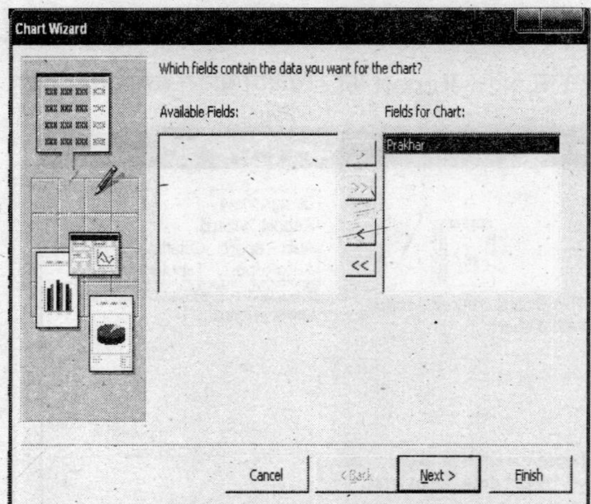

7. Next बटन पर क्लिक करें।

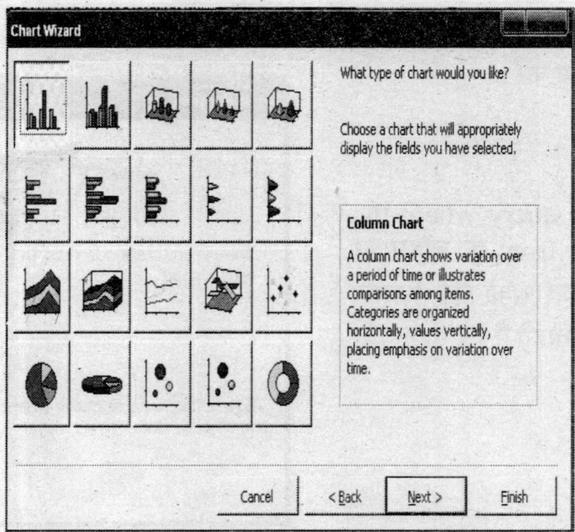

8. Chart के उस टाइप को सिलेक्ट करें जिस टाइप में Chart बनाना चाहते हैं।

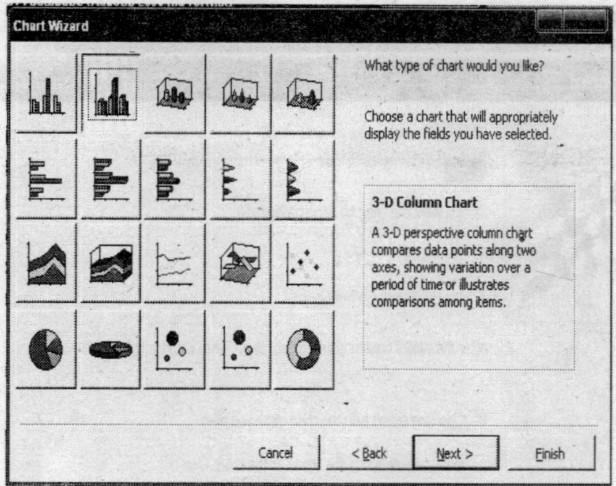

9. Next बटन पर क्लिक करें।

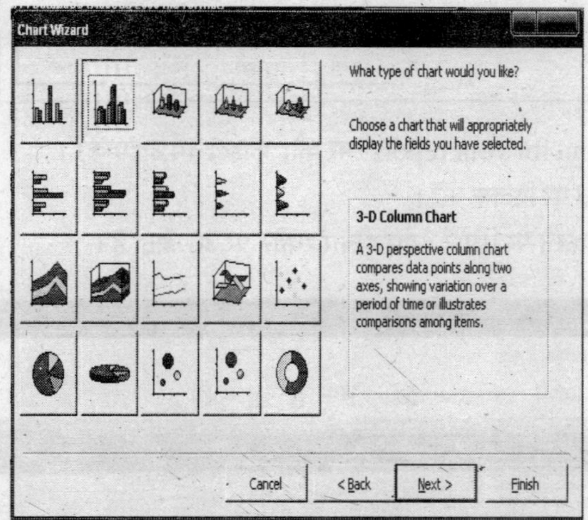

10. चुना गया Chart स्क्रीन पर किस प्रकार दिखाई देगा, इसके लिए Preview Chart विकल्प पर क्लिक करने पर Sample Preview का डायलॉग बॉक्स स्क्रीन पर दिखाई देगा, जिसमें चुने गए Chart का Sample दिखाया जाता है।

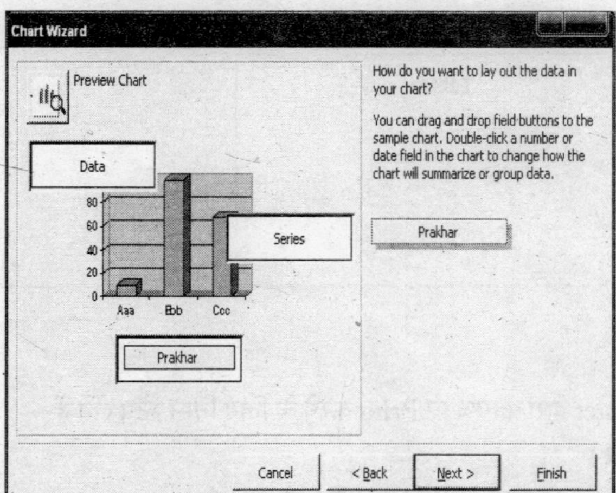

11. इस डायलॉग बॉक्स को बंद करने के लिए Close विकल्प पर क्लिक करें।
12. Next बटन पर क्लिक करें।

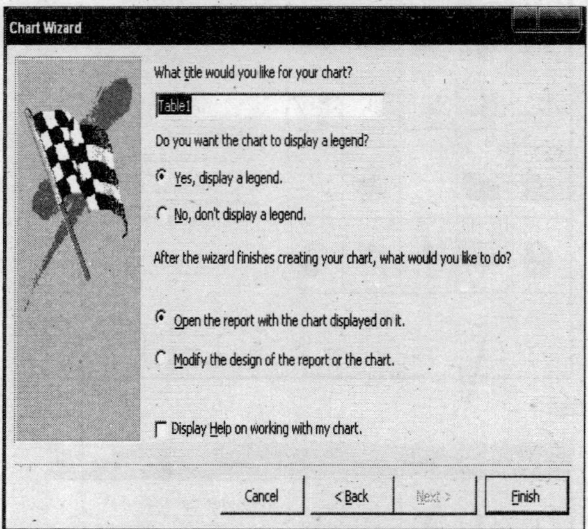

13. What title do you want for your report? पर कोई फाइल नेम टाइप करें।
14. Yes, display a legend पर क्लिक करें।
15. Finish बटन पर क्लिक करने पर रिपोर्ट तैयार होकर स्क्रीन पर आ जाती है।

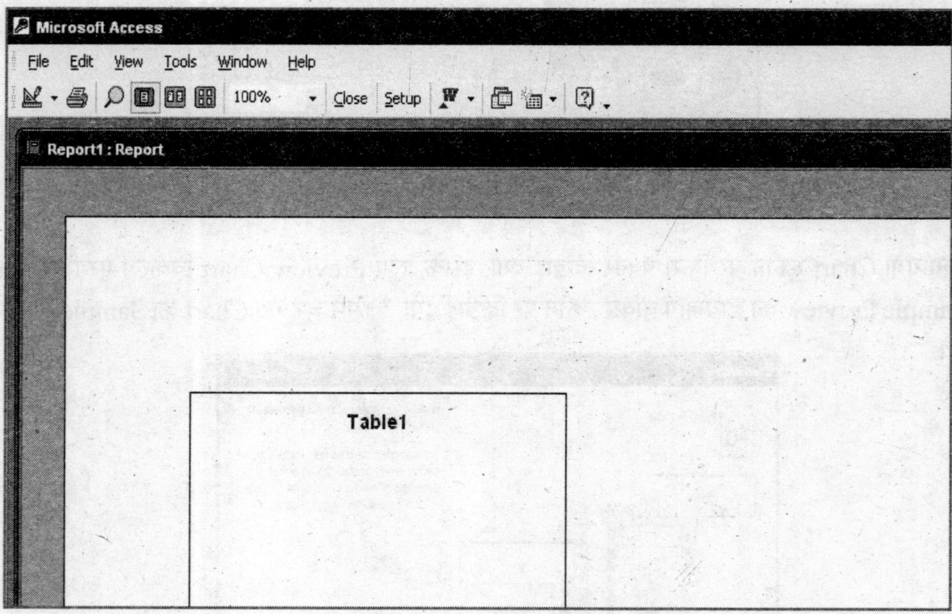

डेटा को Print करना

Access में डेटाबेस को Printer द्वारा कागज पर Print करने के लिए निम्न स्टेप लेते हैं—

1. File मेन्यू पर क्लिक करें।
2. Print विकल्प पर क्लिक करने पर Print का डायलॉग बॉक्स स्क्रीन पर प्रदर्शित हो जाता है।

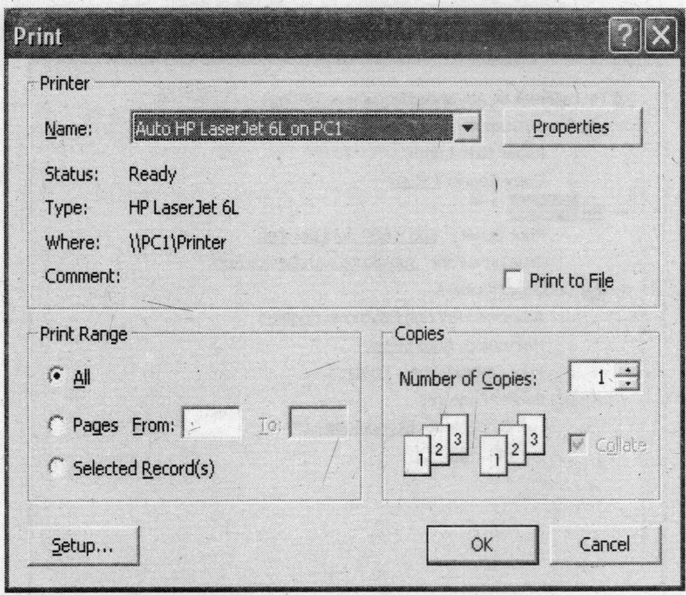

3. Name विकल्प पर उस Printer को चुनें, जिस Printer पर फाइल को Print करना चाहते हैं।
4. यदि सारे पेजों का Print निकालना चाहते हैं, तब Print Range विकल्प के All पर और यदि किन्हीं विशेष पेजों को Print करना चाहते हैं तो Page From: व To: में उन पेजों की संख्या टाइप करें।
5. Copies विकल्प पर पेजों की जितनी कॉपी चाहिए, वह संख्या टाइप करें।
6. Properties विकल्प पर क्लिक करने पर Properties का डायलॉग बॉक्स स्क्रीन पर आ जाता है।

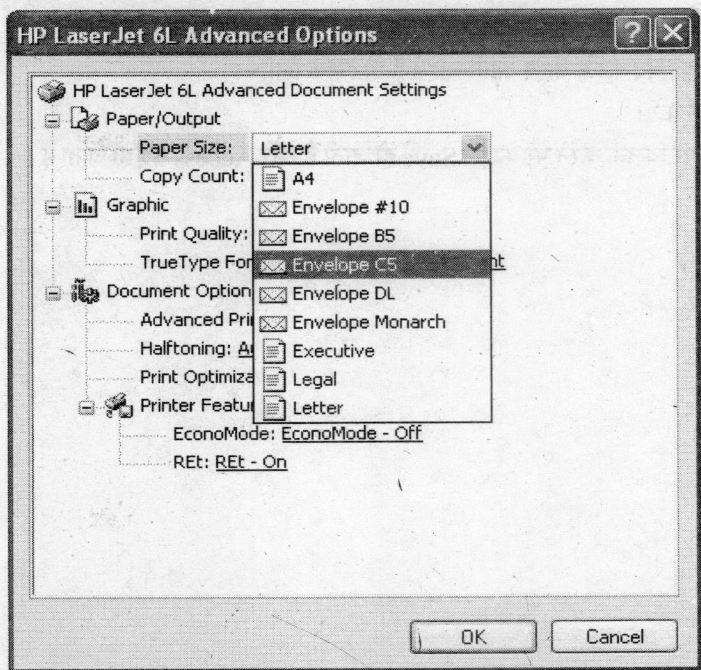

7. उपर्युक्त डायलॉग बॉक्स में पेज का Size, Orientation व Source सेट करें।
8. Graphics विकल्प पर क्लिक करने पर Graphics का डायलॉग बॉक्स स्क्रीन पर दिखाई देता है।

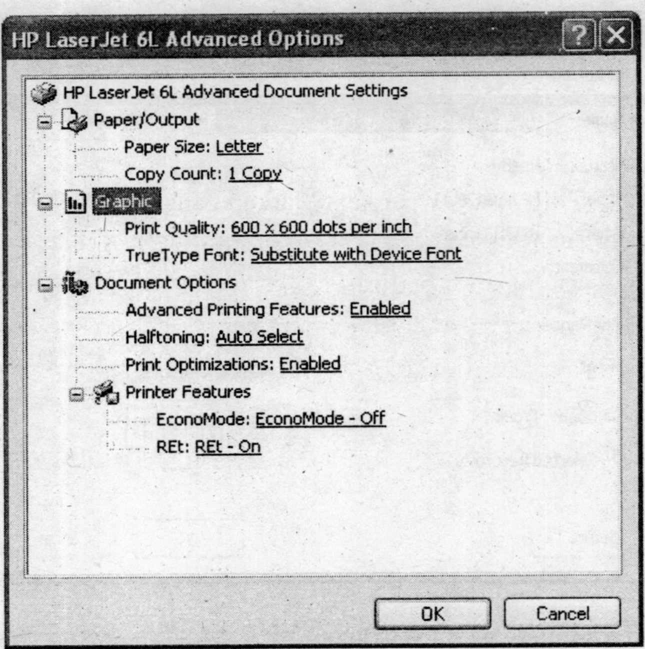

9. उपर्युक्त डायलॉग बॉक्स में पेज का Resolution, Dithering, Intensity व Graphics mode विकल्पों की सेटिंग करें।
10. OK बटन दबाने पर Printing आरंभ हो जाती है।

Access से बाहर निकलना

यदि आप Access को बंद करके बाहर आना चाहते हैं तो इसके लिए—

1. File पर क्लिक करें।
2. Exit विकल्प पर क्लिक करने पर फाइल Save हो जाती है और Access बंद हो जाता है।

□

15 HTML और वेब पेज डिजाइनिंग

वेब साइट बनाने के लिए HTML अर्थात् Hyper Text Markup Language का प्रयोग किया जाता है। इस भाषा में कोडिंग करना आसान है। हाइपर टेक्स्ट डॉक्यूमेंट को किसी भी वेब ब्राउजर में खोला जा सकता है, अत: इसे वेब पेज के रूप में देखने के लिए कंप्यूटर में Internet Explorer या Netscape जैसा कोई ब्राउजर अवश्य होना चाहिए।

HTML में डॉक्यूमेंट लिखने के लिए किसी भी अतिरिक्त सॉफ्टवेयर की आवश्यकता नहीं होती, बल्कि Windows की Accessories में Notepad की आवश्यकता होती है, जिसमें HTML कोडिंग लिखने के बाद उसे Save As कमांड देकर फाइल नेम के आगे HTM एक्सटेंशन देकर HTML डॉक्यूमेंट के रूप में Save कर लेते हैं, अर्थात् HTML कोडिंग को Notepad में लिखा जा सकता है, जबकि वेब पेज के रूप में देखने के लिए वेब ब्राउजर की आवश्यकता होती है।

HTML डॉक्यूमेंट

HTML डॉक्यूमेंट में HTML के Elements प्रयोग किए जाते हैं। HTML एलीमेंट कमांड का संपूर्ण स्वरूप होता है, जिसमें कमांड के साथ वह विवरण भी दिया जाता है, जो वेब साइट पर दिखाया जाता है। प्रत्येक HTML एलीमेंट का एक स्टार्ट tag और एक end tag होता है। Tag में एक left angular ब्रैकेट '<' होता है, जिसे सामान्यत: Less than चिह्न के रूप में पहचाना जाता है। इसके आगे tag का नाम लिखते हैं और फिर right angular ब्रैकेट '>' से बंद कर देते हैं। उदाहरण के लिए <HTML> एक Starting tab है। इसी तरह end tab के लिए आरंभ left angular ब्रैकेट से करते हैं, फिर एक '/' स्लैश लगाने के बाद tag का नाम लिखते हैं और इसके बाद right angular ब्रैकेट से बंद करते हैं। उदाहरणार्थ </HTML>A

HTML के एलीमेंट्स को कंटेनर (Container) और एंप्टी (Empty) एलीमेंट्स में वर्गीकृत किया गया है। सभी कंटेनर के एलीमेंट जोड़े में रहते हैं, अर्थात् उनका आरंभिक और अंतिम tag होता है, जबकि एंप्टी एलीमेंट में कोई tag नहीं होता है, परंतु आरंभ tag से ही किया जाता है।

HTML डॉक्यूमेंट का फाइल एक्सटेंशन

HTML डॉक्यूमेंट का फाइल एक्सटेंशन HTM या HTML दिया जा सकता है। उदाहरण के लिए, यदि आप Windows के Notepad में HTML कोडिंग करके कोई डॉक्यूमेंट तैयार करते हैं और उस डॉक्यूमेंट का नाम Profile रखना चाहते हैं तो उसे Profile.htm या Profile.html देकर save किया जा सकता है।

HTML डॉक्यूमेंट के भाग

HTML डॉक्यूमेंट की मूल संरचना निम्न एलीमेंट्स पर आधारित होती है—

(i) <HTML>
</HTML>

(ii) <HEAD>
</HEAD>

(iii) <BODY>
</BODY>

इन्हें डॉक्यूमेंट स्ट्रक्चर एलीमेंट कहते हैं।

(i) HTML एलीमेंट

यह एक कंटीनर एलीमेंट होता है। इसके द्वारा डॉक्यूमेंट को HTML डॉक्यूमेंट की पहचान मिलती है, अर्थात् यही एलीमेंट बताता है कि जिस डॉक्यूमेंट को आप प्रयोग कर रहे हैं वह HTML डॉक्यूमेंट है। यह एलीमेंट डॉक्यूमेंट के प्रस्तुतीकरण पर कोई प्रभाव नहीं डालता, बल्कि वेब ब्राउजर को यह बताता है कि यह HTML डॉक्यूमेंट है, जिसे ब्राउजर पर खोला जाता है। HTML के अंदर ही HEAD और BODY एलीमेंट को रखा जाता है।

<HTML>
<HEAD>........................</HEAD>
<BODY>........................</BODY>
</HTML>

ध्यान दें!

HTML कैपिटल और स्मॉल लेटर्स में भेद नहीं समझती, अत: आप कैपिटल 'HTML' या स्मॉल 'html' किसी भी तरह कोडिंग कर सकते हैं।

(ii) HEAD एलीमेंट

यह भी एक कंटेनर एलीमेंट है, जो HTML डॉक्यूमेंट के हैडर को परिभाषित करने हेतु प्रयोग किया जाता है, परंतु यह प्रस्तुतीकरण पर कोई प्रभाव नहीं डालता। हैडर में डॉक्यूमेंट के विषय में सूचना दी जाती है, परंतु यह सूचना ब्राउजर में टाइपिंग के रूप में दिखाई जाती है, वेब पेज पर नहीं; वह भी केवल तब, जबकि इस सूचना को TITLE टैग में लिखा जाता है।

उदाहरणार्थ-

<HTML>
<HEAD)>......................</HEAD>
<TITLE> PROFILE<TITLE>
<HEAD>
</HTML>

(iii) BODY एलीमेंट

इस कंटेनर एलीमेंट में डॉक्यूमेंट के सभी मुख्य Contents रखे जाते हैं। BODY एलीमेंट में BACKGROUND, BGCOLOR, TEXT इत्यादि एट्रीब्यूट्स रखे जाते हैं।

BACKGROUND

इस एट्रीब्यूट का प्रयोग करके किसी इमेज के URL का संदर्भ देते हैं ताकि अमुक स्थान पर उपलब्ध इमेज फाइल को बैकग्राउंड के रूप में प्रयोग किया जा सके।

उदाहरणार्थ—

<BODY BACKGROUND = "123.JPG">.....
<BODY>

ध्यान दें!

बैकग्राउंड में प्रयोग करने के लिए इमेज फाइल JPG या GIP फॉरमैट में होना चाहिए।

RBGCOLOR

इस एट्रीब्यूट द्वारा बैकग्राउंड का रंग बदला जाता है। इसमें मुख्यत: तीन रंग Red, Green और Blue प्रयोग किए जाते हैं; परंतु इनका मिश्रण प्रयोग करने के लिए निम्न प्रकार लिखते हैं—

#RRGGBB

उदाहरणार्थ—

```
<BODY BACKGROUND="image.jpg">
BG Color="YELLOW">
........................................
</BODY>
```

Text

इस एट्रीब्यूट द्वारा डॉक्यूमेंट के सामान्य टेक्स्ट मैटर का रंग बदला जाता है। इसमें कलर की वही वैल्यू प्रयोग की जाती है, जो BGCOLOR में की जाती है। उदाहरणार्थ—

```
<BODY BACKGROUND="image.jpg"
BG COLOR="PINK" TEXT= "BLUE">
I LOVE COMPUTER
</BODY>
```

HTML हेडिंग

हेडिंग एलीमेंट को वेब डॉक्यूमेंट में हेडिंग देने हेतु प्रयोग किया जाता है। इस एलीमेंट को H2......H6 के रूप में क्रमवार एक-एक लेवल कम करते हुए प्रयोग किया जा सकता है। हेडिंग सामान्य मैटर से अधिक बड़ा और dark दिखाई देता है।

उदाहरणार्थ-

```
<HTML>
<HTML>
<H1>PROFILE</H1>
<H2>NAME</H2>
KALPANA
<H2>ADDRESS</H2>
LAXMI NAGAR, DELHI-92
</HTML>
```

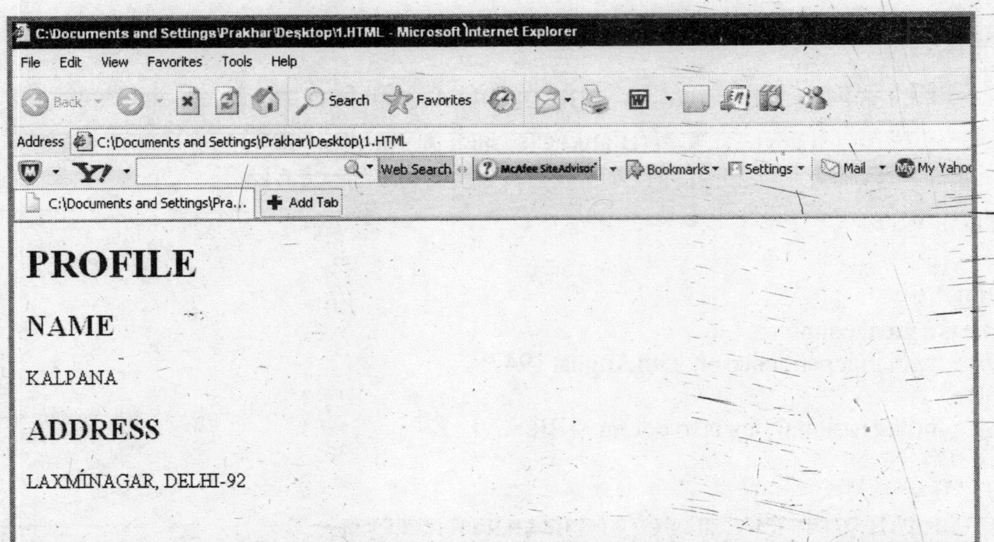

पैराग्राफ ब्रेक

पैराग्राफ एलीमेंट को <P>----------</P> के रूप में लिखा जाता है। इस एलीमेंट को लाइन ब्रेक देने के लिए प्रयोग करते हैं, ताकि नया पैराग्राफ अगली लाइन से आरंभ किया जा सके। इस एलीमेंट के साथ कुछ विकल्प भी प्रयोग किए जा सकते हैं, जो पैराग्राफ को बाईं से दाईं ओर या सेंटर से आरंभ कर सकेंगे। नीचे दिए गए उदाहरण से आप इस एलीमेंट का प्रयोग समझ सकते हैं—

उदाहरणार्थ—

```
<HTMO>
<BODY>
<PALIGN="RIGHT"> Corporate Office</P>
<PALLGN="RIGHT"> Delhi, India</P>
<BODY>
</HTML>
```

इस HTML कोडिंग का परिणाम ब्राउजर पर निम्न प्रकार आएगा—

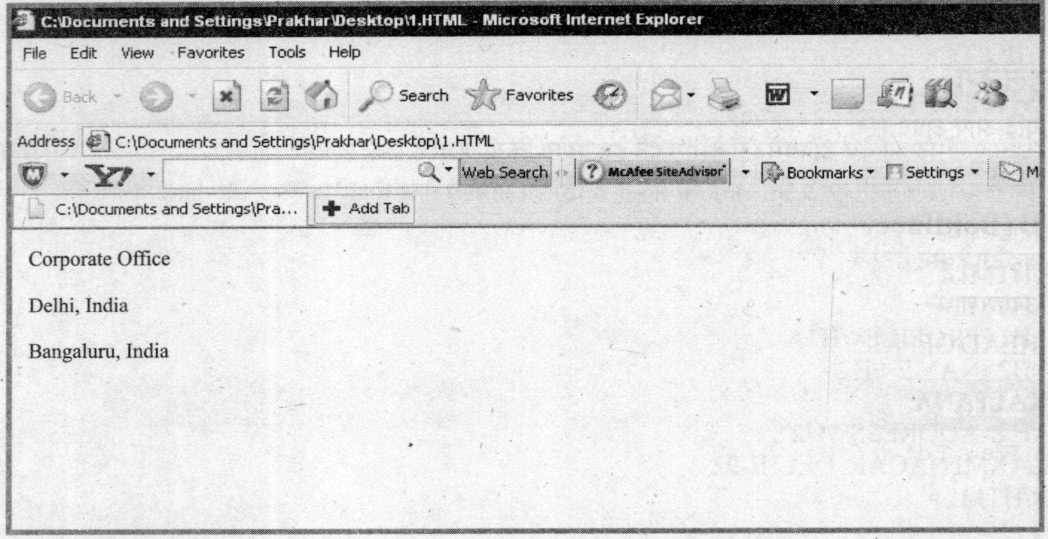

लाइन ब्रेक

लाइन ब्रेक देने के लिए
 ------------</BP> एलीमेंट का प्रयोग किया जाता है। जब आप पैराग्राफ ब्रेक देते हैं, तब नई लाइन आरंभ करने से पहले एक खाली (Blank) लाइन आती है, परंतु लाइन ब्रेक देने पर कोई खाली लाइन नहीं आती। इस तरह वर्तमान लाइन को रोककर अगली लाइन का मैटर टाइप करने के लिए लाइन ब्रेक देते हैं।

उदाहरणार्थ-

```
<HTML>
<BODY>
India is a great country.
<BR> It got independence on 15th August 1947
<BR>
<BR> Indian national flag is tri colour </BR>
</BODY>
<HTML>
```

इस तरह HTML कोडिंग देने पर ब्राउजर में डॉक्यूमेंट इस प्रकार दिखाई देगा—

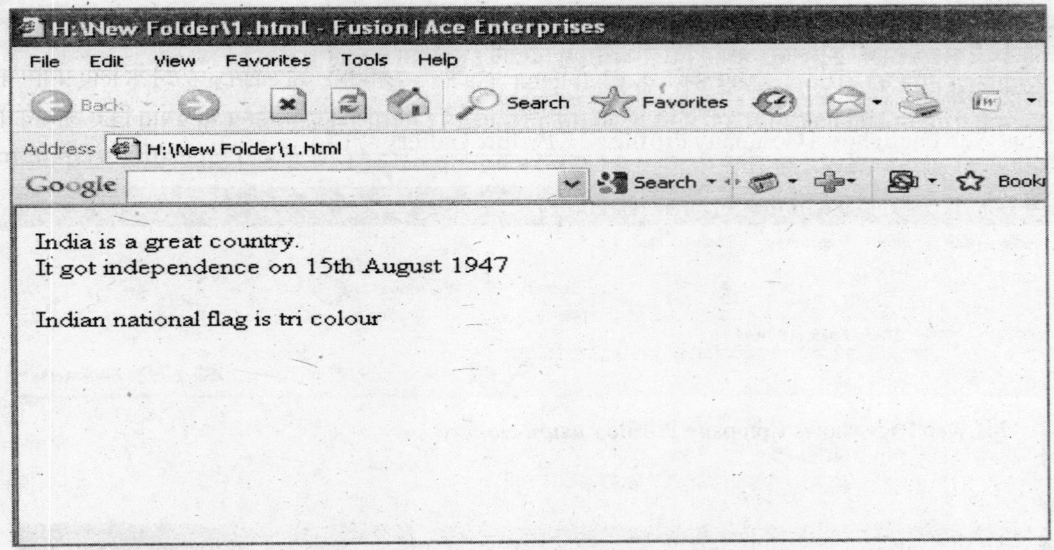

स्टाइल टैग

यदि आप अपने HTML डॉक्यूमेंट में लिये गए किसी मैटर का स्टाइल इटैलिक, बोल्ड, अंडरलाइन आदि में बदलना चाहते हैं, तब STYLE टैग का प्रयोग कर सकते हैं। ये टैग निम्न प्रकार हैं—

1. B (Boldface)

यह टैग टेक्स्ट मैटर को बोल्ड कर देता है।

उदाहरणार्थ—

HEAD OFFICE IN <B> DELHI </B>

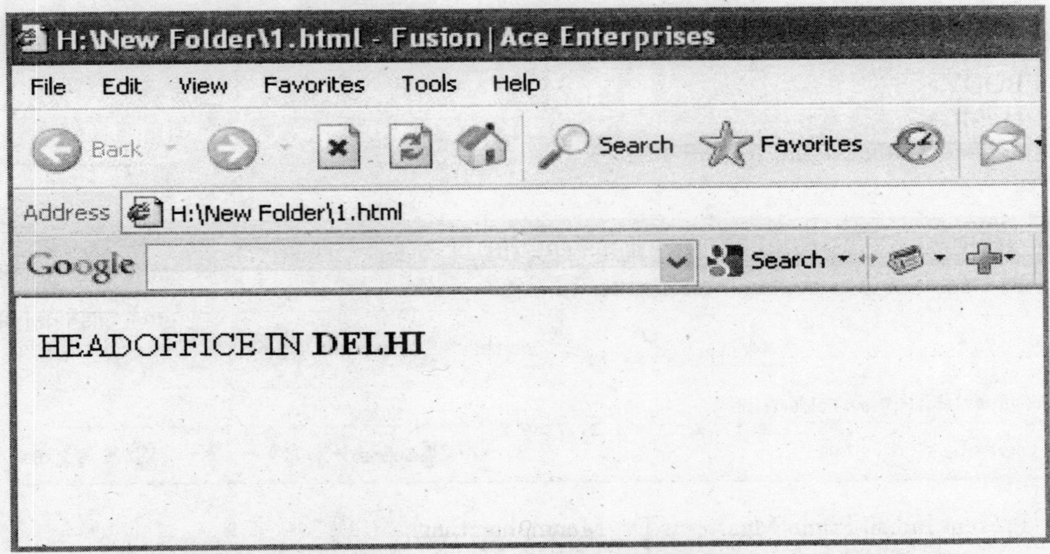

ध्यान दें!

HTML कैपिटल और स्मॉल लेटर्स में भेद नहीं समझती, अत: आप कैपिटल 'HTML' या स्मॉल 'html' किसी भी तरह की कोडिंग कर सकते हैं।

2. I (Italics)

यह टैग टेक्स्ट मैटर को इटैलिक, अर्थात् तिरछे अक्षरों में दिखाने हेतु प्रयोग करते हैं।

उदाहरणार्थ—

This Web Page shows Company Profile <1> Picture Gallery </1>

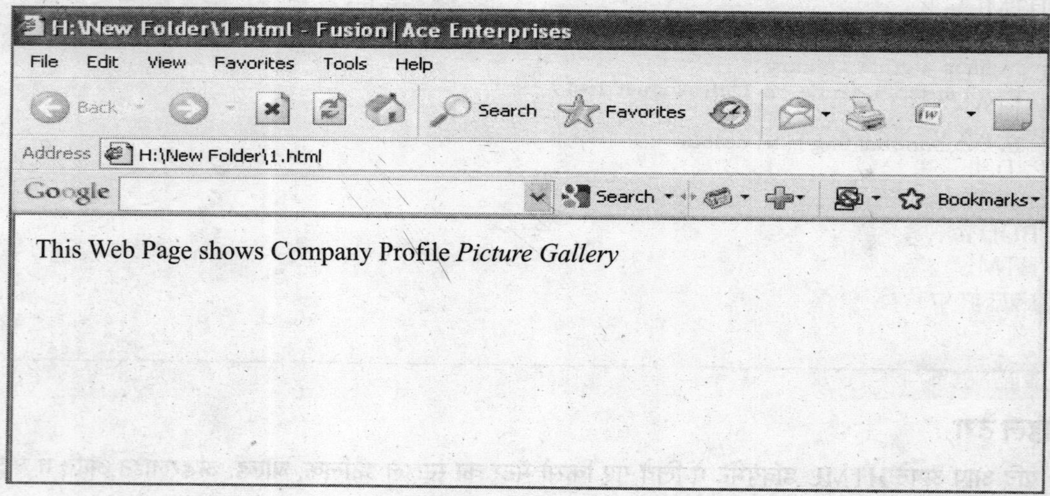

3. U (Underline)

अंडरलाइन में मैटर दिखाने के लिए 'U' टैग का इस्तेमाल किया जाता है।

उदाहरणार्थ

```
<HTML>
<BODY>
<P>Present Indian Prime Minister is <U> Dr. Manmohan Singh
<U></P>
</BODY>
</HTML>
```

वेब ब्राउजर पर इसका परिणाम इस प्रकार आएगा—

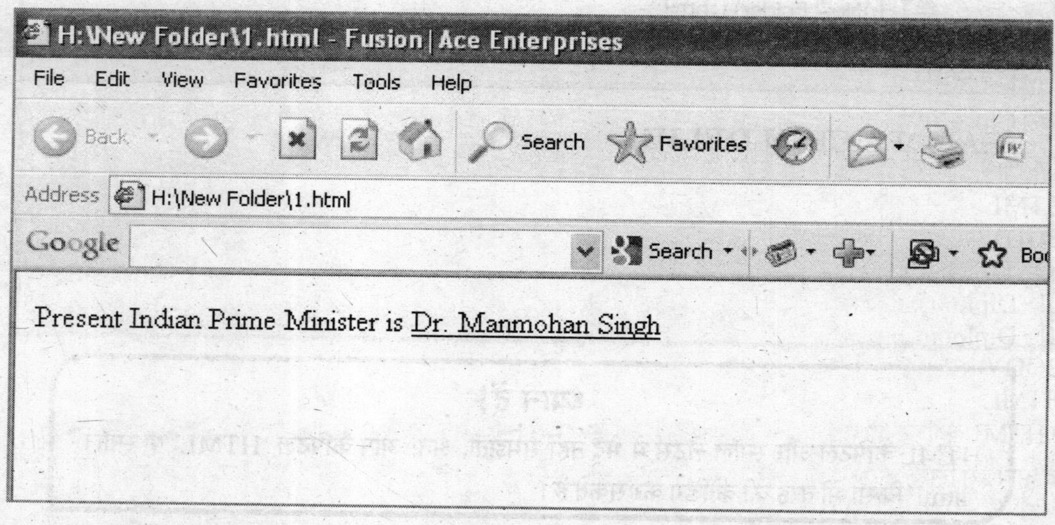

4. Center

यह टैग मैटर को वेब पेज के मध्य से सेट करता है। CENTER टैग के बीच ब्लॉक किया गया मैटर ब्राउजर पर कैसे दिखाई देता है, यह निम्न उदाहरण से समझ सकते हैं—

उदाहरण—

```
<HTML>
<BODY>
<CENTER>
KALPANA
<P> LAXMI NAGAR </P>
<P>Delhi</P>
<CENTER>
</BODY>
</HTML>
```

वेब ब्राउजर पर इसका परिणाम इस प्रकार आएगा—

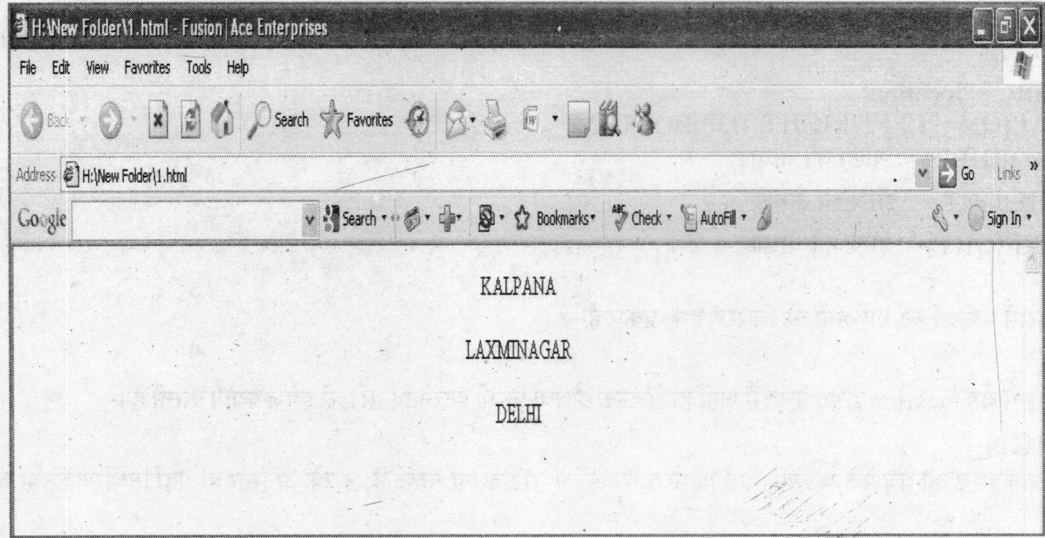

लिस्ट बनाना

HTML डॉक्यूमेंट में कुछ आइटम्स की लिस्ट बनाने के लिए आप LI टैग का प्रयोग करते हैं। यह एक empty एलीमेंट है, अत: इसे Close टैग देने की आवश्यकता नहीं है।

उदाहरणार्थ-

```
<HTML>
<BODY>
WONDERLAND MULTIMEDIA
<LI> Diploma in Animation
<LI> Diploma in Web Designing
<BODY>
<HTML>
```

इस HTML कोडिंग का परिणाम ब्राउजर में वेब पेज के रूप में आगे दिए गए चित्रानुसार दिखाई देगा—

यदि आप इस लिस्ट में क्रम संख्या डालना चाहें तो Ordered स्पेस के लिए <OL> टैग का प्रयोग कर सकते हैं।

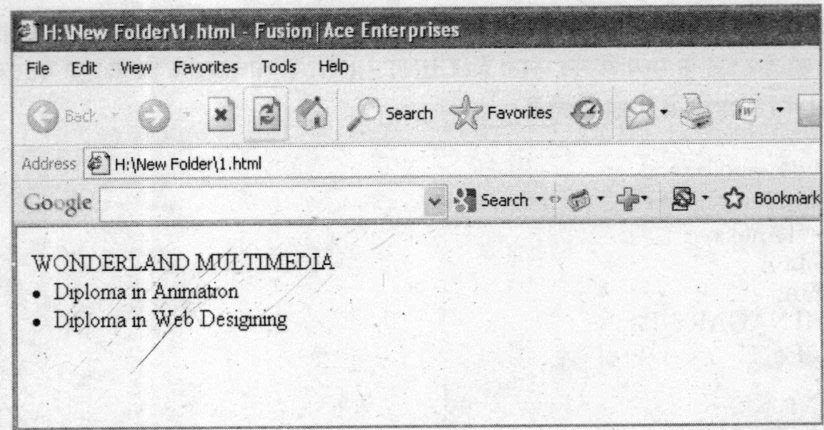

डॉक्यूमेंट में इमेज लगाना

HTML डॉक्यूमेंट में किसी इमेज या फोटो को लगाने के लिए IMG टैग का प्रयोग किया है। IMG टैग प्रयोग करने के लिए निम्न Syntax प्रयोग करते हैं—

<IMG
SRC="location"
ALIGN="LEFT/RIGHT/TOP/BOTTOM"
BORDER = "बॉर्डर की चौड़ाई"
HEIGHT = "इमेज की ऊँचाई"
WEIGHT = "इमेज की चौड़ाई"
>

इसमें प्रयोग किए गए अंगों का विवरण इस प्रकार है—

SRC

इसमें वह location इंगित करते हैं जहाँ हार्डडिस्क अथवा किसी इंटरनेट URL से इमेज प्रयोग करनी है।

ALIGN

आप इमेज को वेब पेज के बाएँ, दाएँ या मध्य में जहाँ भी सेट करना चाहते हैं, उसके अनुसार ही यहाँ निर्धारण किया जाता है।

BORDER

यहाँ बॉर्डर की चौड़ाई दी जाती है, जो सदैव एक धन पूर्णांक होनी चाहिए।

HEIGHT

यहाँ इमेज की ऊँचाई निर्धारित करते हैं, जो धन पूर्णांक के रूप में या प्रतिशत के रूप में (जैसे 40%) भी दे सकते हैं।

WIDTH

यहाँ आप इमेज की चौड़ाई ही देते हैं। यह भी धन पूर्णांक या प्रतिशत के रूप में दी जा सकती है।

ध्यान दें!

आपको याद रखना है कि इमेज केवल JPEG (Joint Photographic Experts Group) या GIF (Graphics Interchange Format) में ही होनी चाहिए।

उदाहरणार्थ—

```
<HTML>
<BODY>
<IMG
SRC=file:///D:/photo.jpeg
ALIGN="left"
HSPACE="12 nosave"
HEIGHT=449
WIDTH=449
<
</BODY>
</HTML>
```

इसका परिणाम ब्राउजर पर इस प्रकार से दिखाई देता है—

□

16 नेटवर्किंग

नेटवर्किंग द्वारा एक से अधिक कंप्यूटरों को जोड़कर हार्डवेयर और डेटा को साझा किया जाता है। नेटवर्किंग दो प्रकार की होती है, जिन्हें लोकल एरिया नेटवर्किंग (Local Area Network—LAN) और वाइड एरिया नेटवर्किंग (Wide Area Network—WAN) कहते हैं। Windows XP द्वारा LAN करना बहुत आसान है। आइए, Windows XP में नेटवर्किंग के बारे में जानकारी प्राप्त करें।

यदि कंप्यूटर में Windows XP इंस्टॉल किया गया है तो कंप्यूटर ऑन करके Windows XP लोड होने पर Log In का मेन्यू आ जाता है। इस मेन्यू में Password देकर आप नेटवर्किंग प्रयोग कर सकते हैं। यदि किसी अन्य व्यक्ति को नेटवर्किंग प्रयोग करना है तो इसके लिए Start मेन्यू में उपलब्ध Log Off कमांड का प्रयोग करना होगा। अब इसे कोई भी व्यक्ति प्रयोग कर सकता है।

ड्राइव लेटर निर्धारित करना

नेटवर्किंग के लिए यदि आप ड्राइव लेटर निर्धारित करना चाहते हैं तो निम्न स्टेप लें—

1. डेस्कटॉप में Start बटन पर क्लिक करके माउस पॉइंटर को Programs ग्रुप पर ले जाएँ।

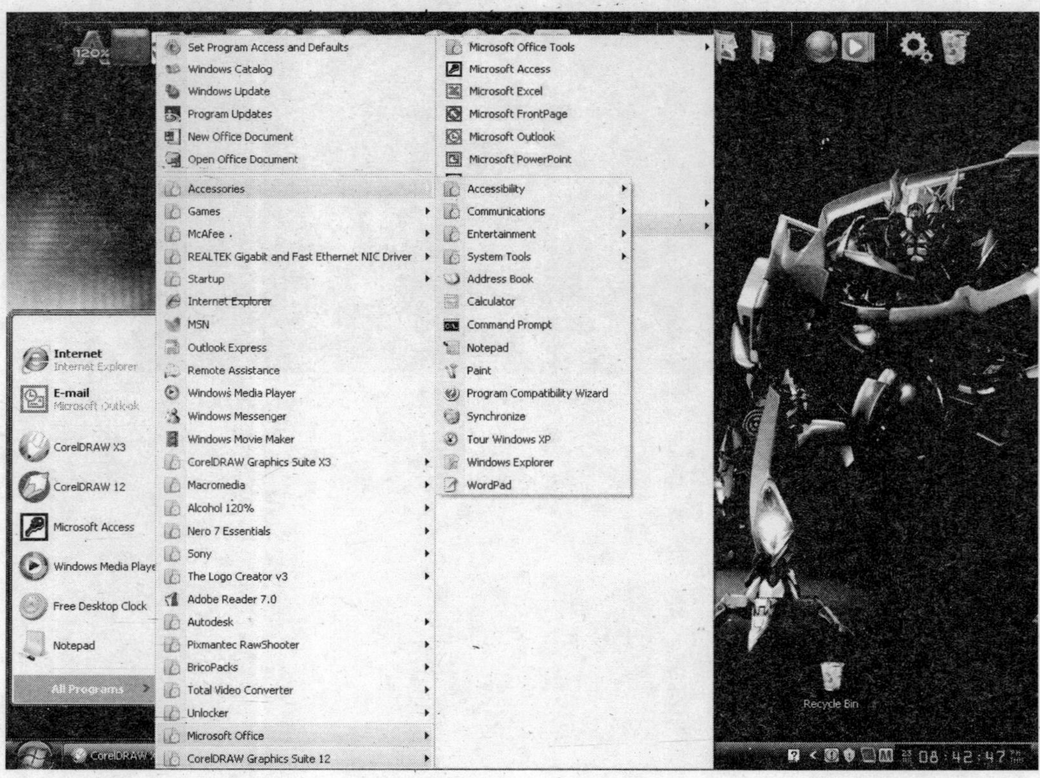

2. अब माउस पॉइंटर को Accessories ग्रुप पर ले जाकर Windows Explorer पर क्लिक करें।

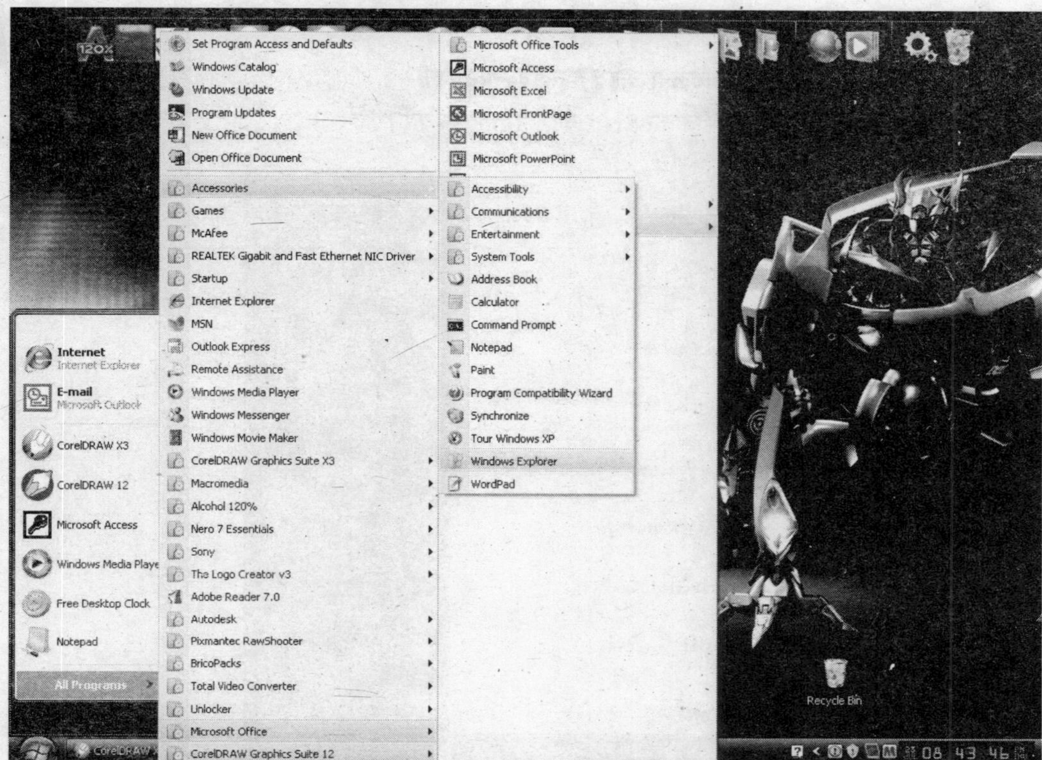

परिणामस्वरूप Windows Explorer का डायलॉग बॉक्स स्क्रीन पर आ जाएगा।

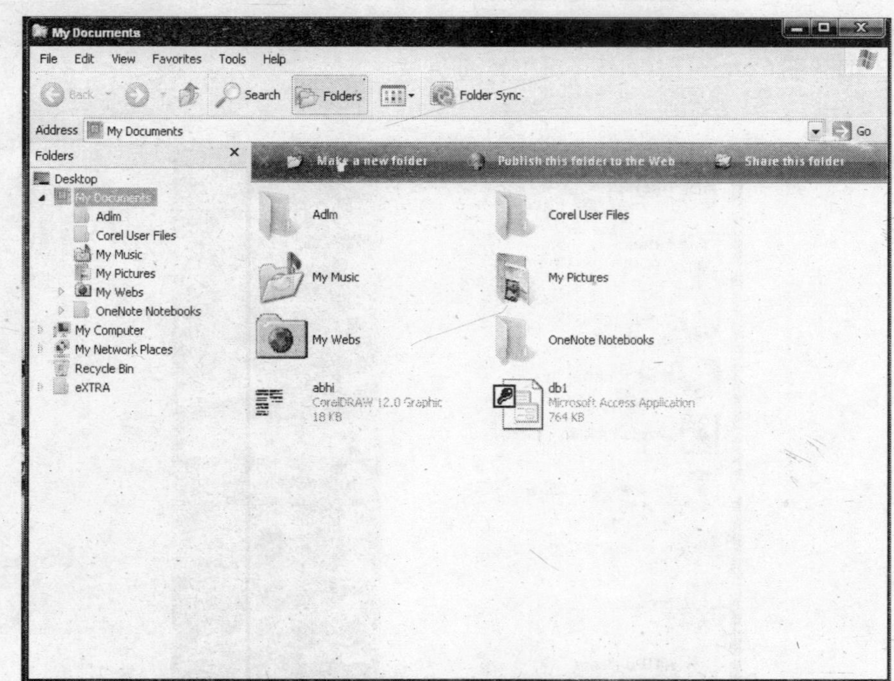

3. Windows Explorer के Tool मेन्यू में Map Network Drive का प्रयोग करके ड्राइव लेटर बदल लें।

पासवर्ड कैसे बदलें ?

यदि आप अपने नेटवर्क का पासवर्ड बदलना चाहते हैं तो निम्न स्टेप लें—

1. Windows XP के डेस्कटॉप पर जाकर Start बटन पर क्लिक करें।

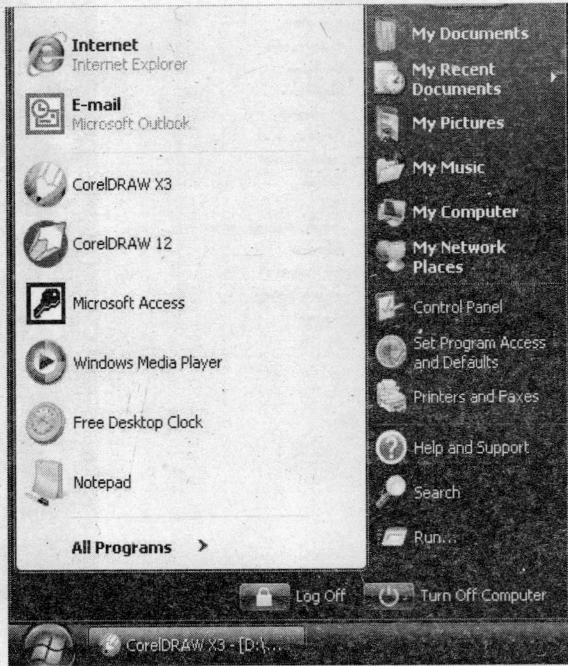

2. माउस पॉइंटर को Control Panel विकल्प पर ले जाएँ।

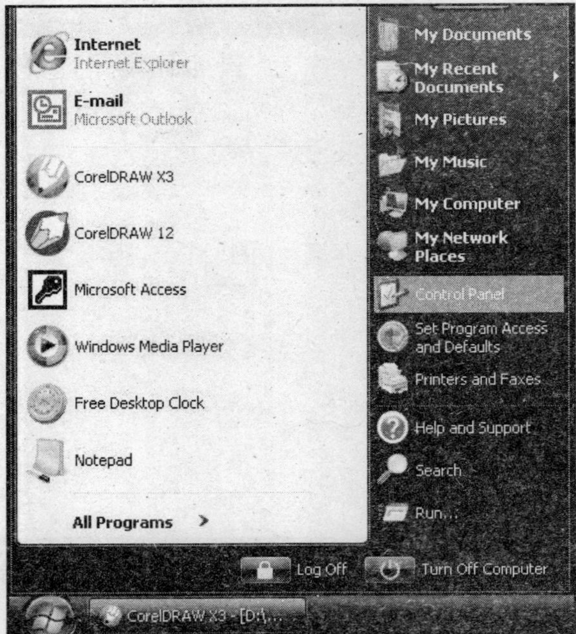

3. Users Accounts विकल्प पर क्लिक करने पर निम्न बॉक्स दिखाई देगा—

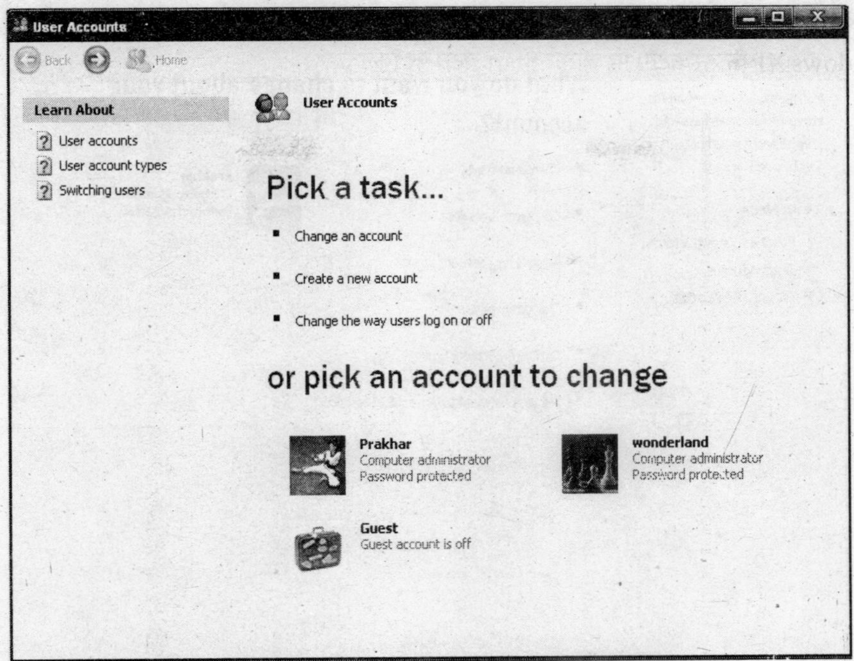

4. अब Change an account विकल्प पर क्लिक करने पर विभिन्न नाम दिखाई देते हैं।

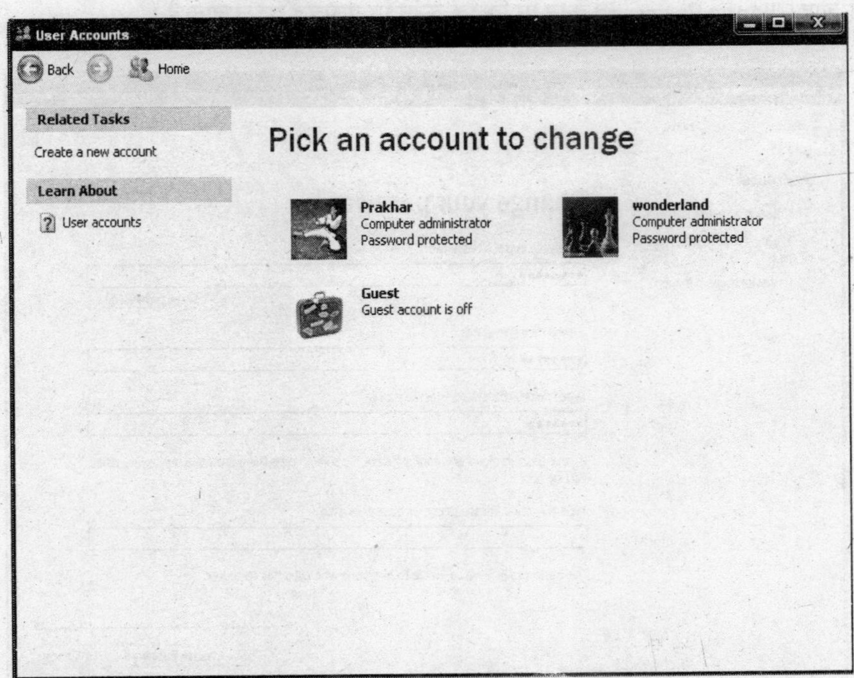

5. आप जिस account का Password बदलना चाहते हैं, उस पर क्लिक करने पर अगले पेज के अनुसार स्क्रीन दिखाई देती है—

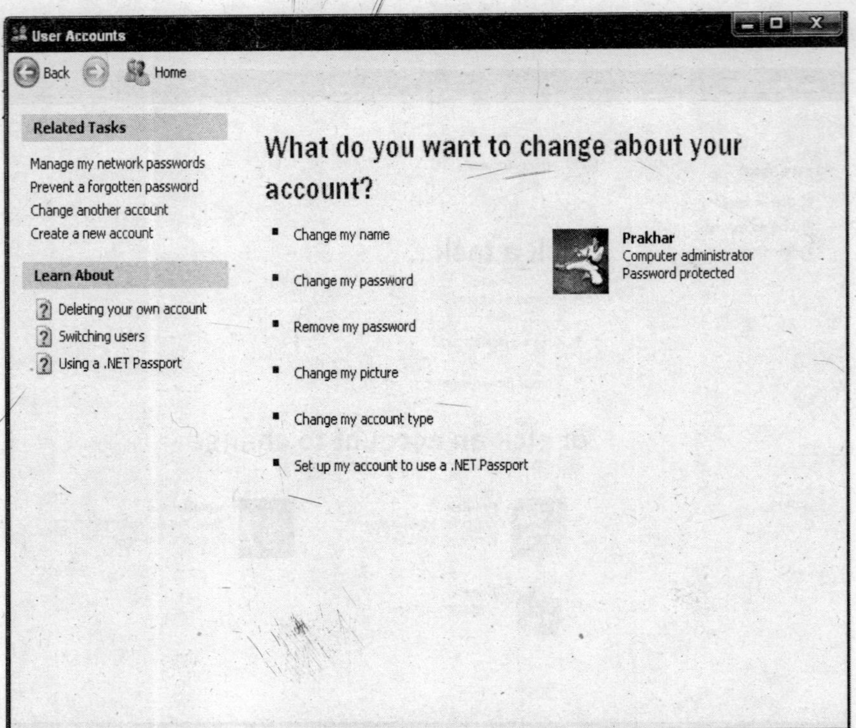

6. अब Change your password विकल्प पर क्लिक करके अपना करंट पासवर्ड तथा नया पासवर्ड टाइप करें। उसके बाद Change Password बटन पर क्लिक करने पर पासवर्ड बदल जाता है।

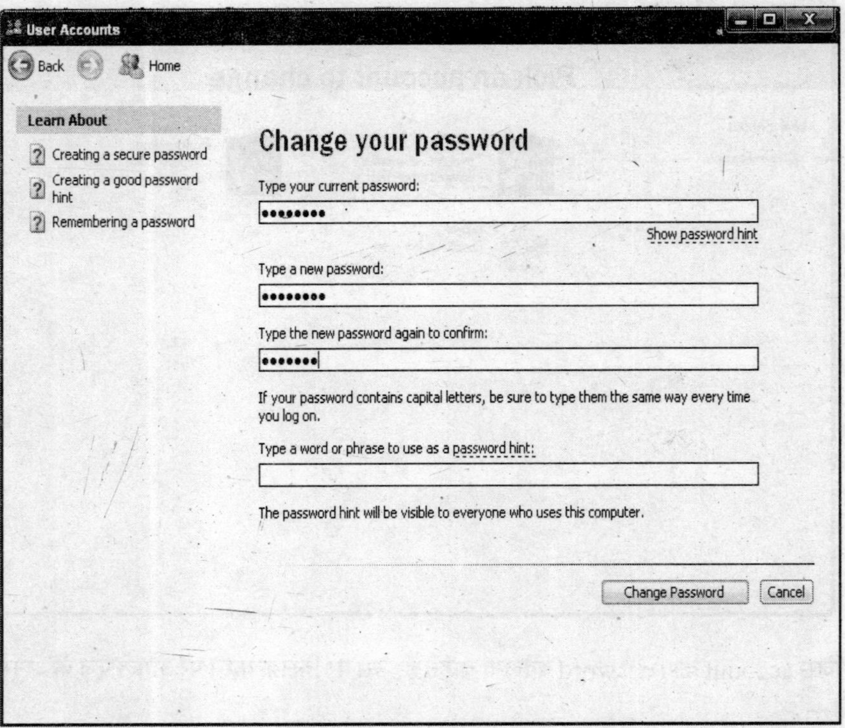

नेटवर्किंग में कंप्यूटर कैसे ढूंढ़ें ?

यदि आप कंप्यूटर नेटवर्क से जुड़े सैकड़ों कंप्यूटर्स में से किसी कंप्यूटर को ढूँढ़ना चाहते हैं तो उसके लिए निम्न स्टेप लें—

1. Windows XP के डेस्कटॉप पर जाकर Start बटन पर क्लिक करें।

2. माउस पॉइंटर से Search विकल्प को क्लिक करें।

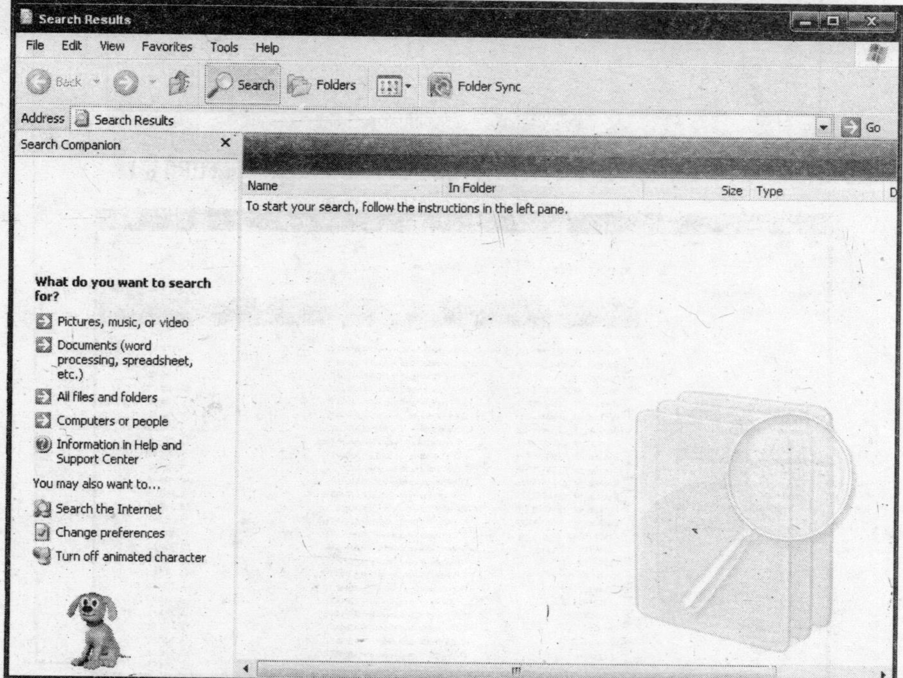

3. अब माउस पॉइंटर से All files and folders को क्लिक करने पर निम्न डायलॉग बॉक्स स्क्रीन पर आ जाता है—

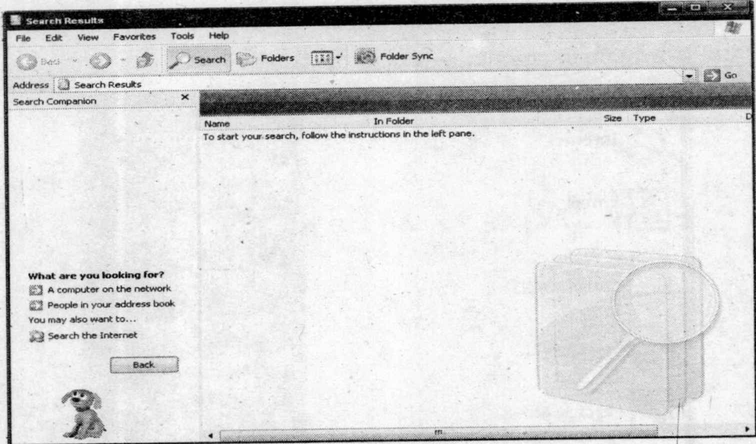

4. उस कंप्यूटर का नाम टाइप करें जिसे आप ढूँढ़ना चाहते हैं।

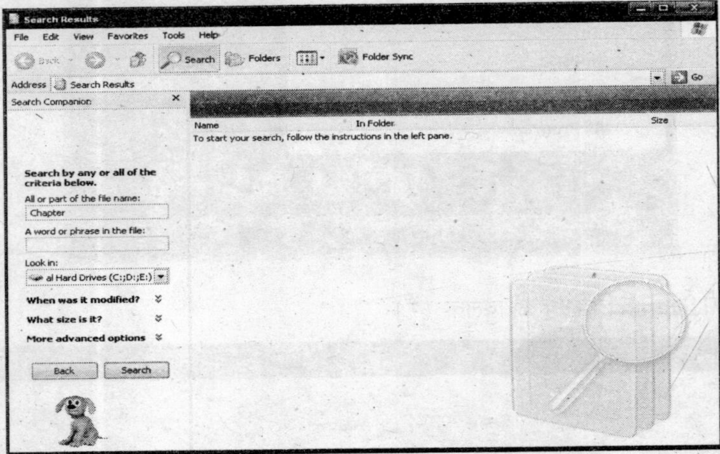

5. Search Now बटन दबाने से नेटवर्क में उपलब्ध कंप्यूटर की स्थिति दिखाई देने लगती है।

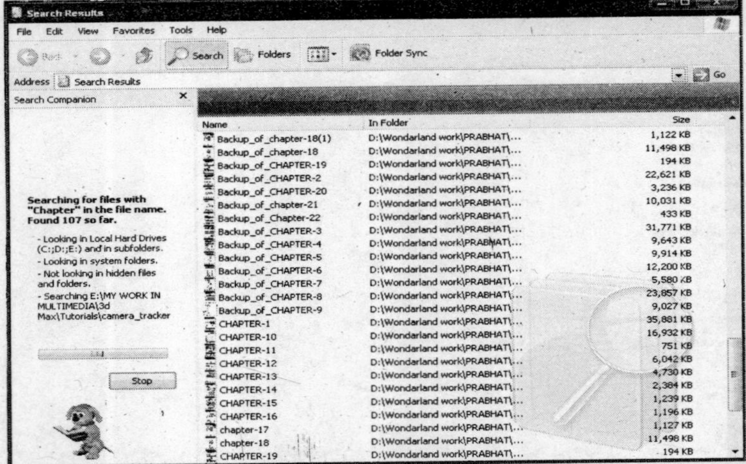

शेयर फोल्डर बनाना

शेयर फोल्डर का अर्थ उस फोल्डर से है, जिसे नेटवर्क से जुड़े किसी भी कंप्यूटर द्वारा प्रयोग किया जा सके। यदि आप अपने किसी फोल्डर को शेयर फोल्डर बनाना चाहते हैं तो निम्न स्टेप लें—

1. Windows XP के डेस्कटॉप में Start बटन पर क्लिक करके माउस पॉइंटर को Programs से Accessories पर ले जाएँ।

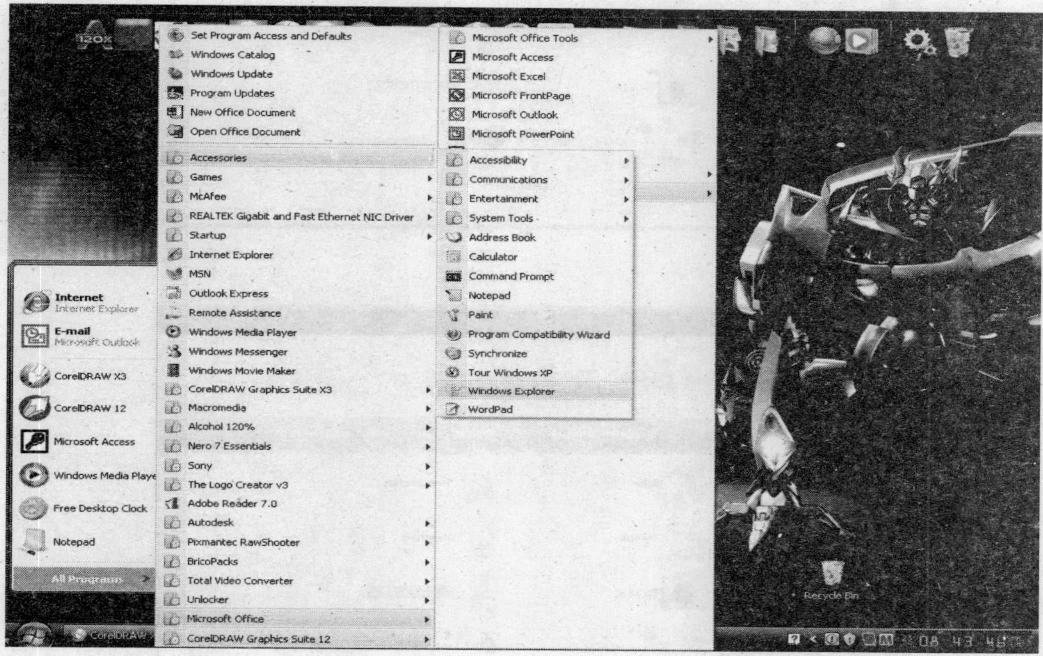

2. Windows Explorer विकल्प पर क्लिक करें।

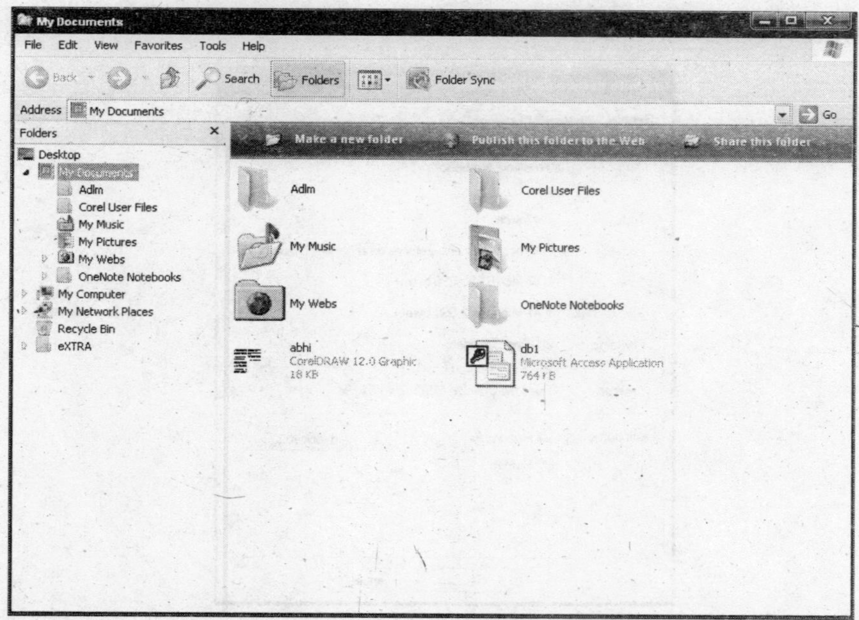

3. अब जिस फोल्डर को शेयर फोल्डर बनाना चाहते हैं, माउस द्वारा उसे चुनें।

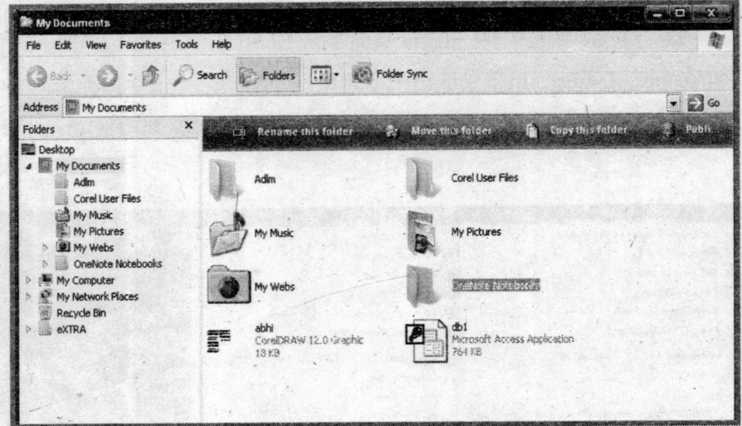

4. File मेन्यू पर क्लिक करें।

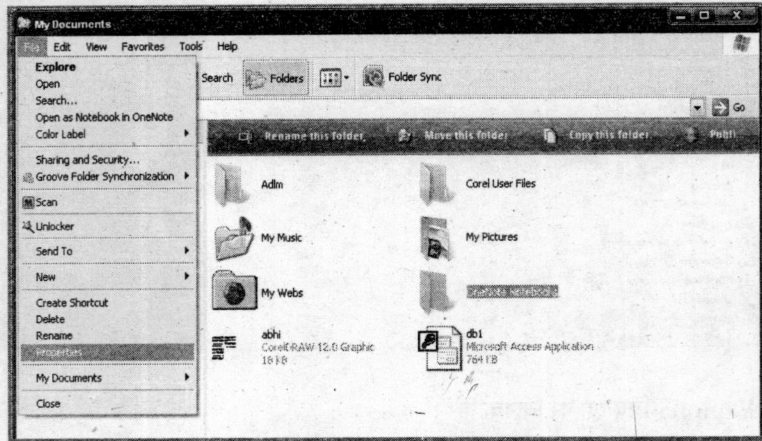

5. Properties विकल्प पर क्लिक करें ।

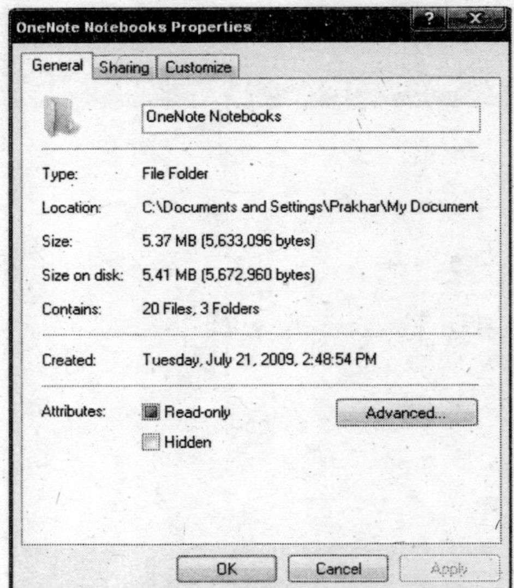

6. Attributes विकल्पों में से अपनी आवश्यकतानुसार विकल्प चुनें।

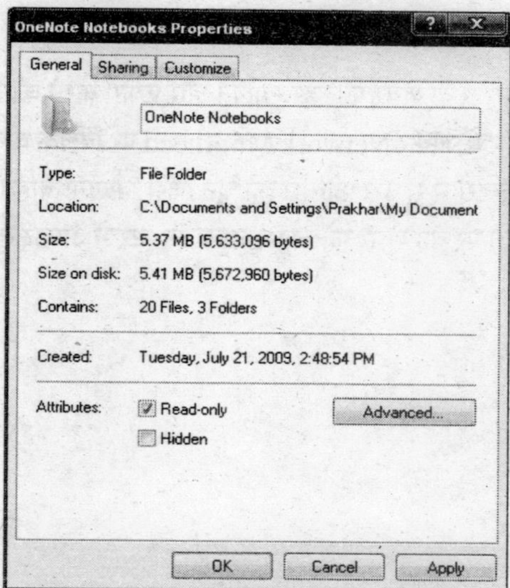

7. Apply बटन पर क्लिक करने पर Confirm Attribute Changes का बॉक्स स्क्रीन पर आ जाता है।

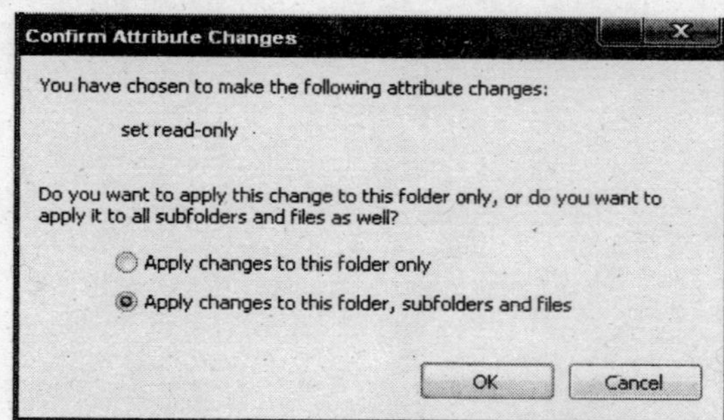

8. OK बटन पर क्लिक करने पर फिर Properties के डायलॉग बॉक्स पर आ जाते हैं।

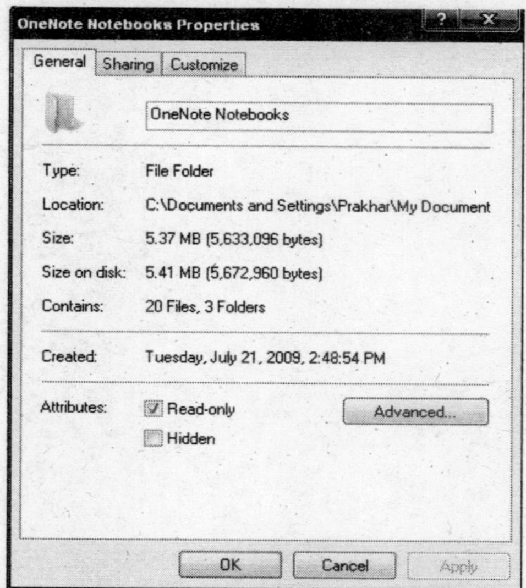

9. अब OK बटन पर क्लिक करने पर चुना गया फोल्डर शेयर फोल्डर बन जाता है।

दूसरे कंप्यूटर का शेयर फोल्डर खोलना

नेटवर्क से जुड़े किसी भी अन्य कंप्यूटर के शेयर फोल्डर खोलने और प्रयोग करने की विधि इस प्रकार है—

1. Windows XP के डेस्कटॉप में जाकर Network Moorhead पर क्लिक करके इस फोल्डर को खोलें।
2. अब इसमें उपलब्ध शेयर फोल्डर्स में से उस फोल्डर को चुनें जिसे खोलना चाहते हैं।
3. माउस द्वारा डबल क्लिक करने पर वह शेयर फोल्डर आपके कंप्यूटर में आकर खुल जाएगा।

□

17 इंटरनेट का परिचय

इंटरनेट एक विश्वव्यापी नेटवर्क है। यह टेलीफोन लाइनों और सैटेलाइट के माध्यम से विभिन्न स्थानों और देशों के कंप्यूटरों को जोड़कर बनाया गया नेटवर्क है। यह—

- ❑ दो या दो से अधिक कंप्यूटर्स को आपस में जोड़ता है।
- ❑ सूचनाओं के आदान-प्रदान और data share करने की सुविधा देता है।
- ❑ नेटवर्क किसी भी अन्य नेटवर्क या व्यक्तिगत कंप्यूटर से सूचनाओं के परस्पर आदान-प्रदान की सुविधा प्रदान करता है। इसके माध्यम से आप डेटा या फाइल ट्रांसफर कर सकते हैं। ऐसा करने के लिए इंटरनेट से जुड़े प्रत्येक कंप्यूटर में एक निश्चित लैंग्वेज प्रयोग करनी पड़ती है।

इंटरनेट पर किसी भी देश, कंपनी या व्यक्ति का अधिकार नहीं है। अत: यदि इंटरनेट से आपको कोई क्षति पहुँचती है (Virus आदि) तो आप कहीं पर भी शिकायत नहीं कर सकते। इस कारण एक Anti Virus सॉफ्टवेयर लेना और भी आवश्यक हो जाता है। इंटरनेट का लाभ यह है कि आपको हर विषय पर जानकारियाँ मिल जाएँगी। यद्यपि सूचनाओं या जानकारियों की जाँच करना असंभव है कि वे कितनी सही हैं।

इंटरनेट पर क्या-क्या कार्य कर सकते हैं?

इंटरनेट पर आप विभिन्न प्रकार के कार्य कर सकते हैं, जिनमें से कुछ निम्नलिखित हैं—

- ❑ ई-मेल भेज और प्राप्त कर सकते हैं।
- ❑ विभिन्न वेबसाइट्स देख सकते हैं।
- ❑ गेम खेल सकते हैं।
- ❑ अपने मनपसंद व्यक्तियों से बात (Chat) कर सकते हैं।
- ❑ किसी भी विषय पर सूचनाएँ प्राप्त कर सकते हैं।
- ❑ खरीदारी कर सकते हैं।
- ❑ नौकरी के लिए अपना बायोडेटा भेज सकते हैं।
- ❑ अपनी वेबसाइट बना सकते हैं।
- ❑ प्रोग्राम्स को Download कर सकते हैं।
- ❑ अपनी कंपनी का विज्ञापन दे सकते हैं।

यह सूची अभी पूर्ण नहीं है। ये तो मात्र वे कुछ सामान्य कार्य हैं, जो आज सभी लोग करते हैं। इनके अतिरिक्त और भी बहुत से कार्य इंटरनेट द्वारा होते हैं और भविष्य में इस सूची में बढ़ोतरी होना निश्चित है।

इंटरनेट की शुरुआत

1960 के दशक में अमेरिका के रक्षा विभाग Advance Research Project Agency द्वारा इंटरनेट विकसित किया गया था।

यह उन दिनों की बात है जब तत्कालीन USSR (Union of Soviet Socialist Republic) और USA में शीत युद्ध चल रहा था। उस समय अमेरिका को संदेश भेजने के किसी ऐसे माध्यम की जरूरत पड़ी, जो Bombproof हो, ताकि USSR

द्वारा हमले की स्थिति में भी Army, Navy और Airforce के बीच तालमेल बना रहे। वह माध्यम था—Electronic text आधारित इंटरनेट।

आवश्यक यह था कि संदेश अपने गंतव्य स्थान पर पहुँचे जरूर, भले ही उसमें कितना भी समय लगे। इस कारण इंटरनेट एक विशेष वातावरण में बना, जहाँ स्वतंत्रता पर जोर दिया गया, information की सुरक्षा पर नहीं; क्योंकि तब यह माध्यम सिर्फ सेना के लिए ही उपयोगी था।

धीरे-धीरे इंटरनेट की लोकप्रियता बढ़ी। सेना के बाद अमेरिका के शिक्षा संस्थानों ने स्वयं को इसी Electronic text based माध्यम से जोड़ लिया, ताकि विद्यार्थी अन्य जगह किए जा रहे प्रयोगों का अनुभव और लाभ अपने स्थान पर ही उठा सकें। इसके बाद बड़ी-बड़ी कंपनियों ने स्वयं को जोड़ा और आज का इंटरनेट आपके सामने है, जहाँ दुनिया का प्रत्येक कोना दूसरे कोने से इंटरनेट के माध्यम से जुड़ा हुआ है।

साइबर कैफे

साइबर कैफे या इंटरनेट कैफे दिन-प्रतिदिन लोकप्रिय होते जा रहे हैं। ये कैफे आपको कैफे के माहौल के साथ-साथ इंटरनेट सुविधाएँ भी उपलब्ध कराते हैं। यहाँ आपको कॉफी और स्नैक्स के साथ-साथ प्रयोग के लिए कंप्यूटर भी मिलते हैं। यह स्थान उनके लिए आदर्श है जिनके पास इंटरनेट कनेक्शन नहीं है।

साइबर कैफे की बहुत सी विशेषताएँ हैं। आप यहाँ Surfing कर सकते हैं, किसी भी तरह की जानकारी प्राप्त कर सकते हैं, Printouts ले सकते हैं, प्रोग्राम या फाइल को सी.डी. में भी लोड कर सकते हैं। कैफे की विशेषताएँ और उपलब्ध सुविधाएँ अलग-अलग स्थानों पर अलग-अलग होती हैं।

सभी कैफे सदस्यता के लिए कार्यक्रम आयोजित करते हैं। इंटरनेट का शुल्क एक व्यक्ति द्वारा इस्तेमाल किए गए समय पर निर्भर करता है। अतिरिक्त सुविधा, जैसे प्रिंटआउट लेने पर, व्यक्ति को अलग से शुल्क देना होता है। साइबर कैफे में जाने का एक महत्त्वपूर्ण लाभ यह है कि वहाँ आप अपनी रुचि के लोगों से मिलते हैं। साइबर कैफे में एक बार कुछ घंटे बिता लेने के बाद आप इंटरनेट पर बेहतर ढंग से कार्य करने में सक्षम हो जाते हैं। कुछ कैफे आपको लाइब्रेरी की सुविधा भी देते हैं और फिर निस्संदेह यह अपने प्रियजनों से इंटरनेट पर बात करने का सर्वोत्तम स्थान है।

इंटरनेट प्रयोग करने के लिए आवश्यक हार्डवेयर और सॉफ्टवेयर

इंटरनेट पर काम करने के लिए आपको निम्न साधनों से सुसज्जित कंप्यूटर की आवश्यकता होगी—

1. एक Pentium AMP प्रोसेसर सहित कंप्यूटर, जिसकी मेमोरी (RAM) 32 MB या अधिक होनी चाहिए, अन्यथा आप पूरी तरह से इंटरनेट के लाभ नहीं ले पाएँगे।
2. Windows 95/98 या ऑपरेटिंग सिस्टम (CD-ROM सहित)।
3. एक अच्छा Anti Virus सॉफ्टवेयर, जो आपके इंटरनेट पर काम करते समय उसे चेक करता रहे कि किसी फाइल में Virus तो नहीं है, जो आपका कंप्यूटर या डेटा ख़राब कर सकता है। आप इंटरनेट से भी पैकेज डाउनलोड कर सकते हैं। कुछ प्रमुख Anti Virus सॉफ्टवेयर Norton, MCafee, PC-cillin, Panda इत्यादि हैं।
4. एक मॉडम, जिसकी स्पीड कम-से-कम 33.6 Kbps या 56.6 Kbps हो।
5. फोन लाइन, जिसके द्वारा आप इंटरनेट से कनेक्ट हों।
6. अपने इंटरनेट सर्विस प्रोवाइडर (ISP) के एक Shell या TCP/IP इंटरनेट एकाउंट, जो आपको आगे इंटरनेट से कनेक्ट करेगा। वैसे TCP/IP एकाउंट में ज्यादा लाभ हैं।

मॉडम

मॉडम वह डिवाइस है, जिसे कंप्यूटर के साथ जोड़कर दूर स्थान पर डेटा भेजने या प्राप्त करने के लिए उपयोग किया जाता

है। मॉडम कंप्यूटर्स को टेलीफोन लाइनों से जोड़ने के लिए प्रयोग किया जाता है।

मॉडम, Modulator Demodulator का संक्षिप्त नाम है। यहाँ यह बताना उपयोगी होगा कि कंप्यूटर के सिग्नल डिजिटल (-----) होते हैं, जबकि टेलीफोन लाइन द्वारा जो सिग्नल भेजे जाते हैं, वे एनालॉग (-----) होते हैं। इसलिए एक ऐसे उपकरण की आवश्यकता पड़ती है, जो एनालॉग सिग्नल को डिजिटल में और डिजिटल सिग्नल को एनालॉग सिग्नल में बदल सके, जिससे दूसरे स्थान पर यूजर को डेटा मिल सके। यह काम मॉडम द्वारा किया जाता है।

मॉडम, डिजिटल सिग्नल की आवृत्ति आदि बदलकर उन्हें एनालॉग सिग्नल बनाता है। एक सेकंड में बदलनेवाली आवृत्ति Baud दर कहलाती है। एनालॉग सिग्नल टेलीफोन लाइन पर 600 से अधिक Baud rate के नहीं हो सकते, अत: यह आवश्यक है कि दोनों मॉडम एक जैसे Compression methods का प्रयोग करें।

मॉडम के प्रकार

मॉडम दो प्रकार के होते हैं—

1. एक्सटर्नल मॉडम
2. इंटरनल मॉडम

1. एक्सटर्नल मॉडम

एक्सटर्नल मॉडम छोटे डिब्बे की तरह दिखते हैं, जिन्हें टेबल पर कंप्यूटर के साथ रखा जा सकता है। एक्सटर्नल मॉडम में आगे के पैनल में बहुत से LED इंडीकेटर्स होते हैं, जो मॉडम के ON होने और काम करने के बारे में संकेत देते हैं। मॉडम में छोटे स्पीकर्स भी लगे होते हैं।

इन्हें आसानी से एक कंप्यूटर से हटाकर दूसरे पर लगाया जा सकता है। इस एक्सटर्नल मॉडम को रिपेयर के लिए भी आसानी से ले जा सकते हैं। इस मॉडम से हानि केवल यही है कि ये जगह घेरते हैं।

2. इंटरनल मॉडम

इंटरनल मॉडम कंप्यूटर में लगाया जाता है। इसे PCMCIA (Personal Computer and Memory Card International Association) के नाम से भी जाना जाता है। CARD एक तरह का इंटरनल मॉडम है, जो एक इलेक्ट्रॉनिक

इंटरनल मॉडम	एक्सटर्नल मॉडम
❑ इंटरनल मॉडम काम कर रहा है या नहीं, यह चेक करने के लिए कोई इंडीकेटर नहीं होता है।	❑ LED इंडीकेटर लगे होते हैं, जो मॉडम का Status बताते हैं।
❑ इसको इंस्टॉल और कंफिगर करना कठिन है।	❑ इंस्टॉलेशन और कंफिगर करना आसान होता है।
❑ एक कंप्यूटर से दूसरे कंप्यूटर पर लगाना कठिन होता है।	❑ आसानी से दूसरे कंप्यूटर पर लगाया जा सकता है।
❑ केबल और सॉकेट के अतिरिक्त किसी चीज की जरूरत नहीं होती है।	❑ इसके लिए अतिरिक्त जगह, सॉकेट और तार की जरूरत होती है।
❑ यदि मॉडम हैंग हो जाए तो कंप्यूटर री-बूट करना पड़ता है। इससे डेटा और समय दोनों नष्ट हो सकते हैं।	❑ यदि मॉडम हैंग हो जाए तो मॉडम के पावर स्विच को आसानी से दबाकर पुन: काम योग्य बनाया जा सकता है।

सर्किट बोर्ड जैसा दिखता है। ये किसी तरह की जगह भी नहीं घेरता। यद्यपि इसे सेट करना और प्रयोग करना थोड़ा कठिन है। इस प्रकार के मॉडम अधिक प्रचलित नहीं हैं और बहुत कम लोगों द्वारा प्रयोग किए जाते हैं।

हैंडशेकिंग

जब एक मॉडम दूसरे मॉडम से संपर्क स्थापित करता है और डेटा का आदान-प्रदान करने के लिए दोनों मॉडम सहमत होते हैं तो मॉडम एक ध्वनि उत्पन्न करते हैं, जिसे हैंडशेकिंग कहते हैं।

हैंडशेकिंग करते समय मॉडम निम्न बातों पर सहमत होते हैं—

- ❑ डेटा भेजने पर।
- ❑ डेटा भेजने की स्पीड पर, जो कि KBPS (Kilo Bits Per Second) में नापते हैं।
- ❑ डेटा पैकेट के composition पर।
- ❑ डेटा स्थानांतरण के लिए कौन सा तरीका इस्तेमाल करना है Half duplex या Full duplex आदि।

नियम

दो मॉडम के बीच में डेटा ठीक प्रकार से स्थानांतरित करने के लिए हमें उपरिलिखित बातों का पालन करना चाहिए।

हाफ डुप्लेक्स (Half Duplex)

हाफ डुप्लेक्स प्रणाली वह है जिसमें किन्हीं दो डेटा केंद्रों से आदान-प्रदान होना संभव होता है; परंतु एक ही समय में केवल या तो डेटा दिया जा सकता है अथवा लिया जा सकता है, दोनों क्रियाएँ एक साथ नहीं की जा सकतीं। यद्यपि एक समय में डेटा केवल किसी एक स्थान से दूसरे स्थान को दिया जा सकता है, एक ही समय में दोनों ओर से आदान-प्रदान होना संभव नहीं होता। अत: इसे हाफ डुप्लेक्स प्रणाली कहते हैं। यह प्रणाली दो पक्षवाली तो होती है, परंतु क्रियाशील केवल आधे रूप में होती है। तात्पर्य यह है कि इससे कंप्यूटर में डेटा के आवागमन के दोनों कार्य एक साथ संपन्न नहीं हो सकते।

फुल डुप्लेक्स

फुल डुप्लेक्स प्रणाली की विशेषता यह होती है कि यह किन्हीं दो कंप्यूटर्स के मध्य आदान-प्रदान (दोनों ही कार्य) एक साथ संपन्न कर सकती है। इस विधि के अंतर्गत ऐसे यंत्रों का प्रयोग किया जाता है, जो किन्हीं दो कंप्यूटरों के बीच डेटा को एक साथ एक दूसरे तक पहुँचा सकते हैं। उदाहरण के लिए, यदि एक टर्मिनल से हम मुख्य कंप्यूटर को डेटा भेज रहे हैं, तो यह टर्मिनल साथ ही मुख्य कंप्यूटर से आनेवाले डेटा को भी प्राप्त कर सकता है, अर्थात् यह विधि दोतरफा यातायातवाली सड़क के अनुरूप कार्य करती है, जिसमें कि एक ही साथ दोनों ओर से वाहनों का आवागमन संभव होता है।

फुल डुप्लेक्स प्रणाली में मल्टीप्लेक्सर नामक यंत्र का प्रयोग किया जाता है, जो कि किसी टर्मिनल से डेटा भेजते समय किसी दूसरे टर्मिनल से प्राप्त डेटा को ग्रहण भी कर सकता है। वास्तव में कंप्यूटर एक ही समय में आदान-प्रदान दोनों कार्य नहीं कर पाता है। इसका सी.पी.यू. या तो कोई सूचनाएँ प्राप्त कर सकता है या भेज सकता है। दोनों ही क्रियाओं को एक साथ संपन्न करने हेतु मल्टीप्लेक्सर में एक बफर मेमोरी का प्रावधान होता है, जो कि ऐसी स्थिति में जब कंप्यूटर किसी कार्य में व्यस्त है तो बीच में आनेवाले आँकड़ों के अस्थायी संग्रहण का कार्य करती है एवं सी.पी.यू. में किए जानेवाले कार्य के समाप्त होते ही डेटा उस पर भेज दिया जाता है। इस प्रणाली में डेटा का दोनों ओर से आदान-प्रदान होता है।

सिग्नल ड्रॉपिंग

सिग्नल ड्रॉपिंग एक साधारण समस्या है। यह तब घटती है, जब मॉडम से डेटा ट्रांसफर करने की दर कंप्यूटर की दर से कम होती है। फलस्वरूप मॉडम और कंप्यूटर परस्पर संचार करना बंद कर देते हैं, जिसे 'सिग्नल ड्रॉपिंग' कहते हैं।

मॉड्यूलेशन की तकनीक

- कैरियर वेब मॉड्यूलेशन
- एंप्लीट्यूड मॉड्यूलेशन
- फ्रीक्वेंसी मॉड्यूलेशन FM
- कॉम्प्लेक्स मॉड्यूलेशन

मॉडम में ट्रांसमिशन के लिए सामान्यत: FM विधि प्रयोग करते हैं, क्योंकि इस विधि के अंतर्गत डेटा ट्रांसफर करना आसान होता है।

भारत में इंटरनेट के लिए अधिक गति के मॉडम प्रयोग करना उपयुक्त नहीं है, क्योंकि यहाँ ISP's के मॉडम की गति बहुत धीमी है। यदि आप तीव्रतम गति के मॉडम का प्रयोग करते हैं तो उसका कोई लाभ नहीं है; क्योंकि नियमों के अनुसार डेटा एक मॉडम से दूसरे मॉडम के बीच एक समान गति पर ही स्थानांतरित किया जाता है। इसका एक मुख्य कारण यह भी है कि भारत में अधिक अच्छी किस्म के टेलीफोन एक्सचेंज और तारों का प्रयोग नहीं किया जाता। एक बहुत बड़ी सच्चाई यह है कि अमेरिका में डेटा ट्रांसफर करने की सबसे कम गति 33.6 KBPS है। यह गति भारत में बहुत कम ही प्राप्त होती है। वास्तव में मॉडम कंप्यूटर का एक अंग है, परंतु इसका कंप्यूटिंग से कोई लेना-देना नहीं है। इसका मुख्य कार्य विश्व के लोगों को संचार के माध्यम से एक-दूसरे से जोड़ना है। आजकल तेज संचार की विधि ISDN (Intergrated Service Digital Network), जिसे सामान्यत: मॉडम की आवश्यकता नहीं होती है, बाजार में उपलब्ध है; लेकिन फिर भी मॉडम का अपना अलग ही स्थान है। इसका मुख्य कारण मॉडम की कम कीमत तथा इसकी उपयोगिता व प्रयोग में आसानी है।

□

इंटरनेट पर प्रायोगिक कार्य

आप यह तो जान चुके हैं कि इंटरनेट पर किस-किस तरह के काम और किस प्रकार किए जाते हैं। आइए, अब कुछ प्रयोगात्मक कार्यों की सहायता से अपने ज्ञान में वृद्धि करें।

इंटरनेट से कनेक्शन करना

यदि आप इंटरनेट प्रयोग करना चाहते हैं तो सर्वप्रथम अपने कंप्यूटर को वर्ल्ड वाइड वेब (www) से जोड़ना होगा। इसके लिए सर्वप्रथम आपको यह जाँच लेना चाहिए कि कंप्यूटर से जोड़ा गया एक्सटर्नल मॉडम ऑन है अथवा नहीं। यदि वह ऑन है तो उसकी इंडीकेटर लाइट जल रही होगी। दूसरी बात यह जाँच लैनी चाहिए कि मॉडम से टेलीफोन लाइन ठीक तरह जोड़ी गई है या नहीं। प्रायः लोग टेलीफोनवाला कनेक्टर ही मॉडम में लगाकर इंटरनेट प्रयोग कर लेते हैं और फिर कार्य समाप्त होने पर उसे मॉडम से निकालकर पुनः टेलीफोन में लगा देते हैं। यदि आपका टेलीफोन लाइन का कनेक्टर मॉडम में नहीं लगा है तो पहले उसे ठीक तरह मॉडम के लाइनवाले कनेक्टर में लगा दें।

यदि आपके कंप्यूटर में इंटरनल मॉडम लगा है तो (केवल टेलीफोन का कनेक्टर सिस्टम यूनिट के पीछे मॉडम कार्ड के कनेक्टर में लगे होने की पुष्टि कर लें।) निम्न स्टेप लें—

1. इंटरनेट एक्सप्लोरर, नेटस्केप कम्यूनिकेटर या किसी भी वेब ब्राउजर के आइकन पर डबल क्लिक करें। परिणामस्वरूप इंटरनल मॉडम MSN खुलकर स्क्रीन पर आ जाता है।

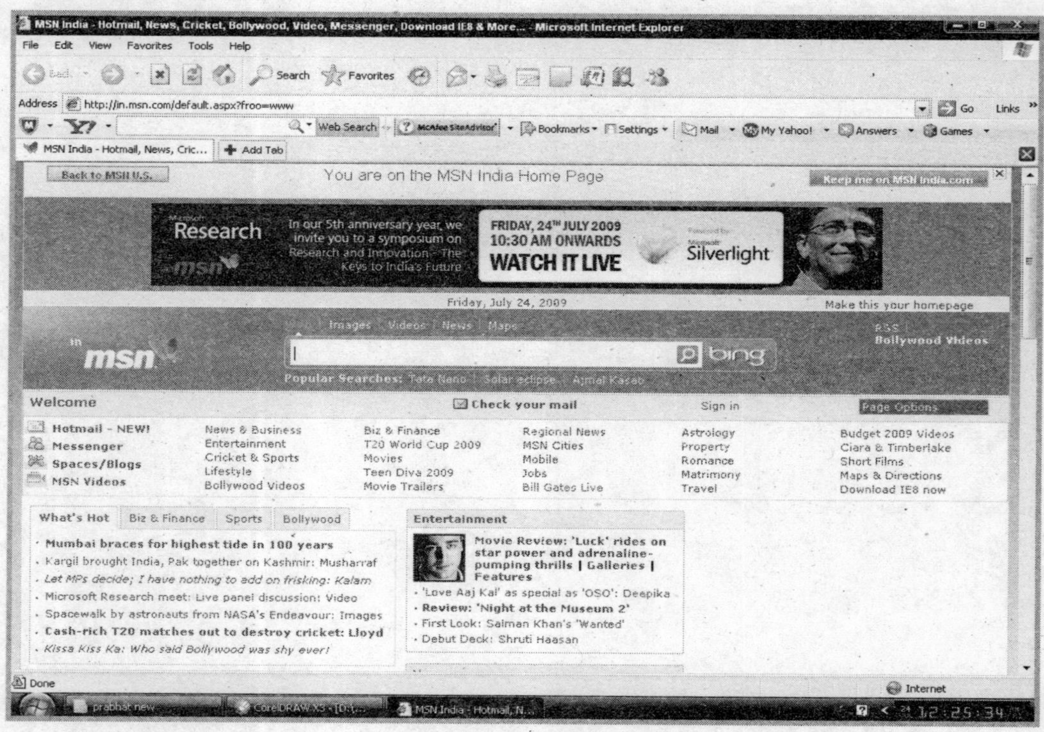

2. अब Address bar में किसी Website का Address टाइप करके उसे खोल सकते हैं। उदाहरण के लिए, www.yahoo.com टाइप करके Enter दबाएँ।

कुछ देर बाद आपका कंप्यूटर इंटरनेट से कनेक्ट हो जाता है और उसके प्रतीक के रूप में विंडोज की टास्क बार में दाहिने कोने पर दो कंप्यूटर्स दिखाई देने लगते हैं, जो इस बात की पुष्टि करते हैं कि आपका कंप्यूटर अब इंटरनेट से जुड़ गया है।

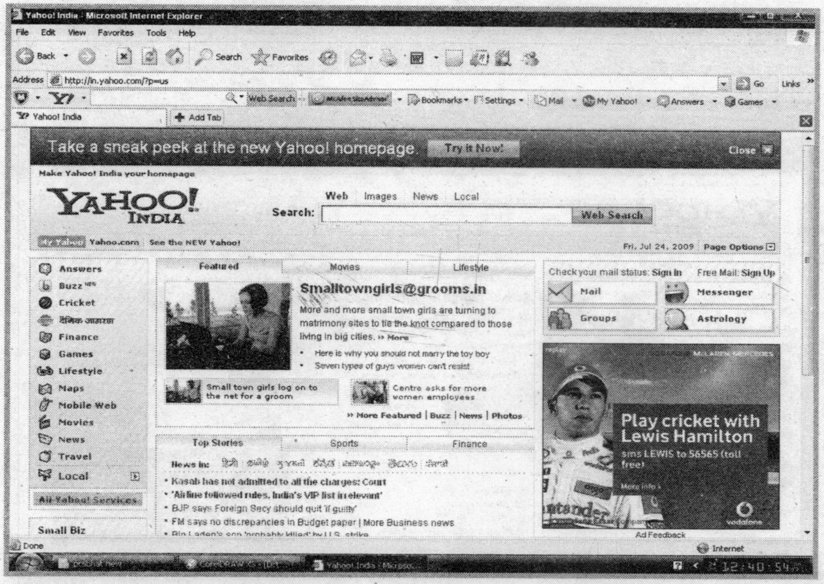

टिप्पणी!

यदि कनेक्शन न हो पाए और Line Busy, Disconnected या कोई अन्य error आए तो पुनः उपर्युक्त स्टेप लेते हुए Refresh करके दोहराते रहें।

ई-मेल खोलना और पढ़ना

यदि आपका कोई ई-मेल एड्रेस है, जिस पर आपके मित्र, रिश्तेदार या अन्य व्यक्ति ई-मेल भेजते हैं तो उनके भेजे गए ई-मेल मेसेज को निम्न विधि से पढ़ा जा सकता है—

1. वेब ब्राउजर में अपने ई-मेल सर्वर का URL टाइप करिए। उदाहरण के लिए, यदि Hotmail पर आपका ई-मेल एकाउंट है तब www.hotmail.com और यदि Yahoo पर है तो www.yahoomail.com टाइप करके Enter दबाएँ।

   परिणामस्वरूप आप उस सर्वर से जुड़ जाएँगे और स्क्रीन पर उसका होम पेज दिखाई देगा।

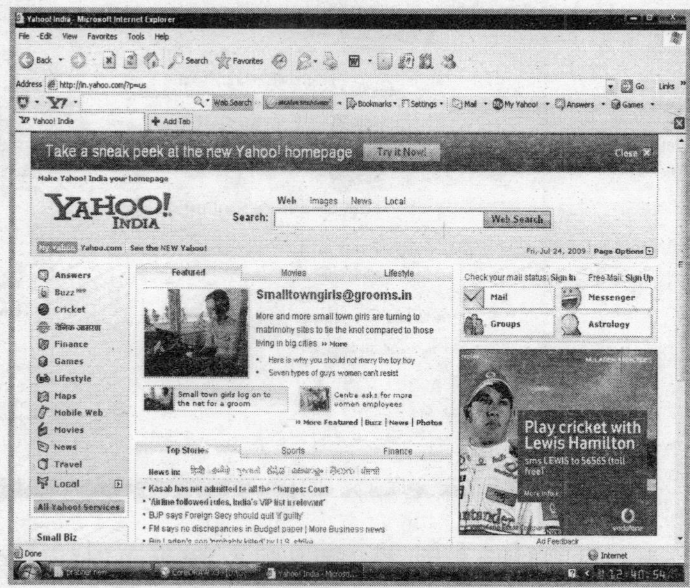

2. अब यदि डायरेक्ट ई-मेलवाला पेज नहीं आया है, तब इस वेब पेज पर e-mail का लिंक ढूँढ़कर उस पर क्लिक करें। परिणामस्वरूप ई-मेलवाला वेब पेज आ जाएगा।

3. यदि अभी तक आपसे User ID पासवर्ड नहीं पूछा गया है तो अब अवश्य ही पूछा जाएगा। यहाँ पर अपने ई-मेल एकाउंट खोलते समय निर्धारित किए गए यूजर आई.डी. एवं पासवर्ड को टाइप करके Enter दबाएँ। अब आपका ई-मेल बॉक्स स्क्रीन पर आ जाएगा। कुछ ई-मेल सर्विसेज में आपको Inbox पर क्लिक भी करना पड़ता है, जिसके बाद ही आपका मेल स्क्रीन पर आता है।

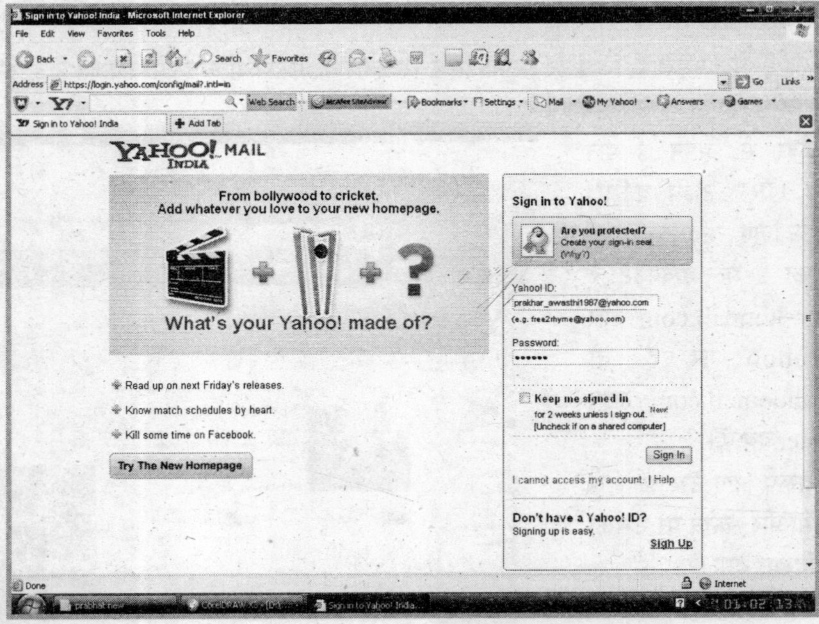

4. अब आप जिस ई-मेल को पढ़ना चाहते हैं, उस पर माउस द्वारा क्लिक करिए, परिणामस्वरूप वह खुलकर आपके सामने आ जाती है।

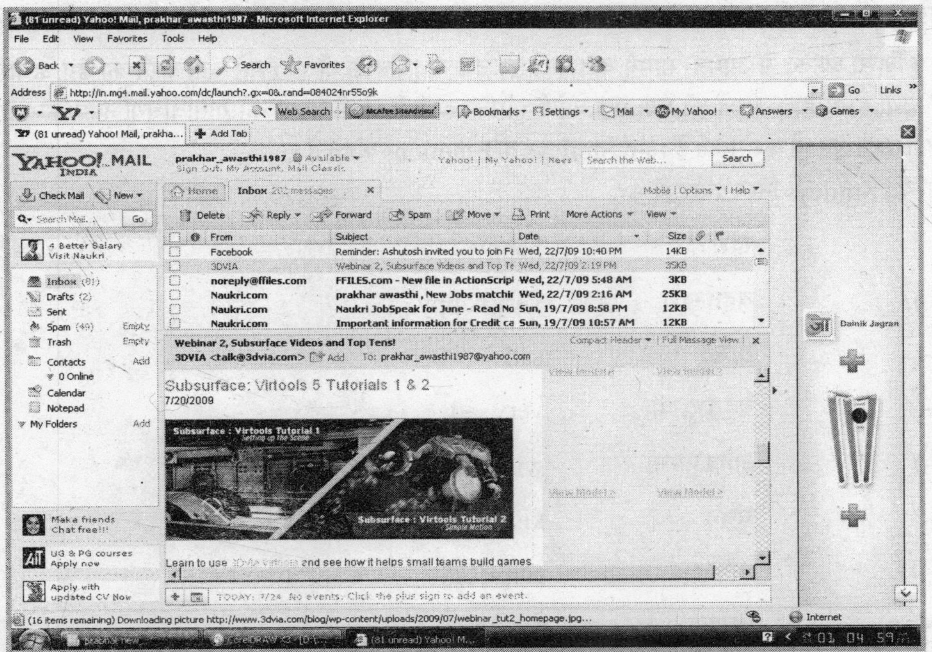

ई-मेल किस प्रकार कार्य करती है ?

ई-मेल 'स्टोर करो और आगे बढ़ो' के सिद्धांत के आधार पर कार्य करती है। प्रेक्षकों द्वारा ई-मेल संदेश मेल सर्वरों को भेजे जाते हैं तथा मेल सर्वर इन संदेशों को अगले मेल सर्वरों को भेज देते हैं और यह प्रक्रिया तब तक चलती रहती है, जब तक कि ये संदेश अपने गंतव्य मेल सर्वर तक न पहुँच जाएँ।

अंतत: प्रस्तुतकर्ता इन संदेशों को मेल सर्वर से प्राप्त करता है। नेटवर्क पर उपस्थित डेटा के यातायात को नियंत्रित करने में मेल सर्वर एक महत्त्वपूर्ण भूमिका निभाता है। ये प्राप्त संदेशों को तब तक स्टोर करता है, जब तक कि नेटवर्क पर उपस्थित डेटा यातायात बहुत अधिक मात्रा में होता है तथा जब इनकी मात्रा कम हो जाती है, तब स्टोर किए गए संदेश दूसरे मेल सर्वरों को भेज दिए जाते हैं।

इस प्रकार मेल सर्वर नेटवर्क पर उपस्थित डेटा यातायात के जाम या अवरोध की संभावना को कम करता है।

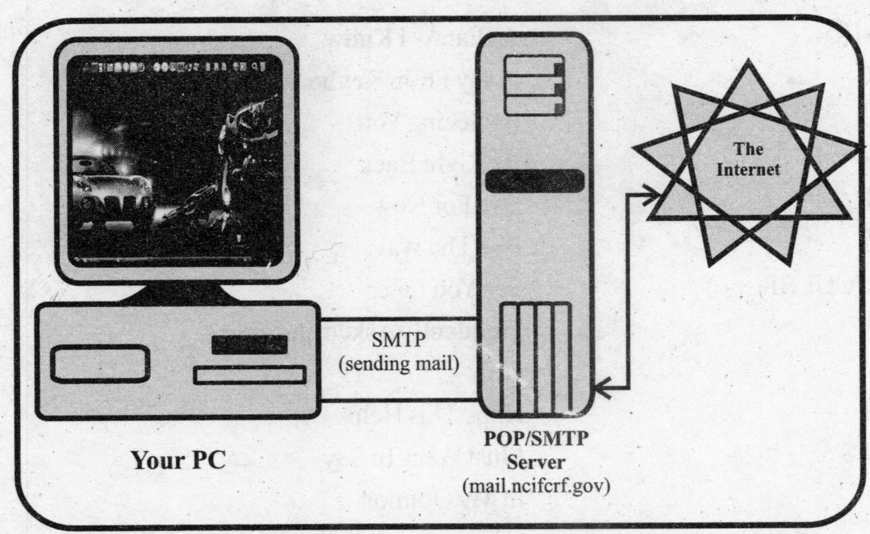

टिट्स-बिट्स

जब हम किसी व्यक्ति से आमने-सामने बात करते हैं, तब बातचीत के दौरान हमारे बात करने का ढंग, हमारी शारीरिक गतिविधियों तथा हमारे हाव-भावों की एक महत्त्वपूर्ण भूमिका होती है। इसी प्रकार की गतिविधियाँ आप कंप्यूटर पर किसी व्यक्ति से बात करते हुए भी कर सकते हैं। इन्हें Smileys या Emotions कहते हैं।

कुछ प्रसिद्ध Smileys निम्न प्रकार हैं—

:-)	खुश	happy
:-))	बहुत खुश	very happy
:-(	दु:खी	sad
:-((	बहुत दु:खी	very sad
;-)	आँख मारना	winking
:-*	चुंबन	kiss
:-0	चकित	surprised
:-@	चीखना	screaming
:-I	अपक्षपाती	indifferent
:-e	निराश	disappointed
:-!!	गुस्सा	angry
>:-<	पागल	mad
%-)	उलझन	confused
:-D	हँसना	laughing
:'(	रोना	crying

इसके अतिरिक्त कुछ संक्षिप्त शब्द इस प्रकार हैं—

AFAIK	-	As Far As I Know
AFK	-	Away From Keyboard
BCU	-	Be Seeing You
BRB	-	Be Right Back
BFN	-	Bye For Now
BTW	-	Bye The Way
CUL/CULBR	-	See You Later
FAQ	-	Frequently Asked Questions
G	-	Grin
HTH	-	Hope This Helps
IJWTS	-	I Just Want To Say
IMO	-	In My Opinion

IMHO	-	In My Humble Opinion
LOL	-	Laughing Out Loud
MORF?	-	Male OR Female?
OAO	-	Over and Out
OIC	-	Oh I See
OTOH	-	On The Other Hand
ROTFL	-	Rolling On The Floor Laughing
RUOK?	-	Are You OK?
TIA	-	Thanks In Advance
THX	-	Thanks
ASL	-	Age Sex Location

इंटरनेट पर फ्री ई-मेल सर्विस का लाभ उठाने के लिए Microsoft कंपनी की ई-मेल सर्विस हॉटमेल बहुत लोकप्रिय और यूजर friendly है। हॉटमेल का लाभ उठाने के लिए अपने Browser में www.hotmail.com लिखें। hotmail.com वेब साइट नीचे दिखाई गई है—

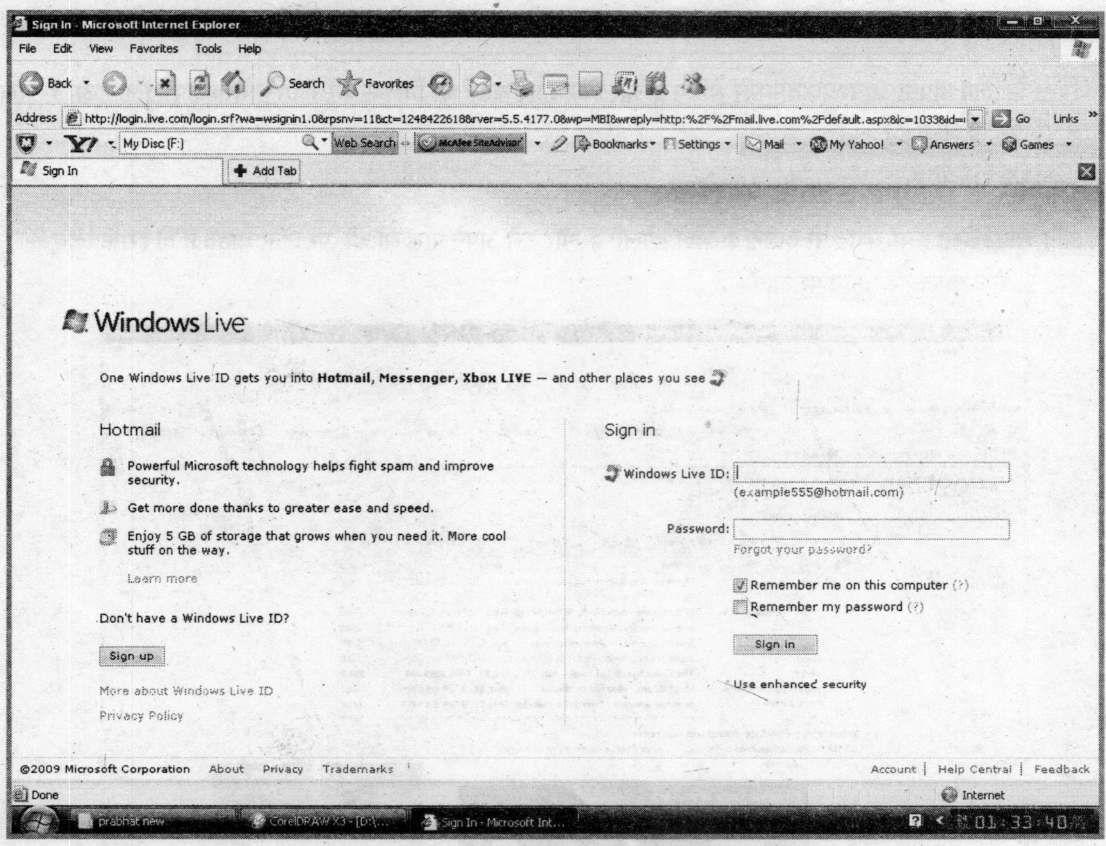

अगर Hotmail पर आपका ई-मेल एकाउंट नहीं है तो पहले New Users पर क्लिक करके नया ई-मेल एकाउंट बनाएँ।

ई-मेल को प्रिंट करना

यदि आप आनेवाली किसी ई-मेल को कागज पर प्रिंट करना चाहते हैं तो इसके लिए—

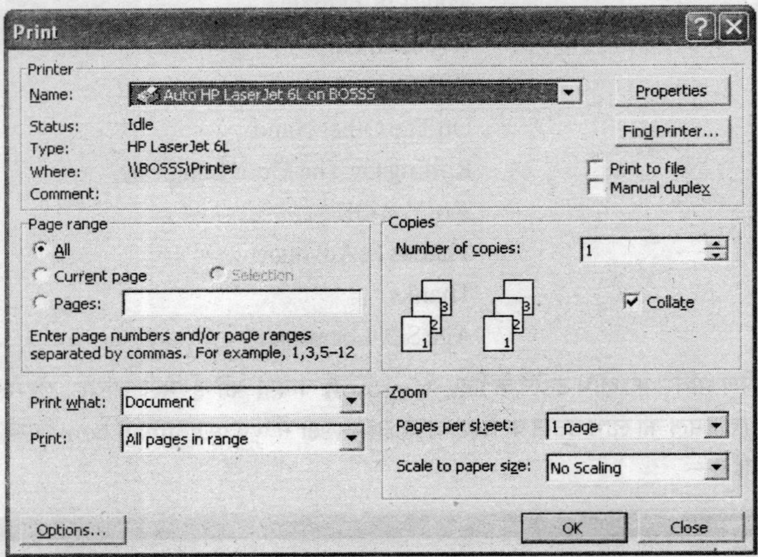

प्रिंटर के लिए अपनी आवश्यकतानुसार सेटिंग दें और फिर OK बटन पर क्लिक करें। परिणामस्वरूप खुला हुआ ई-मेल कागज पर प्रिंट हो जाता है।

ई-मेल को CD Drive आदि पर लेना

यदि आप किसी दूसरे स्थान पर अपना ई-मेल खोलते हैं और उसे अपने पास सी.डी. पर लेना चाहते हैं तो इसके लिए—

1. ई-मेल खोलकर स्क्रीन पर आएँ।

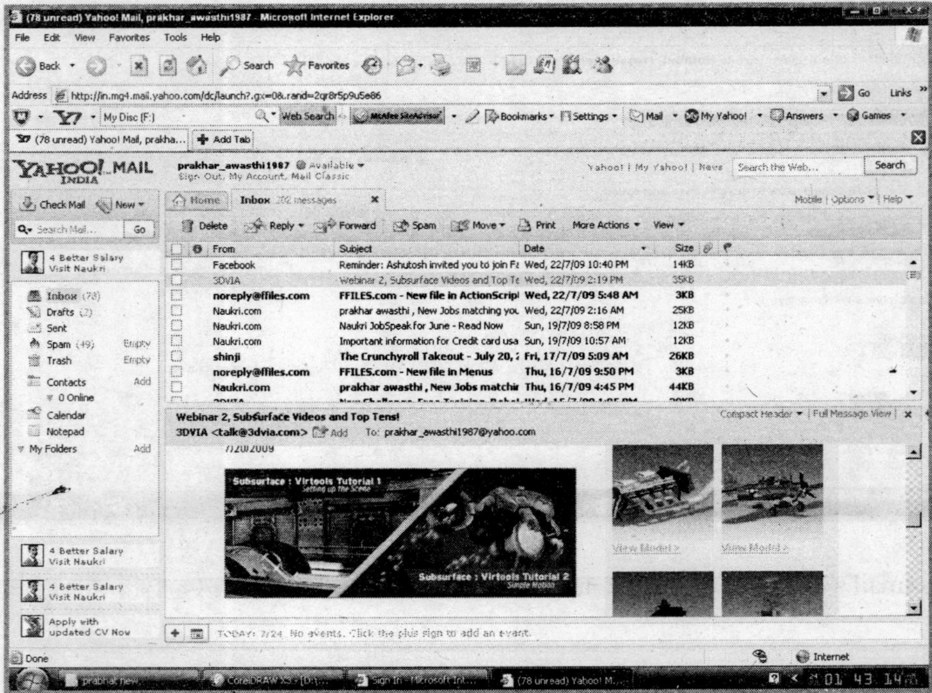

2. मेन्यू में Save As विकल्प पर क्लिक करें।

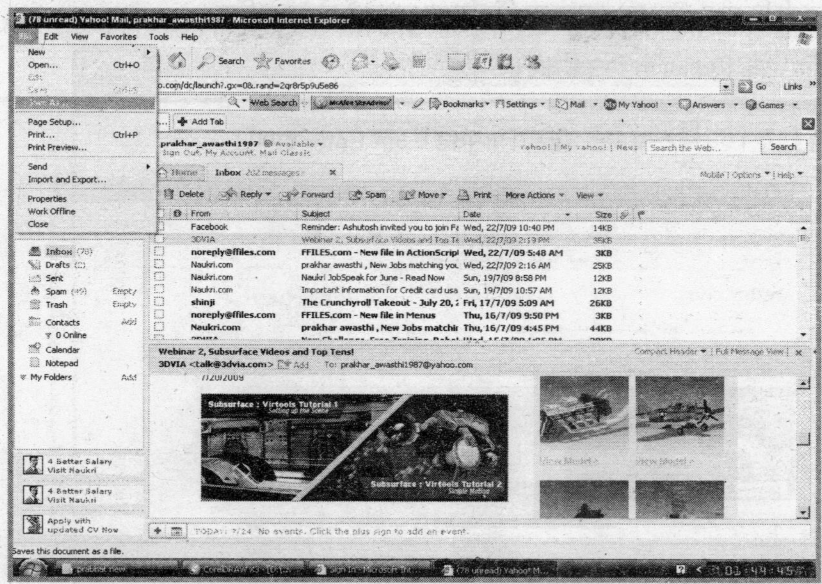

3. अब जिस ड्राइव में डिस्क पर लगी ई-मेल को कॉपी करना चाहते हैं, उस ड्राइव पर क्लिक करें। परिणामस्वरूप वह ई-मेल डिस्क पर कॉपी हो जाती है, जिसे आप बाद में ऑफ लाइन कंप्यूटर (इंटरनेट कनेक्शन के बिना) पर देख या प्रिंट कर सकते हैं।

ई-मेल तैयार करना और भेजना

ई-मेल कंपोज करना और भेजना इंटरनेट पर होनेवाला प्रमुख कार्य है। इसकी विधि निम्न प्रकार है—

1. अपना कंप्यूटर इंटरनेट से कनेक्ट करें और वेब ब्राउजर की सहायता से अपने ई-मेल सर्विसवाले सर्वर पर जाएँ। उदाहरण के लिए, आप rediff.com (या और भी सर्विस प्रोवाइडर, जैसे gmail.com आदि) पर जा सकते हैं।

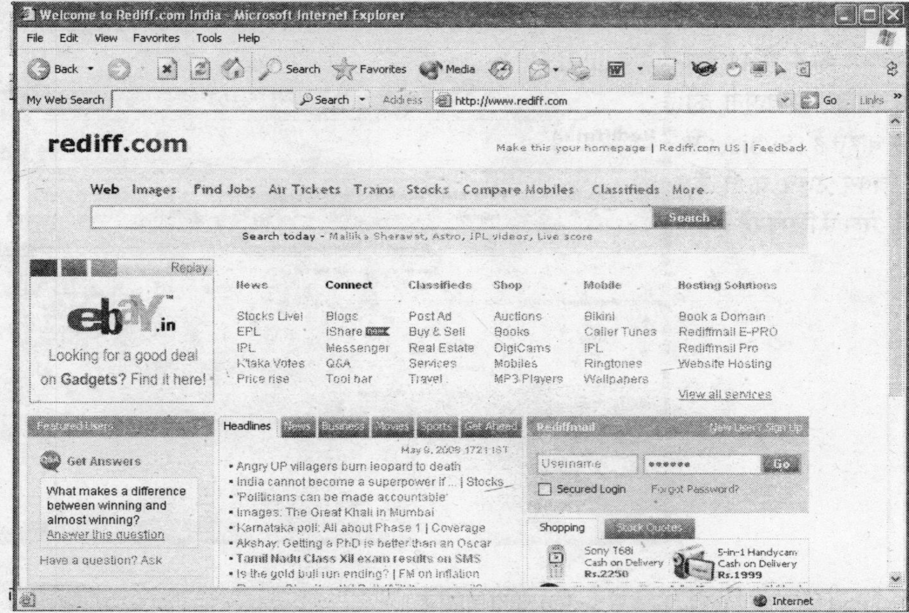

टिप्पणी!

Rediffmail पर आप हिंदी में भी ई-मेल भेज और प्राप्त कर सकते हैं। यदि आप हिंदी में ई-मेल भेजना चाहते हैं तो उसके विकल्प पर क्लिक करें।

2. अब अपने ई-मेल एकाउंट का आई.डी. एवं पासवर्ड दें और Enter दबाएँ।

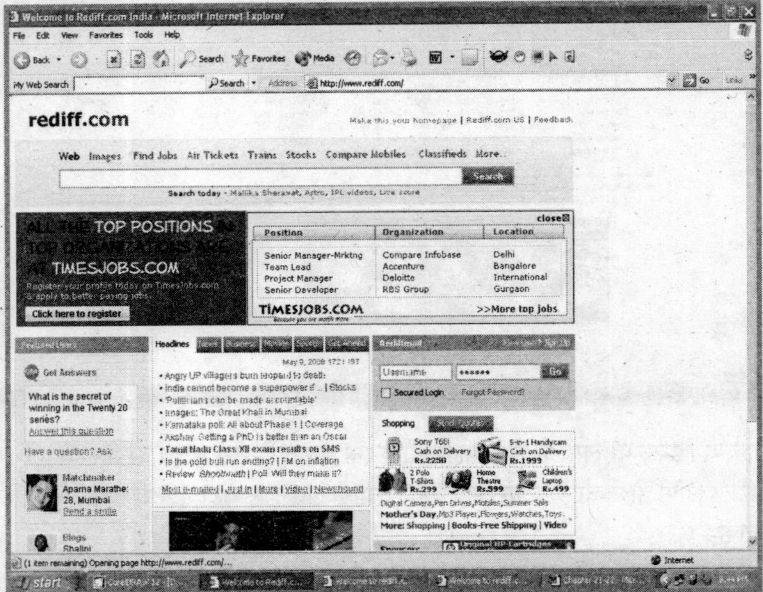

यदि आप हिंदी में ई-मेल भेजना चाहते हैं, तब हिंदी विकल्प पर क्लिक करें।

3. इसके बाद Compose बटन पर क्लिक करें। परिणामस्वरूप एक बॉक्स स्क्रीन पर आता है, जिसमें आप अपना मेसेज टाइप कर सकते हैं।

To या Send to वाले बॉक्स में उस व्यक्ति या कंपनी का ई-मेल एड्रेस टाइप करें जिस व्यक्ति या कंपनी को आप मेल भेजना चाहते हैं। Subject में संक्षेप में वह विषय टाइप करते हैं, जिसके बारे में ई-मेल में लिख रहे हैं।

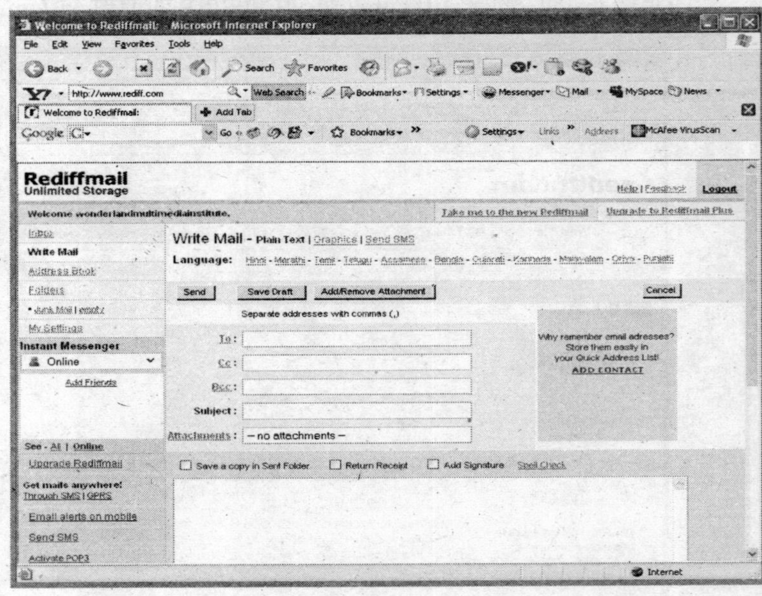

4. अंत में Send बटन पर क्लिक करने से ई-मेल चली ज़ाती है।

वेब सर्फिंग

जब आप किसी निश्चित विषय से संबंधित जानकारीयुक्त वेब साइट ढूँढ़ते हैं तो इस प्रक्रिया को सर्फिंग कहते हैं। उदाहरण के लिए, यदि आप इंटरनेट से कोई फ्री एंटीवायरस सॉफ्टवेयर ढूँढ़कर अपने कंप्यूटर पर डाउनलोड करना चाहते हैं तो इसके लिए निम्न स्टेप लेते हैं—

1. इंटरनेट से अपना कंप्यूटर कनेक्ट करके वेब ब्राउसर में किसी सर्च इंजन का URL टाइप करिए। उदाहरणार्थ, www.yahoo.com या www.alltheweb.com में से किसी एक को आप चुन सकते हैं। इसके बाद Enter दबाएँ।

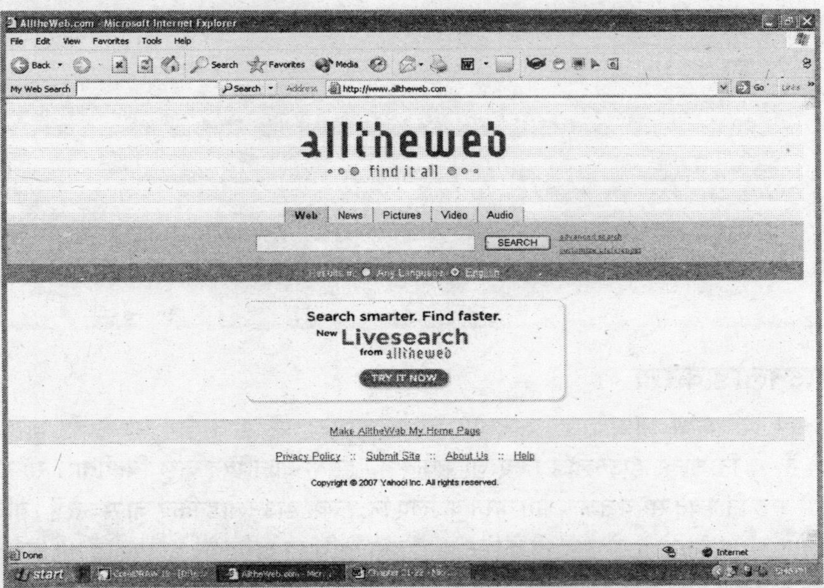

2. अपने सर्च इंजन पर पहुँचने के बाद Search बॉक्स में अपनी सर्च से संबंधित शब्द टाइप करें। उदाहरण के लिए, आप Free_antivirus टाइप करके Enter दबा सकते हैं।

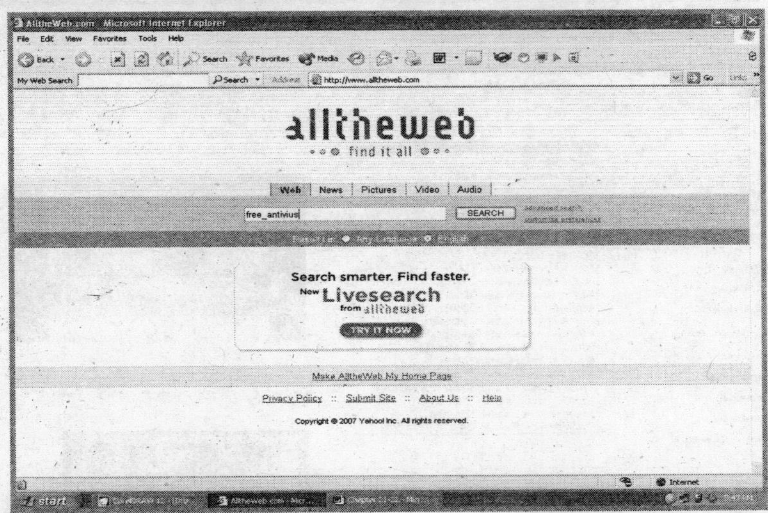

3. परिणामस्वरूप आपकी सर्च से संबंधित अनेक वेब साइट्स की लिंक लिस्ट स्क्रीन पर आ जाएगी, जिसमें से आप अपनी मनचाही वेब साइट चुनकर उस पर जा सकते हैं।

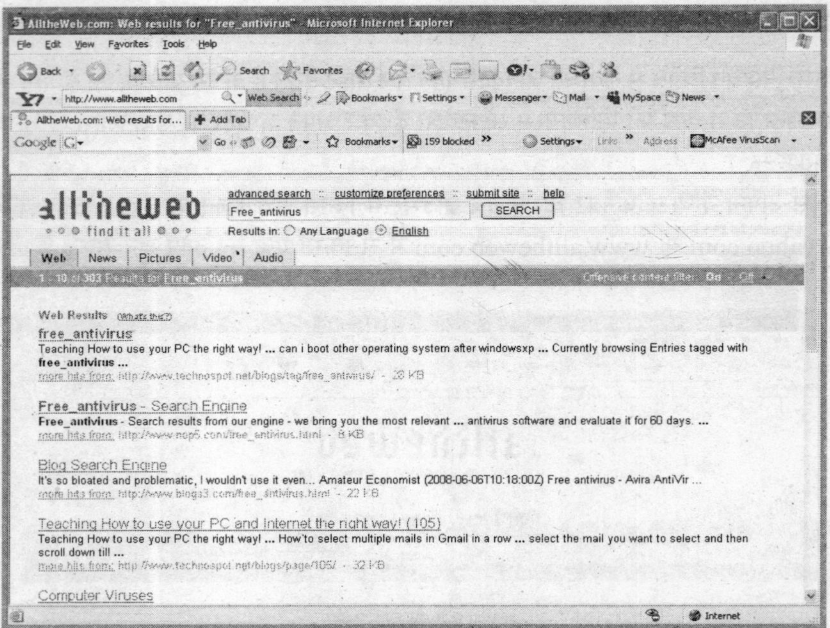

सॉफ्टवेयर डाउनलोड करना

इंटरनेट से आप अधिकांश सॉफ्टवेयर डाउनलोड करके कंप्यूटर पर प्राप्त कर सकते हैं। कुछ सॉफ्टवेयर्स, जो Shareware होते हैं, वे नि:शुल्क डाउनलोड किए जा सकते हैं। इसके अतिरिक्त कुछ बिक्रीवाले सॉफ्टवेयर्स भी Trial Version के रूप में कुछ निश्चित समय तक प्रयोग करने के लिए नि:शुल्क डाउनलोड किए जा सकते हैं। यदि आप बिक्रीवाले सॉफ्टवेयर डाउनलोड करना चाहते हैं तो उन्हें भी क्रेडिट कार्ड द्वारा विधिवत् खरीदकर डाउनलोड कर सकते हैं। आइए, देखें कि किसी नि:शुल्क सॉफ्टवेयर को कैसे डाउनलोड करते हैं।

1. सर्वप्रथम उस वेब साइट पर सर्फिंग करके आ जाएँ जिससे सॉफ्टवेयर डाउनलोड करना चाहते हैं।

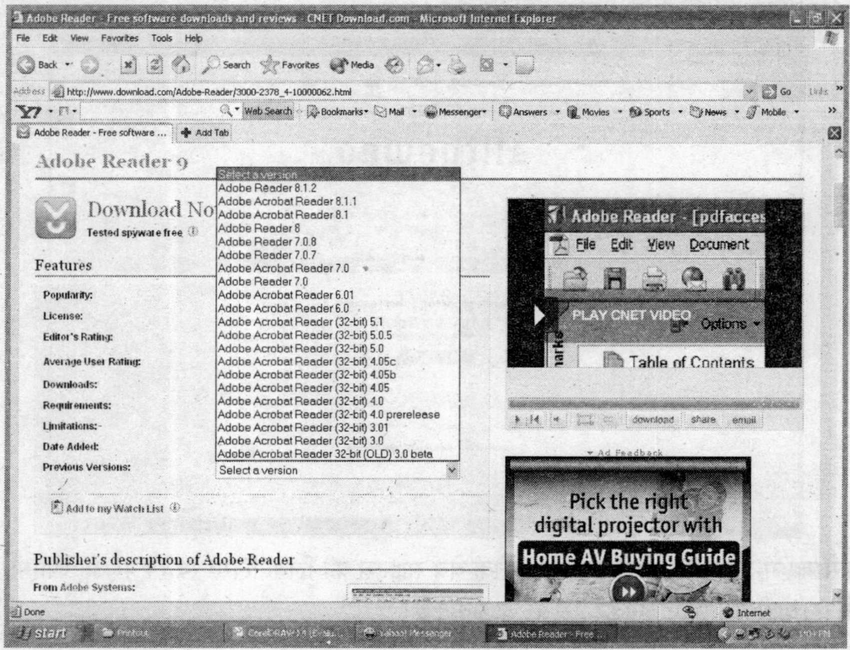

2. अब जिस सॉफ्टवेयर को डाउनलोड करना है, उसे सिलेक्ट करें।

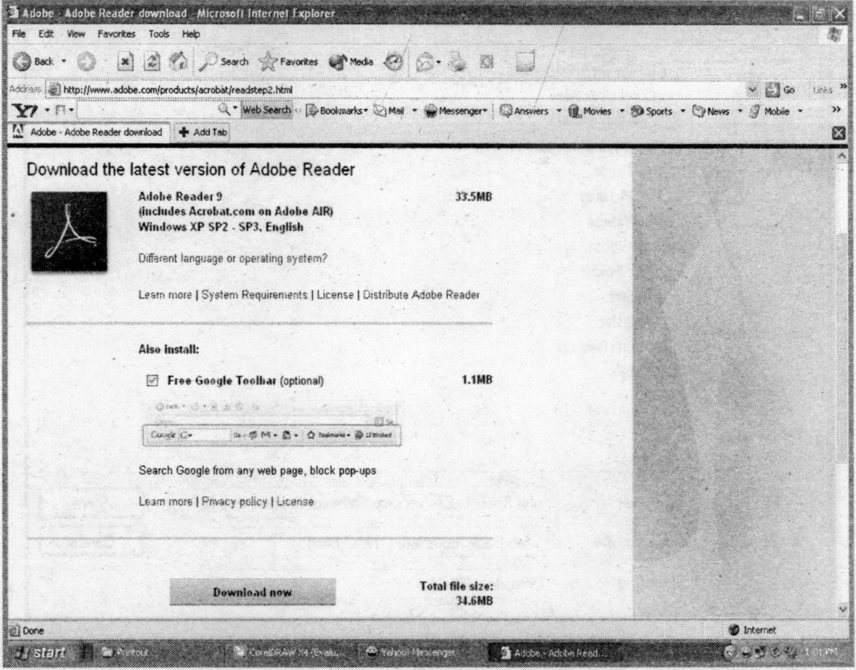

3. अंत में Download पर क्लिक करें।

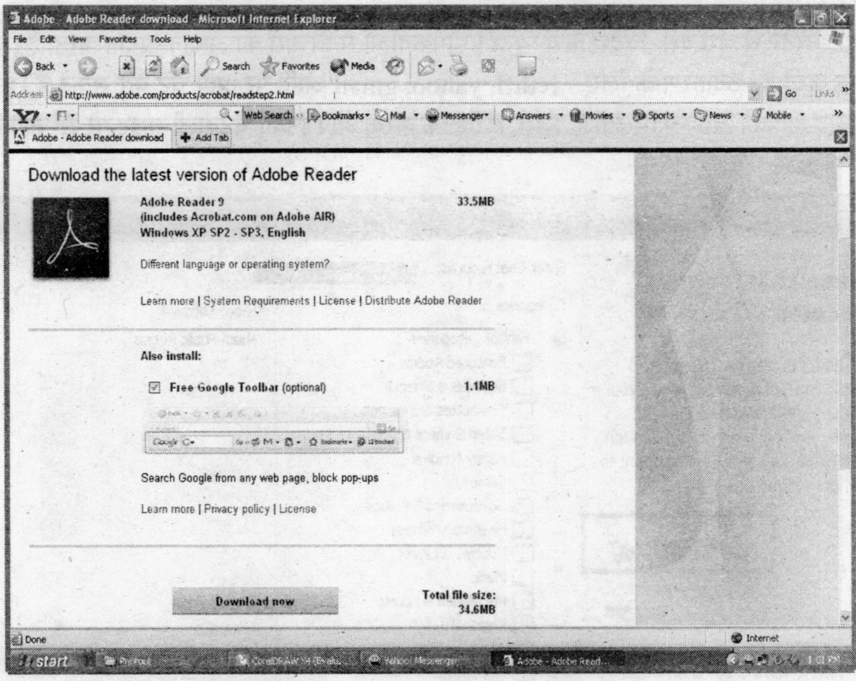

4. आपसे वह गंतव्य स्थान पूछा जाएगा जहाँ आप उसे डाउनलोड करके रखना चाहते हैं। उदाहरण के लिए, यदि आप कंप्यूटर के My Documents फोल्डर में रखना चाहते हैं तो उसे सिलेक्ट करें और फिर Enter दबाएँ।

5. सॉफ्टवेयर डाउनलोड होकर आपके चुने गए फोल्डर में आ जाता है।

चैट कैसे करें?

चैट का अर्थ इंटरनेट से जुड़े देश-विदेश के कंप्यूटर प्रयोगकर्ताओं से विचारों का आदान-प्रदान करना है। अनेक सर्वर चैट की सुविधा प्रदान करते हैं। उदाहरण के लिए—rediff, yahoo, gmail आदि पर आप चैट कर सकते हैं। इन सर्वर के होम पेज पर आने के बाद आपको विकल्प मिलता है, जिस पर क्लिक करके आप इनकी चैटवाली साइट पर आ जाते हैं। चैटिंग करने के लिए—

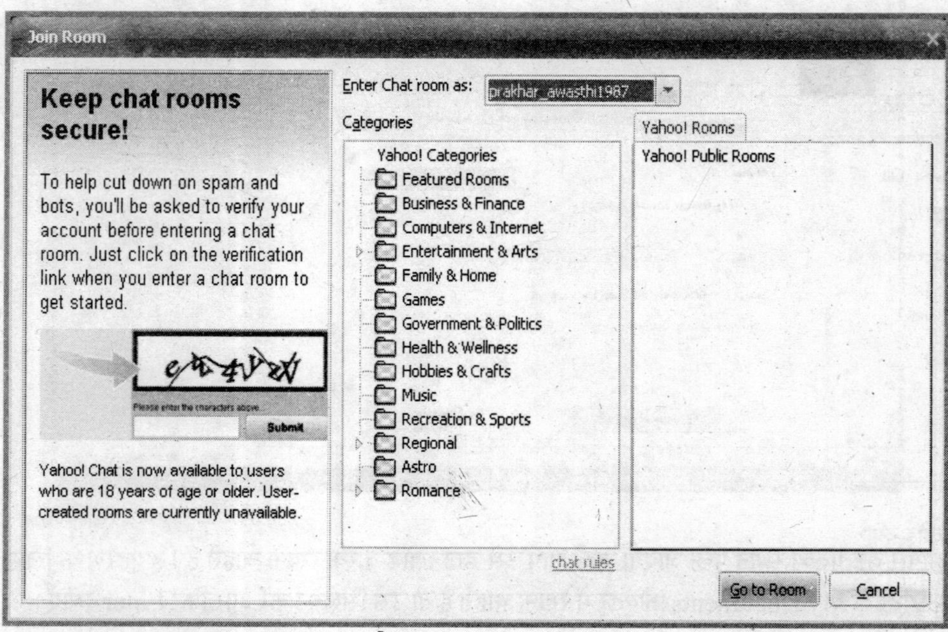

1. अपने विचारों से मेल खाते हुए व्यक्तियों से चैट करने के लिए भिन्न-भिन्न Categories में बने चैट रूम में से किसी एक को चुनें।

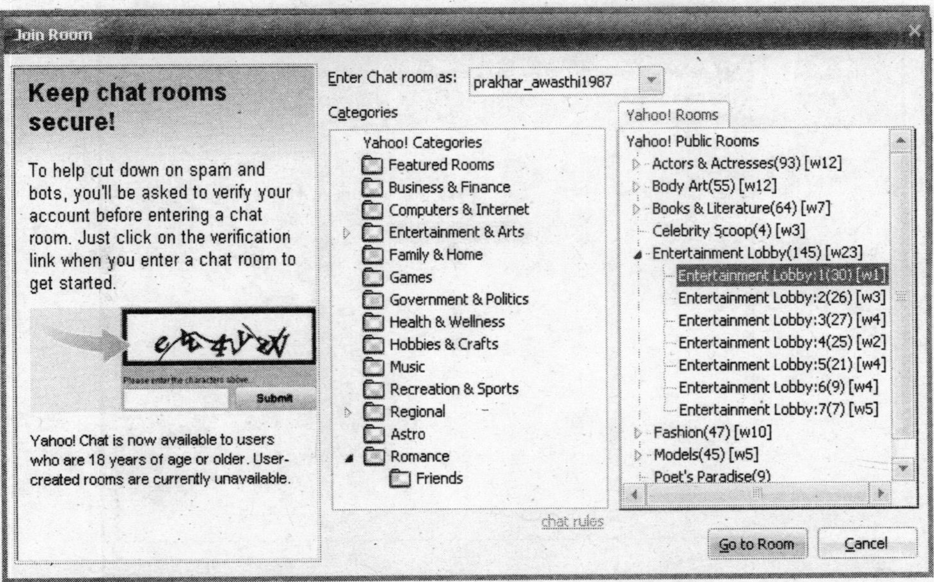

2. जब आप चैट रूम में आ जाएँ, तब मुख्य विंडो में अपना मेसेज देकर सभी का अभिवादन कर सकते हैं और अपनी उपस्थिति से लोगों को अवगत करा सकते हैं। इसके लिए आप Hi या Hello आदि कुछ भी टाइप करके Enter दबाएँ।

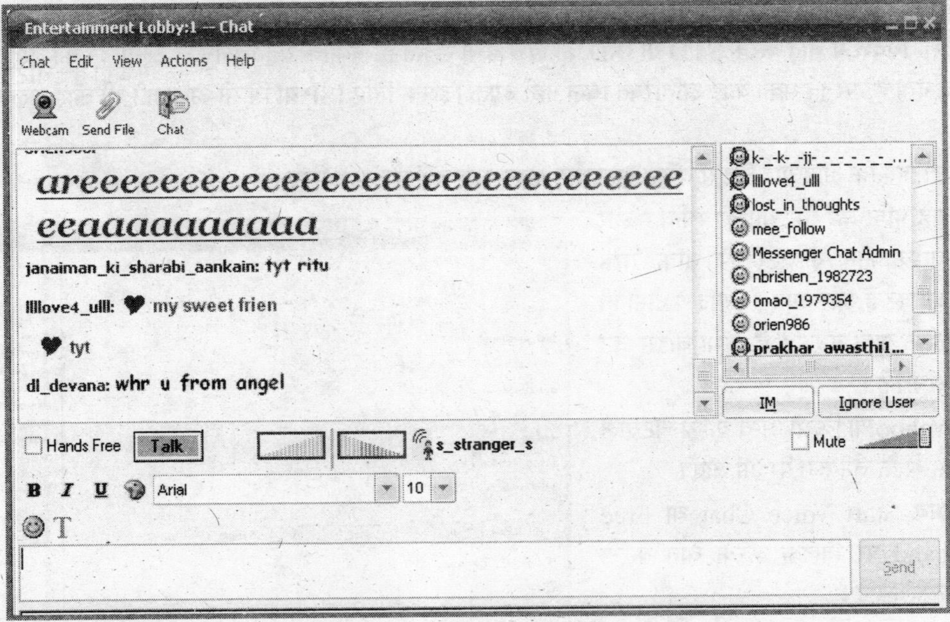

3. यदि कोई व्यक्ति आपको जवाब देता है, तब उससे प्राइवेट बात करने के लिए Users लिस्ट में उपस्थित उसके नाम पर डबल क्लिक करें और फिर स्क्रीन पर आनेवाले प्राइवेट मेसेज बॉक्स में वह टाइप करें जो आप उससे कहना चाहते हैं।

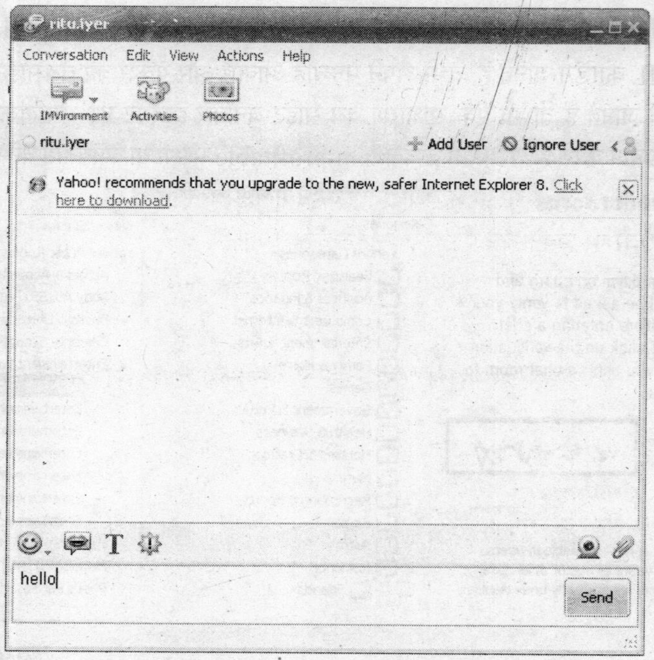

इसके बाद बातों का सिलसिला (चैटिंग) शुरू हो जाता है।

वॉइस चैट

वॉइस चैट में आप चैट रूम में उपस्थित लोगों से ठीक उसी प्रकार बात कर सकते हैं जैसे handfree टेलीफोन सेट पर बात करते हैं। वॉइस चैट कुछ सीमित सर्वर पर ही उपलब्ध है। Yahoo इनमें से एक है। वॉइस चैट का प्रयोग करके आप अपने मित्रों आदि से देश-विदेश में बात करके STD या ISD का खर्च बचा सकते हैं, क्योंकि यह बिलकुल टेलीफोन की तरह बात करने की सुविधा देता है, परंतु इसका कोई अतिरिक्त बिल नहीं आता। इसके लिए ISP या किसी अन्य को भी कोई शुल्क नहीं देना पड़ता।

मान लीजिए कि आप याहू चैट में वॉइस का प्रयोग करना चाहते हैं तो इसके लिए—

1. यह पुष्टि करें कि आपका स्पीकर और माइक्रोफोन कंप्यूटर से ठीक तरह कनेक्ट हैं और ऑन हैं। यदि ये दोनों ही ठीक काम कर रहे हैं, तभी वॉइस चैट संभव है।
2. Yahoo या किसी अन्य वॉइस चैटवाले सर्वर के चैट रूम पर आ जाएँ।
3. अब Start Voice Chat या Free hand पर क्लिक करके बात करना शुरू कर दें।

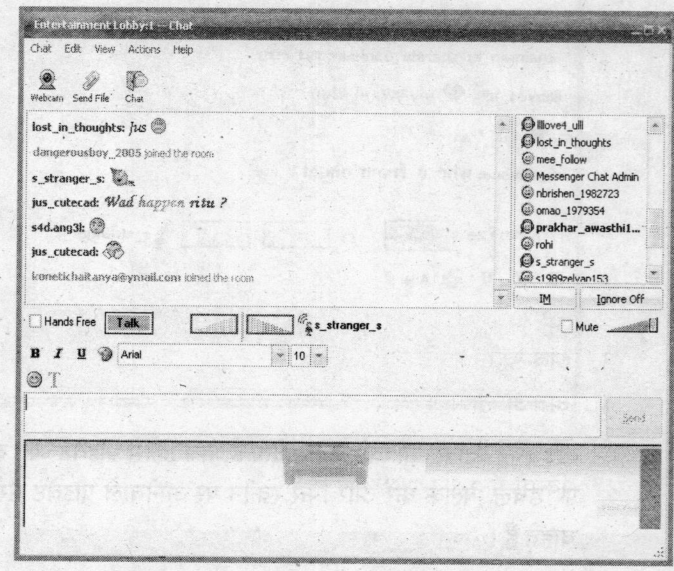

अपनी वेबसाइट बनाना

यदि आप HTML कोडिंग जानते हैं, तभी अपने मनचाहे आकार और प्रकार की वेबसाइट बना सकते हैं। परंतु यदि आप HTML कोडिंग नहीं जानते हैं तो भी एक साधारण वेब साइट बनाकर इंटरनेट पर अपलिंक कर सकते हैं। कुछ सर्वर यह सुविधा नि:शुल्क भी प्रदान करते हैं; परंतु यह केवल non-profitable संस्था या व्यक्तियों को ही दी जाती है, व्यापारिक कार्यों हेतु नहीं। www.geocitie.com ऐसी ही सुविधा प्रदान करनेवाला सर्वर है।

आइए, अब इस सर्वर पर अपना वेब पेज बनाकर इंटरनेट पर डालें।

1. इंटरनेट कनेक्शन करने के बाद वेब ब्राउजर में www.geocities.com (या कोई ऐसा ही अन्य नाम) टाइप करके Enter दबाएँ।

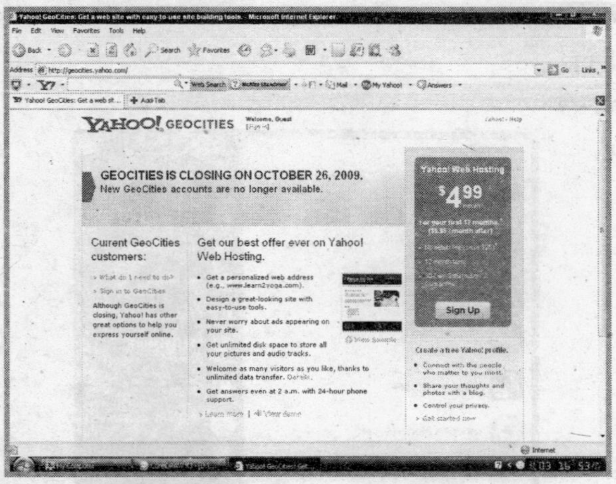

2. Sign In विकल्प पर क्लिक करके आगे बढ़ें।

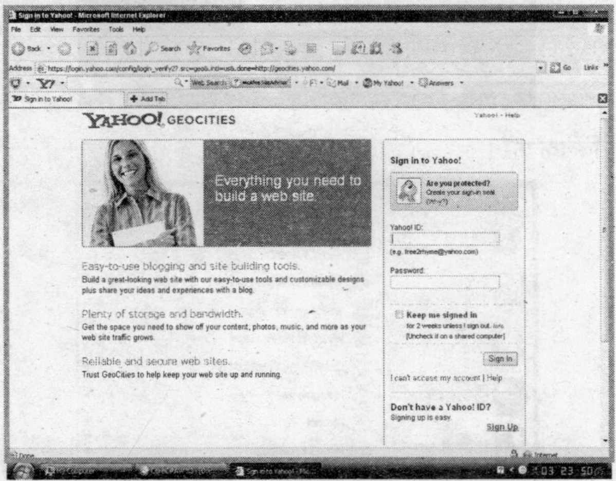

3. अब स्क्रीन पर दिखाए गए किसी एक प्रकार का डिजाइन अपने वेब पेज के लिए चुनें और Enter दबाएँ।
4. अब अपना मैटर टाइप करें और उसे जैसे दिखाना चाहते हैं (छोटा-बड़ा आदि) वैसा ही सेट करें।
5. वेब पेज पूरा बनाने के बाद upload बटन पर क्लिक कर दें। अब आप अपना URL नोट कर लें, जिसे टाइप करके किसी भी स्थान के कंप्यूटर से यह वेब पेज खोला जा सकता है।

□

19 कोरल ड्रॉ

कोरल ड्रॉ (CorelDRAW) प्रयोग करके आप प्रोफेशनल डिजाइनिंग के कार्य आसानी से कर सकते हैं। इसके टूल की सहायता से आप कमर्शियल डिजाइन आसानी से और बहुत ही कम समय में तैयार कर सकते हैं। आइए, अब कोरल ड्रॉ के बारे में जानते हैं।

कोरल ड्रॉ को ओपन करना

कोरल ड्रॉ को खोलने के लिए—

1. Start मेन्यू पर क्लिक करें।

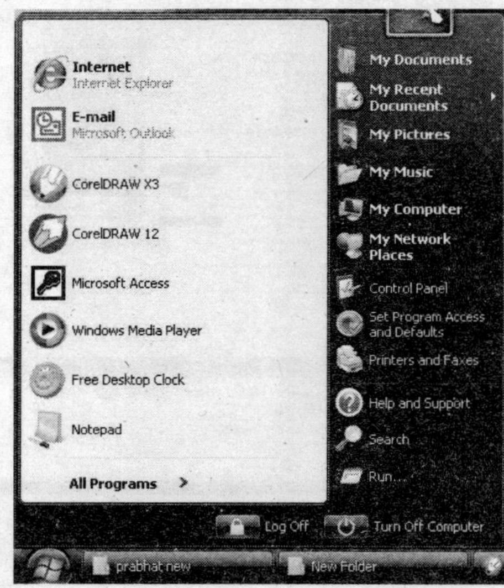

2. All Programs पर क्लिक करें।

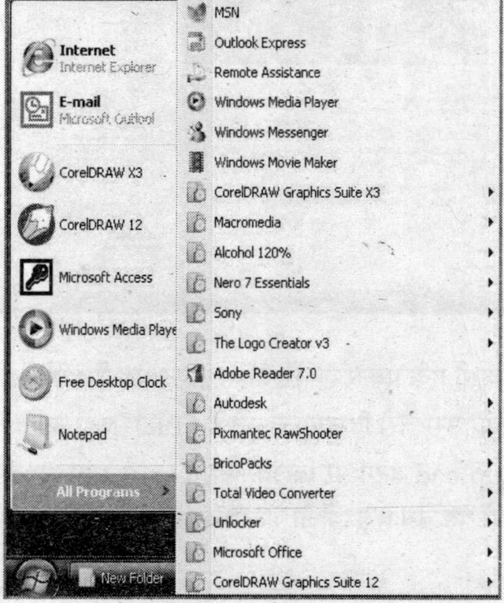

3. CorelDRAW Graphics Suite X3 पर क्लिक करें।

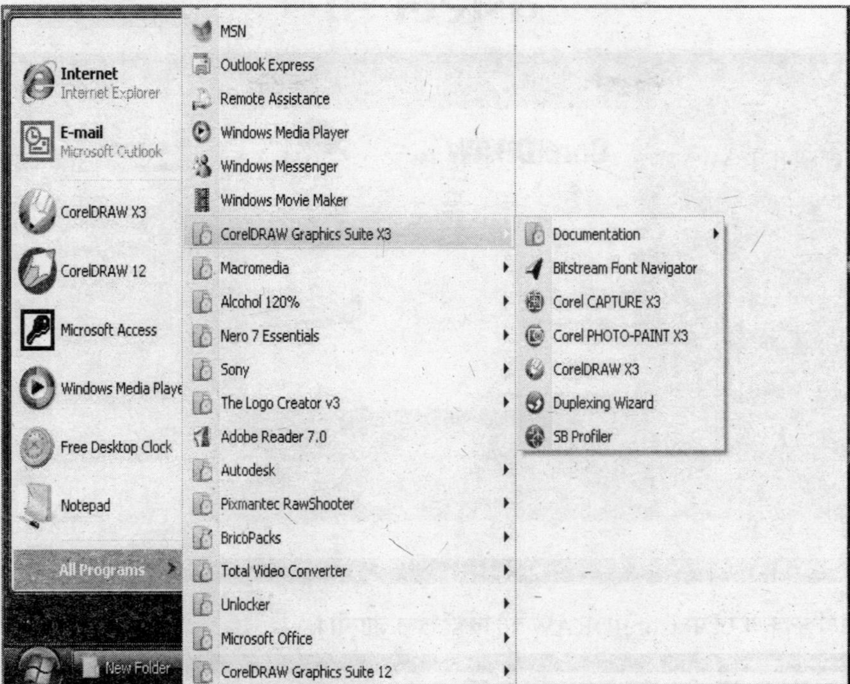

4. उसके बाद CorelDRAW X3 पर क्लिक करें।

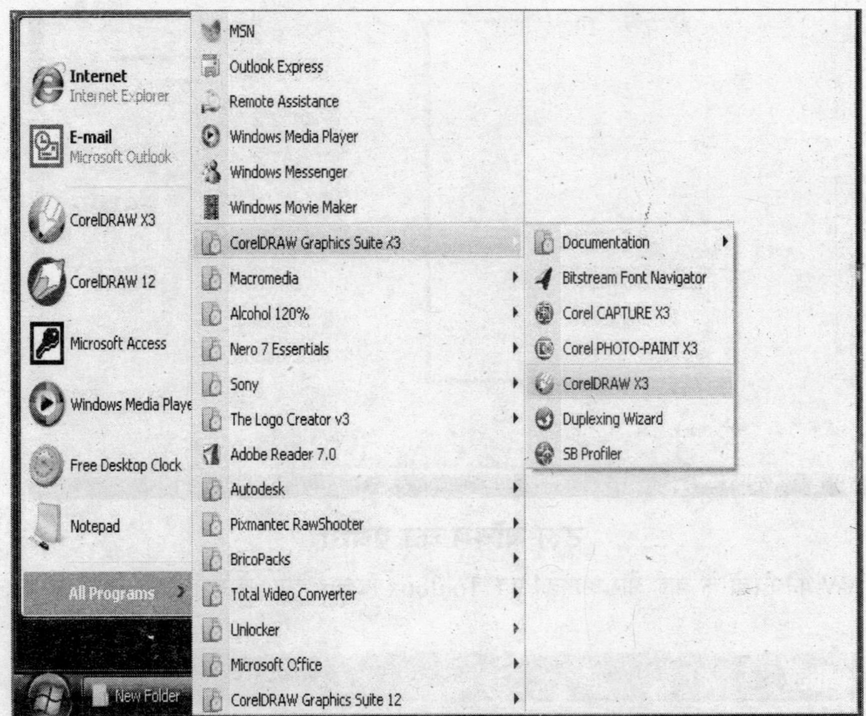

5. Welcome to CorelDRAW 13 की विंडो स्क्रीन पर खुल जाएगी।

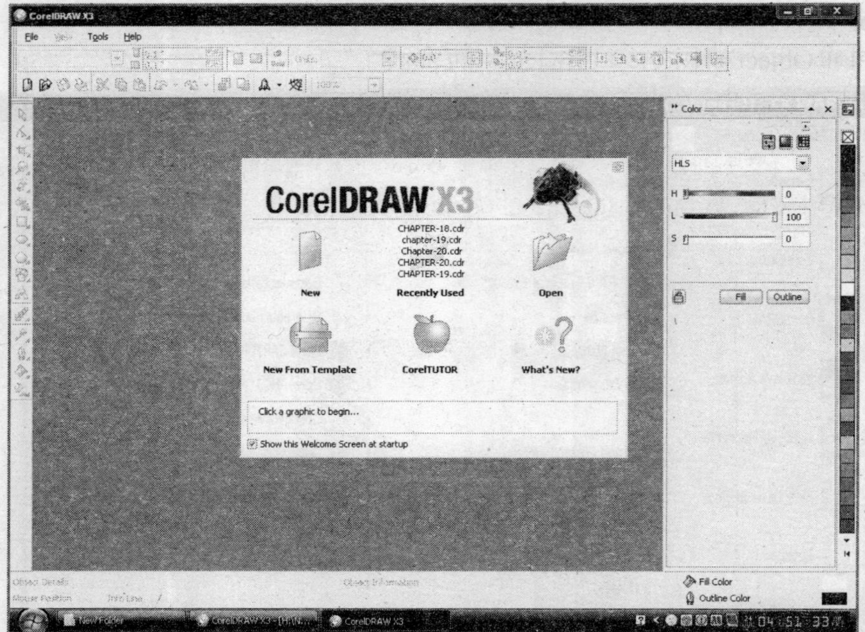

6. New पर क्लिक करने पर CorelDRAW की विंडो खुल जाएगी।

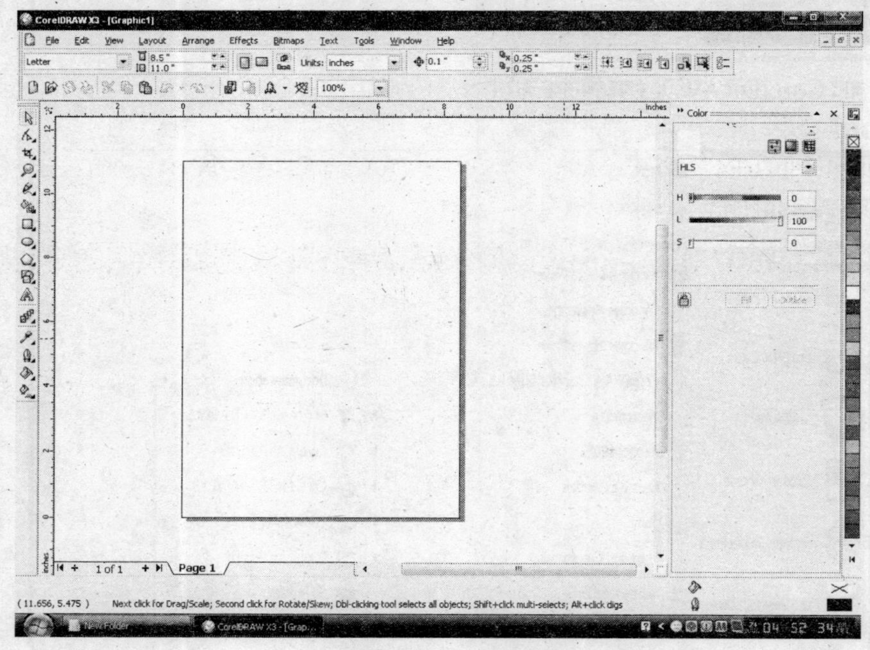

टूल बॉक्स का प्रयोग

CorelDRAW की विंडो के बाईं ओर आपको एक Toolbox दिखाई देगा। ये सभी टूल्स डिजाइन बनाने में आपकी सहायता करते हैं।

1. Pick Tool

यह टूल किसी भी Object को सिलेक्ट करने के लिए प्रयोग होता है।

2. Shape Tool

Shape Tool का प्रयोग सिलेक्ट किए गए object को नया आकार देने के लिए किया जाता है; जैसे—आपने एक सीधी लाइन खींची और उसको नया आकार दे दिया।

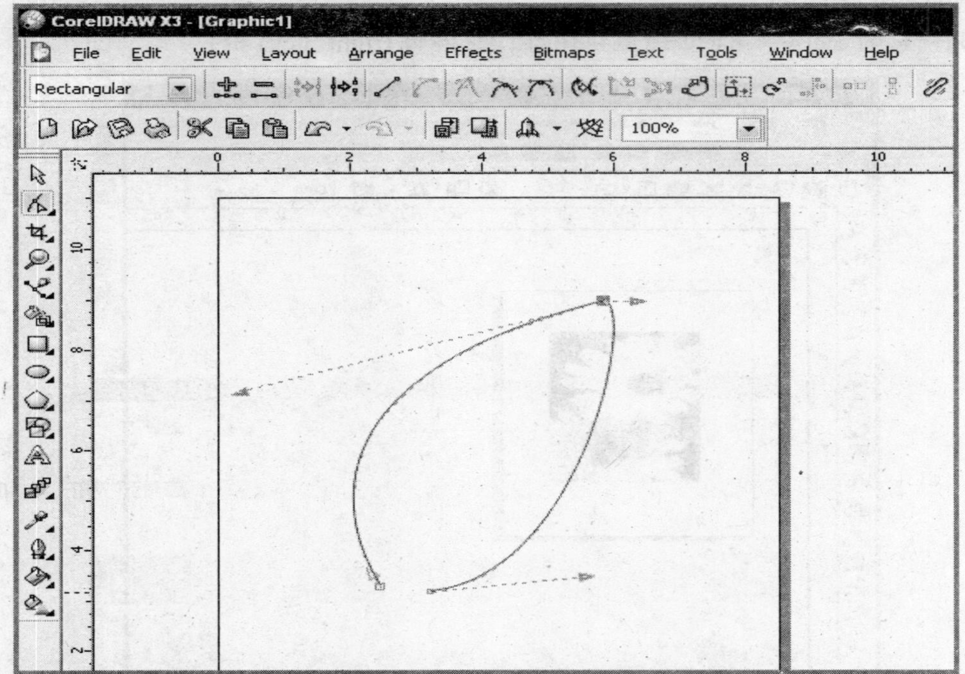

3. Zoom Tool

किसी भी ऑब्जेक्ट को नजदीक से देखने के लिए Zoom Tool का प्रयोग करते हैं।

जूम इन और आउट

जूम टूल द्वारा आप ऑब्जेक्ट को छोटा या बड़ा करके देख सकते हैं। आप ज्यादा विस्तार से देखना चाहते हैं तो जूम इन या छोटा देखने के लिए जूम आउट कर सकते हैं। जूम साधारणत: 100% का होता है, आप चाहें तो property bar से भी इसे बढ़ा या घटा सकते हैं। जूम इन या आउट से आपके ऑब्जेक्ट पर कोई प्रभाव नहीं पड़ेगा। जूम इन या आउट निम्न प्रकार से करें—

जूम इन

1. जूम टूल पर क्लिक करें।
2. आप जिस ऑब्जेक्ट को बड़ा करना चाहते हैं, उसके चारों तरफ मार्क्यू बॉक्स बनाएँ। आपका ऑब्जेक्ट जूम हो जाएगा।

जूम आउट

1. जूम टूल पर क्लिक करें।
2. ऑब्जेक्ट को छोटा करने के लिए उस पर माउस द्वारा राइट क्लिक (right click) करें।

4. Freehand Tool

यह टूल रेखा खींचने के काम आता है। यदि आप बिलकुल सीधी रेखा खींचना चाहते हैं तो Freehand Tool को सिलेक्ट करके तथा Ctrl 'की' को दबाकर सीधी रेखा खींच सकते हैं।

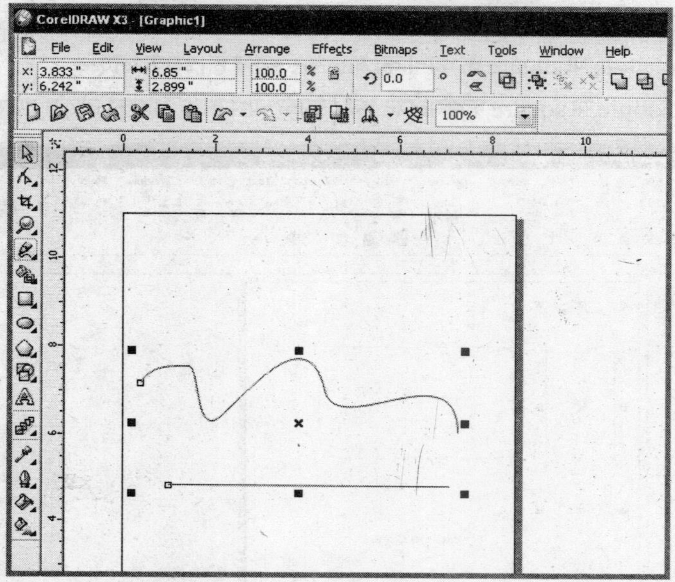

5. Rectangle Tool

यह टूल rectangle या square बनाने के काम आता है।

Rectangle बनाना

1. Rectangle बनाने के लिए टूल बॉक्स से rectangle टूल को सिलेक्ट करें। माउस पॉइंटर के साथ आपको एक छोटा सा rectangle का चिह्न मिलेगा।

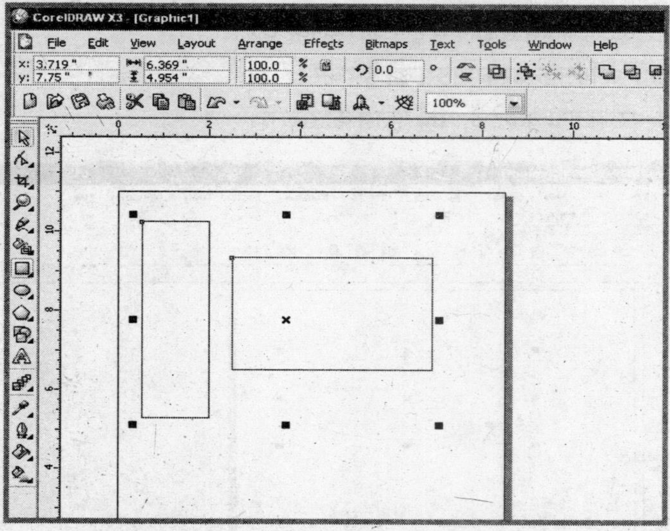

2. अब ड्रॉइंग एरिया पर कहीं भी क्लिक करके rectangle बनाएँ। माउस बटन को वहाँ छोड़ दें, जहाँ तक आपको rectangle चाहिए।

Square बनाना

1. Square बनाने के लिए rectangle टूल को सिलेक्ट करें।
2. Square बनाने के लिए माउस पॉइंटर को ड्रैग करते हुए 'ctrl' key को दबाए रखें, इससे square बिलकुल बराबर आएगा।

यदि आप चाहें तो rectangle या square के कोनों को गोल कर सकते हैं। इसके लिए—

1. सबसे पहले rectangle या square को सिलेक्ट करें, उसके चारों तरफ आपको नोड्स नजर आएँगी।

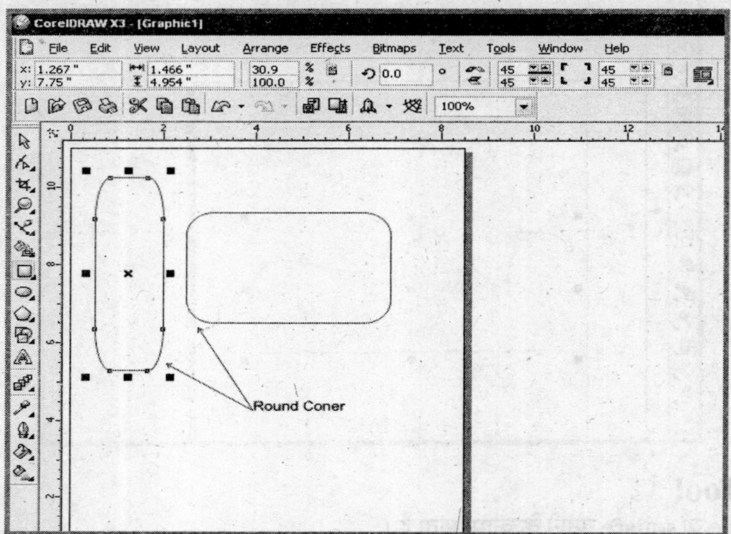

2. अब Shape टूल को सिलेक्ट करके rectangle के किसी भी एक कोने को ड्रैग करने से कोने गोल हो जाएँगे।

6. Ellipse Tool

इनका प्रयोग सर्कल या इलिप्स बनाने के लिए होता है।

1. इलिप्स बनाने के लिए टूल बॉक्स से इलिप्स टूल को सिलेक्ट करें।
2. ड्रॉइंग एरिया में कहीं भी क्लिक करके माउस को ड्रैग करें।
3. जिस साइज का इलिप्स बनाना चाहते हैं, वहाँ माउस को रोक दें।

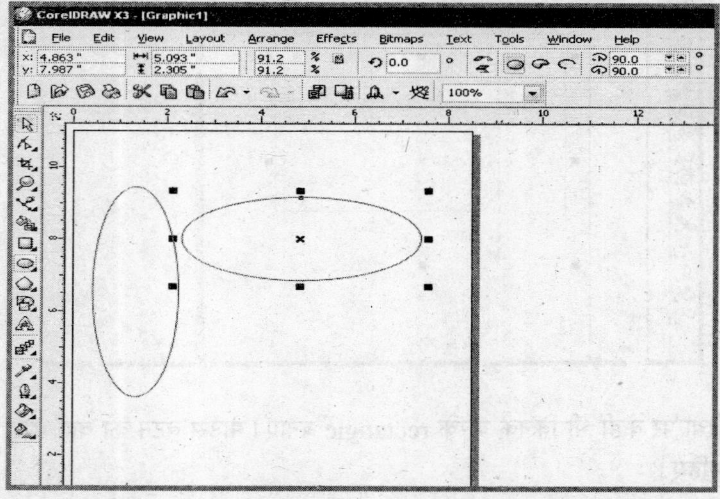

सर्कल बनाना

1. इलिप्स टूल को सिलेक्ट करें।
2. सर्कल बनाते समय Ctrl 'की' को दबाकर रखें।
3. अब जहाँ भी सर्कल को खत्म करना है, वहाँ माउस बटन को छोड़ दें।

आर्क या पाई का आकार बनाना

आपके द्वारा बनाए हुए सर्कल या इलिप्स को आप आर्क या पाई का आकार भी दे सकते हैं। इसके लिए—

1. Pick टूल या shape टूल से सर्कल या इलिप्स को सिलेक्ट करें।

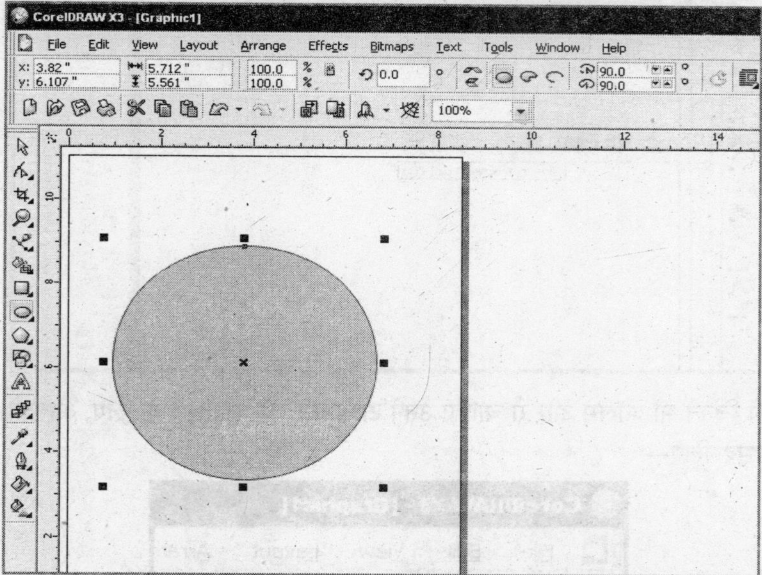

2. इलिप्स या सर्कल को पाई के आकार में बनाने के लिए property bar से पाई के आइकन पर क्लिक करें।

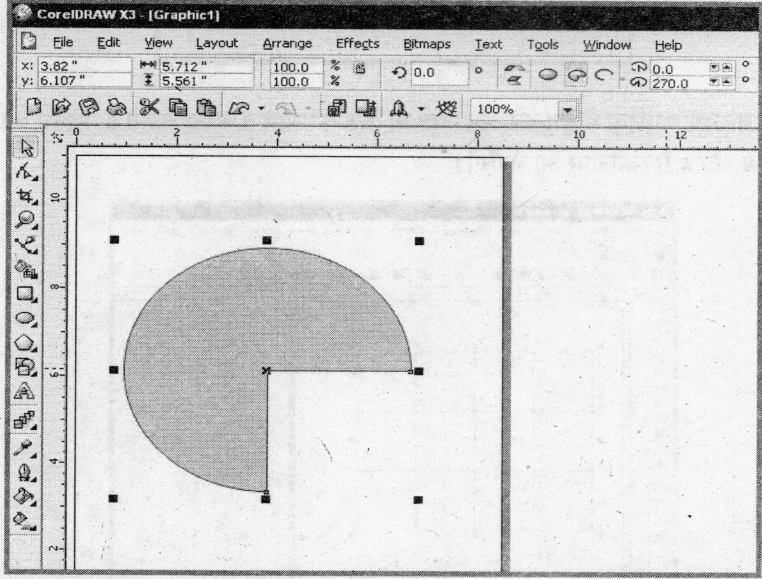

3. इलिप्स या सर्कल को आर्क के आकार में बनाने के लिए property bar से आर्क के आइकन पर क्लिक करें।

7. Graph Paper Tool

इसका प्रयोग अधिकतर columns और rows या फिर Table बनाने के लिए किया जाता है।

1. Graph Paper Tool को सिलेक्ट करें।

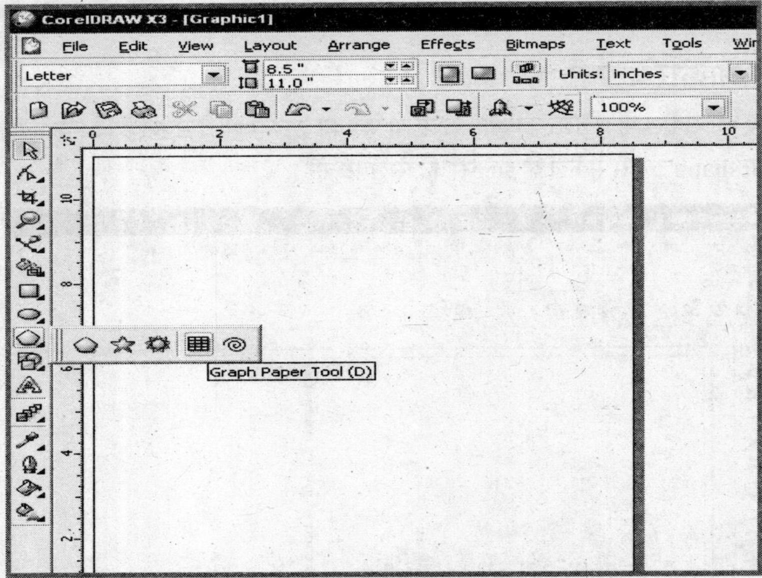

2. अब आपको जितने भी कॉलम और रो चाहिए उतने टाइप कर लें। उदाहरण के लिए, आपको 5 कॉलम और 4 रो चाहिए तो इसके लिए—

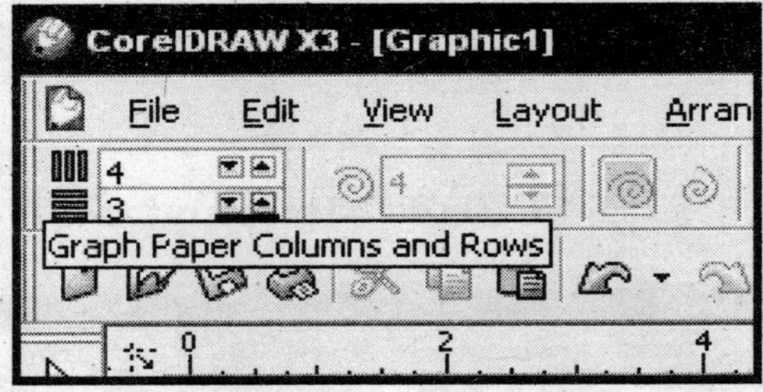

3. माउस पॉइंट को ड्रॉइंग एरिया में ड्रैग करें और जहाँ भी ग्रिड को समाप्त करना चाहते हैं, माउस बटन को वहीं छोड़ दें। अब 5 कॉलम और 4 रो स्क्रीन पर आ जाएँगी।

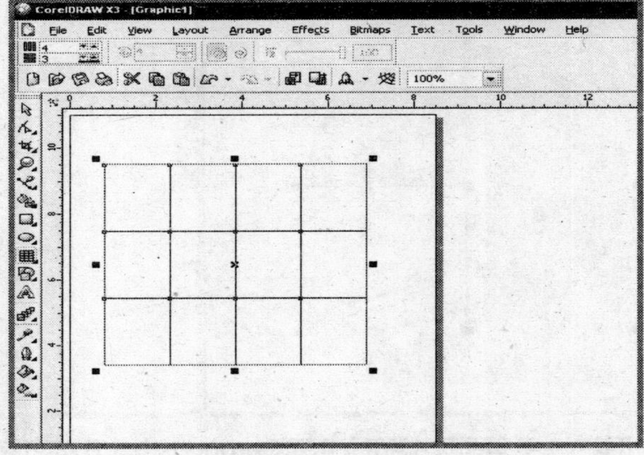

पॉलीगन बनाना

ग्राफ पेपर (Graph Paper) टूल में काले रंग का एक ऐरो बना होता है। इस ऐरो पर क्लिक करने से टूल खुल जाते हैं, जिसमें पहले नंबर पर ग्राफ टूल, दूसरे नंबर पर पॉलीगन और तीसरे नंबर पर स्पाइरल टूल होता है।

1. पॉलीगन टूल को सिलेक्ट करें।

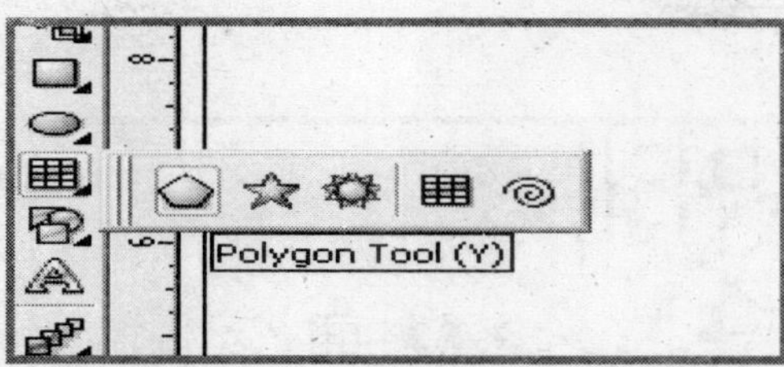

2. पॉलीगन पंचभुजी होता है। ड्रॉइंग एरिया में माउस द्वारा पॉइंटर को ड्रैग करें। जहाँ पॉलीगन को समाप्त करना चाहते हैं, वहीं माउस पाइंटर को छोड़ दें।

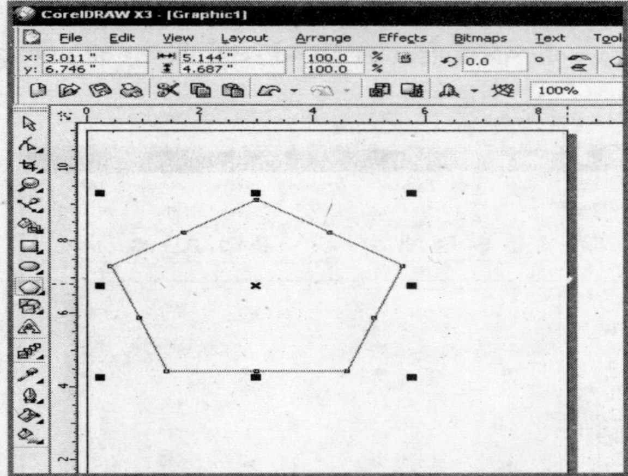

3. यदि आप बनाए हुए पॉलीगन की सतह की संख्या बढ़ाना चाहते हैं तो पहले pick tool से पॉलीगन को सिलेक्ट करें।
4. Number of points on polygon पर माउस पॉइंटर से पॉलीगन की जितनी भुजाएँ चाहिए, उतने नंबर लिख दें। मान लीजिए, आपको पॉलीगन की 10 भुजाएँ चाहिए तो text box में 10 लिखकर Enter दबा दें। पॉलीगन 10 भुजाओंवाला बन जाएगा।

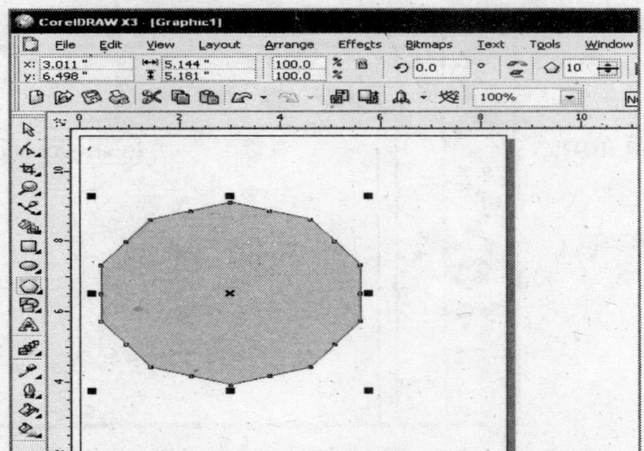

स्टार बनाना

स्टार बनाने के लिए पॉलीगन टूल पर डबल क्लिक करने पर option का डायलॉग बॉक्स स्क्रीन पर आ जाएगा—

1. Polygon as star पर क्लिक करें।
2. Numbers points/sides बॉक्स में कितने corners चाहिए, उनकी संख्या लिखें।
3. अब OK बटन पर क्लिक कर दें।

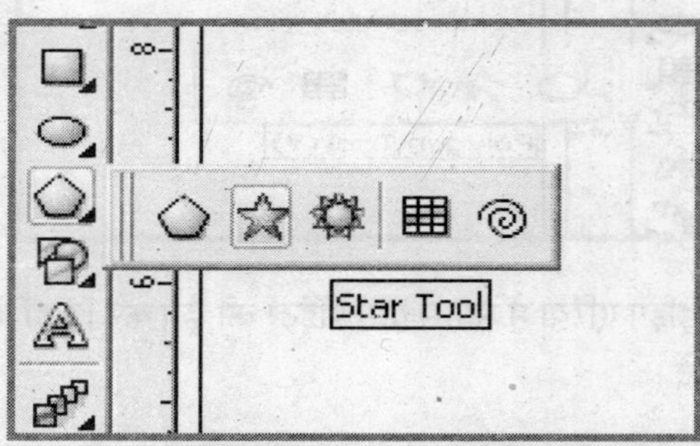

4. खाली जगह पर क्लिक करें और माउस पॉइंटर को ड्रैग करें। जहाँ भी स्टार को समाप्त करना चाहते हैं, माउस पॉइंटर को वहीं छोड़ दें।

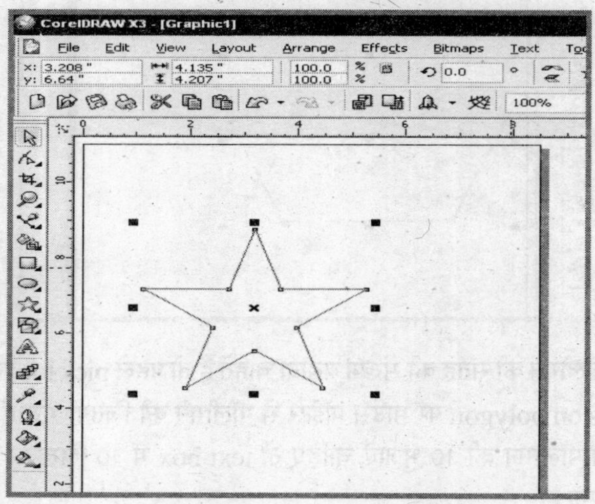

स्पाइरल बनाना

ग्राफ पेपर के ऐरो option में तीसरा टूल स्पाइरल होता है।

1. स्पाइरल टूल को सिलेक्ट करें।

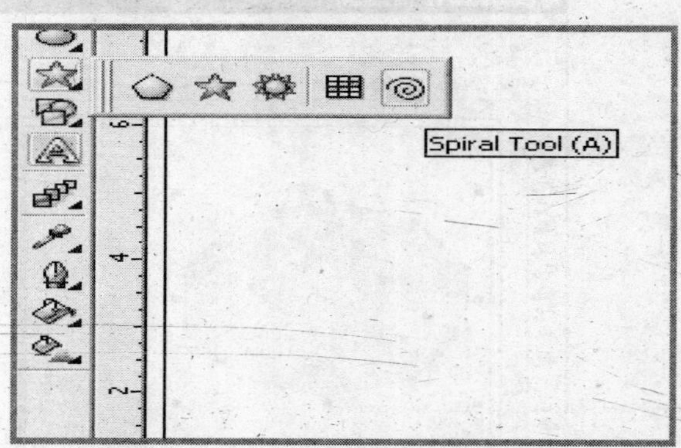

2. खाली एरिया में माउस को क्लिक करके ड्रैग करें। जहाँ भी स्पाइरल समाप्त करना चाहते हैं, वहाँ पर माउस पॉइंटर को छोड़ दें।

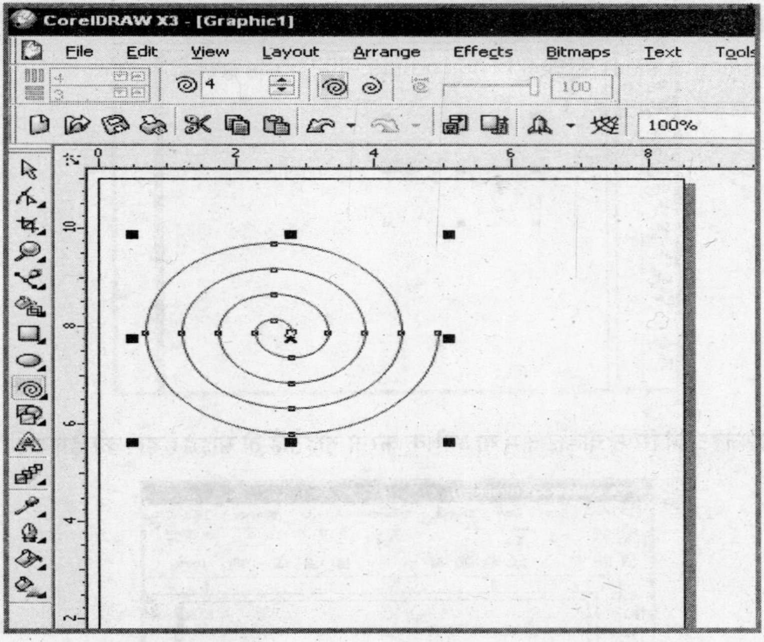

ऑब्जेक्ट का आकार बदलना

यदि आप ऑब्जेक्ट का मूल आकार बदलना चाहते हैं तो इसके लिए—

1. सबसे पहले ऑब्जेक्ट को सिलेक्ट करें। ऑब्जेक्ट के चारों ओर जो हैंडल है, उस पर माउस को रखें।

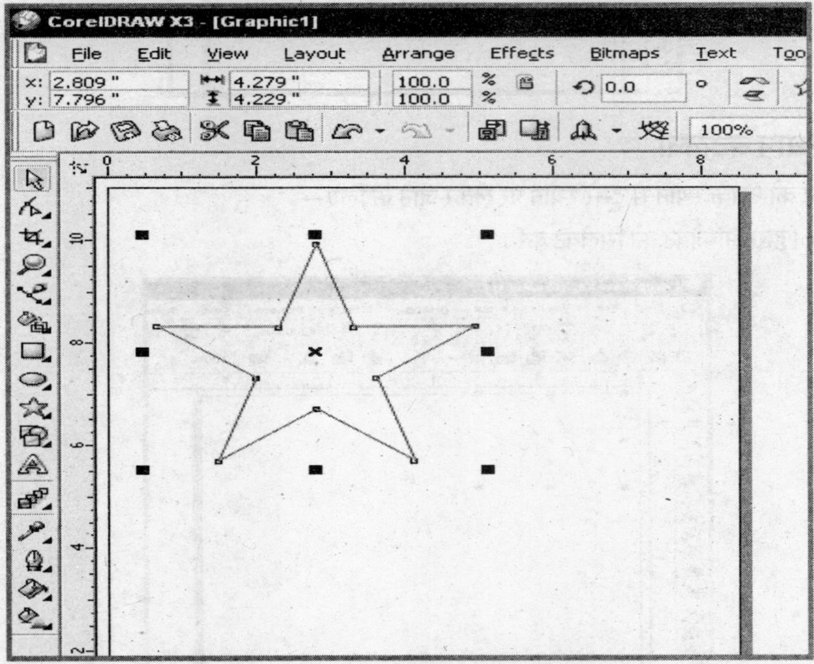

2. यदि आप कोने के हैंडल को ड्रैग करते हैं तो ऑब्जेक्ट की ऊँचाई व चौड़ाई बराबर अनुपात में कम या बढ़ जाएगी।

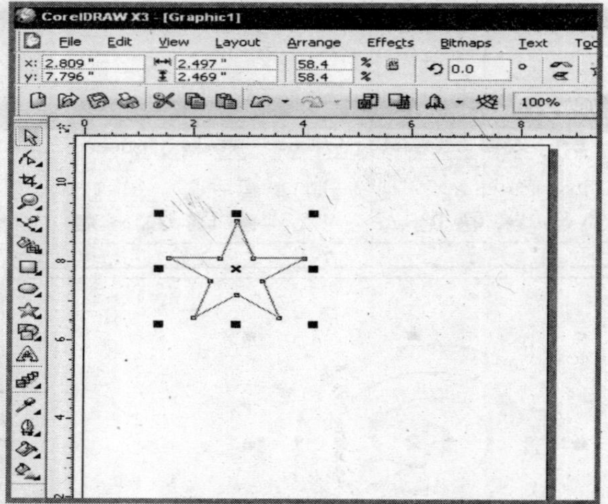

3. यदि आप ऑब्जेक्ट की सिर्फ चौड़ाई कम या अधिक करना चाहते हैं तो साइड हैंडल को ड्रैग करें।

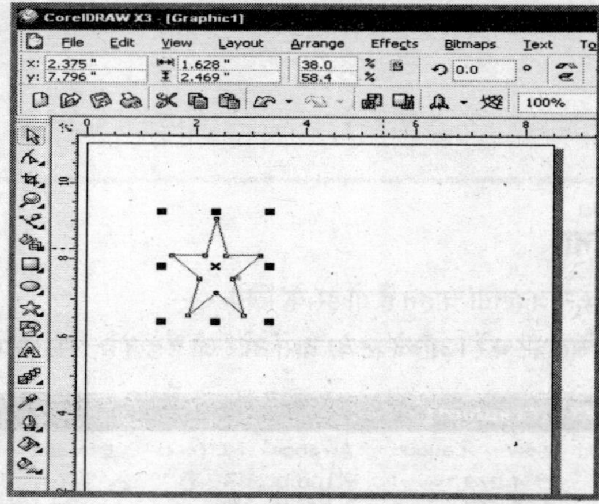

ऑब्जेक्ट का स्थान बदलना

किसी ऑब्जेक्ट को उसके स्थान से दूसरे स्थान पर लेकर जाने के लिए—

1. Pick Tool द्वारा ऑब्जेक्ट को सिलेक्ट करें।

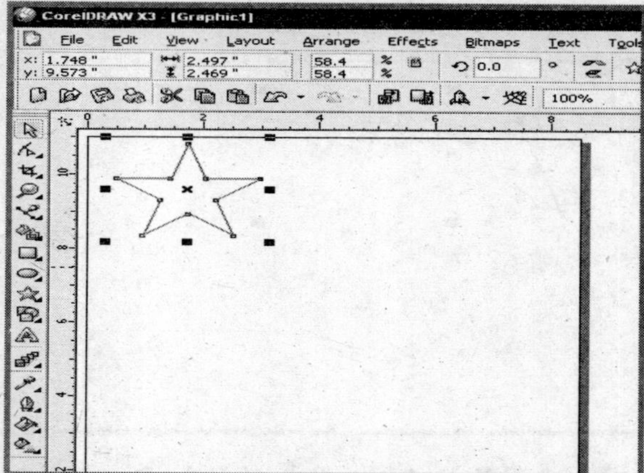

2. अब ऑब्जेक्ट के केंद्र पर बने एक्स पॉइंट पर माउस पॉइंटर को रखकर उसे जिस स्थान पर लेकर जाना चाहते हैं, ले जा सकते हैं।

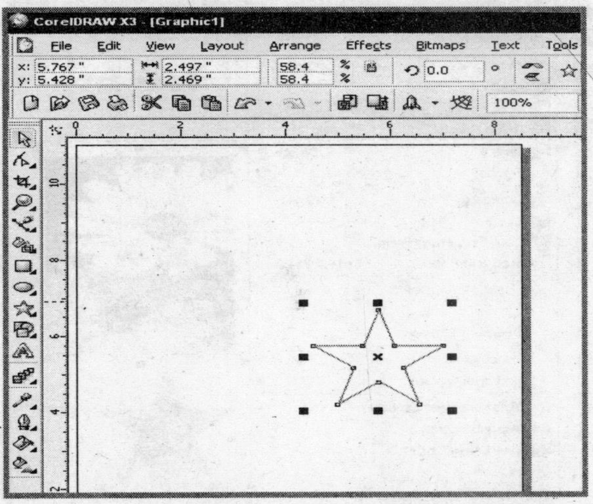

ऑब्जेक्ट की कॉपी करना

किसी भी ऑब्जेक्ट को दो तरह से कॉपी कर सकते हैं। पहला edit menu से कॉपी कर सकते हैं, दूसरा डुप्लीकेट का प्रयोग कर सकते हैं। कॉपी या डुप्लीकेट के इस्तेमाल से एक जैसा ही परिणाम आएगा। आप चाहें तो ऑब्जेक्ट को कॉपी करके किसी भी डॉक्यूमेंट में पेस्ट (paste) कर सकते हैं, परंतु डुप्लीकेट में ऐसा नहीं होता। ऑब्जेक्ट को कॉपी करने के लिए—

1. सबसे पहले ऑब्जेक्ट को सिलेक्ट करके Edit मेन्यू से Copy पर क्लिक करें।

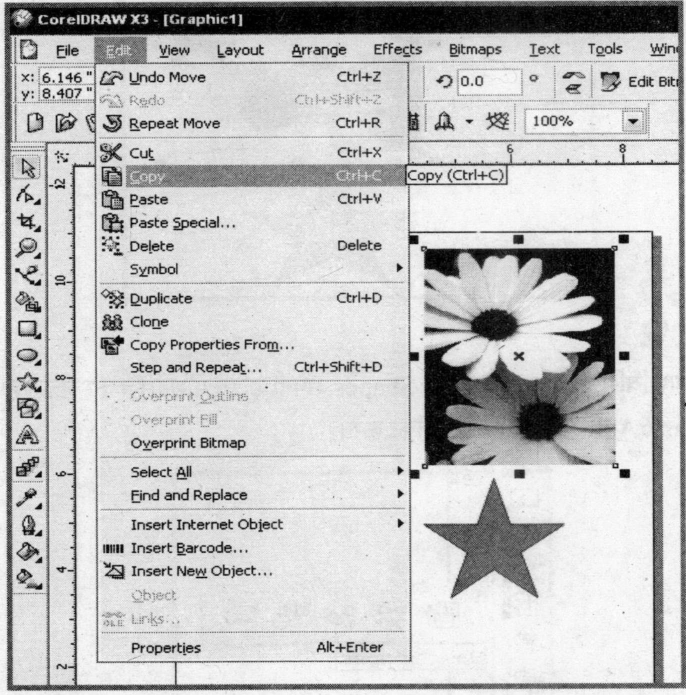

2. अब Edit में जाकर Paste पर क्लिक कर दें।

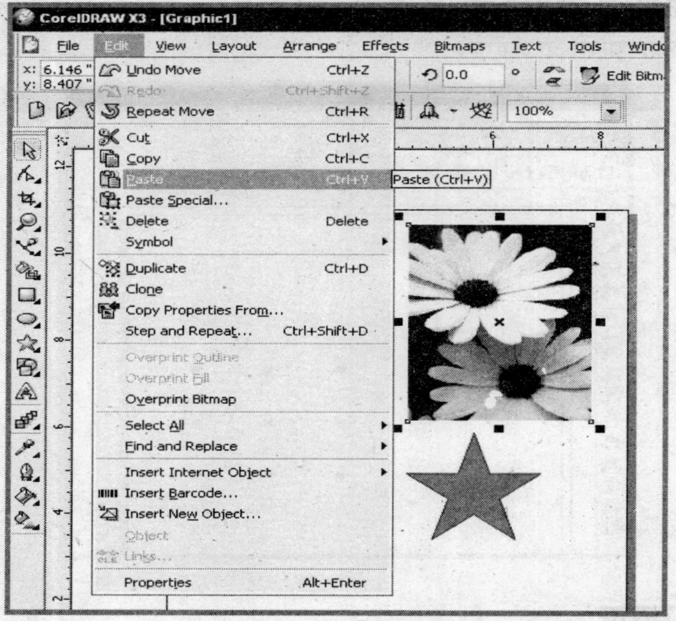

3. कॉपी किया हुआ ऑब्जेक्ट मूल ऑब्जेक्ट के ठीक ऊपर दिखाई देता है। अब आप जहाँ चाहें, माउस पॉइंटर से उस ऑब्जेक्ट को कहीं भी ले जा सकते हैं।

8. Basic Shapes

इस टूल के प्रयोग से आप विभिन्न प्रकार की Basic Shapes अपनी ड्रॉइंग में शामिल कर सकते हैं। इसके लिए—

1. Tool box से Basic AutoShapes को सिलेक्ट करें।

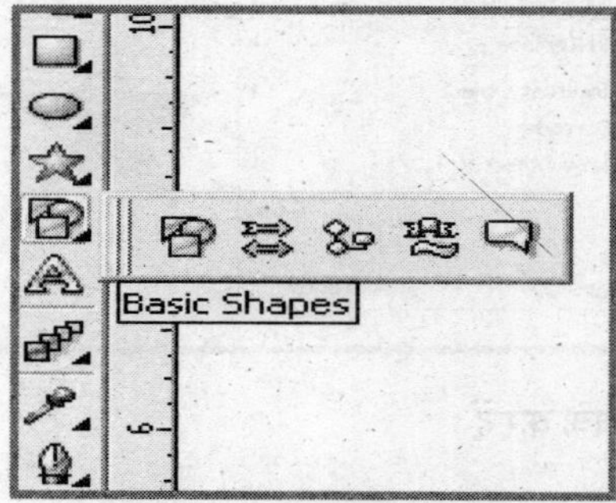

2. जिस प्रकार की भी शेप आपको चाहिए, उसे सिलेक्ट करें। Property bar में दिखाई दे रहे ऐरो पर क्लिक करें। सभी ऑटोशेप्स खुलकर सामने आ जाएँगी।

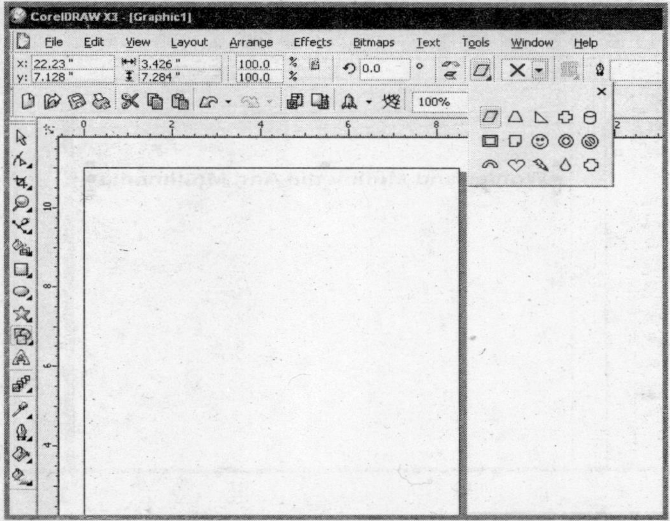

3. अब किसी भी एक शेप को सिलेक्ट करके पेज पर ड्रॉ कर दें।

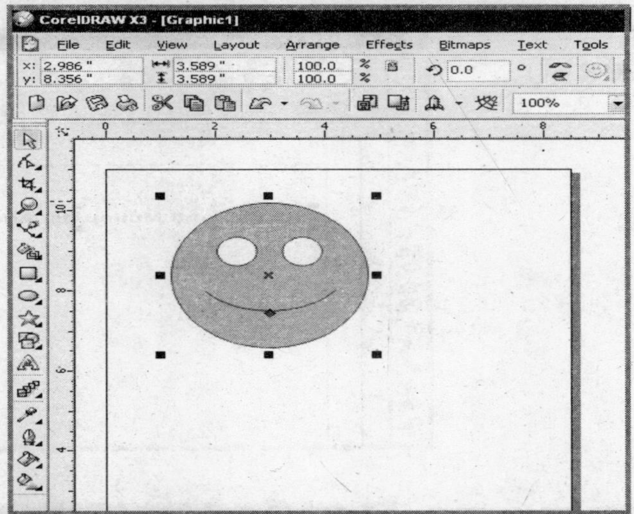

9. Text Tool

कोरल ड्रॉ एक ऐसा प्रोग्राम है जिसमें आप अपने टेक्स्ट को मनचाहा रूप दे सकते हैं। इसमें आप टेक्स्ट को एडिट, री-साइज, फॉरमैट कर सकते हैं। इसमें आप दो प्रकार से टेक्स्ट लिख सकते हैं—एक तो आर्टिस्टिक टेक्स्ट (Artistic text) और दूसरा पैराग्राफ टेक्स्ट (Paragraph text)।

आर्टिस्टिक टेक्स्ट

इस टेक्स्ट का प्रयोग करने के लिए निम्न स्टेप लें—

1. Tool box में से Text Tool को सिलेक्ट करेंगे तो property bar, editing property bar में बदल जाएगी।
2. ड्रॉइंग एरिया में कहीं भी क्लिक कर मैटर को टाइप करें।
3. टाइपिंग पूरी होने के बाद pick टूल पर क्लिक करने पर टेक्स्ट पर छह वर्गाकार काले हैंडल आ जाएँगे।

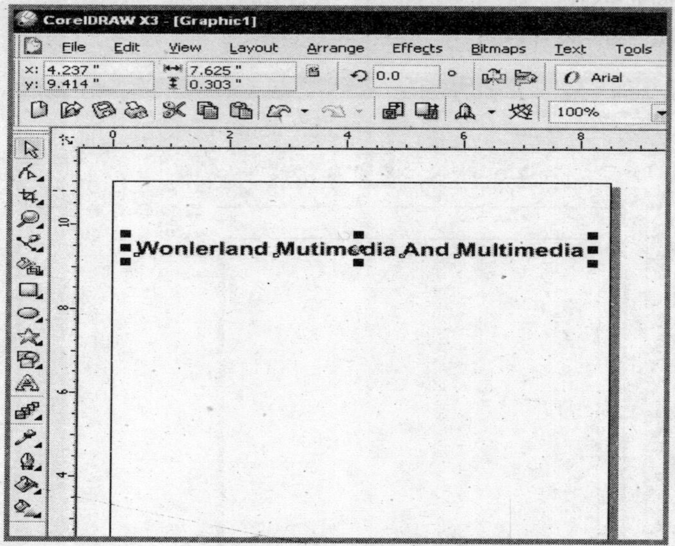

आर्टिस्टिक टेक्स्ट का फॉण्ट बदलना

आप अपनी इच्छानुसार टेक्स्ट का फॉण्ट बदल सकते हैं। अगर आप चाहें तो पूरे टेक्स्ट का या फिर कुछ शब्दों के फॉण्ट बदल सकते हैं। इसके लिए—

1. टेक्स्ट को टूल से सिलेक्ट करें।

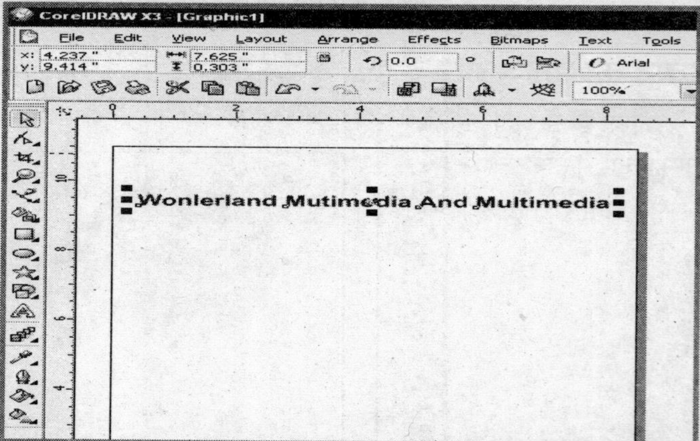

2. टेक्स्ट बॉक्स से टेक्स्ट टूल पर क्लिक करके माउस पॉइंटर को ड्रैग करके पूरे टेक्स्ट का या जितने टेक्स्ट का आप फॉण्ट बदलना चाहते हैं, उसे सिलेक्ट करें।

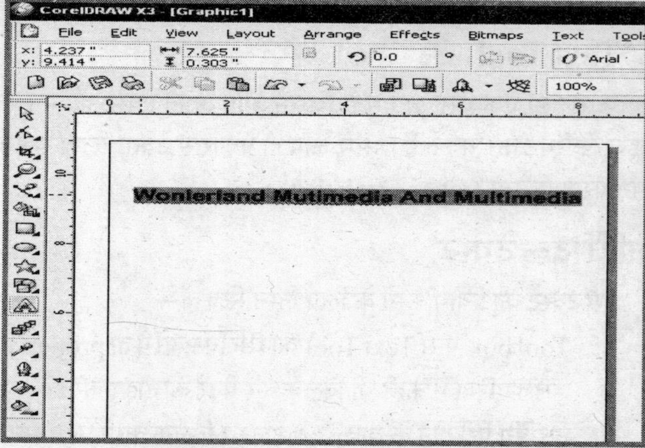

3. Font list पर क्लिक करें।

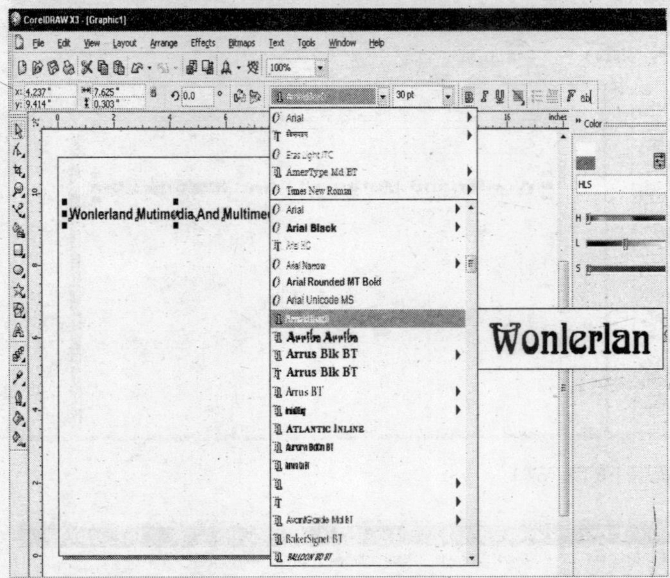

4. अपनी पसंद के किसी भी फॉण्ट पर क्लिक करें। फॉण्ट लिस्ट के दाईं ओर आप टेक्स्ट का preview भी देख सकते हैं।

टेक्स्ट का साइज और कलर बदलना

कोरल ड्रॉ में आप अपनी इच्छानुसार टेक्स्ट को कोई भी साइज दे सकते हैं तथा उसमें कलर भी भर सकते हैं। इसके लिए निम्न प्रकार से टेक्स्ट के साइज और कलर को बदलें—

1. Pick Tool से टेक्स्ट को सिलेक्ट करें।

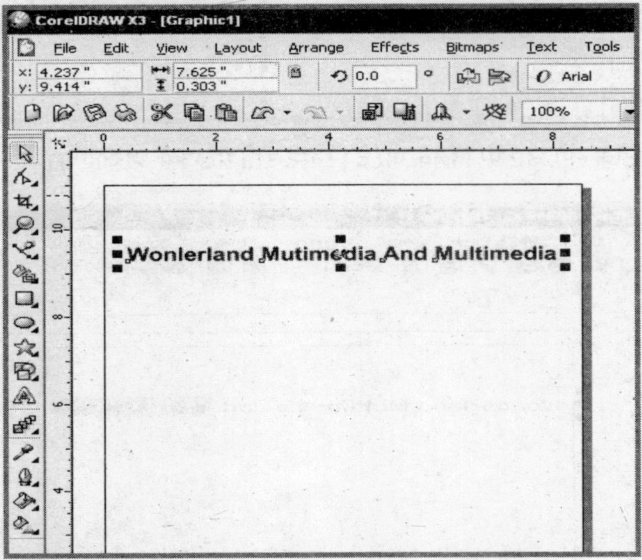

2. टेक्स्ट टूल द्वारा Object पर क्लिक करें। अब माउस पॉइंटर को ड्रैग करते हुए जितने टेक्स्ट का साइज बदलना चाहते हैं, उसे सिलेक्ट कर लें।

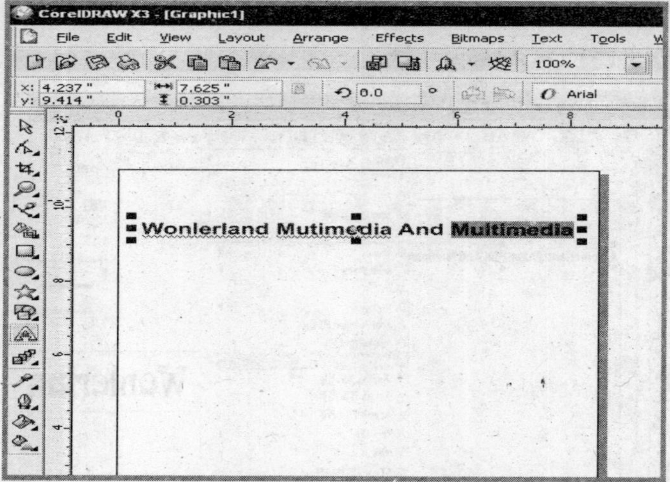

3. Font size लिस्ट पर क्लिक करें।

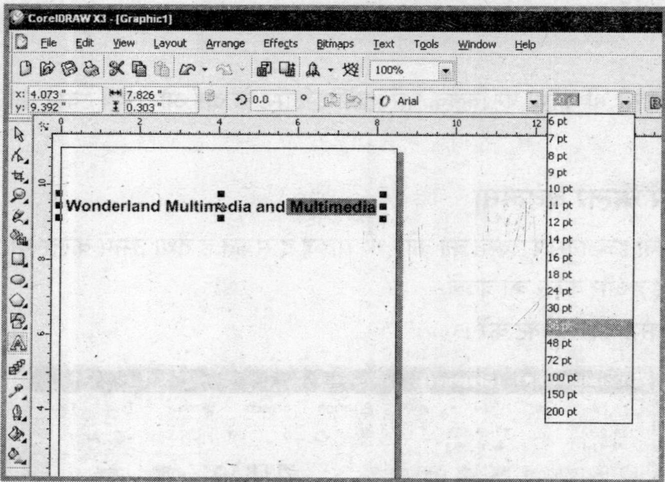

4. जो साइज आपको ठीक लगे, उस पर क्लिक कर दें। टेक्स्ट उसी साइज में आ जाएगा।

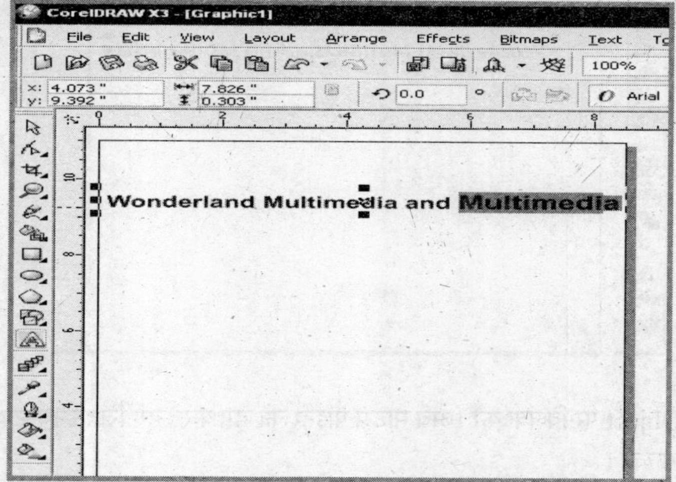

कलर बदलना

1. Pick Tool से टेक्स्ट को सिलेक्ट करें।

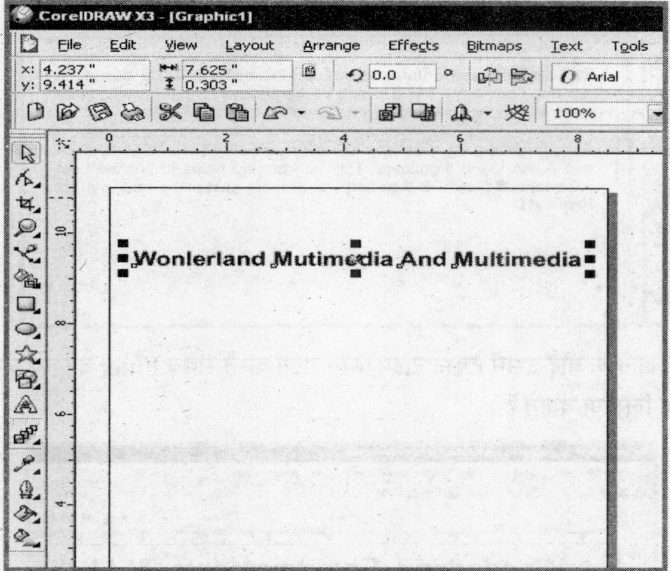

2. टेक्स्ट टूल लेकर जितने टेक्स्ट का कलर बदलना है, माउस पॉइंटर द्वारा उतने टेक्स्ट को सिलेक्ट करें।

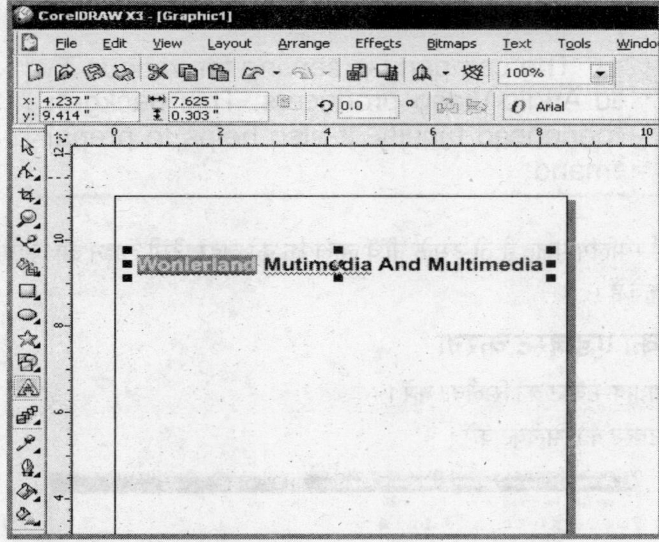

3. दाईं ओर कलर पैलेट से टेक्स्ट के कलर को बदल दें।

पैराग्राफ टेक्स्ट

पैराग्राफ टेक्स्ट आपको मॉडर्न वर्ड प्रोसेसर के सारे फीचर देता है। इसमें आप यदि कोई स्पेलिंग गलत लिखते हैं तो तुरंत उस शब्द के नीचे लाल कलर की लहरवाली लाइन आ जाती है। इसके अलावा आप अपने टेक्स्ट को मनचाहा आकार दे सकते हैं।

1. Text Tool को सिलेक्ट करें। टेक्स्ट बॉक्स बनाने के लिए किसी भी स्थान पर माउस से क्लिक करें और उसके बाद उसे ड्रैग करें।

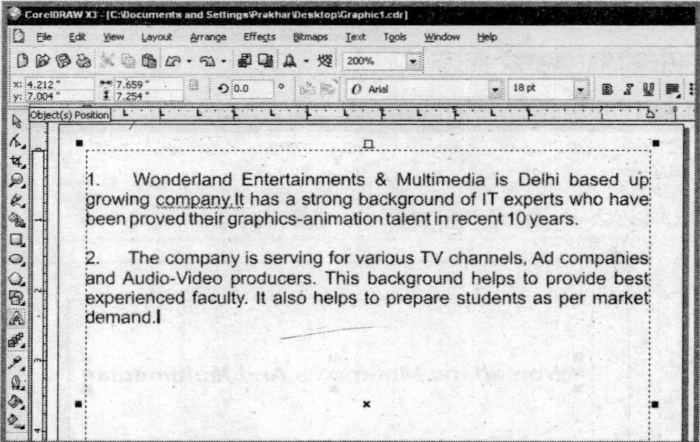

2. टेक्स्ट बॉक्स बन जाने के बाद उसमें टेक्स्ट टाइप करें। टाइप करते समय Enter देने की जरूरत नहीं; Enter तब दें, जब नया पैराग्राफ लिखना चाहते हैं।

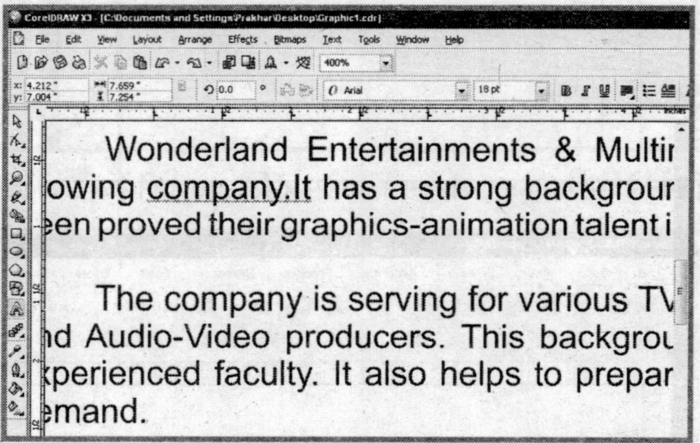

3. यदि टेक्स्ट में कोई स्पेलिंग गलत है तो उसके नीचे लाल रंग की लहर जैसी लाइन आ जाएगी। इस गलत स्पेलिंग को आप ठीक कर सकते हैं।

पैराग्राफ की स्पेसिंग को एडजस्ट करना

1. Pick Tool से पैराग्राफ टेक्स्ट को सिलेक्ट करें।
2. Text Tool द्वारा टेक्स्ट को सिलेक्ट करें।

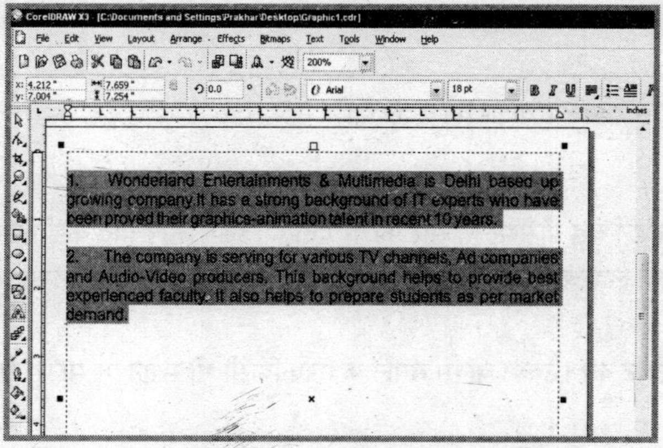

3. अब Text मेन्यू पर क्लिक करके Paragraph Formatting पर क्लिक करें।

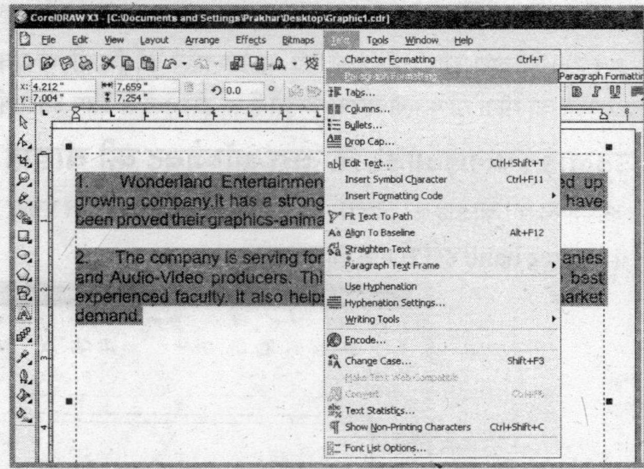

4. फॉरमैट टेक्स्ट का डायलॉग बॉक्स खुल जाएगा।
5. Paragraph पर क्लिक करके अपनी इच्छानुसार स्पेसिंग को सेट करें।
6. OK पर क्लिक कर दें।

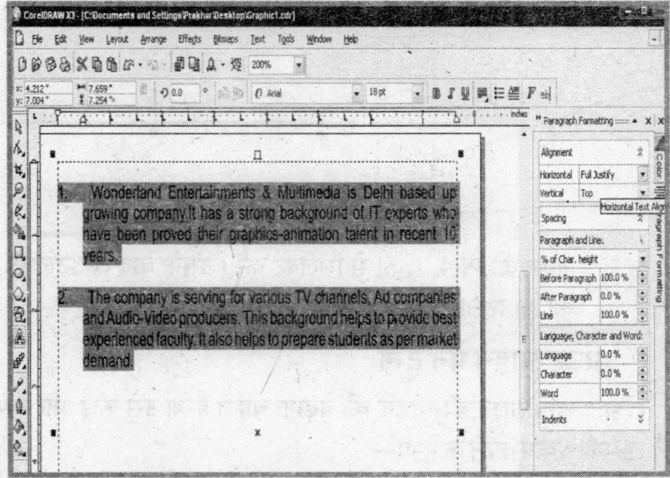

10. Interactive Blend Tool

इस टूल के प्रयोग से आप अपने ऑब्जेक्ट के कई ब्लेंड तैयार कर सकते हैं।

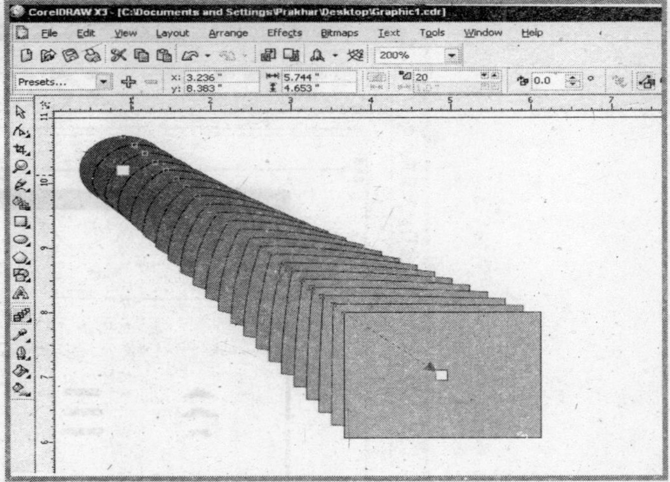

Interactive blend टूल के ऐरो में और भी कई टूल्स हैं, जिनके प्रयोग से आप ओपन ऑब्जेक्ट को कई प्रकार के effects दे सकते हैं।

10. Outline Tool

इस टूल के द्वारा आप ऑब्जेक्ट की आउटलाइन को किसी भी प्रकार का आकार दे सकते हैं। यदि आप ऑब्जेक्ट की आउटलाइन को मोटा या पतला करना चाहते हैं तो इस टूल से आप आसानी से कर सकते हैं, जैसा कि नीचे दिखाया गया है—

आउटलाइन फ्लाइआउट के द्वारा ऑब्जेक्ट की चौड़ाई बढ़ाना

ऑब्जेक्ट की चौड़ाई को अलग-अलग रूप देने के लिए निम्न प्रकार से कार्य करें—

1. Free hand टूल से एक लाइन खींचें।

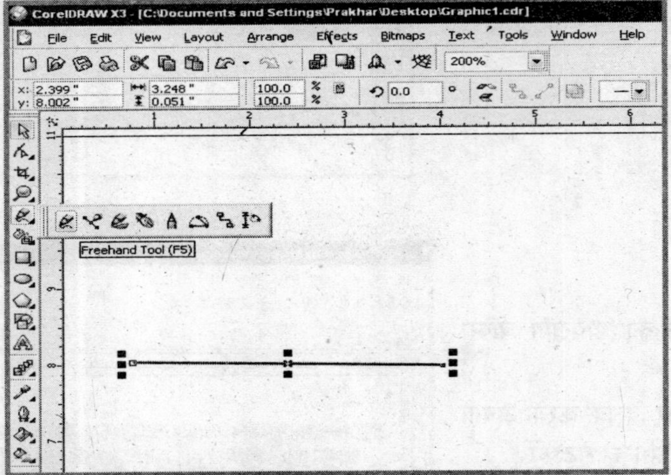

2. लाइन को Pick Tool से सिलेक्ट करें। उसके बाद आउटलाइन टूल में किसी भी point पर क्लिक करने पर लाइन की आउटलाइन बदल जाएगी।

आउटलाइन पेन टूल

यदि आप लाइन की चौड़ाई को बढ़ाना चाहते हैं या उसे कोई और रूप देना चाहते हैं तो इस टूल से आसानी से कर सकते हैं। इसका प्रयोग करने के लिए—

1. आउटलाइन टूल के ऐरो पर क्लिक करें।
2. उसके बाद सबसे पहला टूल, जिसका नाम आउटलाइन पेन है, उसे चुनें। Outline Pen का डायलॉग बॉक्स खुलकर सामने आ जाएगा।

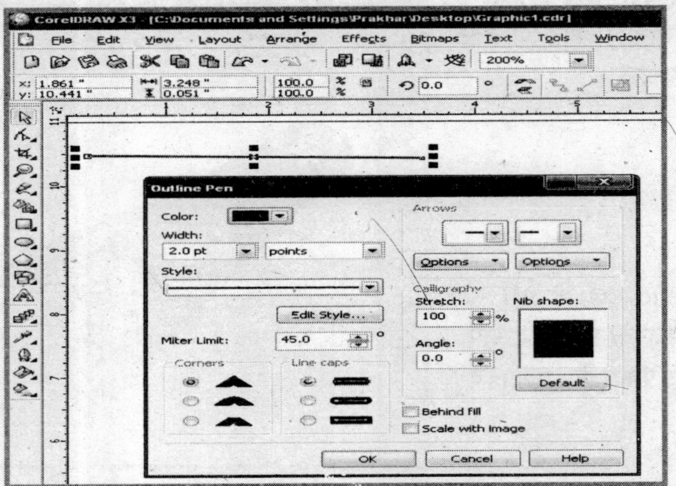

3. यदि आप एक लाइन का स्टाइल बदलना चाहते हैं तो Style लिस्ट बॉक्स में क्लिक करें। आपको कई प्रकार की लाइन स्टाइल नजर आएँगे। अपनी पसंद की किसी एक लाइन को सिलेक्ट कर लें।

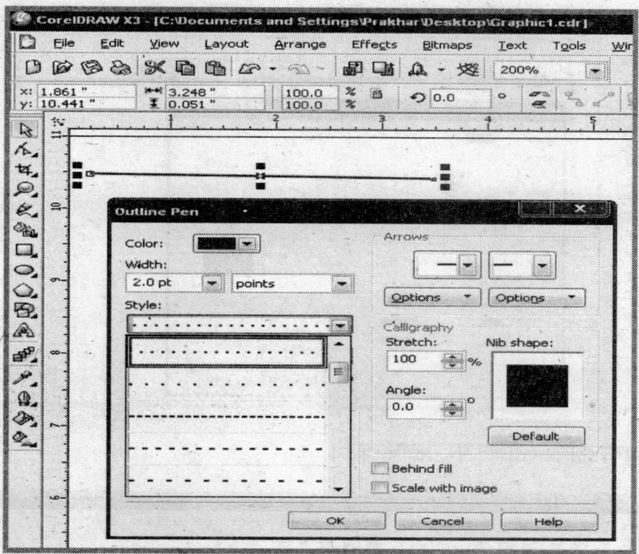

4. लाइन की शुरुआत या अंत में ऐरो देने के लिए ऐरो बॉक्स पर क्लिक करके कोई भी ऐरो सिलेक्ट कर लें।

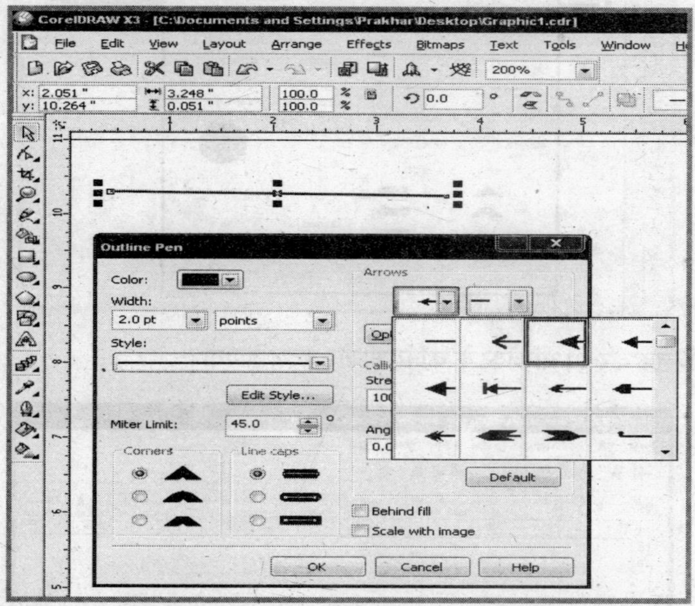

5. अब OK पर क्लिक कर दें। लाइन की चौड़ाई, स्टाइल और ऐरो आपके चुनाव के मुताबिक आ जाएँगे।

ऑब्जेक्ट के कॉर्नर्स को शेप देना

ऑब्जेक्ट के कॉर्नर्स को शेप देने के लिए निम्न प्रकार से कार्य करें—

1. ऑब्जेक्ट को Pick Tool से सिलेक्ट करके Outline Pen टूल पर क्लिक करने पर आउटलाइन का डायलॉग बॉक्स खुल जाएगा।

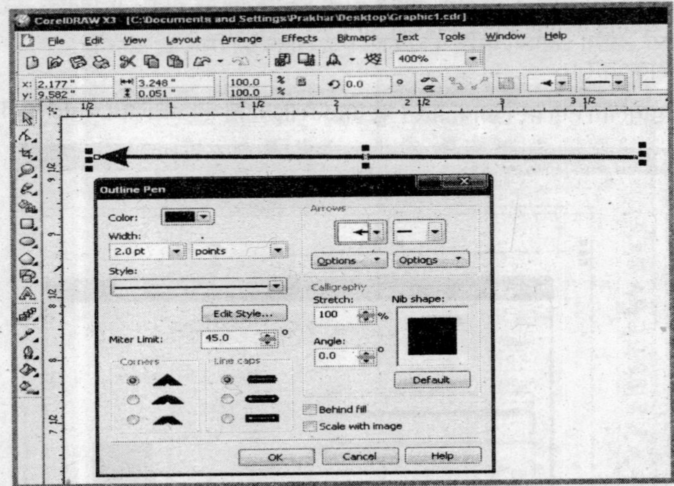

2. कॉर्नर्स के किसी एक कॉर्नर स्टाइल पर क्लिक करें।

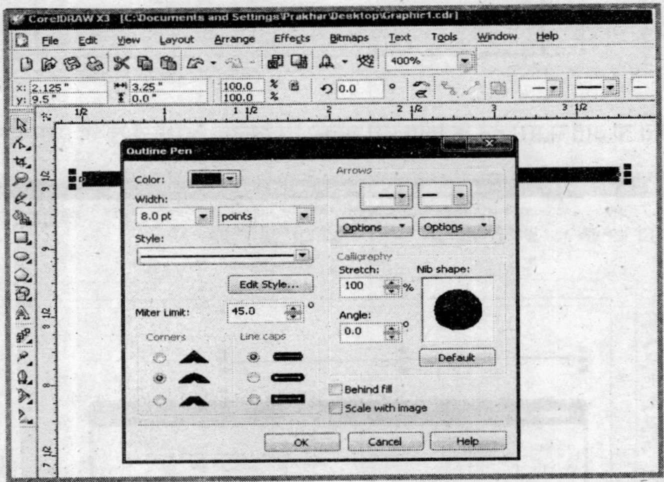

3. अब OK पर क्लिक कर दें। ऑब्जेक्ट के कॉर्नर की शेप बदल जाएगी।

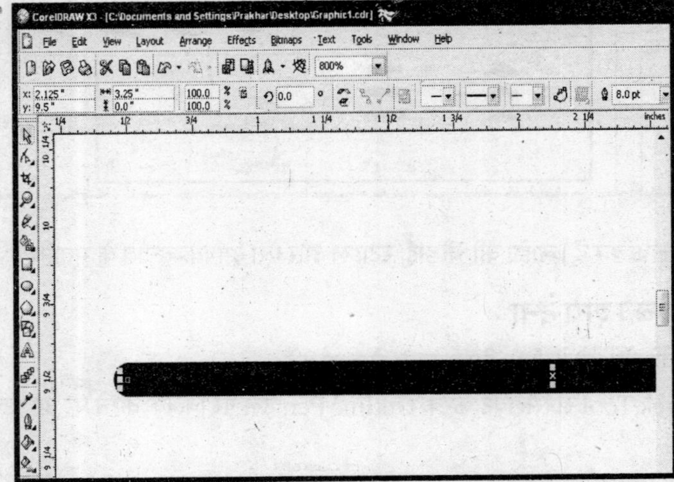

आउटलाइन का कलर बदलना

आउटलाइन का कलर बदलने के लिए निम्न प्रकार से कार्य करें—

1. ऑब्जेक्ट को सिलेक्ट करें।
2. आउटलाइन पेन डायलॉग टूल पर क्लिक करने पर आउटलाइन पेन का डायलॉग बॉक्स खुलकर सामने आ जाएगा।

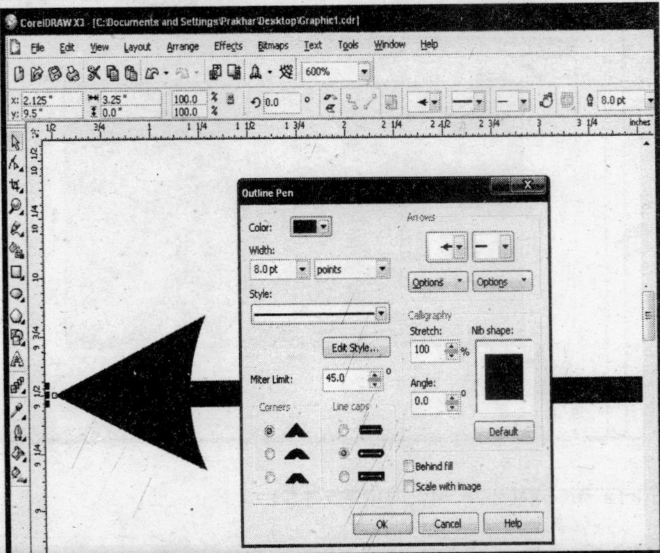

3. कलर ऐरो पर क्लिक करके कोई भी कलर सिलेक्ट कर लें, उसके बाद OK पर क्लिक कर दें।

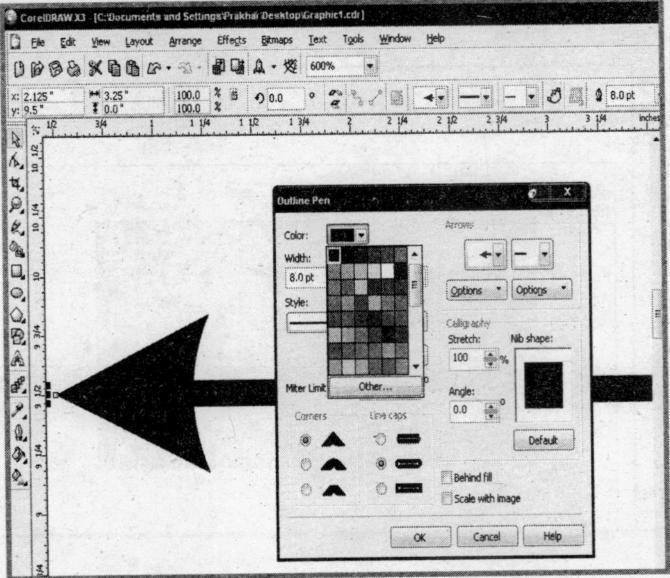

ऑब्जेक्ट को रोटेट (rotate) करना

ऑब्जेक्ट को रोटेट करने के लिए—

1. सबसे पहले ऑब्जेक्ट को सिलेक्ट करें।
2. सिलेक्ट किए हुए ऑब्जेक्ट पर एक बार और क्लिक करें। सिलेक्शन हैंडल काले square से converted में बदल जाएगा।

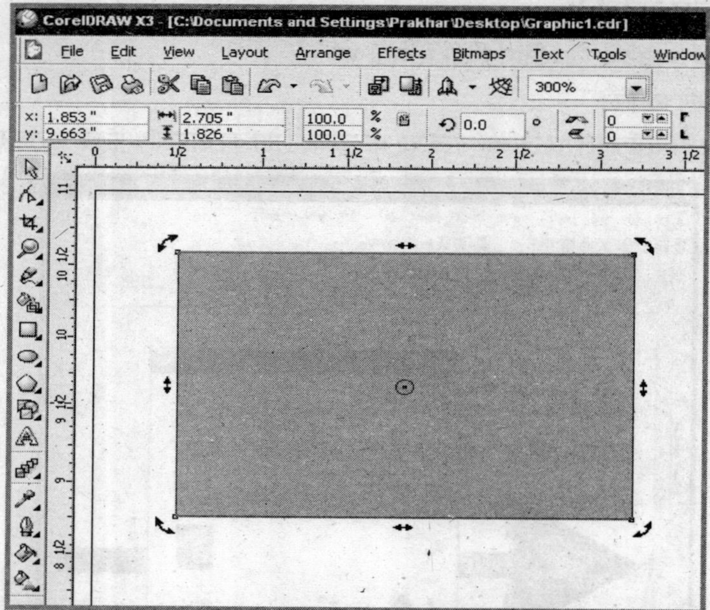

3. रोटेशन हैंडल को क्लिक कर जिस तरफ चाहें, घुमा सकते हैं।

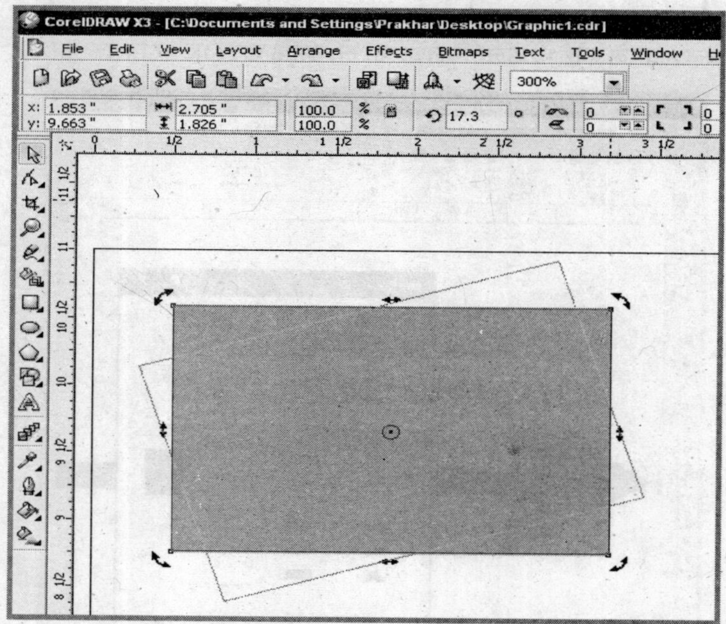

या

Property bar में बने रोटेट (rotate) बॉक्स में एंगल लिखकर घुमा सकते हैं।

नई ड्रॉइंग बनाना

यदि आपने अपनी एक ड्रॉइंग पूरी कर ली है तो दूसरी ड्रॉइंग के लिए—

1. मेन्यू पर क्लिक करें।

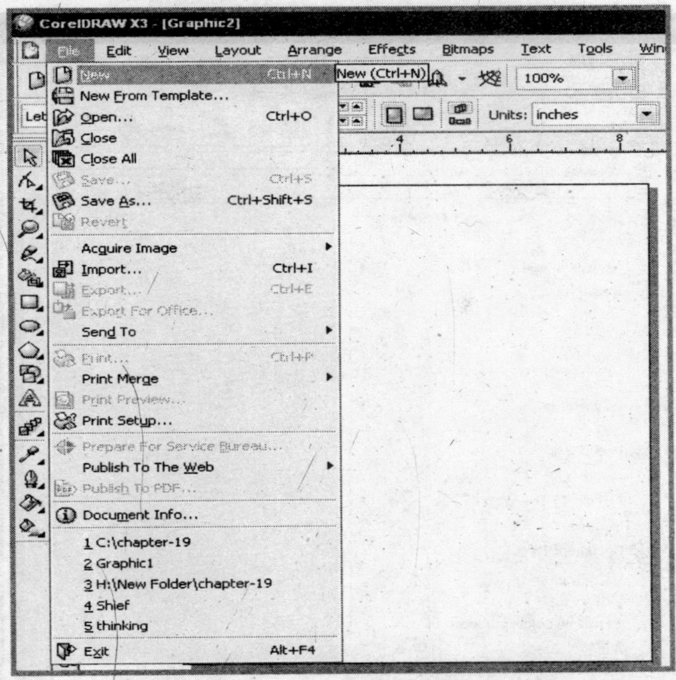

2. New पर क्लिक करें। नई ब्लैंक विंडो सामने खुल जाएगी।

ड्रॉइंग को खोलकर देखना

यदि आप अपनी ड्रॉइंग को खोलकर देखना चाहते हैं तो इसके लिए—

1. File मेन्यू पर क्लिक करें।

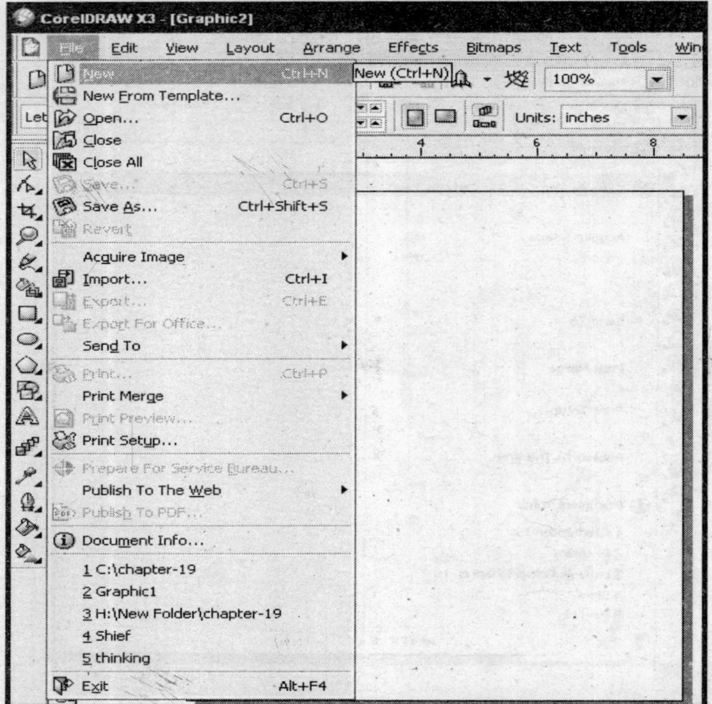

2. Open पर क्लिक करने पर Open drawing का डायलॉग बॉक्स खुलकर सामने आ जाएगा।
3. Look in में उस ड्राइव को सिलेक्ट करें, जिसमें आपने अपनी ड्रॉइंग को Save किया हुआ है।

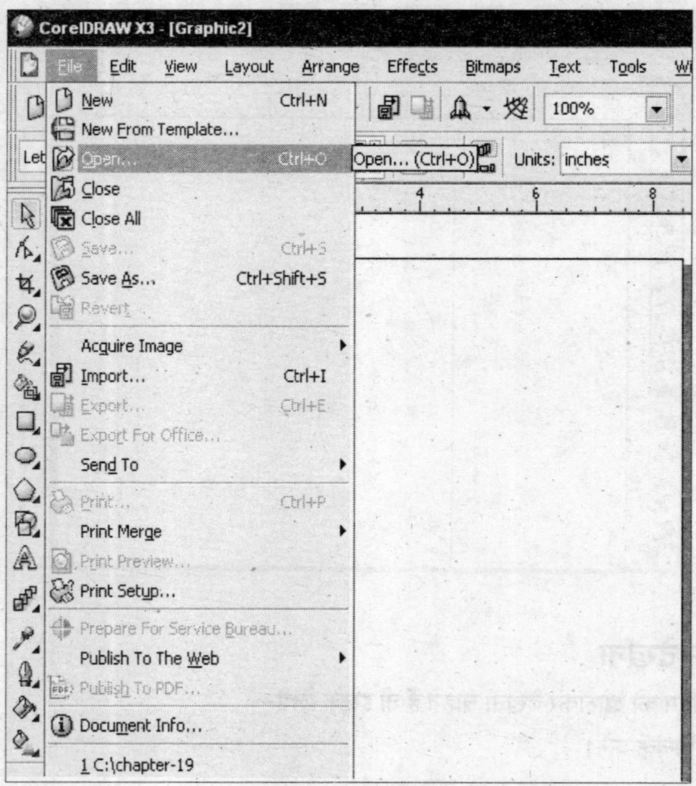

4. आप जिस फाइल को भी खोलना चाहते हैं, उसे सिलेक्ट करें।

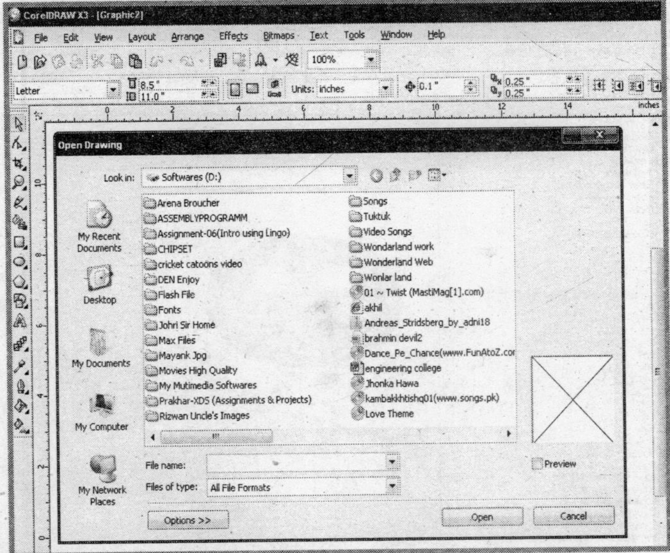

5. Open पर क्लिक करने पर सिलेक्ट फाइल खुल जाएगी।

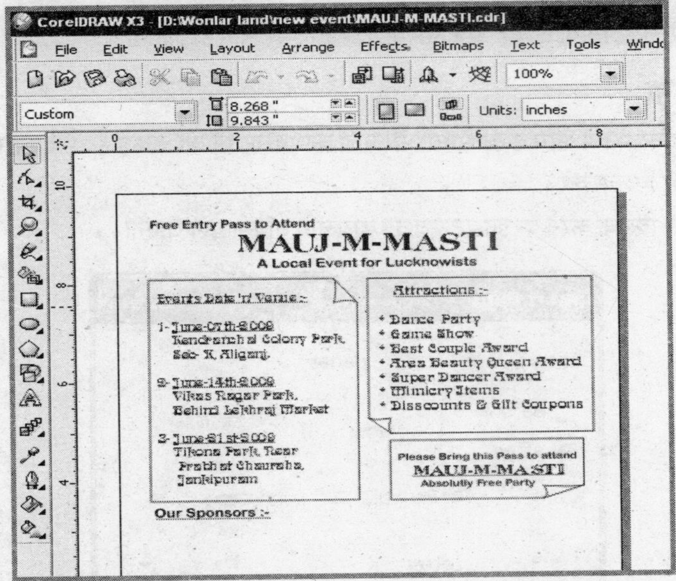

पेज सेटअप

कोरल ड्रॉ में जो पेज अधिकतर प्रयोग में आते हैं, वे पहले से ही मौजूद होते हैं। इन पेजों को आप अपने प्रोजेक्ट के हिसाब से सिलेक्ट कर सकते हैं।

पेज साइज सेट करना

पेज साइज को सेट करने के लिए Property bar का प्रयोग करते हैं। इसके लिए—

1. ऑब्जेक्ट को छोड़कर ड्रॉइंग एरिया पर कहीं भी क्लिक करें।
2. Property bar में paper type बॉक्स के डाउन ऐरो पर क्लिक करने पर सारे पेजों की लिस्ट खुलकर सामने आ जाएगी।

3. अब आप जो भी पेज सिलेक्ट करना चाहते हैं, उस पर क्लिक कर दें।

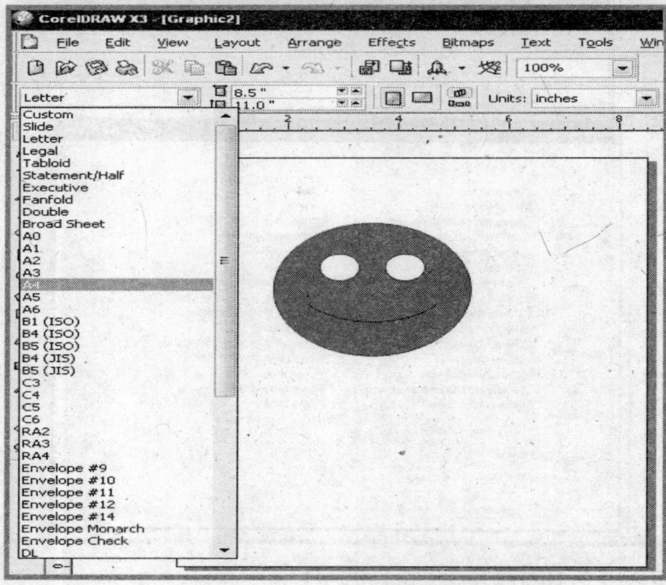

4. जो पेज आपने सिलेक्ट किया है, वह अब आपके डॉक्यूमेंट पर लागू हो जाएगा।

पेजों को इनसर्ट करना

आप चाहें तो अपने डॉक्यूमेंट में काम करते समय और पेजों को इनसर्ट भी कर सकते हैं। पेज इनसर्ट करने के लिए—

1. Layout मेन्यू पर क्लिक करें।
2. Insert Page पर क्लिक करने पर इनसर्ट पेज का डायलॉग बॉक्स खुल जाएगा।

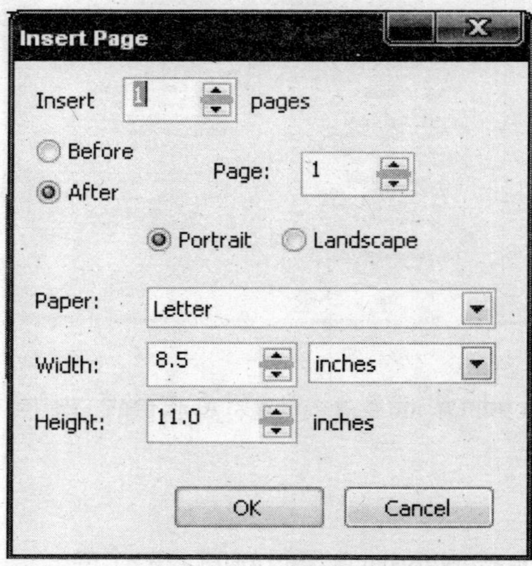

3. इनसर्ट बॉक्स में आप जितने पेज इनसर्ट करना चाहते हैं, लिख दें। उदाहरण के लिए, आप 4 पेज लेना चाहते हैं तो Insert में 4 लिखें। यदि आपको पेज पहलेवाले पेज के आगे चाहिए तो before अथवा बाद में चाहिए तो after का प्रयोग करें।

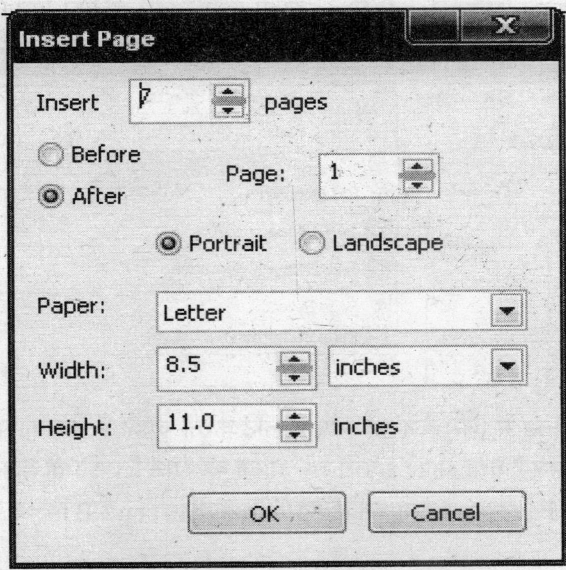

4. OK पर क्लिक करने पर डॉक्यूमेंट में 4 पेज और इनसर्ट हो जाएँगे।

पेज का नाम बदलना

कोरल ड्रॉ में पेजों के नाम page 1, page 2 आदि के नाम से दिखाई देते हैं। आप चाहें तो इनका नाम बदल भी सकते हैं। पेजों का नाम बदलने के लिए—

1. Layout मेन्यू पर क्लिक करें।
2. Rename page पर क्लिक करने पर Rename page का डायलॉग बॉक्स खुलकर सामने आ जाएगा।

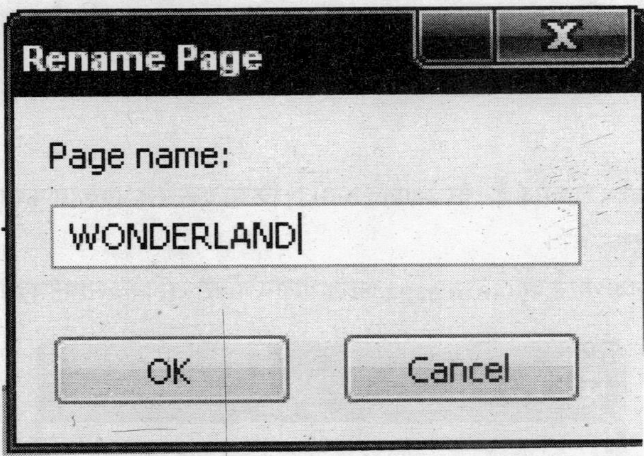

3. Page name बॉक्स में आप पेज का जो भी नाम लिखना चाहते हैं, लिख दें।
4. OK पर क्लिक करने पर पेज का नाम बदल जाएगा।

पेज को डिलीट (delete) करना

आप अपने डॉक्यूमेंट में से चाहें तो पेज को डिलीट भी कर सकते हैं। मान लीजिए, आपके डॉक्यूमेंट में 10 पेज हैं, परंतु आपका काम 4 पेजों में ही पूरा हो गया है। बाकी के पेजों को डिलीट करने के लिए—

1. Layout मेन्यू पर क्लिक करें।

2. Delete Page पर क्लिक करने पर Delete Page का डायलॉग बॉक्स खुलकर सामने आ जाएगा।

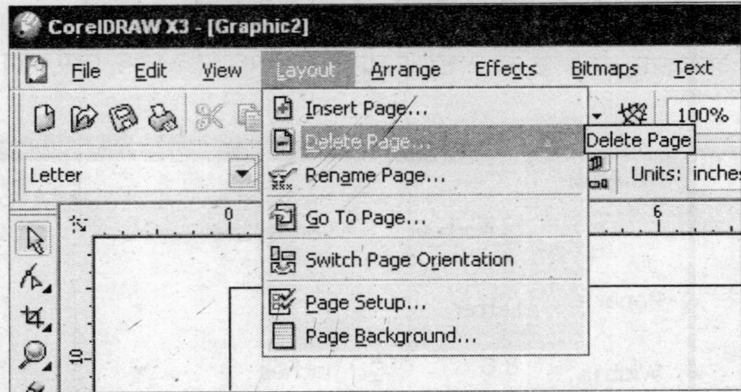

3. अब Delete Page बॉक्स में जिस पेज को आप डिलीट करना चाहते हैं, उसका पेज नंबर लिखें। मान लीजिए, आपके डॉक्यूमेंट में 5 पेज हैं तथा आपने 3 पेजों तक अपना काम कर लिया है तो बाकी के पेजों को डिलीट करने के लिए Delete Page में Page no. 4 तथा उसके बाद Through to page पर क्लिक करें और उसमें पेज नं. 5 लिख दें।

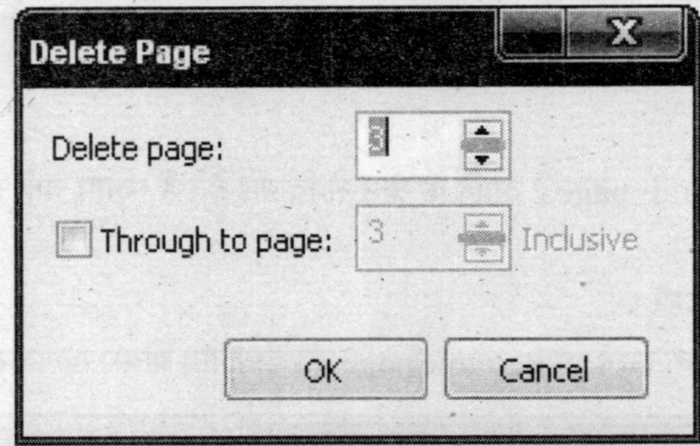

4. OK पर क्लिक करने पर 4 से 5 तक के पेज डिलीट हो जाएँगे।

डॉक्यूमेंट को ढूँढ़ना

यदि आपके डॉक्यूमेंट में बहुत सारे पेज हैं और आपको उनमें से किसी एक पेज पर काम करना है तो उसके लिए—

1. Layout मेन्यू पर क्लिक करें।
2. Go to page पर क्लिक करने पर Go to page का डायलॉग बॉक्स खुलकर सामने स्क्रीन पर आ जाएगा।

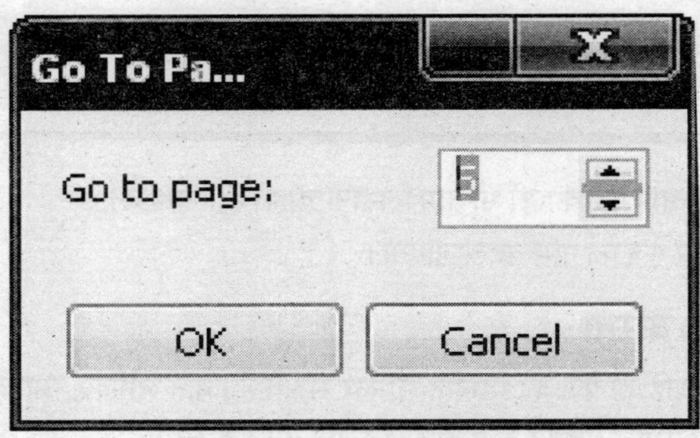

3. अब बॉक्स में उस पेज का नंबर लिखें, जिस पर आप काम करना चाहते हैं।
4. OK पर क्लिक करने पर उस नंबर का पेज आपकी स्क्रीन पर आ जाएगा।

गाइडलाइंस को लेना

गाइडलाइन का प्रयोग अधिकतर ऑब्जेक्ट की लंबाई या चौड़ाई को सिलेक्ट करने के लिए होता है। गाइडलाइन दो प्रकार से ले सकते हैं—

1. View मेन्यू द्वारा गाइडलाइन लेना

Views से गाइडलाइन लेने के लिए निम्न प्रकार से कार्य करें—

1. View मेन्यू पर क्लिक करें।
2. Guideline setup पर क्लिक करने पर option का डायलॉग बॉक्स खुल जाएगा।

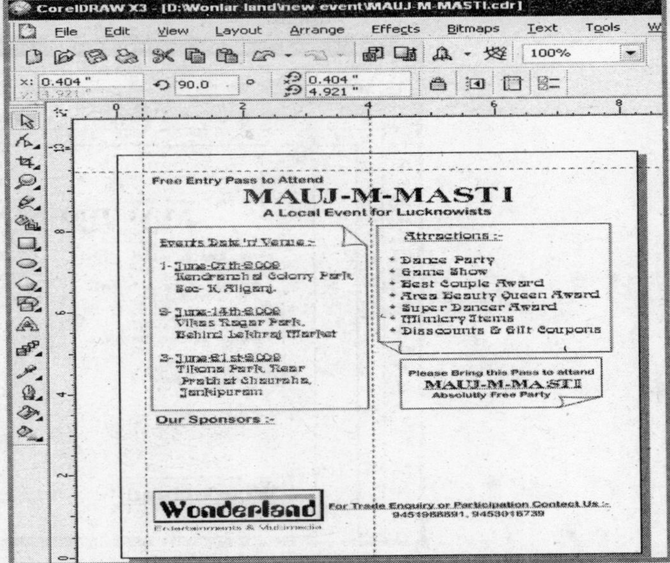

3. Horizontal या Vertical में से किसी एक को चुनें और उस बॉक्स में गाइडलाइन के लिए एक लोकेशन टाइप करें।
4. Unit लिस्ट बॉक्स में से किसी एक यूनिट को चुनें।

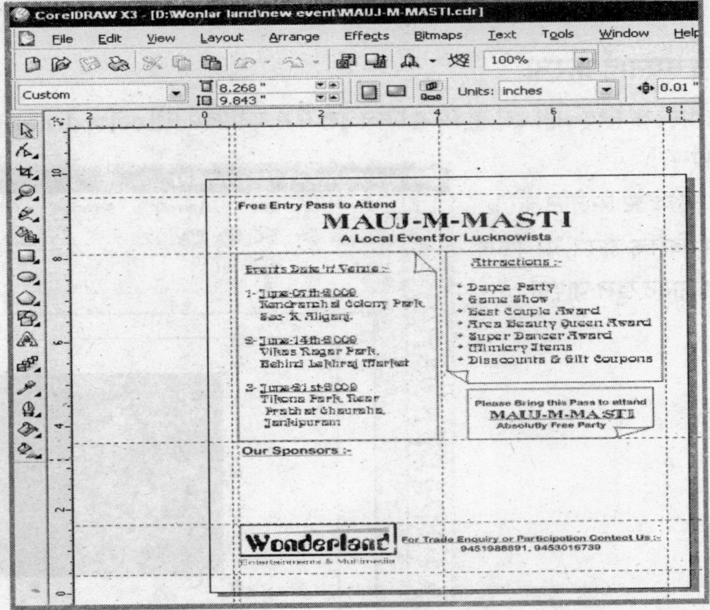

5. Add बटन पर क्लिक करें।
6. OK पर क्लिक करने पर बताई गई लोकेशन पर गाइडलाइन आ जाएगी।

2. Rulers से माउस द्वारा गाइडलाइन लेना

यदि आप रूलर से गाइडलाइन लेना चाहते हैं तो इसके लिए—

1. Horizontal या Vertical रूलर पर क्लिक करें।
2. माउस पॉइंटर को पेज पर उस जगह लेकर आएँ, जहाँ गाइडलाइन की आवश्यकता है।

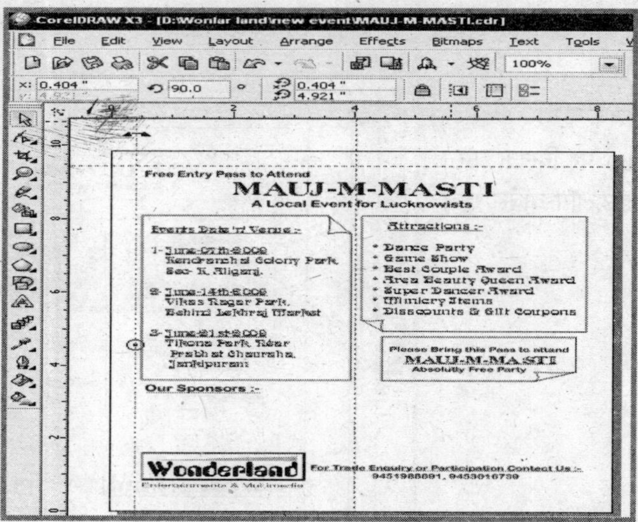

3. गाइड क्लिक को आवश्यक जगह पर छोड़ दें, पेज पर गाइडलाइन दिखाई देने लगेगी।

कलर भरना

आप किसी ऑब्जेक्ट में यदि कलर भरना चाहते हैं तो आपको कोरल ड्रॉ में पाँच प्रकार के option मिलेंगे, जो निम्न प्रकार हैं—

1. यूनीफॉर्म फिल एप्लाई करना

ऑब्जेक्ट में कलर भरने के लिए आप टूल बॉक्स से फिल टूल में से यूनीफॉर्म fill color dialog को सिलेक्ट करके कलर भर सकते हैं। इसके लिए—

1. Pick टूल से ऑब्जेक्ट सिलेक्ट करें।
2. Fill टूल पर क्लिक करने पर फिल टूल का फ्लाइआउट खुल जाएगा।

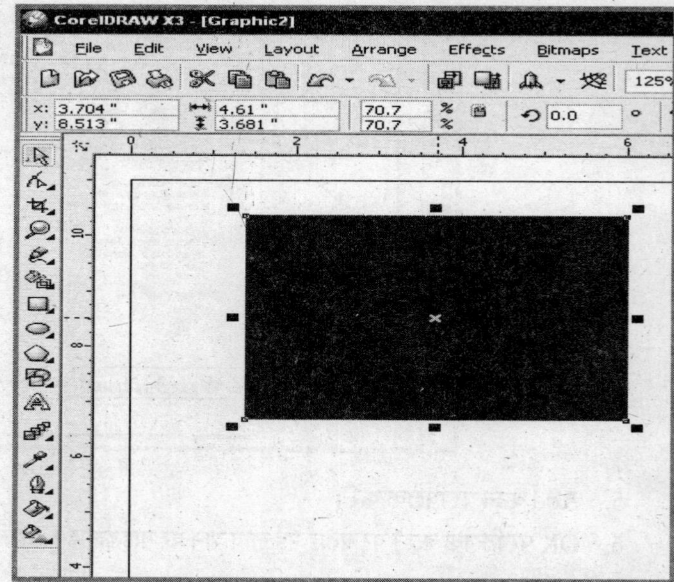

3. Fill color dialog पर क्लिक करने पर यूनीफॉर्म फिल का डायलॉग बॉक्स खुल जाएगा।
4. Models पर क्लिक करें।

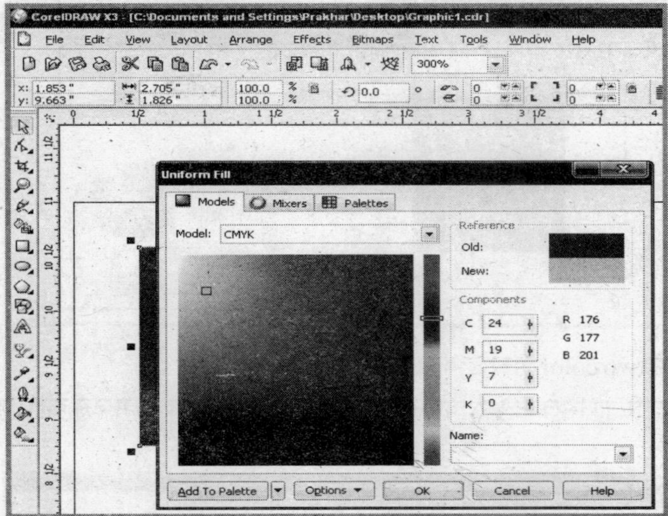

5. Models लिस्ट में आप कोई भी एक कलर चुन सकते हैं, या फिर CMYK में अपने हिसाब से कोई भी कलर भर सकते हैं।

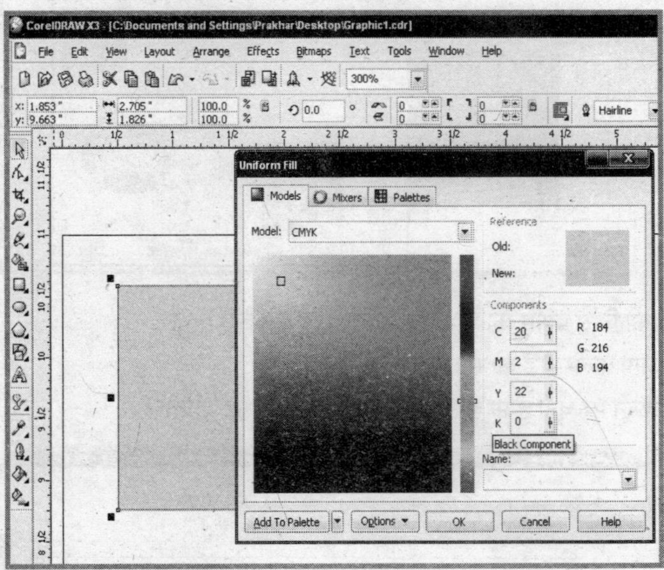

6. OK पर क्लिक करने पर सिलेक्ट किया हुआ कलर ऑब्जेक्ट में भर जाएगा।

2. फाउंटेन फिल एप्लाई करना

फाउंटेन फिल टूल में दो या दो से अधिक कलर भरके ऑब्जेक्ट को सुंदर दिखा सकते हैं। इसमें दो तरह से कलर भर सकते हैं—एक, two color द्वारा और दूसरा, custom color द्वारा। इसके लिए—

1. Pick टूल से ऑब्जेक्ट को सिलेक्ट करें।
2. टूल बॉक्स से फिल टूल पर क्लिक करके फाउंटेन फिल डायलॉग पर क्लिक करने पर फाउंटेन फिल का डायलॉग बॉक्स खुल जाएगा।

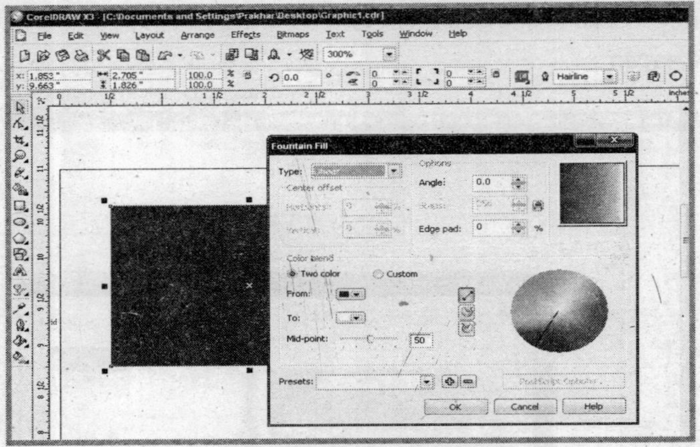

3. Color blend में two color पर क्लिक करें।
4. From में उस कलर को सिलेक्ट करें, जो आप शुरुआत में चाहते हैं तथा to में उस कलर को सिलेक्ट करें, जिसे अंत में चाहते हैं।

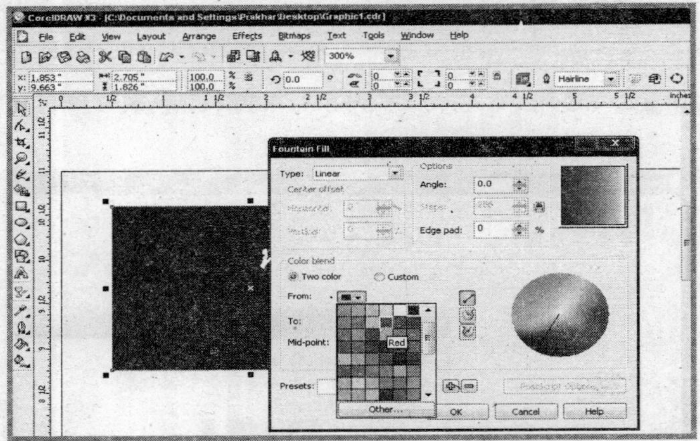

5. Type में से आपको जिस प्रकार का भी effect देना है, दे सकते हैं।
6. Mid point से आप कलर शेड को सेट कर सकते हैं।
7. OK पर क्लिक करने पर चुना हुआ कलर इफेक्ट ऑब्जेक्ट में भर जाएगा।

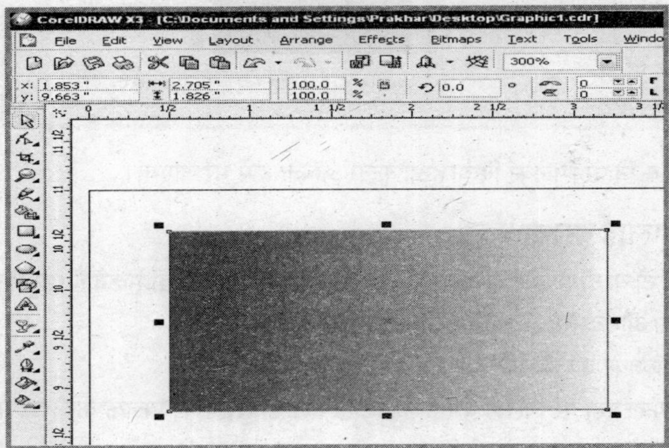

कस्टम कलर (custom color) फिल लागू करना

1. Pick टूल से ऑब्जेक्ट को सिलेक्ट करें।
2. टूल से फिल टूल पर क्लिक करके फाउंटेन फिल डायलॉग पर क्लिक करने पर फाउंटेन फिल का डायलॉग बॉक्स खुल जाएगा।

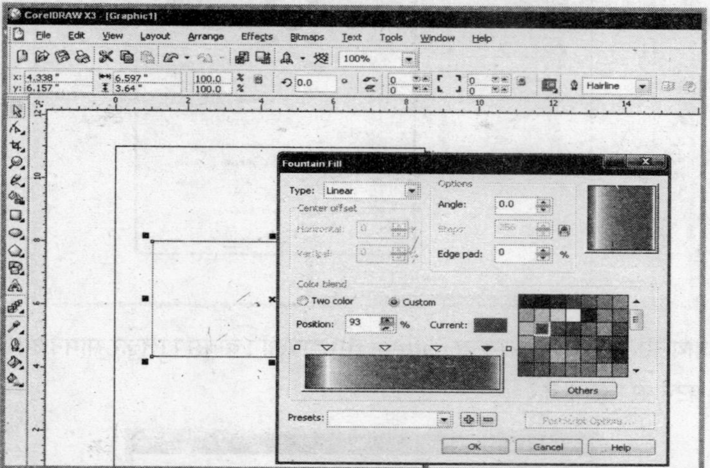

3. Custom बटन पर क्लिक करें।
4. अब Preview ribbon पर अपने हिसाब से जगह सेट करने के लिए डबल क्लिक करें।
5. अब जो एरिया कलर करने के लिए सिलेक्ट किया है, उनमें बारी-बारी एक एरिया को सिलेक्ट कर कलर भरें।

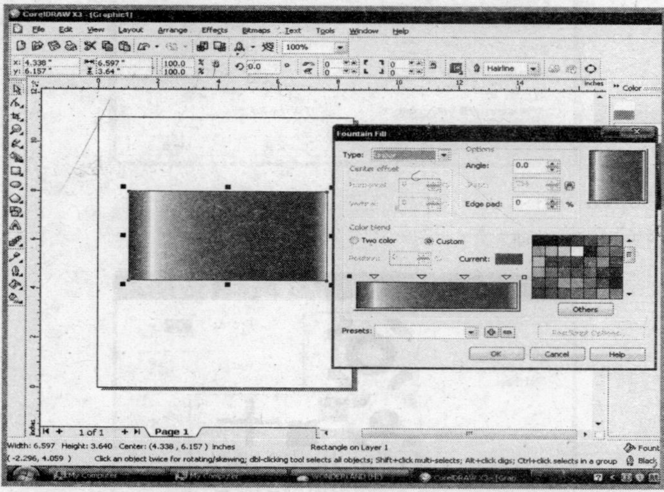

6. OK पर क्लिक करने पर ऑब्जेक्ट सिलेक्ट किए गए कलर में आ जाएँगे।

3. पैटर्न फिल्स

यदि आप ऑब्जेक्ट पर किसी पैटर्न का effect देना चाहते हैं तो पैटर्न फिल्स टूल से आसानी से दे सकते हैं। इसके लिए—

1. Pick टूल द्वारा ऑब्जेक्ट को सिलेक्ट करें।
2. टूल बॉक्स से फिल टूल पर क्लिक कर फ्लाइआउट को खोलें।

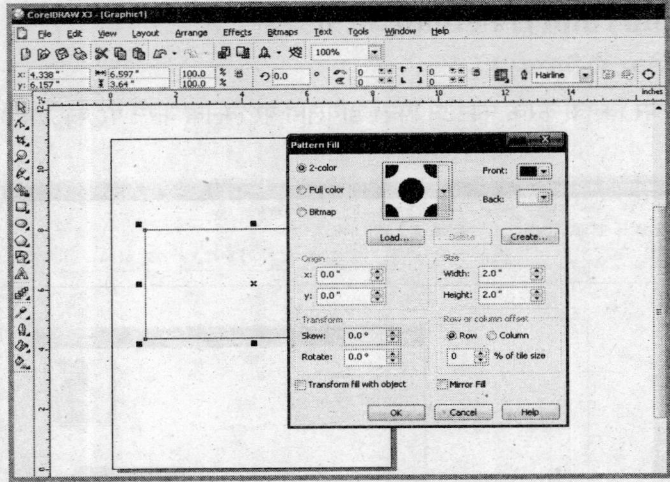

3. Pattern fill डायलॉग पर क्लिक करने पर pattern fill डायलॉग बॉक्स खुलकर सामने आ जाएगा।
4. अब 2-color बटन पर क्लिक करें।

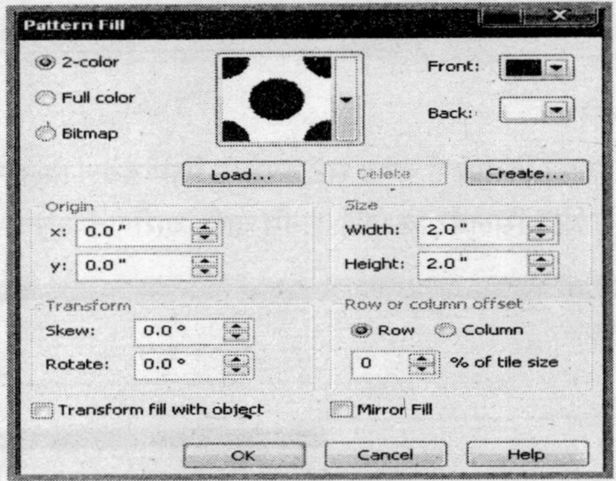

5. Pattern पिकर को open करें।
6. किसी भी एक पैटर्न को सिलेक्ट कर लें।

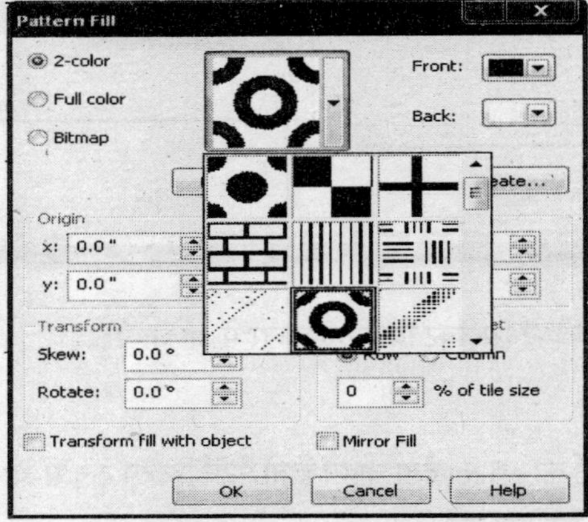

7. Front color को चुनें।
8. Back में जो कलर करना चाहते हैं, उसे सिलेक्ट करें।

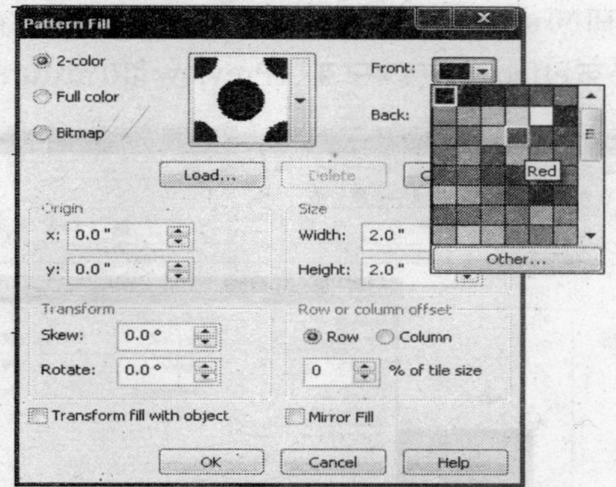

9. OK बटन पर क्लिक करने पर चुना गया पैटर्न ऑब्जेक्ट में आ जाएगा।

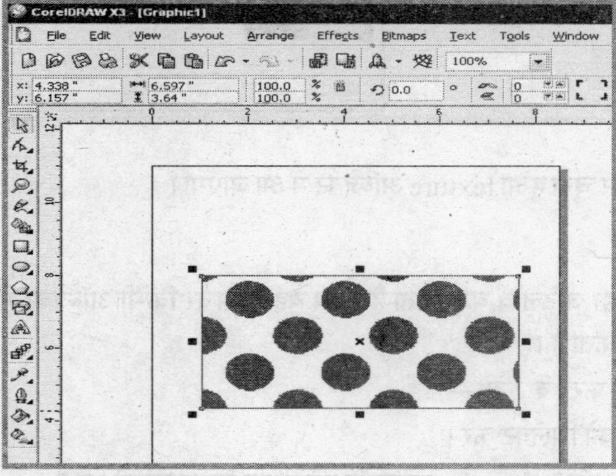

4. टेक्सचर फिल

टेक्सचर फिल की सहायता से ऑब्जेक्ट में बादल, पानी व अन्य प्राकृतिक चीजों को दिखा सकते हैं। इसके लिए—

1. Pick टूल से ऑब्जेक्ट को सिलेक्ट करें।
2. टूल बॉक्स से फिल टूल को खोलें।
3. Texture fill डायलॉग पर क्लिक करने पर Texture fill का डायलॉग बॉक्स खुल जाएगा।

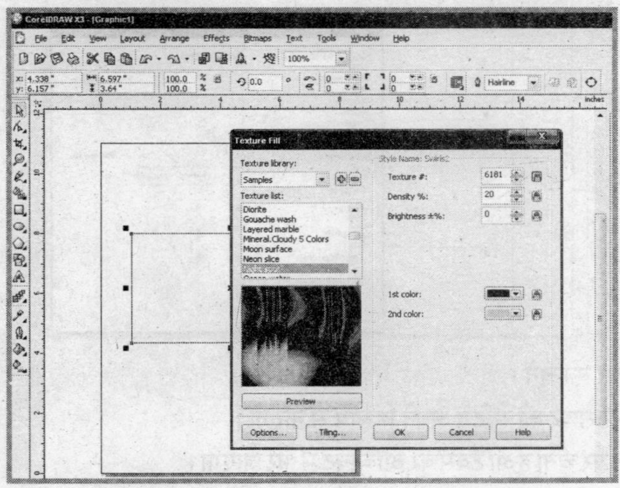

4. Texture library में से किसी भी sample को सिलेक्ट कर लें।
5. Texture list द्वारा texture के effect को एडजस्ट करें। Preview द्वारा texture के effect को देख भी सकते हैं।

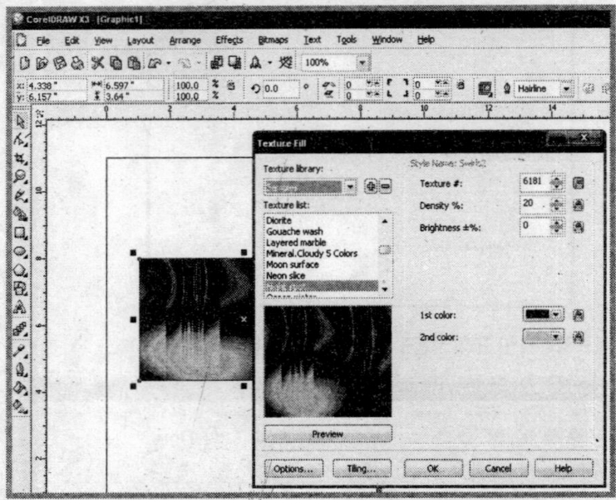

6. OK पर क्लिक करने पर चुना हुआ texture ऑब्जेक्ट में आ जाएगा।

5. पोस्टस्क्रिप्ट टेक्सचर

पोस्टस्क्रिप्ट टेक्सचर बहुत ही जटिल व बड़ा होता है। जब यह टेक्सचर किसी ऑब्जेक्ट में भरा जाता है तो यह टेक्सचर अपडेट होने में काफी समय ले सकता है।

पोस्टस्क्रिप्ट टेक्सचर एप्लाई करने के लिए—

1. Pick टूल से ऑब्जेक्ट को सिलेक्ट करें।
2. फिल टूल पर क्लिक करके Postscript डायलॉग बॉक्स पर क्लिक करने पर Postscript Texture का डायलॉग बॉक्स खुलकर स्क्रीन पर आ जाएगा।

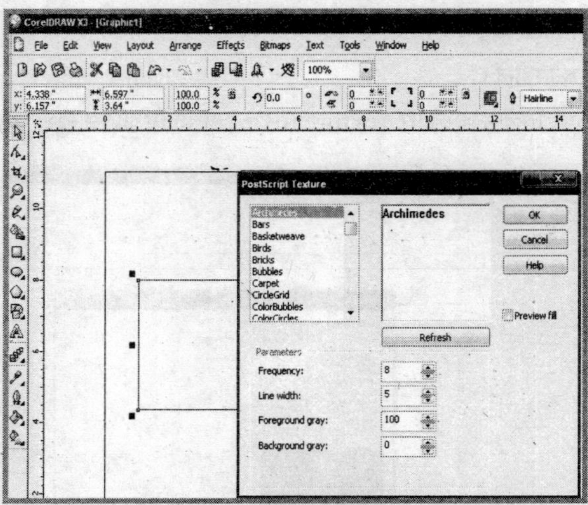

3. किसी भी एक टेक्सचर को चुनें।
4. पैरामीटर सेक्शन में टेक्सचर की सेटिंग अपने हिसाब से कर लें।
5. OK पर क्लिक करने पर चुना हुआ टेक्सचर ऑब्जेक्ट में भर जाएगा।

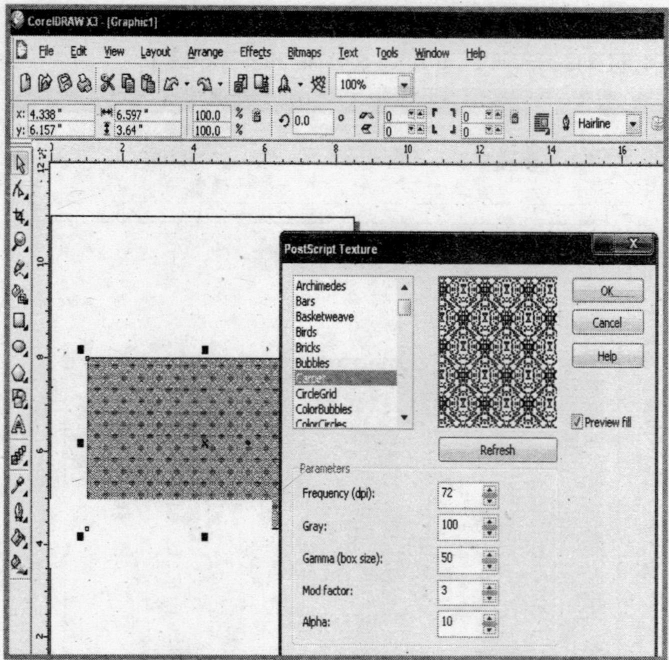

इंटरेक्टिव मैश फिल टूल

यदि आप ऑब्जेक्ट में भी शेड या ग्रेडयंट कलर जोड़ना चाहते हैं तो इसके लिए इंटरेक्टिव मैश फिल टूल का प्रयोग कर सकते हैं। यह टूल ऑब्जेक्ट के ऊपर ग्रिड बना देता है। इस ग्रिड के इंटरसेक्शन पॉइंट नोड्स के साथ जुड़े होते हैं, जिन्हें आप शेप टूल से आगे-पीछे कर सकते हैं। उसके बाद कलर भी भर सकते हैं। इसके लिए—

1. ऑब्जेक्ट को सिलेक्ट करें।
2. टूल बॉक्स से इंटरेक्टिव मैश फिल टूल को सिलेक्ट करें।

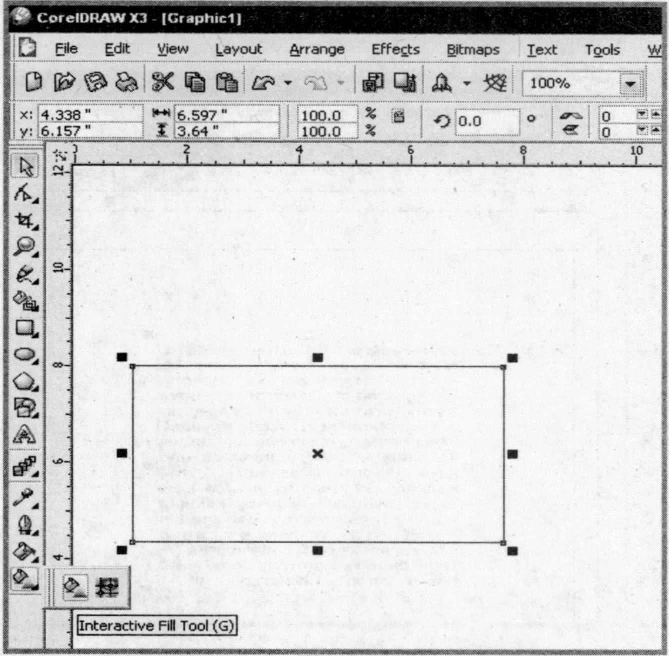

3. ऑब्जेक्ट के ऊपर एक नोड आ जाएगी।
4. अब यदि आप नोड को कोई अन्य शेप देना चाहते हैं तो वह भी दे सकते हैं।

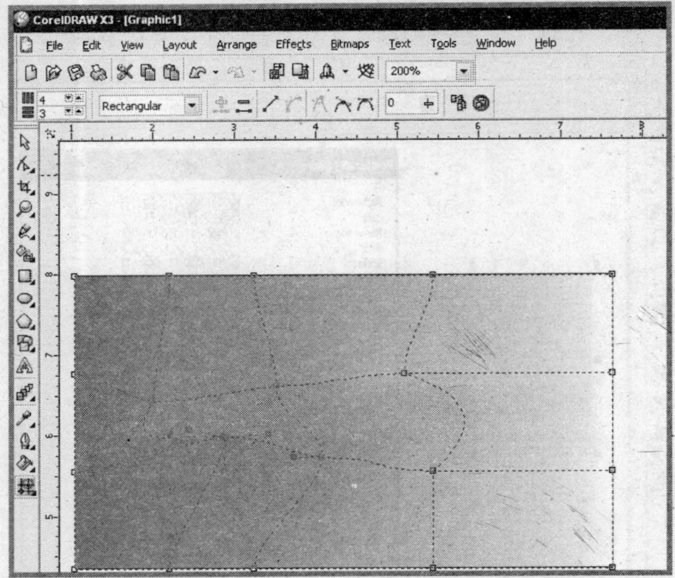

5. ऑब्जेक्ट के किसी भी हिस्से को सिलेक्ट कर कलर पैलेट से उसमें कलर भर दें।

टेक्स्ट को फ्रेम में फ्लो करना

कई बार ऐसा होता है कि आपका मैटर अधिक होने के कारण फ्रेम में नहीं आ पाता है, जिससे आपको एक नया टेक्स्ट फ्रेम तैयार करना पड़ता है। इसके लिए—

1. Pick टूल से टेक्स्ट फ्रेम को सिलेक्ट करें।
2. फ्रेम में यदि मैटर ज्यादा है तो फ्रेम के नीचे एक रंग का त्रिकोण बन जाता है। इसका मतलब होता है कि टेक्स्ट फ्रेम में अभी और मैटर है।

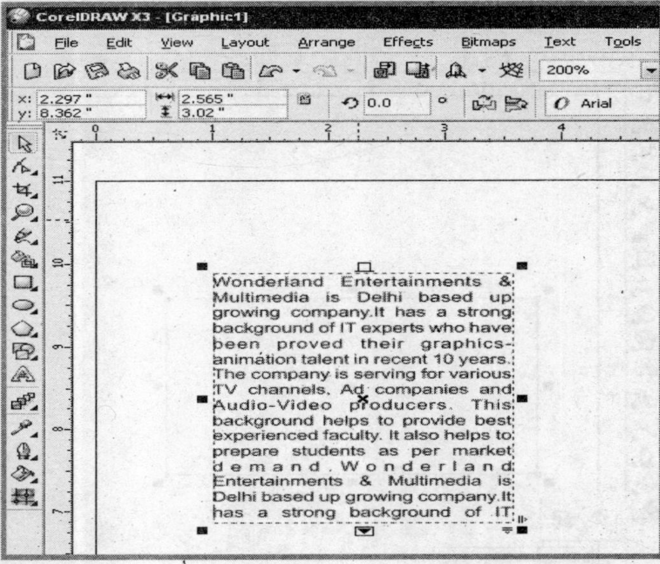

3. एक नया टेक्स्ट फ्रेम बनाएँ।

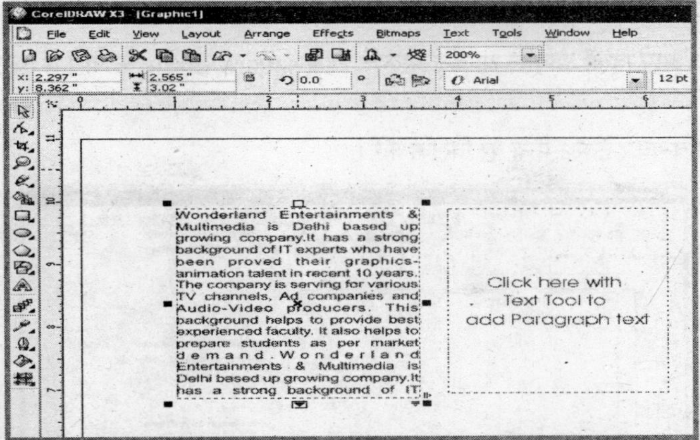

4. Pick टूल से पहलेवाले फ्रेम को सिलेक्ट करके उसके नीचे बने काले रंग के त्रिकोण पर क्लिक करने पर बचा हुआ मैटर कर्सर में आ जाएगा।

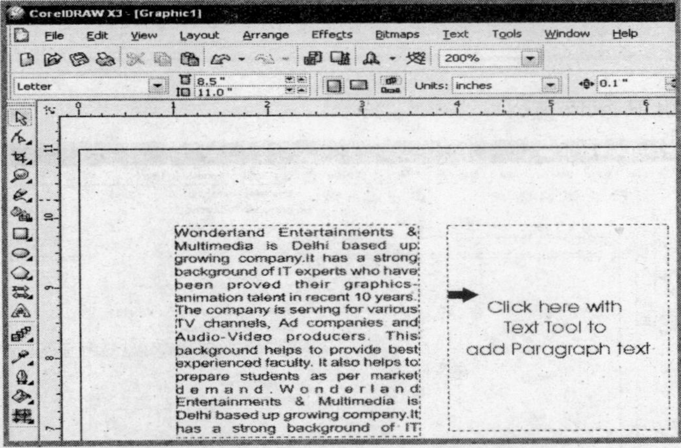

5. नए टेक्स्ट फ्रेम में जाने पर वहाँ एक बड़ा सा काले रंग का तीर का निशान दिखाई देगा।

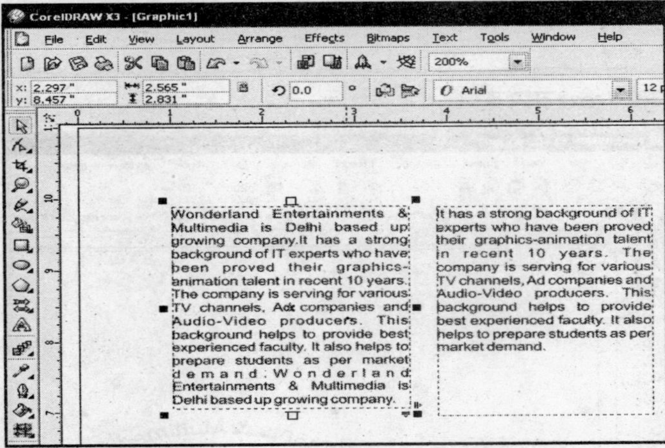

6. नए फ्रेम में क्लिक करने पर बचा हुआ मैटर नए टेक्स्ट फ्रेम में आ जाएगा। टेक्स्ट फ्रेम के नीचे आपको एक बॉक्स नजर आएगा। इसका मतलब होता है कि अब और मैटर शेष नहीं है।

टेक्स्ट को पाथ में फिट करना

आर्टिस्टिक टेक्स्ट को आप खुली आकृति या बंद आकृति, जैसे square, circle के पाथ में फिट कर सकते हैं। टेक्स्ट को पाथ में फिट करने के लिए—

1. कोई भी आकृति बनाकर टेक्स्ट मेन्यू पर क्लिक करें।

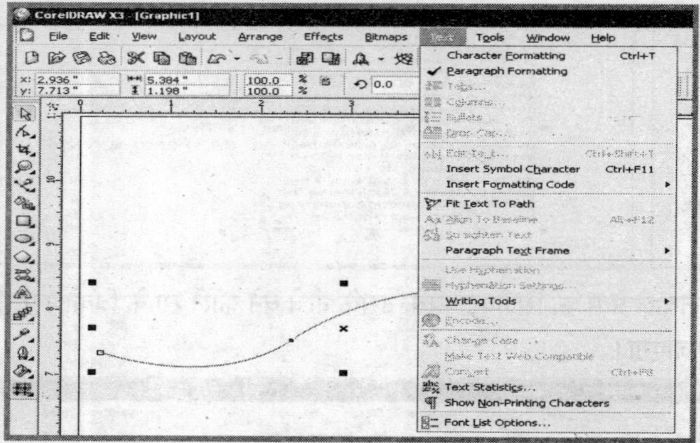

2. Fit Text to Path पर क्लिक करें।

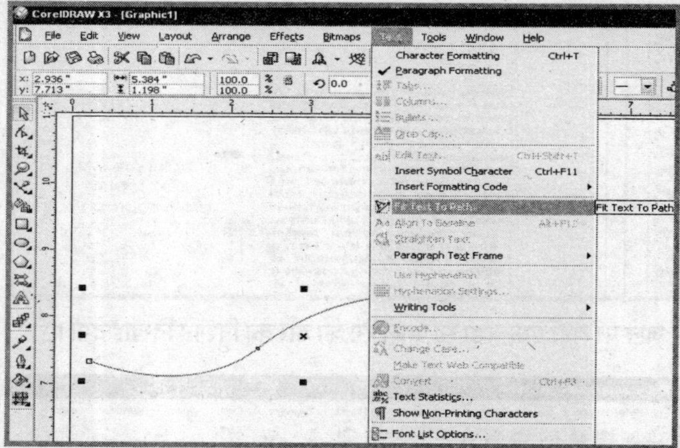

3. अब आकृति पर अपना text टाइप करें।

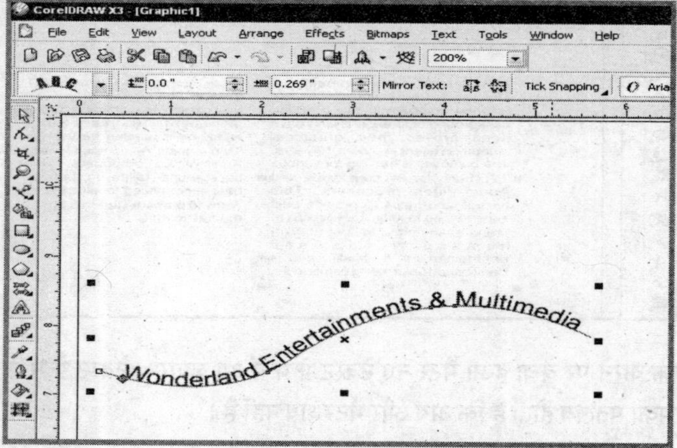

एनवलप क्रिएट करना

यदि आप किसी ऑब्जेक्ट की आकृति में कोई परिवर्तन चाहते हैं तो एनवलप टूल की सहायता से आसानी से ऐसा कर सकते हैं। एनवलप क्रिएट करने के लिए—

1. टेक्स्ट लिखकर उसे सिलेक्ट करें।
2. टूल बॉक्स में इंटरेक्टिव टूल का फ्लाइआउट खोलकर उसमें से इंटरेक्टिव एनवलप टूल पर क्लिक करें।

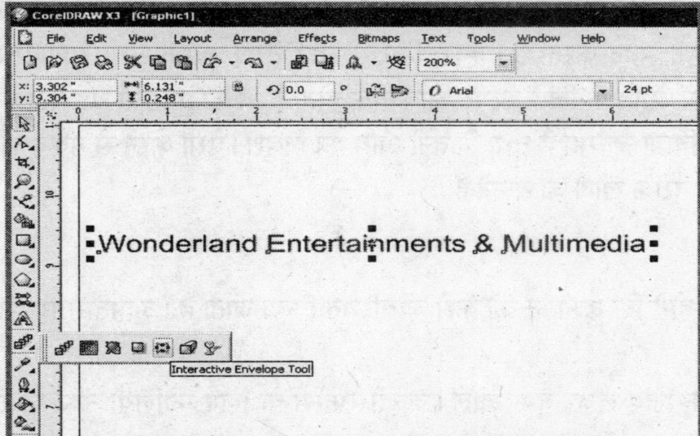

3. प्रॉपर्टी बार में से किसी एक शेप पर क्लिक करें।

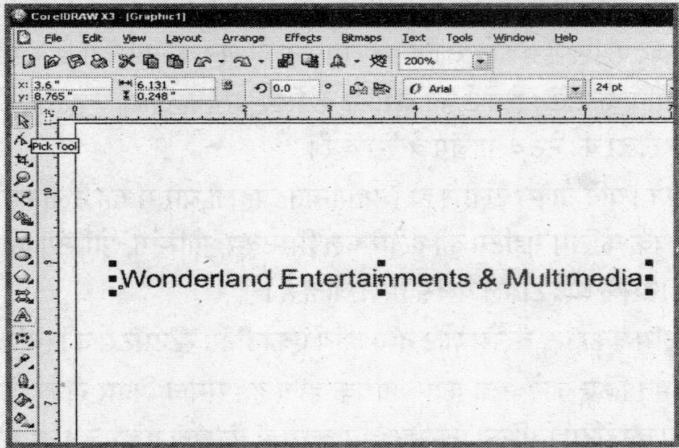

4. एनवलप का आकार बदलने के लिए नोड पर क्लिक कर उसे खींचें।

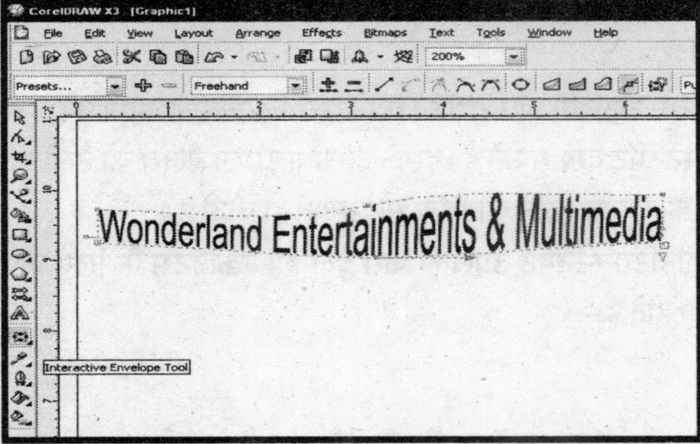

□

टैली का परिचय

एकाउंट्स की सामान्य जानकारियाँ

व्यापार में कई तरह के रिकॉर्ड्स तथा बहीखाते होते हैं जिन्हें संतुलित करना तथा उन्हें बनाए रखना आवश्यक होता है। इस महत्त्वपूर्ण कार्य में टैली बहुत मदद करता है। एकाउंटिंग स्टेटमेंट तैयार करना सभी व्यापारियों, मुख्यत: टैक्स विभागों, निवेशकों, सरकारी कार्यालयों आदि के लिए अत्यंत आवश्यक होता है। एकाउंटिंग से यह पता करने में आसानी होती है कि प्राप्त आय का कितना व्यय किया जा रहा है तथा कितनी आय का निवेश। ऐसा करने से नकद की बेहतर व्यवस्था बनाई जा सकती है तथा आय बढ़ाने के तरीके खोजे जा सकते हैं।

एकाउंटिंग

सामान्यत: सभी जानते होंगे कि एकाउंट को कैसे व्यवस्थित किया जाता है। आमतौर पर इसमें निम्नलिखित आधारभूत कार्य होते हैं—

1. लैजर एकाउंट्स के लिए लैजर बुक खोलें। जल्दी रेफरेंस के लिए फोलियो नंबर के साथ लैजर बुक की इंडेक्स बनाएँ।
2. प्रत्येक Transaction के विश्लेषण, जैसे कैश आदि को बैंक बुक, जर्नल्स एकाउंट की डे बुक में क्रमानुसार लिखें।
3. कैश व बैंक बुक्स का प्रतिदिन संतुलन करें और अगले दिन के लिए ओपनिंग बैलेंस कैरी करें।
4. ट्रांजेक्शन डीटेल्स लैजर फोलियो में दोबारा लिखते समय ट्रांजेक्शन की पोस्टिंग डे बुक से लैजर्स में करें।
5. ट्रायल बैलेंस या किसी एकाउंटिंग रिपोर्ट की जरूरत के लिए प्रत्येक लैजर एकाउंट की डेबिट या क्रेडिट साइड का जोड़ करें और प्रत्येक लैजर का नेट क्लोजिंग बैलेंस करें।
6. ट्रायल बैलेंस तैयार करें। यदि बैलेंस टैली न हो (सामान्यत: पहली बार में यह टैली नहीं होता) तो इसको ठीक करने के लिए बैलेंस के प्रत्येक कॉलम राइटिंग की क्लेरिकल मिस्टेक्स, पोस्टिंग, पोस्टिंग का जोड़ और बैलेंसिंग आदि की जाँच करनी पड़ती है। इसके बाद ट्रायल बैलेंस मिल जाता है।
7. अंत में प्रॉफिट और लॉस एकाउंट, बैलेंस शीट तथा अन्य एकाउंटिंग स्टेटमेंट्स की विभिन्न रिपोर्ट तैयार करें।

अत: इसमें मुख्यत: नियमित किए जानेवाला काम अधिक होता है। समान फिगर लैजर के हिसाब से ट्रांजेक्शन की गई रकम को कंपाइल करने के लिए काउंटिंग विभिन्न फॉरमैट और बुक्स में लिखना पड़ता है। नई स्टेटमेंट को प्राप्त करने के लिए हर बार ट्रांजेक्शन के साथ बुक्स लिखनी पड़ती हैं। इसलिए हर बार रिपोर्ट को अपटूडेट करने के लिए कार्य करना ही आवश्यक होगा।

कंप्यूटर द्वारा एकाउंटिंग

प्रत्येक बार रिपोर्ट की पोस्टिंग, टोटलिंग और राइटिंग करने जैसे थकानवाले कामों की बजाय हम कंप्यूटर में वाउचर्स एंटर करते ही किसी भी एकाउंट की स्टेटमेंट देख सकते हैं। इसके अलावा ट्रायल बैलेंस को टैली करने तथा कैश बुक, लैजर ट्रायल बैलेंस और अन्य रिपोर्ट के लिए कैलकुलेटर लेने की चिंता भी समाप्त हो जाती है।

कंप्यूटर जरूरत के हर एकाउंटिंग स्टेटमेंट उपलब्ध करा देता है। एकाउंट्स के लिए कंप्यूटर के प्रयोग के निम्नलिखित सटीक व अधिक महत्त्वपूर्ण लाभ होते हैं—

1. समय की बचत

इसमें केवल ट्रांजेक्शन डाटा एंटर करने का काम नियमित है। बाकी के सारे काम कंप्यूटर द्वारा किए जाते हैं। इस प्रकार आप समय की बचत कर पाते हैं।

2. लंबे काम से फुरसत

एकाउंटिंग में सबसे ज्यादा समय लंबे जोड़, पोस्टिंग, कॉस्टिंग और बैलेंसिंग करने में बरबाद होता है। कंप्यूटर के इस्तेमाल से यह काम आसान हो जाता है।

3. तुरंत सूचना

एक बटन दबाते ही रिपोर्ट तैयार मिलना कंप्यूटर की विशेषता है, जिससे उसके आधार पर समय पर निर्णय लेने में सक्षम हो पाते हैं।

4. करेक्ट फिगर

कंप्यूटर से हम निश्चिंत हो जाते हैं कि फिगर्स (आँकड़े) ठीक हैं। डेटा के एक स्रोत से सबकुछ कनेक्ट होने के कारण हर स्टेटमेंट इसकी अन्य स्टेटमेंट्स से मिलती-जुलती होती है। सभी फिगर्स ठीक तरह से कंप्यूटिड होती हैं। हम सबकी तरह कंप्यूटर गलतियाँ नहीं करता। इसलिए कंप्यूटर को एक अच्छा प्रिंटिंग और एरर फ्री एकाउंट बुक्स और परफैक्ट रिपोर्ट देनेवाला कहा जाता है, जो व्यवसाय में सकारात्मक बदलाव लाता है।

आइए, एकाउंटिंग कंसेप्ट को एक इंस्टीट्यूट की एकाउंटिंग द्वारा समझते हैं, जिसमें सामान्यत: निम्नलिखित गतिविधियाँ होती हैं—

1. **Contra Entry करना**
- बैंक में कैश जमा करना।
- बैंक से कैश निकालना।
- एक बैंक खाते से दूसरे बैंक खाते में फंड ट्रांसफर करना।

2. **रिसीप्ट व पेमेंट करना**
- रकम प्राप्त करना।
- प्रोफेशनल से संबंधित खर्चों के लिए भुगतान करना, स्टाफ की सैलरी, इलेक्ट्रिसिटी चार्जेस।
- टेलीफोन बिल, इंटरनेट चार्ज, पब्लिसिटी खर्च इत्यादि।

3. **एप्रोप्रिएशन ऑफ प्रॉफिट—लाभ की राशि को व्यवस्थित करना**
- इन्कम टैक्स के लिए व्यवस्था करना।
- कैपिटलाइजेशन ऑफ प्रॉफिट की राशि को पूँजी के तौर पर रखना।

आगे के अध्यायों में हम एकाउंट मेंटेन करने की आधारभूत अवधारणाओं को समझेंगे और देखेंगे कि एक इंस्टीट्यूट मैनेजर अपना एकाउंट किस प्रकार मेंटेन करता है।

टैली में कंपनी क्रिएट करना

टैली में एकाउंट्स मेंटेन का कार्य शुरू करने के लिए सबसे पहले इसमें एक कंपनी क्रिएट करनी पड़ती है। टैली Start करने पर आपको कंपनी मेन्यू मिलेगा तथा कंपनी क्रिएशन स्क्रीन तक जाने के लिए कंपनी के मेन्यू में क्रिएट कंपनी को सिलेक्ट करना पड़ेगा।

Gateway of Tally **Company Info** **Company Creation**

टैली में कंपनी क्रिएशन स्क्रीन दो मुख्य भागों में विभाजित होती है—

(A) कंपनी का परिचय (Particulars)

टैली में कंपनी क्रिएशन के ऊपरवाले भाग में कंपनी की सूचनाएँ एंटर करते हैं।

1. डायरेक्टरी

टैली डिफास्ट डेटा तथा पाथ डिस्प्ले के सामने टैली डेटा स्टोर होगा। यदि आप किसी अन्य डायरेक्टरी में डेटा रखना चाहते हैं तो ऐरो बटन दबाएँ तथा कंपनी के लिए डेटा फाइल्स बनाने के लिए फोल्डर की ड्राइव व पाथ एंटर करें। इसके बाद टैली उस क्षेत्र में स्किप शुरू कर देगा।

Company Creation

Directory	: C:\Tally\Data
Name	: ABC Company
Mailing Name	: Agarwal Bhatia Chari Company
Address	: 123, 1st Floor Bluestar Building M.G.Road Bangalore
Statutory compliance for	: India
State	: Karnataka
PIN Code	: 560 001
Telephone No.	: 1234567
E-Mail	: abc@accounts.com
Currency Symbol	: Rs.
Maintain	: Accounts with Inventory
Financial Year from	: 1-4-2006
Books beginning from	: 1-4-2006
TallyVault Password (if any)	:

(WARNING: forgetting your TallyVault password will render your data unusable!)

Use Security Control	: No

Base Currency Information

Base Currency Symbol	: Rs.		
Formal Name	: Indian Rupees		
Number of Decimal Places	: 2	Show Amounts in Millions	? No
Is Symbol SUFFIXED to Amounts	? No	Put a SPACE between Amount and Symbol	? Yes
Symbol for Decimal Portion	: paise	Decimal Places for Printing Amounts in Words	: 2

2. नेम

कंपनी का नाम एंटर करें।

3. मेलिंग नेम

साधारणत: इसमें किसी व्यक्ति का नाम रखते हैं, जिसे आप अपनी तैयार रिपोर्ट में देना चाहते हैं।

4. एड्रेस

इसमें कंपनी का पोस्टल एड्रेस एंटर करते हैं। चूँकि एड्रेस बड़ा होता है, इसलिए अन्य लाइनों की आवश्यकता पड़ती है, अत: आखिरी खाली लाइन पर एंटर दबाकर अतिरिक्त लाइनें प्राप्त कर सकते हैं।

5. स्टेटुअरी कंपलाइंस

इसके लिए दी गई सूची से देश का नाम सिलेक्ट करें, जैसे भारत।

6. स्टेट

सूची से राज्य सिलेक्ट करें, जैसे गुजरात।

7. पिन कोड

दिए गए एड्रेस का पिन कोड लिखें।

8. टेलीफोन नंबर

टेलीफोन नंबर एंटर करें।

9. ई-मेल एड्रेस

कंपनी के ई-मेल एड्रेस टाइप करें।

10. करेंसी सिंबल

इसमें कंपनी यह तय करती है कि प्राप्त मुद्रा का सिंबल क्या है, जैसे भारत की मुद्रा का सिंबल रुपया है।

11. मेंटेन

केवल एकाउंट्स मेंटेन करने के लिए एकाउंट्स सिलेक्ट करें।

12. फाइनेंशियल इयर

फाइनेंशियल इयर की शुरू होनेवाली तारीख टाइप करें।

13. बुक्स की शुरुआत

साधारणत: ये फाइनेंशियल इयर की शुरुआत से होंगी।

(B) बेस करेंसी प्रोफाइल

सामान्यत: भारत (Rs.) के लिए बेस करेंसी के बारे में पार्टिकुलर्स डिस्प्ले होते हैं, जिसे बदला नहीं जाता।

सेविंग कंपनी प्रोफाइल

कंपनी प्रोफाइल की इन्फॉर्मेशन को सेव करने के लिए 'Yes' पर क्लिक करें। यदि कोई डेटा बदलना चाहते हैं तो 'No' पर क्लिक करें या फिर आप Ctrl + S दबाकर कंपनी प्रोफाइल को सेव कर सकते हैं।

ऑल्टरिंग द कंपनी प्रोफाइल

गेटवे पर Alt+F3 क्लिक करें। कंपनी इन्फो मेन्यू Alter को सिलेक्ट करें। कंपनी ऑल्ट्रेशन स्क्रीन के लिए सूची से कंपनी नेम सिलेक्ट करें। कंपनी की इन्फॉर्मेशन को मॉडिफाई करें। यदि वाउचर एंटर हो गया है तो फाइनेंशियल इयर न बदलें।

डिलीटिंग द कंपनी

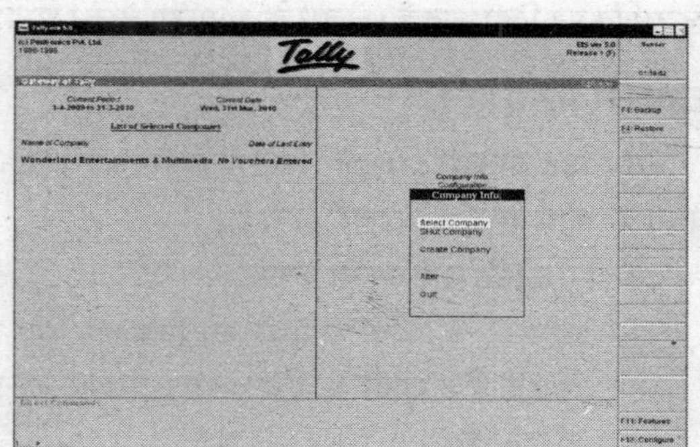

कंपनी आल्ट्रेशन स्क्रीन पर डिलीट की जानेवाली कंपनी को डिलीट करने के लिए Alt+D दबाकर 'Yes' पर क्लिक करें।

एकाउंट लैजर्स क्रिएशन

कंपनी क्रिएट करने के बाद एकाउंट लैजर्स क्रिएट किए जाते हैं। टैली अपने आप ही दो लैजर खोलता है। कैश, प्रॉफिट और लॉस एकाउंट, बाकी के एकाउंट आपके द्वारा ही तैयार किए जाएँगे।

एकाउंट्स क्रिएट करने के लिए टैली गेटवे पर account info सिलेक्ट करें तथा लैजर मेन्यू प्राप्त करने के लिए एकाउंट इन्फो मेन्यू पर लैजर सिलेक्ट करें।

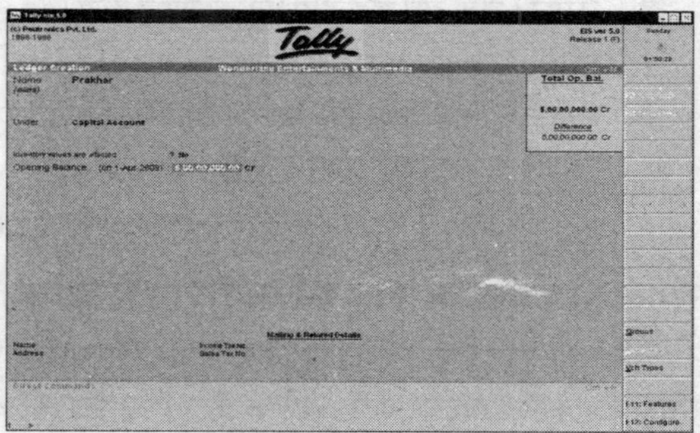

लैजर क्रिएशन स्क्रीन प्राप्त करने के लिए लैजर मेन्यू पर क्रिएट सिंगल लैजर सिलेक्ट करें।

- **लैजर नेम :** नेम फील्ड पर लैजर का विशेष नाम एंटर करें।
- **पेरेंट ग्रुप :** ग्रुप की सूची से लैजर के पेरेंट ग्रुप को सिलेक्ट करें।
- **एकाउंट लैजर ओपनिंग बैलेंस :** बुक शुरू होने की तारीख से लैजर ओपनिंग बैलेंस, ओपनिंग बैलेंस फील्ड पर क्लिक करें। टैली Dr/Cr को आप जरूरत के अनुसार बदल सकते हैं, क्योंकि यह पिछले फाइनेंशियल वर्ष के खत्म होने पर लैजर एकाउंट का क्लोजिंग बैलेंस है।

जैसे ही लैजर एकाउंट के ओपनिंग बैलेंस के करंट डेबिट्स व क्रेडिट्स राइट साइड दिखाई देते हैं, यदि वैल्यू के टोटल्स बराबर न हों तो इसका मतलब है कि लैजर एकाउंट्स के बैलेंस की एंट्री अभी पूरी नहीं हुई है या टोटल्स गलत है। ओपनिंग बैलेंस एंटर करने और मॉडिफाई करने के लिए लैजर आल्ट्रेशन की मदद ले सकते हैं। सभी लैजर एकाउंट्स के ओपनिंग बैलेंस सही तरीके से एंटर होने पर ही किसी एकाउंट्स के डेबिट टोटल्स समान होते हैं।

एकाउंट लैजर का डिस्प्ले : Accounts Info > Ledgers > Display सिलेक्ट करें।

लैजर की सूची प्राप्त करने के लिए लैजर मेन्यू पर सिंगल लैजर से डिस्प्ले सिलेक्ट करें। इसमें आप केवल दर्ज किए गए डिटेल्स को डिस्प्ले करने के लिए लैजर सिलेक्ट कर सकते हैं।

लैजर का आल्ट्रेशन और डिलीशन : किसी भी लैजर एकाउंट को मॉडिफाई या डिलीट करने के लिए Accounts Info>Ledgers>Alter सिलेक्ट करें।

लैजर मेन्यू पर किसी भी डेटा को आल्टर या डिलीट करने के लिए लैजर सूची से लैजर सिलेक्ट करें। आल्ट्रेशन स्क्रीन लैजर भी क्रिएशन स्क्रीन के ही समान होता है।

एकाउंट लैजर का आल्ट्रेशन : डेटा मॉडिफाई और चेंज करने के लिए फील्ड को प्रेस करें।

एकाउंट लैजर का डिलीशन : डिलीशन निश्चित करने के लिए Alt+D दबाएँ तथा 'Yes' पर क्लिक करें। यदि आपने लैजर एकाउंट के ट्रांजेक्शन के लिए कोई वाउचर एंटर किया है तो आप लैजर डिलीट नहीं कर सकते।

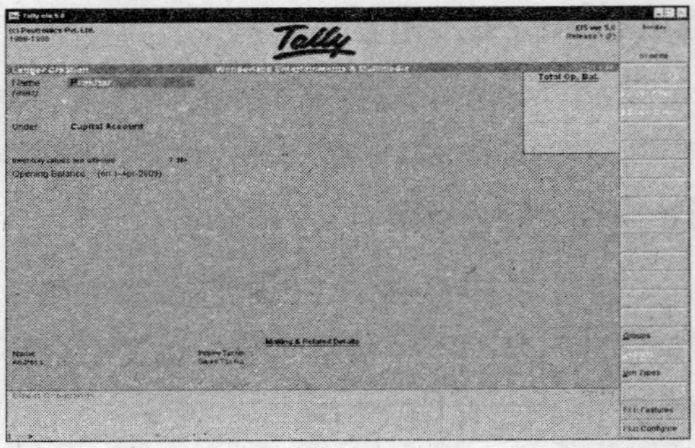

न्यू लैजर क्रिएशन

ओपनिंग बैलेंस के साथ सभी लैजर्स क्रिएट करने के बाद चालू वर्ष के दौरान सभी रेवेन्यू एकाउंट्स और अन्य एकाउंट्स की ट्रांजेक्शन के लैजर्स क्रिएट किए जाते हैं। लैजर्स के ओपनिंग बैलेंस शून्य होंगे।

वाउचर क्रिएशन

एकाउंट वाउचर : फाइनेंशियल ट्रांजेक्शन की जानकारी रिकॉर्ड करने का कार्य एकाउंट वाउचर करता है।

टैली एकाउंट वाउचर के प्रकार—

1. कॉण्ट्रा : यह बैंक खाते से धन निकालने और जमा करने तथा दो बैंक खातों के बीच धन का ट्रांसफर करनेवाला मनी ट्रांसफर है।
2. रिसीट : कैश और चेक द्वारा धन की प्राप्ति होना।
3. पेमेंट : कैश और चेक द्वारा धन का भुगतान।
4. जनरल : नॉन कैश ट्रांजेक्शन (डेप्रिसिएशन और ब्याज इत्यादि के बढ़ने की तरह)।
5. क्रय-विक्रय : क्रय-विक्रय के लिए इसका प्रयोग होता है।

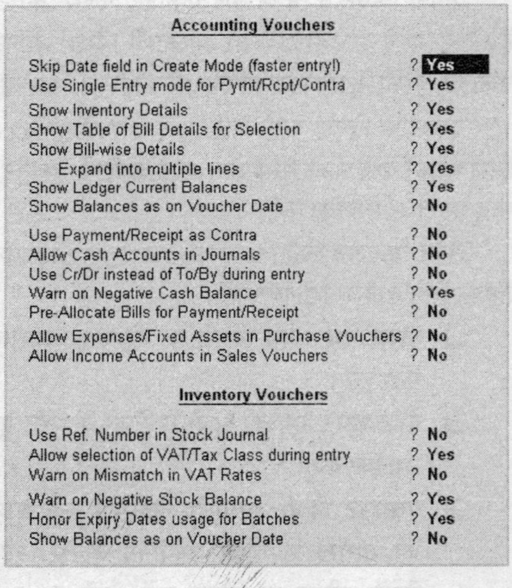

Accounting Vouchers

Skip Date field in Create Mode (faster entry!)	? Yes
Use Single Entry mode for Pymt/Rcpt/Contra	? Yes
Show Inventory Details	? Yes
Show Table of Bill Details for Selection	? Yes
Show Bill-wise Details	? Yes
Expand into multiple lines	? Yes
Show Ledger Current Balances	? Yes
Show Balances as on Voucher Date	? No
Use Payment/Receipt as Contra	? No
Allow Cash Accounts in Journals	? No
Use Cr/Dr instead of To/By during entry	? No
Warn on Negative Cash Balance	? Yes
Pre-Allocate Bills for Payment/Receipt	? No
Allow Expenses/Fixed Assets in Purchase Vouchers	? No
Allow Income Accounts in Sales Vouchers	? No

Inventory Vouchers

Use Ref. Number in Stock Journal	? No
Allow selection of VAT/Tax Class during entry	? Yes
Warn on Mismatch in VAT Rates	? No
Warn on Negative Stock Balance	? Yes
Honor Expiry Dates usage for Batches	? Yes
Show Balances as on Voucher Date	? No

सिंगल मोड एंट्री के लिए कन्फिगरेशन सेटअप

डेबिट या क्रेडिट का ब्यौरा दिए बिना सिंगल मोड एंट्री में पेमेंट, रिसीट और कॉण्ट्रा वाउचर एंटर करने के लिए F12 प्रेस करें। गेटवे पर कन्फिगरेशन दिया हुआ होता है, जिससे आप कन्फिगरेशन मेन्यू प्राप्त करते हैं। कन्फिगरेशन मेन्यू पर वाउचर एंट्री सिलेक्ट करें। एकाउंटिंग वाउचर्स के साथ Use Single Entry mode for Pymt / Rept/ Contra पर Yes करें।

एकाउंट्स वाउचर क्रिएशन

इसमें हर प्रकार की वाउचर एंट्री की चर्चा की जाएगी। वाउचर एंट्री स्क्रीन पाने के लिए गेटवे पर एकाउंटिंग वाउचर्स क्लिक करें।

सिंगल मोड वाउचर एंट्री में लैजर एकाउंट्स के नियम

हैडर एकाउंट : हैडर एकाउंट के लिए सबसे ऊपर One Cash या Bank Account को सिलेक्ट करें। ध्यान रखें कि हैडर एकाउंट के लिए एमाउंट एंटर न किया जाए, क्योंकि ये सभी लाइनें एकाउंट्स में एंटर एमाउंट की नेट फिगर से जुड़ी होती हैं।

लाइन एकाउंट्स : एकाउंट्स पेज के नीचे के हिस्से में आप एक या उससे भी ज्यादा लैजर एकाउंट्स ट्रांजेक्शन एंटर कर सकते हैं। डिडक्शन के लिए नेगेटिव फिगर में एकाउंट टाइप करें। (पहले माइनस का चिह्न, फिर एमाउंट टाइप करें; जैसे—

1000)। लैजर एकाउंट्स पहले पॉजिटिव होने चाहिए। सभी एकाउंट्स की नेट वैल्यू हैडर एकाउंट में पोस्ट होती है, जैसा फिगर्स में दिखाया गया है।

सिंगल मोड वाउचर एंट्री के स्टेप्स

सिंगल मोड में निम्नलिखित स्टेप्स को एंटर करें—

1. **वाउचर नंबर :** ये टैली द्वारा शो होते हैं।

वाउचर डेट : करेंट डेट आगे बढ़ती है, जिसे बताए गए तरीके के मुताबिक आल्टर कर सकते हैं।

लाइन एरिया

1. **लैजर एकाउंट :** लैजर एकाउंट को सिलेक्ट करें।
2. **लैजर एमाउंट :** लैजर एमाउंट को सिलेक्ट करें।

नरेशन

1. चेक नंबर : बैंक ट्रांजेक्शन के मामले में चेक नंबर एंटर करें।
2. वाउचर नरेशन : वाउचर नरेशन एंटर करें।

वाउचर में की जानेवाली एंट्री के स्टेप्स—

1. **वाउचर नंबर :** सामान्यत: टैली अपने आप ही वाउचर डेट के अनुसार वाउचर के लिए हर प्रकार के वाउचर नंबर क्रमानुसार प्रदर्शित करता है।
2. **वाउचर डेट :** साधारणत: करंट डेट ही वाउचर डेट पर डिस्प्ले होती रहती है। डेट बदलने के लिए डेट फील्ड पर कर्सर लेने के लिए Shift+Tab दबाएँ। उसके बाद उसमें डेट एंटर करें या डेट बटन दबाएँ तथा वाउचर डेट एंटर करें। यह डेट आगे वाउचर्स में डिस्प्ले होती रहेगी। यह तब तक रहेगी जब तक आप दोबारा करंट डेट नहीं बदलते। वाउचर डेट की एंट्री के बाद उससे संबंधित दिन भी डिस्प्ले होगा।

हैडर लैजर एकाउंट

सबसे पहले हैडर लैजर एकाउंट पर कर्सर आता है। आप हैडर पर आवश्यक कैश एकाउंट सिलेक्ट कर सकते हैं।

1. **लाइन लैजर डिटेल्स :** हैडर एकाउंट सिलेक्ट करने के बाद लाइन एरिया पर कर्सर आता है, जहाँ ज्यादा-से-ज्यादा लैजर एकाउंट एंटर कर सकते हैं।
2. **लाइन लैजर एकाउंट :** आप लाइन लैजर एकाउंट को एकाउंट की तरह लैजर सूची से सिलेक्ट कर सकते हैं।
3. **लाइन लैजर एमाउंट :** सिलेक्टिड लाइन लैजर एकाउंट में एमाउंट एंटर करें तथा वह एमाउंट पॉजिटिव ही होना चाहिए। पेमेंट/रिसीट वाउचर में डिडक्शन करने के लिए आप 2nd और उसके अगले के लैजर में एमाउंट एंटर कर सकते हैं।

नोट

सभी लाइन लैजर एमाउंट का नेट एमाउंट धनात्मक ही होना चाहिए, जो ऊपर एंटर हैडर लैजर एकाउंट में सेव होता है।

वाउचर नरेशन

सभी लाइन लैजर एकाउंट्स की एंट्री करने के बाद एंटर प्रेस करें, जिससे कर्सर नरेशन फील्ड पर पहुँच जाता है। यदि आपके द्वारा बैंक एकाउंट सिलेक्ट किया जा चुका है तो चेक नंबर एंट्री करने के लिए तैयार रहें।

वाउचर एंट्री के उदाहरणों को फिगर्स द्वारा समझाया गया है।

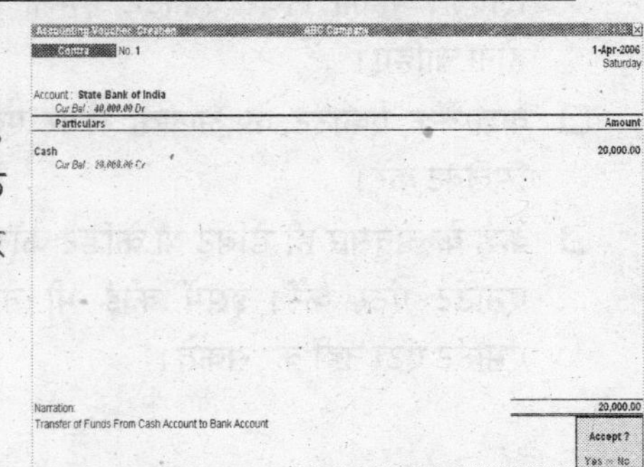

कॉण्ट्रा वाउचर

कॉण्ट्रा वाउचर का इस्तेमाल धन को एक बैंक के खाते से दूसरे बैंक के खाते में ट्रांसफर करने, कैश डिपोजिट और कैश विदड्रॉल आदि के लिए किया जाता है।

पेमेंट वाउचर

कैश और चेक द्वारा धन के भुगतान के रिकॉर्ड के लिए पेमेंट वाउचर का इस्तेमाल किया जाता है।

Accounting Voucher Creation ABC Company
Payment No. 1 1-Apr-2006 Saturday
Account : Cash
Cur Bal : 23,000.00 Cr

Particulars	Amount
Conveyance (Cur Bal : 800.00 Dr)	800.00
Staff Welfare (Cur Bal : 1,000.00 Dr)	1,000.00
Postage (Cur Bal : 400.00 Dr)	400.00
Stationery (Cur Bal : 800.00 Dr)	800.00

Narration: 3,000.00
Payment of Conveyance, Staff Welfare, Postage and Stationery
Accept ? Yes or No

1. **हैडर एकाउंट :** यह एकाउंट क्रेडिट है। यह कैश/बैंक एकाउंट है, जिसके द्वारा धन का भुगतान हुआ होता है।
2. **लाइन एकाउंट :** यह एकाउंट डेबिट है। ऐसे अन्य लैजर एकाउंट हैं, (नॉन कैश/बैंक एकाउंट) जिसके लिए भुगतान हुआ है। ये एकाउंट क्रेडिट होते हैं। ये एकाउंट नेगेटिव फिगर के साथ डेबिट हैं।

रिसीट वाउचर

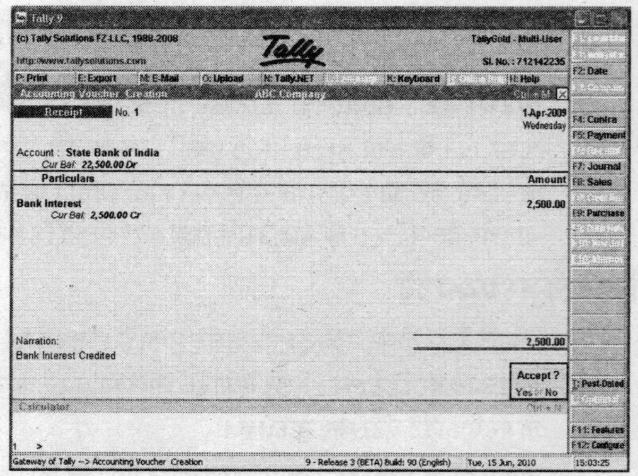

कैश या चेक द्वारा प्राप्त धन की रिसीट को रिकॉर्ड करने के लिए रिसीट वाउचर का इस्तेमाल किया जाता है।

1. **हैडर एकाउंट :** कैश/बैंक एकाउंट को रिकॉर्ड करने के लिए रिसीट वाउचर का इस्तेमाल किया जाता है।
2. **लाइन एकाउंट :** अन्य लैजर एकाउंट्स (नॉन कैश/बैंक एकाउंट), जिनके लिए भुगतान हुआ है। ये एकाउंट क्रेडिट होते हैं। ये एकाउंट नेगेटिव फिगर के साथ डेबिट होते हैं।

जनरल वाउचर

धन की रिसीट या पेमेंट के अलावा ट्रांजेक्शन के लिए जनरल वाउचर का प्रयोग किया जाता है। यह केवल डबल एंट्री मोड में एंटर होता है। हैडर एकाउंट के बिना एमाउंट Dr/Cr कॉलम में होता है।

जनरल वाउचर एंट्री में लैजर एकाउंट के नियम

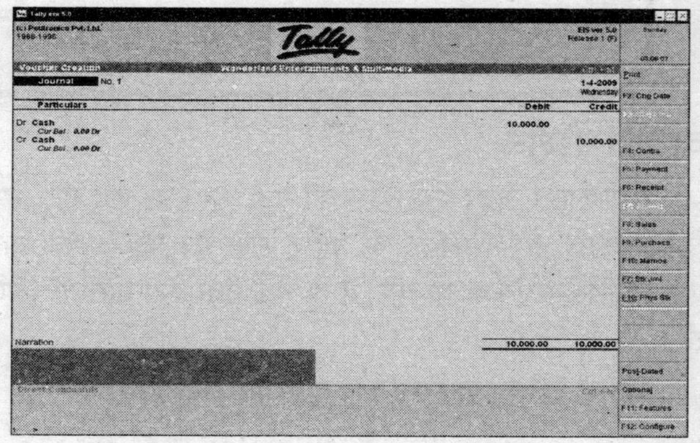

- टाइप डी (डेबिट के लिए) सी (क्रेडिट के लिए), या टी (To के लिए), बी (by के लिए)। पहला लैजर एकाउंट हमेशा डेबिट होना चाहिए।
- कैश/बैंक एकाउंट के अलावा लैजर एकाउंट सिलेक्ट करें।
- कैश के अनुसार ही डेबिट या क्रेडिट कॉलम में एमाउंट एंटर करें। इसमें कोई भी नेगेटिव एमाउंट एंटर नहीं कर सकते।

नोट!

सभी डेबिट एमाउंट्स का टोटल सभी क्रेडिट एमाउंट्स के टोटल के समान होना चाहिए।

लैजर एमाउंट्स की एंट्री करने के बाद कर्सर नरेशन फील्ड पर आता है, जहाँ उसी तरीके से वाउचर नरेशन एंटर किए जाते हैं।

भिन्न प्रकार के वाउचर के उदाहरण—

यद्यपि सिंगल मोड वाउचर एंट्री में डेबिट व क्रेडिट का उल्लेख नहीं होता, लेकिन टैली स्वयं वाउचर के प्रकार, एकाउंट की पॉजिशन तथा एमाउंट के निशान के तरीकों से डेबिट और क्रेडिट एक्शन को समझता है।

पहला लैजर एकाउंट बिना एमाउंट के हैडर एकाउंट दरशाता है। बाकी लैजर एकाउंट्स के साथ लाइन एरिया एकाउंट्स हैं। वाउचर नरेशन अंत में दरशाए जाते हैं।

कॉण्ट्रा वाउचर

चूँकि पहला लैजर एकाउंट, हैडर एकाउंट होता है, इसलिए यह डेबिट एकाउंट है और इसे डेबिट कॉलम में दरशाया जाता है। बाद के एमाउंट्स क्रेडिट कॉलम में दरशाए जाते हैं, क्योंकि ये लाइन एरिया में एंटर किए होते हैं।

कॉण्ट्रा वाउचर एंट्री के उदाहरण—

1. बैंक से कैश विदड्रॉल।
2. बैंक में कैश डिपॉजिट।
3. एक बैंक खाते से दूसरे बैंक खाते में फंड ट्रांसफर।
4. अन्य बैंक खातों में कैश डिपॉजिट।

दो बैंक खातों में कैश डिपॉजिट करने के लिए कॉण्ट्रा वाउचर

जिस बैंक से धन निकाला जाता है, उस बैंक के सिंगल मोड के कॉण्ट्रा वाउचर में कई कैश व बैंक एकाउंट एंटर किए जाते हैं, परंतु जिसमें धन जमा किया जाता है उसमें केवल एक कैश/बैंक एकाउंट एंटर कर सकते हैं।

इसलिए सिंगल मोड में, विभिन्न बैंक खातों से केश विदड्रॉल करने के लिए कॉण्ट्रा वाउचर भी क्रिएट कर सकते हैं। लेकिन कई बैंक एकाउंट से कैश विदड्रॉल के लिए केवल एक कॉण्ट्रा वाउचर क्रिएट नहीं कर सकते हैं। अत: प्रत्येक बैंक एकाउंट से कैश विदड्रॉल कराने के लिए एक अलग वाउचर करने की आवश्यकता होती है।

पेमेंट वाउचर्स

कॉण्ट्रा वाउचर्स एंट्री के उदाहरण—

1. मशीनरी रिपेयरिंग एक्सपेंसेस।
2. एडवांस सैलरी।
3. एडवांस वापसी और अन्य स्टेटुअरी डिडक्शन के बाद सैलरी का भुगतान।
4. म्यूचुअल फंड में निवेश

जनरल वाउचर्स

जनरल वाउचर्स एंट्री के उदाहरण—

1. रिसीवेबल इन्कम।
2. एक्सपेंसेस की लायबिलिटीज।
3. बढ़ा ब्याज (रिसीवेबल और पेबल ब्याज)।
4. डेप्रिसिएशन।

रिपोर्ट प्रिंटिंग

वाउचर्स एंटर करने के बाद आप किसी की रिपोर्ट के प्रिंट भी निकाल सकते हैं। अंतिम वाउचर एंटर करने के साथ आप किसी भी समय अपडेटिड रिपोर्ट्स प्राप्त कर सकते हैं। प्रिंटिंग के लिए Alt+P दबाएँ।

प्रिंटिंग डायलॉग

प्रिंटिंग डायलॉग को तीन भागों में विभाजित किया जा सकता है—

1. प्रिंटिंग डायलॉग स्क्रीन के ऊपरी हिस्से में जनरल प्रिंटिंग विकल्प होते हैं।
2. उसके मध्य हिस्से में रिपोर्ट के टाइटल और अन्य सूचनाएँ होती हैं।
3. तीसरे भाग में करंट रिपोर्ट के विकल्प देख सकते हैं।

प्रिंटिंग डायलॉग के बटन

क्रमवार रिपोर्ट प्रिंटिंग विकल्प को सेट करें तथा रिपोर्ट प्रिंट करें। प्रिंटिंग विकल्प को सेट करने में रिपोर्ट प्रिंटिंग के दाएँ भाग के बटनों की मदद लें।

पेज नंबर सेटिंग

पेज नंबर की शुरुआत : मेंशन की गई जगह पर पेज नंबर लिखकर शुरुआत करें।

पेज रेंज

पेज की रेंज रिपोर्ट के कुछ निश्चित किए गए पेजों के प्रिंट निकालने के लिए एंटर की जाती है। इसके अलावा पूरी रिपोर्ट प्रिंट करने के लिए All सिलेक्ट कर सकते हैं, जो टैली में डिफॉल्ट सेट होती है।

प्रिंट फॉरमैट

निम्नलिखित विवरण सेट करने के लिए प्रिंट फॉरमैट F बटन पर क्लिक करें—

1. **नॉन इंपेक्ट प्रिंटर :** इसके लिए नोट मोड सिलेक्ट करें।
2. **डॉट मैट्रिक्स प्रिंटर :** इससे प्रिंट करने के लिए डॉट मैट्रिक फॉरमैट सिलेक्ट करें। उसके बाद डॉट मैट्रिक्स प्रिंटर ड्राइवर **सही** तरीके से सिलेक्ट करें।

मीडिया में रिपोर्ट डेटा सेव करने या फास्ट प्रिंटिंग करने के लिए quick/draft सिलेक्ट करें तथा सेव करने के लिए फाइल नेम एंटर करें।

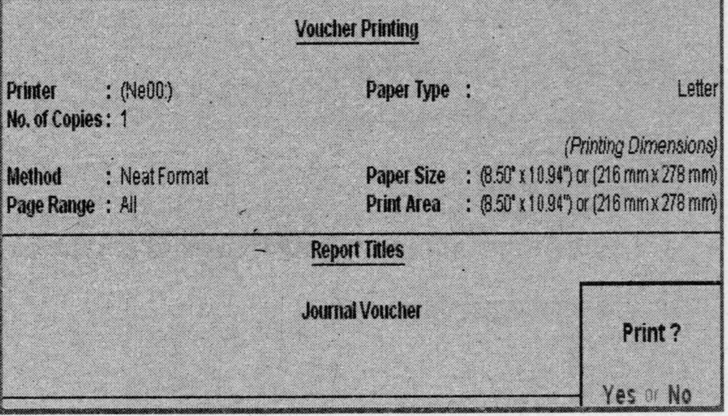

नंबर ऑफ कॉपीज

रिपोर्ट की ज्यादा कॉपी प्रिंट करने के लिए c:copies बटन सिलेक्ट करें तथा सेव करने के लिए फाइल नेम एंटर करें। सामान्यत: यह 1 कॉपी के लिए सेट होता है।

प्रिंटर सिलेक्शन

अन्य प्रिंटर सिलेक्ट करने के लिए s: select printer का बटन दबाएँ तथा प्रिंटरों की सूची में से प्रिंटर सिलेक्ट करें।

रिपोर्ट टाइटल

रिपोर्ट टाइटल के लिए title बटन पर क्लिक करें तथा निम्नलिखित पॉइंट सेट करें—

1. **टाइटल** : करेंट रिपोर्ट के लिए टैली एक स्टैंडर्ड रिपोर्ट टाइटल डिस्प्ले करता है, जिसे इच्छानुसार बदल सकते हैं।
2. **सब-टाइटल** : प्रिंटिंग के लिए टाइटल के ठीक नीचेवाली सब-टाइटल लाइन पर एंटर करें।
3. **एडीशनल इन्फॉर्मेशन** : रिपोर्ट टाइटल पर आवश्यक सिलेक्टेड प्रिंट करने के लिए 'Yes' या 'No' करें।

स्क्रीन पर रिपोर्ट प्रिव्यू

प्रिंटिंग रिपोर्ट का Print Preview देखने के लिए Print Preview command का प्रयोग किया जाता है। डिस्प्ले प्रिव्यू साइज को छोटे या बड़े रूप में देखने के लिए स्क्रीन के बटन को क्लिक करें।

बुक्स ऑफ एकाउंट्स

टैली में कई प्रकार की एकाउंट्स बुक्स हो सकती हैं—

1. **डे बुक।**
2. **कैश बुक।**

कैश बुक समय की समाप्ति पर खाते के शुरुआती और अंतिम बैलेंस के विवरण को दरशाती है। इसमें सभी प्रकार की प्राप्तियों तथा भुगतानों का ब्योरा होता है।

Gateway of Tally > Display > Accounts Books > Cash/Bank Book

जर्नल

टैली में जर्नल बुक का प्रयोग कैश/बैंक बुक में मेन्शन किए जानेवाले सभी लेन-देनों के अलावा Transactions को दर्ज करने के लिए किया जाता है।

Gateway of Tally > Display > Accounts Books > Journal Register

जर्नल बुक में दर्ज किए जानेवाली कुछ एंट्री—

1. खरीद बुक।
2. खरीद वापसी बुक।
3. बिक्री बुक।
4. बिक्री वापसी बुक।
5. प्राप्य बिल बुक।
6. देय बिल बुक।
7. जर्नल प्रोपर।
8. लैजर बुक।

Gateway of Tally > Display > Accounts Books > Ledger > All Accounts

फाइनल एकाउंट्स

बैलेंस शीट : बैलेंस शीट सभी एसेट्स तथा लायबिलिटीज को दरशानेवाली विशेष फाइनेंशियल स्टेटमेंट है। बैलेंस शीट स्क्रीन के लिए गेटवे से बैलेंस शीट सिलेक्ट करें तथा Detailed फॉरमेट प्राप्त करने के लिए F1 : Detailed button प्रेस करें तथा प्रिंट के लिए Alt के साथ P Key दबाएँ।

बैंलेस शीट का कन्फिगरेशन

बैलेंस शीट की कन्फिगरेशन स्क्रीन ओपन करने के लिए बैलेंस शीट पर F12 प्रेस करें तथा आवश्यकतानुसार ऑप्शन सेट करें।

वर्टिकल बैलेंस शीट

वर्टिकल बैलेंस शीट के लिए कन्फिगरेशन स्क्रीन में Show Vertical Balance Sheet पर Yes करें। इसमें सभी फंड के सोर्सेस और एप्लीकेशन के फिगर्स भी डिस्प्ले होते हैं।

लाभ-हानि खाता (Profit and Loss Account)

प्रॉफिट एंड लॉस एकाउंट एक निश्चित समय के ऑपरेशनल रिजल्ट को डिस्प्ले करता है। यह एकाउंट व्यवसायों के नेट फिगर तथा नेट प्रॉफिट व लॉस को दरशाता है।

प्रॉफिट व लॉस एकाउंट देखने के लिए गेटवे पर Profit and Loss Account सिलेक्ट करें तथा पूरी जानकारी के लिए F1:Detailed Button पर क्लिक करें। प्रॉफिट व लॉस कन्फिगरेशन के लिए F12 : Configure पर क्लिक करें।

बैलेंस शीट तथा लाभ-हानि खातों के अलावा अन्य प्रकार की रिपोर्टों को देखने के लिए गेटवे मेन्यू से display ऑप्शन को सिलेक्ट करके आवश्यक रिपोर्ट को चुनें और देखें।

टैली से बाहर निकलना

टैली पर कार्य समाप्त होने के बाद टैली से बाहर आने के लिए गेटवे मेन्यू में Quit ऑप्शन को क्लिक करें या बटन को प्रेस करें। यदि आप टैली की किसी अन्य स्क्रीन पर हैं तो Q बटन दबाकर टैली के गेटवे मेन्यू पर आ सकते हैं तथा Q दबाकर टैली से proper बाहर निकल सकते हैं।

□

21 पेजमेकर

पेजमेकर का वर्तमान वर्जन 7.0 नौ जुलाई, 2001 को रिलीज हुआ। हालाँकि पेजमेकर में कई पावरफुल वर्ड प्रोसेसिंग और ग्राफिक्स फीचर हैं, लेकिन इसकी विशेषता टेक्स्ट और आर्ट को जोड़ने की है। पेजमेकर पब्लिकेशन कार्य में बहुत ही उपयोगी है।

पेजमेकर की स्क्रीन

पेजमेकर की स्क्रीन में टूल बॉक्स के साथ ही अन्य टूल्स, जैसे रूलर्स, गाइड और पैलेट्स की सुविधा भी मिलती है। इसकी मदद से आप मनवांछित रूप से अपना पेज सेट कर सकते हैं।

1. Rulers : स्क्रीन में टॉप पर और स्क्रीन के बाएँ किनारे की ओर होता है। इसका प्रयोग गाइड लाइनों के साथ पेज पर डिजाइन का फ्रेम बनाने के लिए किया जाता है।

2. Guides : रूलर से बाहर खींचे जाते हैं। आप अपनी आवश्यकता के अनुसार कई क्षैतिज और लंबवत् गाइडस सेट कर सकते हैं।

3. Styles Palette : उस कमांड में परिवर्तन करता रहता है, जो स्टाइल क्रिएट करने, एडिट करने और एप्लाई करने के लिए दी जाती है।

Styles Colors
[No style]
Body text
Caption
Hanging indent
Headline
Subhead 1
Subhead 2

4. Controll Palette : अपने फीचर में परिवर्तन करता रहता है। यह इस बात पर निर्भर करता है कि क्या चीज सेलेक्ट की गई है। सभी उपलब्ध कमांड, जो उस चीज को प्रभावित करती हैं, पैलेट में पाई जाती हैं।

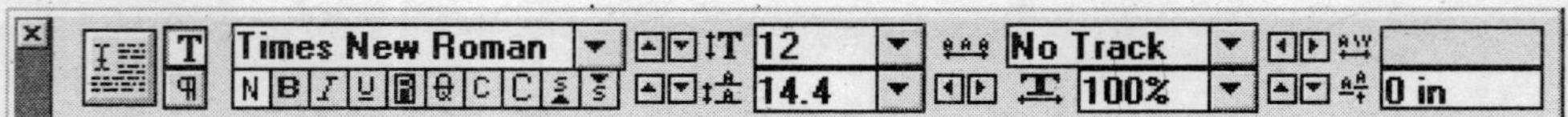

5. Colour Palette : उन कमांड को व्यवस्थित करती है, जो कलर क्रिएट करने, एडिट करने और एप्लाई करने के लिए दी जाती हैं।

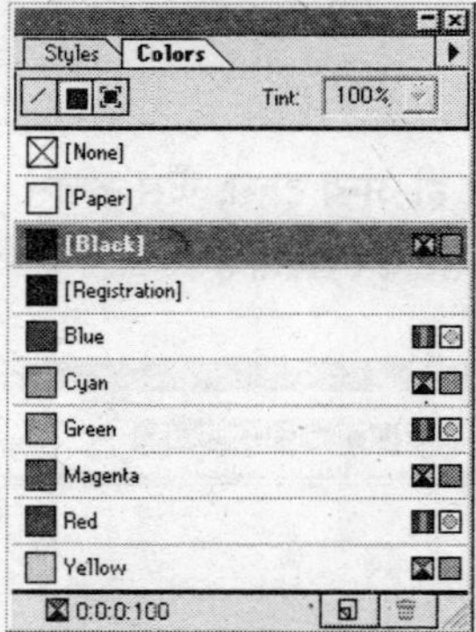

6. Master Pages Palette : उन कमांड को व्यवस्थित करती है, जो मास्टर पेज और उनकी संघटक क्रिएट करने, एडिट करने और एप्लाई करने के लिए दी जाती हैं।

7. Layers Palette : उन कमांड को व्यवस्थित करती है, जो लेयर क्रिएट करने, एडिट करने और एप्लाई करने के लिए दी जाती हैं।

टूलबॉक्स

पेजमेकर के टूलबॉक्स में वे सारे टूल्स होते हैं, जो पेजमेकर में इस्तेमाल होते हैं।

यदि टूलबॉक्स स्क्रीन पर दिखाई न दे रहा हो तो निम्न स्टेप से उसे लेकर आएँ :

1. Window पर क्लिक करें, विंडो मेन्यू खुल जाएगा।
2. Show Tool में क्लिक करें।

टूलबॉक्स आपकी डॉक्यूमेंट विंडो के सामने प्रदर्शित होने लगेगा।

यदि आप टूलबॉक्स को छिपाना चाहते हैं तो निम्न स्टेप अपनाएँ :

1. Window पर क्लिक करें, विंडो मेन्यू खुल जाएगा।
2. Hide Tool में क्लिक करें।

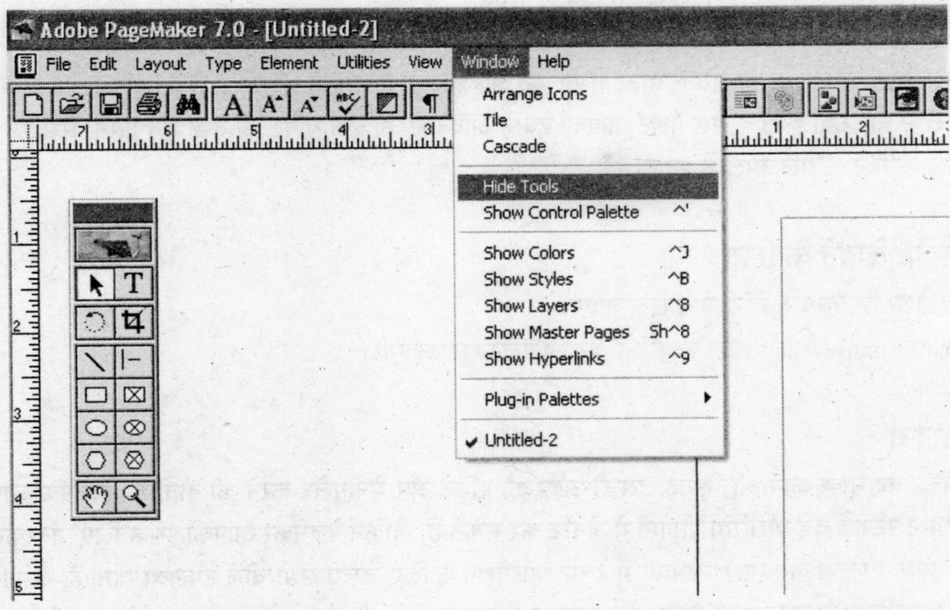

रूलर्स दिखाना

पेजमेकर में रूलर्स के कई काम हैं। वे डॉक्यूमेंट में किसी ऑब्जेक्ट की स्थिति और आकार दरशाते हैं। रूलर्स चयनित मेजरमेंट सिस्टम की यूनिट भी दरशाते हैं।

रूलर को देखने के लिए :

1. View पर क्लिक करें, व्यू मेन्यू खुल जाएगा।
2. Show Rulers पर क्लिक करें। रूलर्स डॉक्यूमेंट के ऊपर और बाईं ओर दिखने लगेंगे।

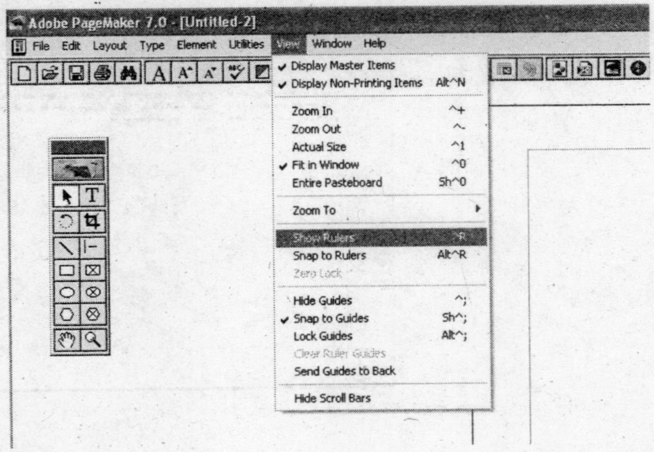

रूलर छिपाने के लिए करें :

1. View पर क्लिक करें, व्यू मेन्यू खुल जाएगा।

2. Hide Rulers पर क्लिक करें, रूलर्स छिप जाएँगे।

कंट्रोल पैलेट में काम करना

कंट्रोल पैलेट फीचर आपके द्वारा लेआउट में सेलेक्ट ऑब्जेक्ट के हिसाब से बदलते रहते हैं। यदि आपने अपने प्वॉइंटर से टेक्स्ट सेलेक्ट कर रखा है तो कंट्रोल पैलेट आपको टेक्स्ट ऑब्जेक्ट को एक यूनिट की तरह मूव करने, रिसाइज, फिलप, स्केव या रोटेट करने के कंट्रोल उपलब्ध कराती है।

कंट्रोल पैलेट देखने के लिए

1. विंडो पर क्लिक करें, विंडो मेन्यू खुल जाएगा।

2. Show Control Palette पर क्लिक करें, कंट्रोल पैलेट खुल जाएगी।

टेक्स्ट डालना

पेजमेकर का मुख्य कार्य और क्षमता इसकी टाइप को एडिट और मेनीपुलेट करने की होती है। हालाँकि आप अपना अधिकांश टेक्स्ट स्टैंडर्ड वर्ड प्रोसेसिंग प्रोग्रामों में जेनरेट कर सकते हैं, लेकिन पेजमेकर आपको इसके लिए पावरफुल टेक्स्ट मेनीपुलेशन टूल्स उपलब्ध कराएगा। पेजमेकर में टेक्स्ट फारमेशन के लिए जरूरी सभी चीजें उपलब्ध रहती हैं, जैसे कि फोंट, साइज, कलर, लीडिंग, पैराग्राफ इंडेंट आदि। हेडलाइन में कॉलम का पूरा स्पेस भरने के लिए आप कैरेक्टर की विड्थ में भी परिवर्तन कर सकते हैं। आप किन्हीं दो खास कैरेक्टर के बीच में या पूरे टेक्स्ट की रेंज के स्पेस में परिवर्तन कर सकते हैं।

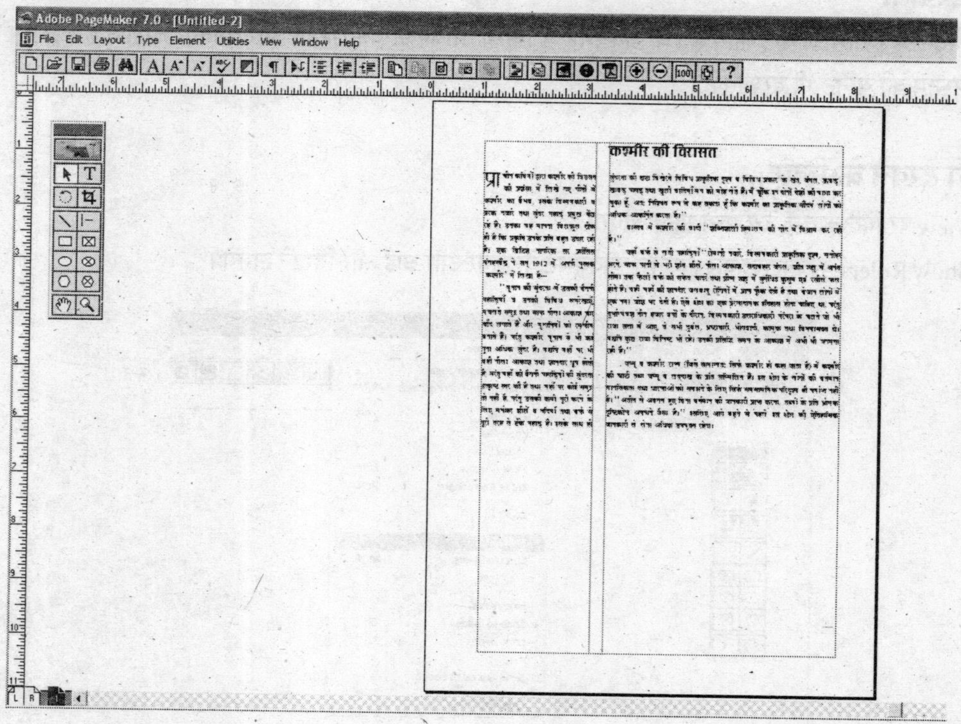

टेक्स्ट टूल

पेजमेकर का टेक्स्ट टूल नए टेक्स्ट एरिया को क्रिएट करने, टेक्स्ट को सेलेक्ट करने और इंसरशन प्वॉइंट को मूव करने के लिए प्रयोग किया जाता है। पेजमेकर में टेक्स्ट या तो टेक्स्ट ब्लॉक के अंदर रहता है या फिर ऐसे फ्रेम में रहता है, जो टेक्स्ट ब्लॉक की तरह इस्तेमाल किया जा रहा हो। टेक्स्ट ब्लॉक क्रिएट करने के लिए टेक्स्ट टूल का प्रयोग करें।

टेक्स्ट ब्लॉक्स बनाना

पेजमेकर में टेक्स्ट क्रिएट करने से पहले टेक्स्ट ब्लॉक को क्रिएट करें :

1. टूल बॉक्स में Text टूल पर क्लिक करें या फिर Shift+Alt+F1 को एक साथ दबाएँ।

2. पेस्टबोर्ड पर क्लिक करें, तिरछा खींचें, ताकि एक टेक्स्ट ब्लॉक बन जाए। जैसे ही आप खींचते हैं, आप देखेंगे कि एक चौकोर आकृति स्क्रीन पर उभर आएगी। ये टेक्स्ट ब्लॉक की सीमाएँ दरशाती है।

3. माउस बटन को छोड़ दीजिए। एक कर्सर नजर आने लगेगा।

4. अपना टेक्स्ट टाइप करिए।

इस समय आप टेक्स्ट टाइप कर सकते हैं। यदि आप कहीं और क्लिक करेंगे या फिर टूल चेंज करेंगे तो यह टेक्स्ट ब्लॉक अपने आप खत्म हो जाएगा। पेजमेकर खाली टेक्स्ट ब्लॉक्स को अपने आप समाप्त कर देता है।

टेक्स्ट को प्लेस करना

आप पेजमेकर डॉक्यूमेंट में किसी और सॉफ्टवेयर प्रोग्राम, जैसे एम.एस. वर्ड से भी टेक्स्ट इनसर्ट कर सकते हैं :

1. File पर क्लिक करें, File मेन्यू खुल जाएगा।

2. Place पर क्लिक करें, Place डायलॉग बॉक्स खुल जाएगा।

3. अब उस डॉक्यूमेंट को खोजें और उसे सेलेक्ट कीजिए, जिसका कंटेंट आपको प्लेस करना है।

4. Open पर क्लिक करिए।

माउस प्वॉइंटर भरे हुए टेक्स्ट के आइकोन में बदल जाएगा।

5. एक टेक्स्ट ब्लॉक क्रिएट कीजिए या फिर पेज या कॉलम के ऊपर बाएँ हिस्से पर क्लिक करिए। टेक्स्ट आपके पेज पर प्लेस हो जाएगा।

टेक्स्ट को फ्रेम में डालना

स्टोरी को व्यवस्थित करने के लिए टेक्स्ट ब्लॉक के साथ-साथ आप फ्रेम का भी इस्तेमाल कर सकते हैं। फ्रेम टूल आम ड्राइंग टूल्स जैसा ही दिखता है, सिवाय इसके कि इनमें एक्स (X) बना होता है।

1. टूल बॉक्स में फ्रेम टूल पर क्लिक करें।

2. पेजमेकर के फ्रेम टूल्स में से किसी एक की सहायता से कोई फ्रेम बनाएँ; चौकोर, अंडाकार या षटभुज आकृति, जिसके अंदर एक्स बना हुआ है।

यह तय करिए कि ऑब्जेक्ट सेलेक्ट रहे।

3. File पर क्लिक करिए, File मेन्यू खुल जाएगा।

4. Place पर क्लिक करिए, Place डायलॉग बॉक्स खुल जाएगा।

5. उस डाक्यूमेंट को ढूँढ़िए और उसे सेलेक्ट करिए, जिसका टेक्स्ट आप प्लेस करना चाहते हैं।

6. Open पर क्लिक करिए। माउस प्वॉइंटर लोडेड टेक्स्ट आइकॉन में बदल जाएगा।

7. फ्रेम पर क्लिक करिए। टेक्स्ट फ्रेम में आ जाएगा।

स्पेलिंग चेक करना

पेजमेकर का स्पेलिंग टूल्स लगभग वैसा ही है जैसा कि ज्यादातर वर्ड प्रोसेसिंग प्रोग्रामों में होता है। इसमें मुख्य अंतर यह जानना है कि मेन्यू प्रदर्शित करने के लिए स्पेलिंग कमांड कैसे दी जाए।

स्पेलिंग चेक करना

1. उस टेक्स्ट ब्लॉक पर क्लिक करिए, जिसकी स्पेलिंग आप चेक करना चाहते हैं।
2. Edit पर क्लिक करिए।
3. Edit Story पर क्लिक करिए।

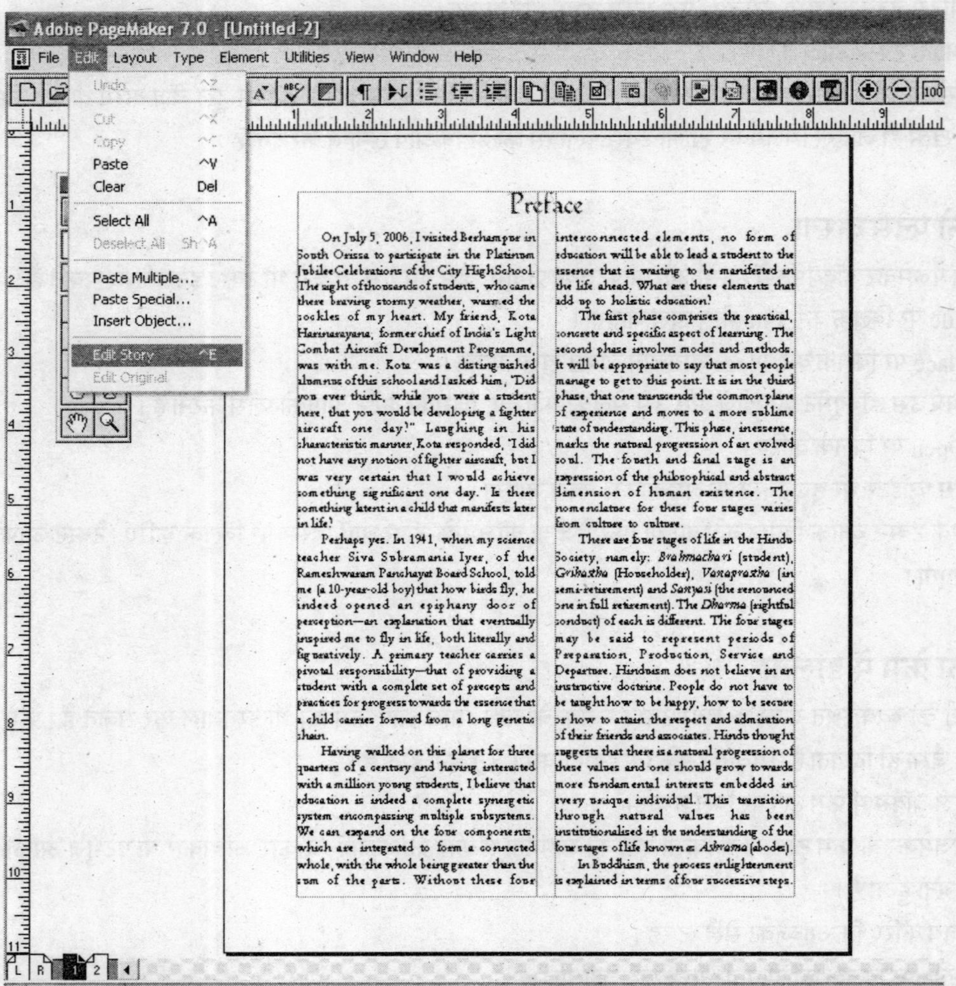

उस टेक्स्ट ब्लॉक के लिए स्टोरी एडिटर विंडो खुल जाएगा।

4. Utilities पर क्लिक करिए।

5. Spelling पर क्लिक करिए।

   Spelling डायलॉग बॉक्स खुल जाएगा।

6. Start पर क्लिक करिए।

   स्पेल चेकर उस पहले शब्द को खोजेगा, जिसकी स्पेलिंग गलत होगी।

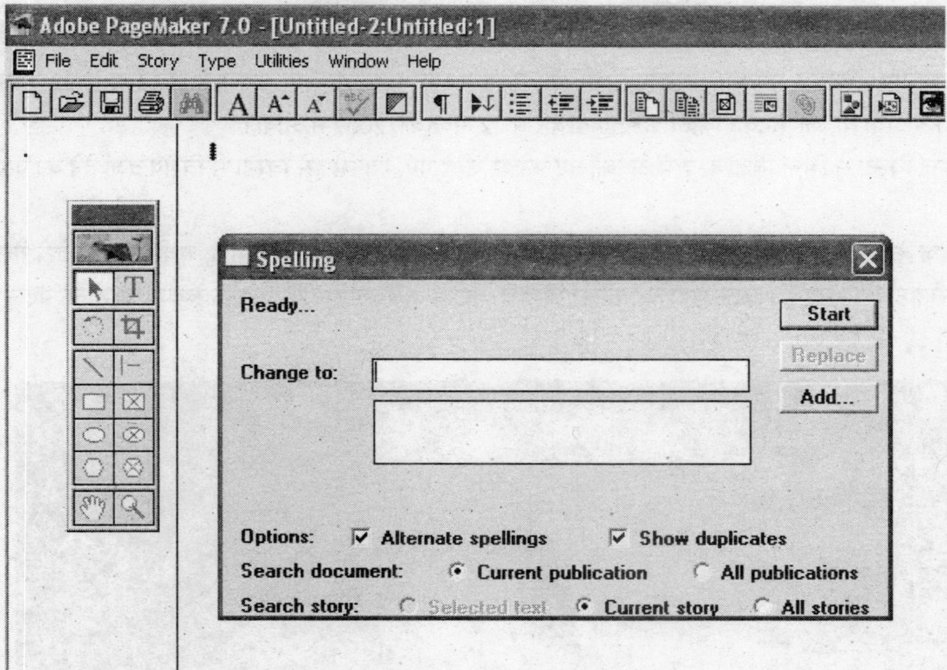

7. नीचे की लिस्ट बॉक्स में सुझाई गई सही स्पेलिंगों में से चाही गई सही स्पेलिंग पर क्लिक करिए।

8. Replace कर क्लिक करिए।

   टेक्स्ट में मौजूद शब्द इस सही शब्द से बदल जाएगा और स्पेल चेकर दूसरा गलत शब्द खोजकर सामने लाएगा।

9. जब तक टेक्स्ट के प्रत्येक शब्द की स्पेलिंग सही न हो जाए तब तक इन स्टेप्स को दोहराते रहिए। जब तक 'स्पेलिंग चेक कंप्लीट' का मैसेज सामने न आ जाए।

10. Spelling डायलॉग बॉक्स को क्लोज कर दीजिए।

11. Story editor विंडो को भी क्लोज कर दीजिए।

□

विंडोज-7

विंडोज-7 माइक्रोसॉफ्ट विंडोज ऑपरेटिंग सिस्टम का नवीनतम संस्करण है, जिसे माइक्रोसॉफ्ट कंपनी ने पर्सनल कंप्यूटर्स डेस्कटॉप, लैपटॉप, नोटबुक, टेबलेट पीसी और मीडिया सेंटर पीसी के लिए बनाया है। विंडोज-7 22 जुलाई, 2009 में रिलीज किया गया था, जो फुटकर बिक्री के लिए बाजार में 22 अक्तूबर, 2009 में आया।

विंडोज विस्टा से भिन्न विंडोज-7 में अनेकों नए फीचर जोड़े गए, जिनसे इसे विस्टा से विशेष दर्जा देने का प्रयास किया गया।

विंडोज के पुराने वर्जन में जोड़े गए कई फीचर, जैसे—विंडोज कलेंडर, विंडोज मेल, मूवी मेकर, फोटो गैलरी आदि विंडोज-7 से हटा लिये गए हैं। इसके बदले में फीचर विंडोज-लाइव असेंशल सूट के भाग के रूप में नि:शुल्क प्रदान किए गए हैं।

नए और परिवर्तित फीचर

इसमें पुराने विंडोज सिक्योरिटी सेंटर के बदले में एक्शन सेंटर दिया गया है। जब एक्शन सेंटर को सिक्योरिटी थ्रेट मिलता है, तो वह समस्या की सूची के साथ एक थंबनेल दिखता है।

विंडोज-7 में अनेक नए फीचर हैं, जैसे—टच और हैंडराइटिंग रिकगनीशन में एडवॉस, वर्चुअल हार्डडिस्क के लिए सपोर्ट, मल्टीकोट प्रोसेसर के लिए इंप्रूव्ड परफोर्मेंस, डायरेक्ट एक्सस और कर्नल इंप्रूवमेंट विंडोज-7 में विभिन्न विक्रेताओं के अनेक ग्राफिक्स कार्ड को सपोर्ट किया जाता है। इसके अतिरिक्त विंडोज मीडिया सेंटर का एक नया वर्जन, उसका एक बजट और एक्स पी एस असेंशल पैक तथा विंडोज पानरशेल भी शामिल किया गया है। एक नया डिजाइन किया गया कैलकुलेटर प्रोग्रामर और स्टैटिक्स मोड में चलता है, जिनमें मल्टी लाइन की क्षमता भी होती है।

कंट्रोल पैनल में कई नए आइटम जोड़े गए हैं, जिसमें क्लियर टाइप टेक्स्ट ट्यूनर, डिस्प्ले कलर कैलीब्रेशन विजर्ड, गजट्स, रिकवरी, टबल शूटिंग, वर्कस्पेस सेंटर, क्रेडेंशल मैनेजर, बायोमेट्रिक डिनाइसन, सिस्टम आइकन आदि होते हैं।

विंडोज सिक्योरिटी सेंटर का नाम बदलकर विंडोज एक्शन सेंटर हो गया है।

टास्क बार में बड़ा बदलाव किया गया है, जिसमें क्विक लॉन टूल बार को टास्क बार में पिनिंग एप्लीकेशन से बदल दिया गया है। पिनिंग एप्लीकेशन बटन टास्क बटन के साथ इंटीग्रेटेड है। ये बटन कॉमन टास्क के लिए जंप करने में सहायता करते हैं।

विंडोज-7 के लिए सिस्टम आवश्यकता

माइक्रोसॉफ्ट ने विंडोज के लिए जो सिस्टम हार्डवेयर की आवश्यकता निर्धारित की है, वह निम्न प्रकार हैं—

	ऑप्शन 1	*ऑप्शन 2*
विंडोज	32 बिट	64 बिट
प्रोसेसर	1 गीगाहट्र्ज 32 बिज	1 गीगाहट्र्ज 64 बिज
मेमोरी (रैम)	1 गीगाबाइट	2 गीगाबाइट
ग्राफिक्स कार्ड	Direct X9 ग्राफिक्स प्रोसेसेट मॉडल 1.0 के साथ	wddm ड्राइवर
ऑप्टिकल ड्राइव	DVD ड्राइव (DVD/CD) करने के लिए	मीडिया को इंस्टाल

□

23 फेस बुक

फेस बुक एक सोशल नेटवर्क साइट है, जिसमें आप दूसरों के साथ जुड़कर विचारों का आदान-प्रदान कर सकते हैं।

फेस बुक विश्व की सबसे बड़ी सोशल नेटवर्क साइट है, जिसमें 500 मिलियन से अधिक लोग जुड़े हैं और इसमें से 65: नॉर्थ अमेरिका से बाहर रहते हैं। औसतन प्रत्येक यूजर अपने 130 मित्रों से संपर्क रखता है। आइए, सब इसे प्रयोग करना सीखें।

एकाउंट बनाने के लिए साइन अप करना

फेस बुक में साइन अप करने की विधि इस प्रकार है—

1. www.facebook पर जाइए।
2. अपना नाम, इ-मेल एड्रेस, लिंग, जन्मतिथि देकर पासवर्ड बनाइए और sigh up बटन पर क्लिक करिए।
3. एक बार sigh up बटन पर क्लिक करने के बाद सुरक्षा जाँच के लिए आपको बॉक्स 1 की सूचना बॉक्स 2 में टाइप करनी होगी। इससे फेसबुक को यह पता चलेगा कि आप मानव हैं, कोई मशीन नहीं, जो नकली एकाउंट बनाने का प्रयास कर रहे हैं। sigh up बटन पर क्लिक करिए।

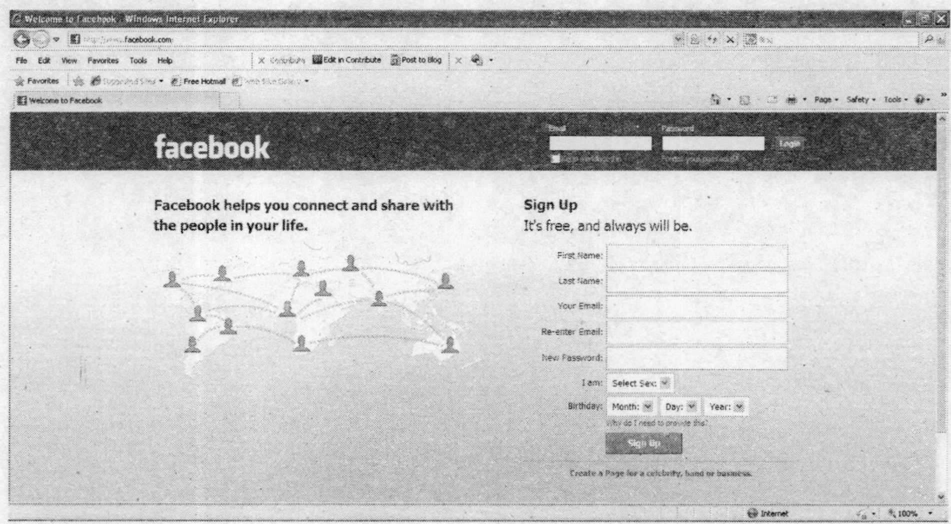

4. आगे बढ़ने से पहले आपको अपने इ-मेल एड्रेस की पुष्टि करनी होगी।
5. आपको आपके इ-मेल एड्रेस पर फेसबुक द्वारा एक मेल भेजी जाएगी, जिसमें यह निर्देश लिखा होगा कि इ-मेल का जवाब देकर आप अपने एकाउंट को वैलिड कर सकते हैं। जब आप अपने इ-मेल एड्रेस की पुष्टि कर देते हैं तो एकाउंट बन जाता है; जिसे आप आई. डी. और पासवर्ड देकर जब चाहें प्रयोग कर सकते हैं।

□

24

ट्विटर

ट्विटर केवल अपने मित्रों के साथ मोबाइल पर संपर्क करने का साधन ही नहीं है, बल्कि अब यह ह्यूमन ड्रीवन रिजल्ट के साथ सर्च इंजन का भी काम करता है।

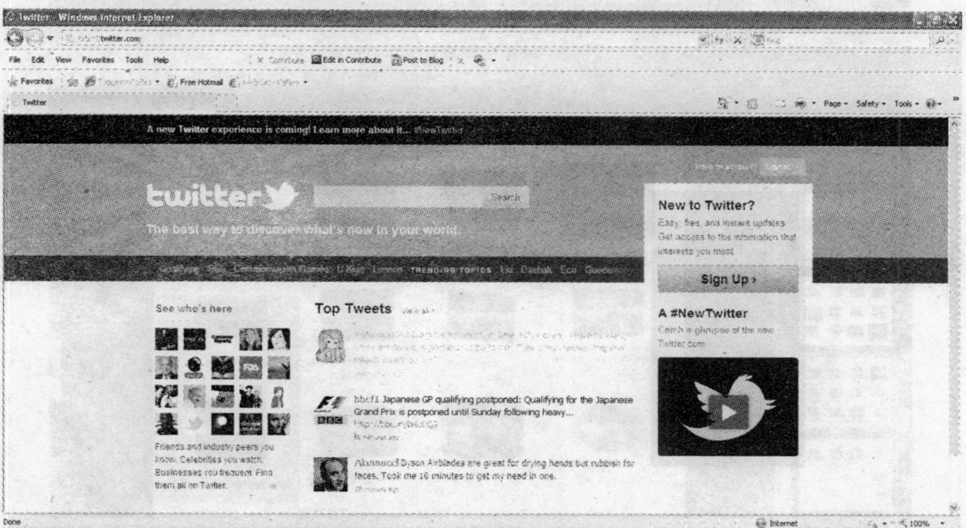

ट्विटर से एकाउंट बनाने की विधि भी वैसी है, जैसे फेसबुक में है। इसमें एकाउंट बनाकर अपना फोटो अपलोड कर सकते हैं। यदि आप अपने बिजनेस के लिए एकाउंट बना रहे हैं तो फोटो के स्थान पर लोगों की इमेज अपलोड कर सकते हैं।

इसके बाद आप अपना नेटवर्क स्थापित कर सकते हैं।

□

25 माइक्रोसॉफ्ट पावर प्वॉइंट

सबसे पहले सन् 1987 में पावर प्वॉइंट 1.0 वर्जन इंट्रोड्यूज किया गया। आज पावर प्वॉइंट वर्जन 14 उपलब्ध है।

पावर प्वॉइंट प्रेजेंटेशन

पावर प्वॉइंट प्रेजेंटेशन कई पेजों या स्लाइड से मिलकर बनता है। इन स्लाइडों में टेक्स्ट, ग्राफिक्स, मूवी, साउंड और अन्य अनेक ऑब्जेक्ट्स जोड़े जा सकते हैं।

प्रेजेंटेशन को प्रिंट किया जा सकता है, कंप्यूटर पर दिखाया जा सकता है और वीडियो प्रोजेक्टर की मदद से बड़े परदे पर भी दिखाया जा सकता है।

आरंभ

1. माइक्रोसॉफ्ट ऑफिस में पावर प्वॉइंट पर क्लिक करें।
2. न्यू स्लाइड पर क्लिक करें। नीचे दिए चित्रानुसार कई खाली स्लाइडें दिखाई देंगी।

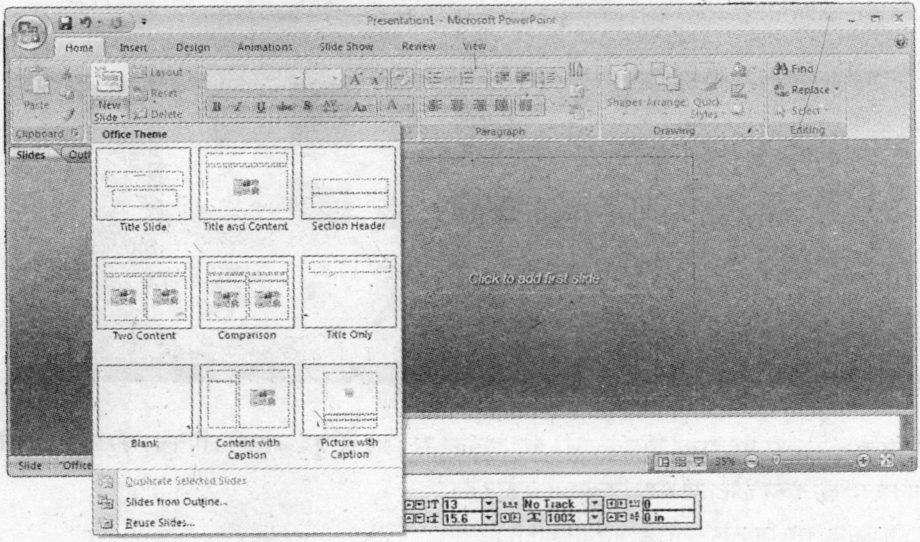

इनमें से आप एक स्लाइड सिलेक्ट कर लें। इस स्लाइड में आप टाइटल और सब टाइटल टाइप कर सकते हैं। यदि आप टाइटल नहीं देना चाहें तो सीधे पिक्चर या ग्राफिक्स से शुरुआत कर सकते हैं।

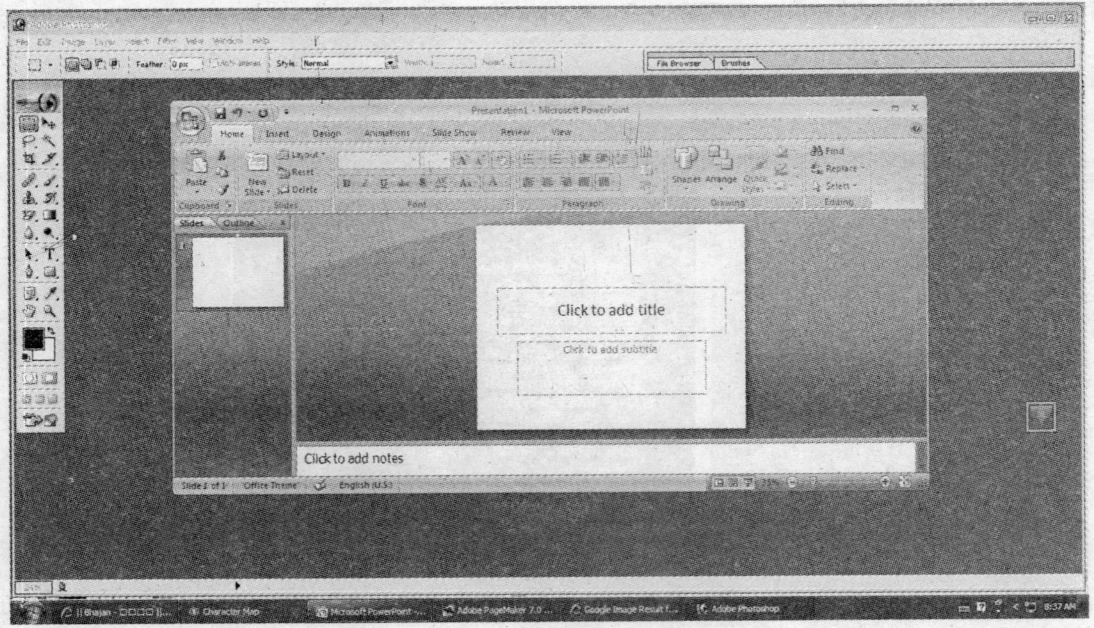

स्लाइड में पिक्चर लगाना

1. मीनू बार खोलें। इनसर्ट पर क्लिक करें।
2. अब पिक्चर पर क्लिक करें। बहुत सी पिक्चरें खुल जाएँगी।

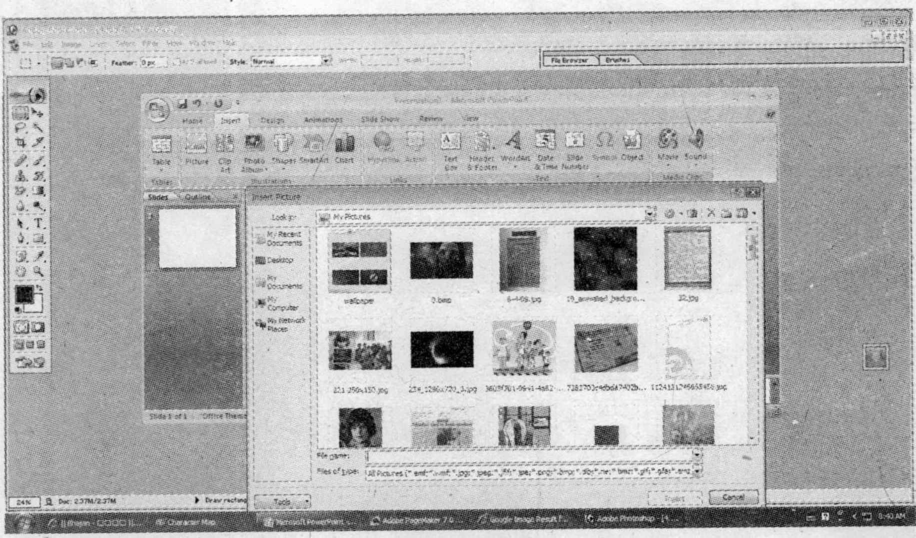

इनमें से इच्छित पिक्चर पर डबल क्लिक करें, वह आपकी स्लाइड से जुड़ जाएगी। पिक्चर को प्वॉइंटर की सहायता से किनारों से दबाकर या खींचकर छोटा या बड़ा किया जा सकता है।

इसी प्रकार आप अन्य पिक्चर स्लाइडें जोड़ सकते हैं।

बुलेट के साथ टेक्स्ट

आप नया पेज या नई स्लाइड टेंपलेट खोलकर मैटर को बुलेट फॉरमेट में टाइप कर सकते हैं। बुलेट फॉरमेट न चाहें तो पैराग्राफ को सीधे-सीधे टाइप किया जा सकता है।

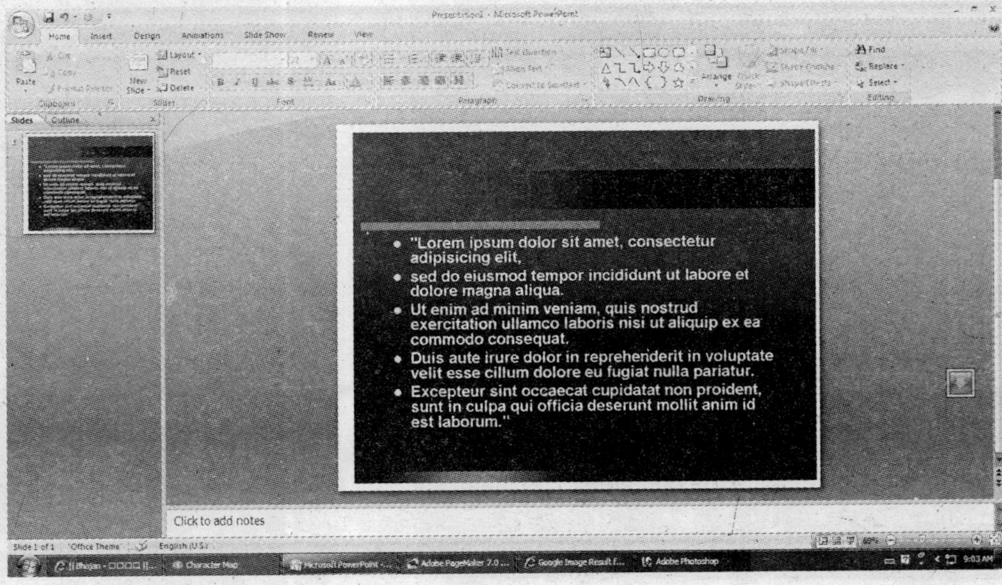

यदि आप बुलेट फॉरमेट को बनाए रखना चाहते हैं तो सीधे-सीधे अपना टेक्स्ट टाइप करें और अगले बुलेट के लिए एंटर पर हिट करें।

डिजाइन जोड़ना

1. कुछेक स्लाइड बनाने के बाद यदि आप अपने प्रेजेंटेशन के साथ कोई डिजाइन जोड़ना चाहें तो नई स्लाइड खोलकर डिजाइन सेलेक्ट करें। कई डिजाइन खुल जाएँगी।

डिजाइनों पर क्लिक करके दे.खें कि आपकी स्लाइड कैसी दिखाई देगी। आप फाइनली जो भी डिजाइन चुनेंगे, वह ऑटोमैटिकली आपकी स्लाइडों पर लग जाएगा।

आप जब चाहें इसी विधि से डिजाइन बदलकर अलग-अलग प्रयोग कर सकते हैं।

क्लिप आर्ट जोड़ना

1. इनसर्ट मीनू दबाकर क्लिप आर्ट पर क्लिक करें। क्लिप आर्ट गैलरी खुल जाएगी।

अपने मनचाहे क्लिप आर्ट को क्लिक करें। वह आपके स्लाइड से जुड़ जाएगी। क्लिप आर्ट के कोनों से उसे छोटा-बड़ा किया जा सकता है।

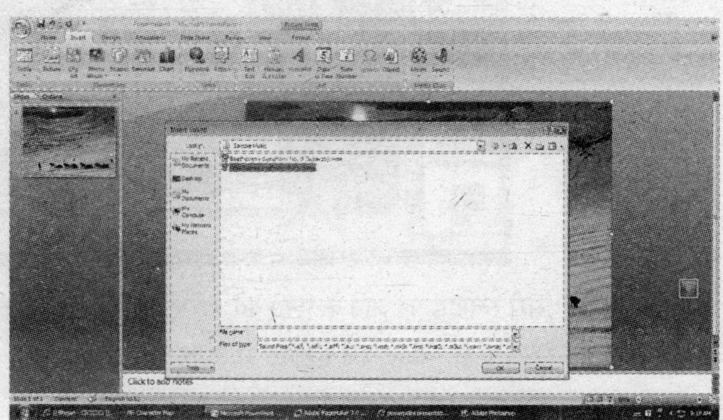

साउंड जोड़ना

1. जिस स्लाइड में साउंड जोड़नी हो, उसे सेलेक्ट करें।
2. मीनू बार में इनसर्ट पर क्लिक करें।
3. अब साउंड पर क्लिक करें।

आप यहाँ से अपने कंप्यूटर में मौजूद किसी भी साउंड फाइल को स्लाइड के साथ जोड़ सकते हैं।

4. चाहें तो अपनी आवाज में साउंड रिकॉर्ड कर सकते हैं।

सेव करना

1. मीनू बार में सेव पर क्लिक करें।
2. मनचाहा नाम टाइप करें और अपने प्रेजेंटेशन को सेव कर दें।

अपना स्लाइड शो देखें

आप कभी भी अपने प्रेजेंटेशन का प्रिव्यू देख सकते हैं। इसके लिए—

1. मीनू बार में स्लाइड शो सेलेक्ट करें।
2. फ्रॉम बिगनिंग या फ्रॉम करंट स्लाइड सेलेक्ट करें और शो का मजा लें।

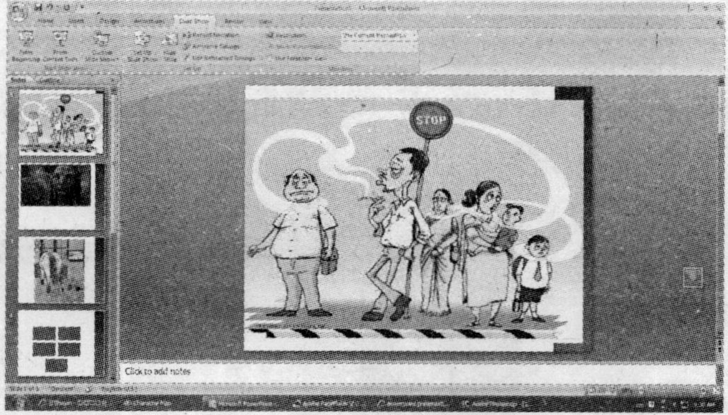

एक स्लाइड से दूसरी स्लाइड पर जाने के लिए की-बोर्ड की एरो कीज का प्रयोग करें।

(नोट : यह प्रेजेंटेशन पावर प्वॉइंट वर्जन 2007 में तैयार किया गया है।)

□□□